V&R

SIMON-DUBNOW-INSTITUT
FÜR JÜDISCHE GESCHICHTE UND KULTUR

Schriften des Simon-Dubnow-Instituts
Herausgegeben von Dan Diner

Band 15

Omar Kamil

Der Holocaust im arabischen Gedächtnis

Eine Diskursgeschichte 1945–1967

Vandenhoeck & Ruprecht

Für Judith, Sarah, Laila und Amira

Lektorat: Jörg Später, Freiburg i. Br.

Mit drei Abbildungen

Umschlagabbildung:
Jean-Paul Sartre, Gamal Abd an-Nasser, Simone de Beauvoir
und Claude Lanzmann in Kairo, 1967.
© Bibliotheca Alexandrina, Memory of Modern Egypt.

Bibliografische Information der Deutschen Nationalbibliothek

Die Deutsche Nationalbibliothek verzeichnet diese Publikation in der
Deutschen Nationalbibliografie; detaillierte bibliografische Daten sind
im Internet über http://dnb.d-nb.de abrufbar.

ISBN 978-3-525-36993-7
ISBN 978-3-647-36993-8 (E-Book)

Gedruckt mit Unterstützung des Freistaates Sachsen und
gefördert durch die Deutsche Forschungsgemeinschaft
DFG

© 2012, Vandenhoeck & Ruprecht GmbH & Co. KG, Göttingen/
Vandenhoeck & Ruprecht LLC, Bristol, CT, U.S.A.
www.v-r.de
Alle Rechte vorbehalten. Das Werk und seine Teile sind urheberrechtlich geschützt.
Jede Verwertung in anderen als den gesetzlich zugelassenen Fällen bedarf der
vorherigen schriftlichen Einwilligung des Verlages. – Printed in Germany.
Satz: Dörlemann Satz, Lemförde
Druck und Bindung: Hubert & Co, Göttingen

Gedruckt auf alterungsbeständigem Papier.

Inhalt

Vorwort 7

Einleitung 9

Quellenbasis und Untersuchungszeitraum (15) – Araber und Holocaust – eine Forschungsgeschichte (23) – Islamische Wahrnehmung (26) – Die Wirkung der europäischen Moderne (31) – Nahostkonflikt (35)

1. Toynbee in Montreal 47

Vorgeschichte (47) – Juden und Araber (50) – *Der Gang der Weltgeschichte* (52) – Streitgespräch (57) – Arabische Rezeption (66) – Toynbee in Kairo (71) – Eichmann in Kuwait (72) – Widerstreitende Schicksale (80)

2. Sartre in Kairo 87

Philosophie und Engagement (87) – *Betrachtungen zur Judenfrage* (89) – Koloniale Erfahrung (90) – Palästinafrage (97) – Sartre und die Araber (101) – Gescheitertes Gespräch (112) – Sartre in Israel (117) – Vom Ende einer Utopie (119)

3. Rodinson in Beirut 127

Libanon 1967 (128) – Molière in Tripoli (131) – Palästina und Auschwitz (134) – Araber und »jüdische Frage« (137) – Marx auf Arabisch (141) – Widerstreitende Erzählungen (159)

Schlussbemerkungen 167

Hinweise zur Transkription 172

Quellen 173

    Taha Hussain
    Von Kairo nach Beirut 173

    Jawwad Ali
    Toynbee 176

    Muhammed Tawfiq Hussain
    Arnold Toynbee.
    Der Fürsprecher der Araber im Westen 182

    Kamil Zuhairy
    Jean-Paul Sartre und die jüdische Frage 189

    Dawud Talhami
    Sartre und die Palästinafrage 197

    Lutfi al-Khouli
    Maxime Rodinson in Kairo 205

Quellen und Literatur 211

Bildnachweis 233

Personenregister 235

Vorwort

Das vorliegende Buch ist die bearbeitete Fassung meiner Habilitationsschrift zur arabischen Rezeption des Holocaust. Sie wurde im Rahmen meiner Tätigkeit als wissenschaftlicher Mitarbeiter des Simon-Dubnow-Instituts für jüdische Geschichte und Kultur an der Universität Leipzig verfasst und an der Fakultät für Sozialwissenschaften und Philosophie der Universität Leipzig eingereicht. Gutachter waren Dan Diner und Wolfgang Fach aus Leipzig sowie Christoph Schumann von der Friedrich-Alexander-Universität Erlangen-Nürnberg. Allen drei Professoren gebührt mein besonderer Dank.

Zahlreiche Personen und Institutionen haben mein Forschungsprojekt unterstützt und ermöglichten so die Entstehung dieser Arbeit. Ihnen allen bin ich dankbar für ihr Interesse, ihre Anregungen und die Förderung meiner Forschung. Dieser Dank gilt an erster Stelle Dan Diner, Direktor des Simon-Dubnow-Instituts, als meinem akademischen Lehrer und Wegweiser, der mein Forschungsvorhaben von Anbeginn mit Rat, Engagement und Geduld begleitet hat. Durch unsere Gespräche wandelte sich meine zunächst stärker auf den arabisch-israelischen Konflikt fokussierte Analyse der arabischen Wahrnehmung des Holocaust zu einem ideengeschichtlichen Erklärungs- und Deutungsansatz, der Zusammenhänge dort aufzeigt, wo sich arabisch-islamische, jüdische und europäische Geschichte und Geschichtserfahrungen überschneiden. Für großzügige Hinweise, motivierende Impulse und erkenntnisleitende Anregung bleibe ich Dan Diner tief verbunden.

Für die Förderung meiner Forschung und der anschließenden Drucklegung der Arbeit möchte ich der Deutschen Forschungsgemeinschaft besonders danken, die mein Habilitationsprojekt drei Jahre lang unterstützt hat.

In besonderer Weise bin ich Susanne Zepp, stellvertretende Direktorin des Simon-Dubnow-Instituts und Professorin an der Freien Universität Berlin, zu Dank verpflichtet. Sie unterstützte mich bei fachlichen und logistischen Herausforderungen und gewährleistete ideale Forschungsbedingungen im Institut. Ihre Tür stand mir stets offen, für wissenschaftlichen und freundschaftlichen Rat bin ich ihr tief verbunden.

Mein besonderer Dank gilt dem Lektor der Arbeit, Jörg Später, für die thematische Begleitung und fortwährende Unterstützung während des Entstehens der Arbeit sowie André Zimmermann, der dem Manuskript den letzten Schliff gab. Ohne ihren Beitrag wäre die Publikation dieser Arbeit so nicht möglich gewesen. Besonders hervorheben möchte ich auch das Engagement von Petra Klara Gamke-Breitschopf, die die Drucklegung der Arbeit geleitet und mit ihrer Genauigkeit zu deren Gelingen beigetragen hat; dafür danke ich ihr ganz herzlich. Ein besonderer Dank gilt ferner Yvonne Albers für ihr sorgsames Korrekturlesen des Manuskripts und Lina Bosbach für die abschließende Durchsicht der Druckfahnen.

Die produktive und freundschaftliche Atmosphäre am Simon-Dubnow-Institut trug entscheidend zur Entstehung dieser Arbeit bei. Für alle Anregungen, für ihr Interesse und die Hilfsbereitschaft danke ich den Institutsangehörigen, insbesondere Nicolas Berg, Arndt Engelhardt, Lutz Fiedler, Walid Abd el-Gawad, Jan Gerber und Natasha Gordinsky. Für die Unterstützung im Bereich der Wissenschaftsorganisation, bei Dienstreisen, Archiv- und Bibliotheksaufenthalten sowie der Beschaffung von Literatur und Quellen, danke ich Natalia Engelmann, Mandy Fitzpatrick, Marion Hammer, Vicky Sorge, Nicole Petermann und Grit N. Scheffer.

Danken möchte ich auch Sadik Jalal al-Azm, Dawud Talhami, Georges Tarabishi und Ibrahim al-Jabin für ihre wertvollen Anregungen sowie den Mitarbeitern der Bibliotheken der Amerikanischen Universität in Kairo und in Beirut, die meine Forschungsarbeit durch ihre beständige Unterstützung erleichtert haben. Besonderen Dank schulde ich Issam Ayyad in Beirut, der mir den Zugang zur Spezialliteratur aus den 1960er Jahren ermöglicht hat.

Für ihre Geduld und ihren Rückhalt danke ich meiner Familie, der dieses Buch gewidmet ist.

Omar Kamil   Leipzig/Heidelberg, im Juni 2012

Einleitung

Im Jahr 1946 reiste der bedeutende ägyptische Gelehrte und Politiker Taha Hussain (1889–1973) von Alexandria nach Beirut.[1] Dabei legte das Schiff für wenige Stunden in Haifa an. Der kurze Aufenthalt scheint Hussain in einer Weise beeindruckt zu haben, von der er auch dem arabischen Leser berichten wollte: Nach Kairo zurückgekehrt, schrieb er einen Artikel über jene Reise und gab dabei seinen Erlebnissen in Haifa besonderen Raum.[2] Taha Hussain schilderte zwei Szenen. In der ersten stellte er dar, wie er die Ankunft von Überlebenden des Holocaust im Hafen von Haifa wahrgenommen hatte:

»Geschwächte jüdische Einwanderer: Kinder und Knaben, die die Pubertät noch nicht erreicht hatten, und Frauen, denen schweres Leid zugefügt worden war. Einige von ihnen hatten alles verloren und sich nur noch eine leise Hoffnung bewahrt, die sich in einem traurigen Lächeln auf ihren Lippen zeigte. Andere trugen in sich einen Lebenswillen, der in ihren unglücklichen Herzen Hoffnung und Hoffnungslosigkeit, Zufriedenheit und Verbitterung, Vergnügen und Schmerzen hervorrief. [...] In Palästina suchen sie nach Sicherheit und Schutz.«[3]

Die zweite Szene beschreibt die Reaktion der arabischen Bewohner von Haifa auf die Ankunft der jüdischen Flüchtlinge:

»Diese Elenden stiegen in disziplinierter Weise aus dem Schiff aus, sangen Lieder mit ihren geschwächten leidgeprüften Stimmen [...]. Spiegelt ihr Singen Freude und Glückseligkeit über einen Sieg? Oder spiegelt es ihren Kummer, ihre Not und die Niederlage der Vertriebenen? Oder bedeutet es beides gleichermaßen? Ich weiß es nicht! Ich weiß nur, dass ihr Singen die Seelen [der arabischen Bewohner Palästinas] mit Wut und Zorn, aber auch mit Mitleid und Erbarmen erfüllte.«[4]

Taha Hussain verband seine Beobachtung mit einer Kritik an den westlichen Mächten, deren Politik zur Eskalation des Konfliktes zwischen Juden und Arabern geführt habe:

»Die britischen Soldaten, mit Waffen gerüstet, demonstrierten ihre Macht und schützten den Hafen von Haifa, um die Ankunft dieser erbärmlichen Flüchtlinge zu sichern [...]. Es war eine Szene, die sogar bei den Arbeitern auf dem Schiff Wut hervorrief; sie kritisierten die Übermacht der Alliierten, die ein französisches Schiff für ein Anliegen

---

1 Über die Bedeutung Taha Hussains für die arabische Ideengeschichte vgl. Cachia, Taha Husayn, 45–67.
2 Hussain, min al-qāhira ilā bayrūt [Von Kairo nach Beirut].
3 Ebd., 10f.
4 Ebd., 10.

einsetzen, das bei den arabischen Bewohnern Zorn und Unmut schürt. Ist Frankreich nicht dazu verurteilt, sich den Siegermächten England und USA unterzuordnen, um politisch überleben zu können?«[5]

Mag diese Beschreibung der Geschehnisse im Hafen von Haifa zunächst wie eine bloße Momentaufnahme erscheinen, so ist ihre historische Bedeutung doch für die Erforschung arabischer Reaktionen auf den Holocaust wesentlich, denn sie enthält im Kern jene widerstrebenden Positionen, die sich später ausbilden und nachhaltig verfestigen sollten.

1946 lag Europa in Trümmern, und es war das vornehmliche Interesse der beteiligten Nationen, die unmittelbaren Kriegsschäden zu beseitigen. Weder die jüngste Vergangenheit – der Massenmord an den europäischen Juden – noch die Konsequenzen des Krieges für die Kolonien gelangten ins Bewusstsein der europäischen Nationen. Erst vor diesem Horizont wird die Bedeutung des Essays von Taha Hussain offenbar: Hussain führte bereits zu einem frühen Zeitpunkt jene unterschiedlichen, jedoch eng mit dem Zweiten Weltkrieg verbundenen Ereignisse zusammen, die für den entstehenden Konflikt wesentlich werden sollten: Holocaust und Palästinafrage. Hussains Beschreibungen aus dem Jahr 1946 sind ausgewogen, ja unparteiisch; vom Mitgefühl für die Holocaustüberlebenden geprägt, aber zugleich von Verständnis für die arabischen Bewohner der Stadt Haifa. Eigentliche Botschaft dieser ägyptischen Perspektive auf die Ereignisse war jedoch eine Anklage gegen das, was Europa mit Holocaust und Kolonialpolitik Juden und Arabern angetan hatte.

Darüber hinaus markiert der Text von Taha Hussain auch eine gedächtnistheoretische Konstellation: Kann eine arabische Auseinandersetzung mit dem Holocaust nur im Zusammenhang mit der Palästinafrage verstanden werden? Die bisherige Forschung über die Araber und den Holocaust bejaht dies.[6] Zwei Forschungsansätze haben sich dabei etabliert: ein Deutungsmodell rückt die Kollaboration arabischer Nationalisten mit Nazi-Deutschland in den Vordergrund und hebt dabei den palästinensischen Mufti Amin al-Hussaini (1893–1974) als eine wichtige handelnde Figur hervor. Der zweite Ansatz dagegen macht das Verhältnis der Araber zum Holocaust vom Verlauf des arabisch-israelischen Konfliktes abhängig. Im ersten Ansatz zeichnete sich eine Kontroverse über die Rolle von Amin al-Hussaini ab. Der amerikanische Historiker Jeffrey Herf hat in einer 2009 erschienenen Studie die Nazi-Propaganda in der arabischen Welt untersucht und sich dabei insbesondere auf die judenfeindlichen Reden von Amin al-Hussaini konzentriert.[7] Als sich Mitte der 1930er Jahre der Plan zur Teilung Palästinas in einen jüdi-

---

5 Ebd.
6 Eine detaillierte Darstellung des Stands der Forschung erfolgt im letzten Teil dieser Einleitung: »Die Araber und der Holocaust – eine Forschungsgeschichte«.
7 Herf, Nazi Propaganda for the Arab World.

schen und einen arabischen Staat abzuzeichnen begann, hatte der Mufti öffentlich seine Solidarität mit den Nationalsozialisten erklärt, verbunden mit der Bitte an die Deutschen, sich gegen die Errichtung eines jüdischen Staates und für eine umgehende Beendigung der jüdischen Zuwanderung auszusprechen. Herf interpretiert diese Verbindungslinie zwischen Hitler und Amin al-Hussaini nicht nur als Zusammenarbeit, sondern als eine Fusion von arabischem Nationalismus und nationalsozialistischer Ideologie, die im Judenhass ihre Schnittmenge fanden. Die Juden in Palästina standen demnach vor der Gefahr eines Genozids.[8]

Der zweite Forschungsansatz konzentriert sich ebenfalls auf das Verhältnis arabischer Nationalisten zum Nationalsozialismus im Zusammenhang mit der Palästinafrage, jedoch mit entgegengesetzten Resultaten. Ein Beispiel hierfür ist der vom Zentrum Moderner Orient herausgegebene Band *Blind für die Geschichte?*, in dem die Orientwissenschaftler Gerhard Höpp, Peter Wien und René Wildangel *Arabische Begegnungen mit dem Nationalsozialismus* darstellen.[9] Die Autoren verneinen zwar nicht die Tendenz arabischer Nationalisten zur Kollaboration mit den Nationalsozialisten, sie sehen jedoch in der Haltung al-Hussainis – und anderer arabischer Persönlichkeiten – zum Nationalsozialismus eher den Zweckopportunismus eines Politikers, der, wie andere arabische Politiker auch, am wahren Charakter des Naziregimes nicht ernsthaft interessiert war. Die Bereitschaft der arabischen Nationalisten zur Kollaboration mit dem Nationalsozialismus wird von den Autoren auf ein rein politisch-patriotisches Interesse zurückgeführt, das sich im Grunde gegen die Kolonialmacht England und die Zionisten richtete.[10]

Der Streit um eine angemessene Deutung der Rolle des Muftis dauert an.[11] Doch jenseits von Schuld oder partiellem Freispruch hinsichtlich der historischen Figur Amin al-Hussaini ist erneut die Frage zu stellen: Kann eine Stu-

---

8 Die Deutungslinie von Jeffrey Herf ist auch nachzuvollziehen in Mallmann/Cüppers (Hgg.), Halbmond und Hakenkreuz, sowie in den populärwissenschaftlichen Schriften des Publizisten und Politologen Matthias Küntzel, insbesondere *Von Zeesen bis Beirut* sowie *Djihad und Judenhass*. Vgl. auch Gensicke, Der Mufti von Jerusalem.
9 Höpp/Wien/Wildangel (Hgg.), Blind für die Geschichte.
10 Ebd., 9–11. Diese Deutungs- und Erklärungslinie hat ihre Tradition insbesondere in der Islamwissenschaft und ist bei folgenden Autoren zu finden: Schölch, Das Dritte Reich; Steppert, Das Jahr 1933 und seine Folgen für die arabischen Länder des Vorderen Orients; Höpp, Araber im Zweiten Weltkrieg; ders., Der Gefangene im Dreieck; ders. (Hg.), Mufti-Papiere; Flores, Judeophobia in Context.
11 Vgl. dazu die Kritik des amerikanischen Historikers Richard Wolin an Herfs *Nazi Propaganda for the Arab World*: Ders., Herf's Misuses of History, sowie die daraus entstandene und online geführte Debatte: Wolin/Herf, »Islamo-Fascism«; ebenfalls der Streit um die Rolle des Muftis zwischen Jeffrey Herf und dem libanesischen Politologen Gilbert Achcar in einem amerikanischen Politmagazin: Herf, Not in Moderation; die Reaktion darauf: Achcar, Arabs and the Holocaust. A Response; die Antwort von Herf: ders., Arabs and the Holocaust, Continued.

die über das Verhältnis arabischer Nationalisten zum Nationalsozialismus in den 1930er und 1940er Jahren zur Klärung arabischer Wahrnehmung des Holocaust beitragen? Aus Sicht dieser Arbeit fällt die Antwort negativ aus. Solche Forschungsansätze können nicht zu einer ausgewogenen Sicht gelangen, weil ihre Fragestellung sie dazu zwingt, entweder die ersten arabischen Reaktionen auf den Genozid an den Juden als unmittelbar und unzweifelhaft faschistisch zu verstehen, oder umgekehrt zu versuchen, die arabischen Reaktionen von Mittäterschaft freizusprechen und die Araber – wiederum verallgemeinernd und verklärend – als eine Art »Gerechte unter den Völkern« zu präsentieren, die während des Zweiten Weltkriegs jüdisches Leben gerettet haben.[12] Diese Studien sind sicherlich dazu geeignet, nachvollziehbar zu machen, warum einige arabische Intellektuelle der Ideologie des Nationalsozialismus begeistert anhingen, während ihre große Mehrheit von Casablanca über Kairo bis nach Beirut Hitler verachtete.[13] Im Gegensatz hierzu will die vorliegende Studie nicht erneut verallgemeinernde Perspektiven aufrufen, sondern die arabische Wahrnehmung des Holocaust als »historischer Ausnahmefall«, als Zivilisationsbruch in der Menschheitsgeschichte untersuchen. Ein angemessenes Verständnis der Ereignisse war in Europa nach dem Krieg nicht vorhanden. 1945 erschien der Holocaust vielen Europäern als ein tragisches, aber schließlich doch zweitrangiges Ereignis angesichts der allgegenwärtigen Zerstörung. Entsprechend rückt die vorliegende Studie die bislang in diesem Zusammenhang immer wieder aufgerufene Debatte um den Mufti von Palästina eher in den Hintergrund, sie stellt jedoch erneut die Frage nach dem Zeithorizont der Reaktionen arabischer Intellektueller auf den Holocaust. Dies bedeutet zunächst eine Annäherung an den oben erwähnten zweiten Ansatz, der die arabische Wahrnehmung des Holocaust im Zusammenhang mit der Palästinafrage erklärt. Hierbei sind zwei kürzlich erschienene Werke von Bedeutung. Die israelischen Politikwissenschaftler Meir Litvak und Esther Webman veröffentlichten 2009 die Ergebnisse ihrer

---

12 Auf die »Gerechten unter den Völkern« bezieht sich der amerikanische Nahostwissenschaftler Robert Satloff mit dem Titel seines 2006 erschienenen Buches, in dem er der Geschichte der antijüdischen Verfolgungen in Nordafrika während des Vichy-Regimes auf den Grund geht und dabei die Rolle der arabischen »Gerechten«, die trotz der Gefahr für das eigene Leben Juden versteckten oder ihnen zur Flucht verhalfen, darstellt: Satloff, Among the Righteous.
13 Zu den vielfältigen Eindrücken und Reaktionen, mit denen das faschistische Regime Italiens, aber auch der Nationalsozialismus im arabischen Raum wahrgenommen wurden, vgl. bes. Gershoni/Nordbruch, Sympathie und Schrecken; über einzelne Länder vgl. bes. die Werke des israelischen Historikers Israel Gershoni über Ägypten, u.a.: Eine Stimme der Vernunft; Egyptian Liberalism in an Age of »Crisis of Orientation«; Confronting Nazism in Egypt; Or bezal [Licht in der Dunkelheit]. Zu Libanon und Syrien vgl. Nordbruch, Nazism in Syria and Lebanon.

Forschungen über arabische Reaktionen auf den Holocaust.[14] Litvak/Webman sind überzeugt von einer Kausalität zwischen dem Konflikt um Palästina und der arabischen Leugnung des Holocaust, sie formulieren daher in der Einleitung ihre Grundthese: »Die arabische Ablehnung Israels überschattete Fähigkeit und Willen der Araber zum Mitgefühl mit der jüdischen Tragödie und erst recht zur Anerkennung des Holocaust.«[15]

Von dieser These ausgehend präsentieren die Autoren in elf ausführlichen Kapiteln eine Bestandsaufnahme arabischer Holocaust-Diskurse vom Ende des Zweiten Weltkriegs bis zur Gegenwart.[16] Entsprechend dem Titel *From Empathy to Denial* zeigen sie, dass die Eskalation des Konflikts mit der Gründung Israels 1948 den Ausschlag für die arabische Leugnung des Holocaust gab, während arabische Texte aus den Jahren 1945–1948 über das Schicksal der europäischen Juden eher von Empathie geprägt waren.

Das Erklärungsmodell vom Palästinakonflikt als dem Leitmotiv arabischer Leugnung des Holocaust ist unzweifelhaft brisant. Dies lässt sich an der gleichfalls 2009 erschienenen Arbeit des libanesischen Politikwissenschaftlers Gilbert Achcar zeigen.[17] Grundsätzlich ähnelt sie der Untersuchung von Litvak/Webman. Auch Achcar stellt eine Dokumentation arabischer Reaktionen auf den Holocaust von 1933 über 1948 bis in die Gegenwart hinein zusammen. Doch seine Untersuchung *The Arabs and the Holocaust* ist nicht ohne ihren Untertitel zu verstehen, der den *Arab-Israeli War of Narratives* betont. Diese Deutung zieht sich wie ein roter Faden durch die gesamte Studie. Achcar hat dabei durchaus aufklärerische Absichten, was sicher auch mit Fragen von Herkunft und Erkenntnisinteresse zusammenhängt: Der 1951 als Kind einer christlich-libanesischen Familie im westafrikanischen Senegal geborene Achcar zog 1959 mit seinen Eltern in den Libanon zurück,[18] er hat also als junger Mann den Sechstagekrieg 1967 miterlebt. Die arabische Niederlage wurde für den Schüler zum Wendepunkt: Er rebellierte gegen den Panarabismus und »konvertierte« zum Marxismus. Aus dem christlichen Jungen wurde ein internationalistischer Aktivist.

Achcar hatte sich für eine akademische Laufbahn entschieden, die seiner universalistisch-marxistischen Überzeugung entsprach. Er publizierte über die Wiederbelebung des Marxismus im arabischen Raum, gegen den Zionismus, gegen die amerikanische Hegemonie und auch gegen den islamischen

---

14 Litvak/Webman, From Empathy to Denial.
15 Ebd., 2.
16 Die Autoren gliedern ihre Ausführungen in zwei Hauptteile über »Historical case studies« (23–131) und »Prominent representation themes« (155–331), wobei Teil I vier und Teil II sieben Kapitel umfasst.
17 Achcar, The Arabs and the Holocaust.
18 Vgl. dazu Mustafa Basyuni, jalbir al-ʾashqar [Gilbert Achcar].

Fundamentalismus. Seine Schriften sind Ausdruck seiner Aktivitäten gegen die Tyrannei in der arabischen Welt, aber auch seines Kampfes für einen Vorderen Orient, der sich universalistisch neu interpretiert. In diesem Sinn will Achcar mit *The Arabs and the Holocaust* – ausgehend vom biblischen Motto »Warum siehst du den Splitter im Auge deines Bruders, aber den Balken in deinem Auge bemerkst du nicht?«[19] – die Araber über den Holocaust, aber auch die Israelis über die *Nakba* aufklären, jenes Leid, dass sie aus seiner Sicht mit der Gründung des Staates Israel den Palästinensern zufügten. Die gleichzeitige Behandlung von Holocaust und *Nakba* erfolgt feinfühlig, ohne beide Ereignisse gleichzusetzen oder gar gegeneinander aufzurechnen. Das macht Achcars Studie so bemerkenswert, offenbart aber gleichzeitig ihre Schwäche. Denn insgesamt analysiert Achcar die Haltung der arabischen Intellektuellen zum Holocaust zwar scharfsinnig und kritisch, dennoch büßt seine Studie überall dort an argumentativer Stringenz ein, wo er den Leugnungsdiskurs arabischer Intellektueller isoliert im Rahmen des arabisch-israelischen Konfliktes interpretiert, sozusagen als »Verhandlungsmasse« für einen erwünschten politischen Ausgleich zwischen beiden Parteien und Völkern.

Darüber hinaus stellt Achcar in *The Arabs and the Holocaust* ausführlich den gesamten Themenkomplex jüdisch-arabischer Beziehungen im 20. und 21. Jahrhundert dar, von der allgemeinen Haltung der Araber zu Juden über das Verhältnis arabischer Nationalisten zu den Nationalsozialisten, den Palästinakonflikt und die israelische Reaktion auf die *Nakba* bis hin zur arabischen Judenfeindschaft. Nur der Holocaust selbst steht nicht zur Debatte. Er wird zum Vehikel, um die Problematik des Verhältnisses zu Israel insgesamt zu thematisieren und sich in Abgrenzung zum Westen zu begreifen.

So hat Achcar die arabischen Reaktionen auf den Holocaust zwar berührt, diese aber eher in einer Art Resümee konstatiert als entfaltet. Dem Desiderat einer erkenntnistheoretisch angeleiteten Erforschung der Holocaust-Wahrnehmung arabischer Intellektueller ist damit noch nicht entsprochen, vielmehr besteht der große Wert der Studie in der Formulierung der Fragestellung. Die eingangs beschriebenen frühen Beobachtungen Taha Hussains enthalten bereits jene emblematische Verschränkung verschiedener historischer Erfahrungen, deren exakter Nachvollzug aus Sicht der vorliegenden Arbeit so wesentlich für ein angemessenes Verständnis der Reaktionen arabischer Intellektueller auf den Holocaust ist. In diesem Gegenstand überlagern sich europäische Geschichtserfahrungen, wie die Vernichtung der Juden, mit kolonialen Erfahrungen der arabischen Welt, wie beispielsweise dem europäisch-zionistischen Kolonialisierungsprojekt in Palästina, dem französischen Kolonialismus in Nordafrika, Syrien und Libanon sowie dem

---

19 Unter anderem Mt 7,3.

britischen Kolonialismus in Ägypten. Diese widersprüchlichen, zuweilen rivalisierenden, in jedem Falle aber sich überlagernden Gedächtnisschichten gilt es zu verstehen und zu unterscheiden. Erst dann wird nachzuvollziehen sein, aus welchen Gründen zu einer Zeit, in der sich in Europa – wenn auch langsam und nicht ohne Widerstände – der Holocaust zu einem Schlüsselthema der Historiografie und der politischen Kultur entwickelte, die Rezeption dieses Zivilisationsbruchs seitens arabischer Intellektueller in besonderem Maße eingeschränkt, ja »blockiert« war. Es ist eine der wesentlichen Thesen dieser Studie, dass der Holocaust aufgrund der konkurrierenden Gedächtnisse nicht angemessen wahrgenommen werden konnte und aus diesem Grund sein Ausmaß, seine Ursachen und seine Bedeutung – wenn überhaupt wahrgenommen – relativiert oder geleugnet und seine Folgen verengt dargestellt wurden.

Quellenbasis und Untersuchungszeitraum

Eine Quelle der vorliegenden Arbeit bietet die Wochenzeitschrift *al-risāla* (Die Botschaft). Sie war in der ersten Hälfte des 20. Jahrhunderts zwei Jahrzehnte lang das prominenteste und nachhaltigste Forum arabischer Intellektueller.[20] Von Ahmad Hassan az-Zayyat (1885–1968) im Jahr 1933 in Kairo gegründet,[21] stand die Zeitschrift Autoren aus Ägypten, Syrien, Libanon und dem Irak offen, alle geistigen und kulturellen Strömungen des arabischen Raums fanden hier ihren Niederschlag.[22]

Az-Zayyat gelang eine ausgewogene Mischung unterschiedlicher Strömungen, er ging nicht zuletzt deswegen als *al-ustādh* (der Lehrer/der Meister) in die moderne arabische Geistesgeschichte ein. Seine journalistische

---

20 Gründe dafür, dass sie zu *der* Kulturzeitschrift des gesamten arabischen Orients wurde, sind u.a. das breite Themenspektrum sowie die Prominenz ihrer Autoren. Beginnend mit einer Auflage von 15 000 Anfang der 1930er Jahre, wurden in den 1940er Jahren bereits 50 000 Exemplare verkauft, ein Viertel davon ins arabische Ausland. Vgl. dazu az-Zayyat, al-risāla 1, 15. Juni 1933, 3.
21 Vgl. Goldschmidt, Biographical Dictionary of Modern Egypt, 238f.
22 Liberale Strömungen waren vertreten durch Muhammad Husain Haikal (1888–1956), Taha Hussain (1889–1973), Tawfiq al-Hakim (1898–1987), ʿAbbas Mahmud al-ʿAqqad (1889–1964) und Ahmad Amin (1886–1954), nationalistische durch Intellektuelle wie Ibrahim ʿAbd al-Qadir al-Mazini (1889–1949), Zaki Mubarak, Mustafa Sadiq ar-Rifaʿi, Abd al-Wahab ʿAzzam (1894–1959) oder Niqula al-Haddad (1870–1954). Die islamische Orientierung schließlich fand ihre Exponenten u.a. in Muhammad Farid Abu Hadid (1893–1967), ʿAbd al-ʿAziz al-Bishri (1866–1943) und Sayyid Qutb (1906–1966). Taha Hussain fungierte ab Gründung zwei Jahre lang als Mitherausgeber, was den nachdrücklich liberalen Ansatz von *al-risāla* erklärt.

Schule prägt das kulturelle Leben der arabischen Welt bis in die Gegenwart.[23]

Trotz verschiedener geistiger und politischer Ausrichtung schien die Redaktion von *al-risāla* einem Konsens zu folgen, der ein kontinuierlich offenes und liberales Profil der Zeitschrift gewährleistete. Dies kann anhand von zwei Schwerpunktthemen des Blattes gezeigt werden. Zunächst wurde jene für die arabische Geistesgeschichte zentrale Frage nach der Rolle der Religion in der Gesellschaft immer wieder gestellt, und dies in zweifacher Hinsicht: Eine Mehrheit suchte nach einem Einklang zwischen Religion und Moderne und propagierte daher einen »offenen und liberalen« Islam,[24] während Vertreter einer eher säkularen Diskurskultur wie Ismaʿil Ahmad Adham (1911–1940) und der irakische Dichter Jamil Sidqi az-Zahawi (1863–1936) eine vollständige Verdrängung der Religion aus der Öffentlichkeit forderten.[25] Trotz Meinungsverschiedenheiten waren sich beide Strömungen aber in einer Sache einig: Sie standen Europa offen gegenüber, war die europäische Moderne für sie doch der prägende Faktor gewesen.

Das zweite Schwerpunktthema der Zeitschrift bildete die Beschäftigung mit den politischen Ereignissen in Europa, getragen von der Sorge über das Aufkommen faschistischer und nationalsozialistischer Ideologien in den 1930er Jahren. Hier hatte sich *al-risāla* als ein kompromissloser und vehementer Gegner des Faschismus in Italien und des Nationalsozialismus in Deutschland profiliert und avancierte zum Vorreiter im Kampf gegen die Ausbreitung derartiger Ideologien im arabisch-islamischen Raum. Dabei fußten die Aufsätze auf einer doppelten Strategie: zum einen auf der Darstellung der Unvereinbarkeit von Hitlers und Mussolinis Ideen mit der Glaubenslehre des Islam, zum anderen auf der Betonung der Gefahr, die eine faschistische und nationalsozialistische Regierungsform für den Gesellschaftsfrieden darstellte.[26]

Die Wahl von *al-risāla* als Zeitzeugnis und Quelle für diese Arbeit mag verwundern – wie kann eine Zeitschrift mit einem derart liberalen Profil in Zusammenhang mit dem Phänomen arabischer Gegnerschaft zum Europa

---

23 Vgl. dazu Muhammad, az-zaiyat wa-l-risāla [Az-Zayyat und *al-risāla*], 200–218, und Walker, Egypt's Liberal Arabism, 65–68.
24 Vgl. dazu Gershoni, Eine Stimme der Vernunft, 106; ders., Or bezal [Licht in der Dunkelheit], 26; ders., Egyptian Liberalism in an Age of »Crisis of Orientation«, 553.
25 Vgl. insbesondere die Debatte über das 1937 in Alexandria veröffentlichte Buch von Ismaʿil Ahmad Adham, *li-mādhā anā mulhid?* (Warum bin ich Atheist?), sowie die Kritik des irakischen Dichters Jamil Sidqi az-Zahawi, der Adhams Ansichten verteidigte und der intellektuellen Szene Ägyptens Mangel an geistiger Freiheit vorwarf. Vgl. dazu auch Ibrahim Ahmad Adham, ʿan akhī (Über meinen Bruder), sowie az-Zayyat, nihāyat adīb (Das Ende eines Literaten).
26 Ausführlich zur Vorreiterrolle *al-risālas* im Kampf gegen Faschismus und Nationalsozialismus: Gershoni, Egyptian Liberalism in an Age of »Crisis of Orientation«.

der Nachkriegszeit gebracht werden? Zunächst soll daher *al-ustādh* Ahmad Hassan az-Zayyat in den Fokus gerückt werden. In der Orientforschung gilt er als muslimischer Intellektueller liberaler Prägung, dessen Ansichten für den arabischen Liberalismus insgesamt beispielgebend sind.[27] Für die Angemessenheit dieser Auswahl spricht die Tatsache, dass az-Zayyat aufgrund seiner eigenen Ansichten, aber auch indirekt durch seine Position als Chefredakteur von *al-risāla* mit der europäischen Geschichte gut vertraut war.

Ahmad Hassan az-Zayyat begann im Alter von 13 Jahren zunächst mit dem in seiner Generation verbreiteten Studium an der religiösen Institution von al-Azhar. Doch das dort vermittelte traditionelle Wissen erfüllte kaum seine literarischen Bedürfnisse, und so brach er sein Studium vorzeitig ab. In dieser Zeit kam er in Kontakt mit Vertretern liberaler Kreise, allen voran Taha Hussain, auf dessen Rat hin er sich in der liberalen und überwiegend mit europäischen Lehrkräften besetzten *al-jāmiʿa al-ahliyya* (Öffentliche Universität)[28] einschrieb. Hier entfernte sich az-Zayyat von der islamischen Wissenstradition, um sich bald gänzlich dem europäischen Einfluss zu öffnen. Der europäische Weg in die Moderne war ihm Vorbild, er sah in der Aneignung des Gedankenguts der europäischen Aufklärung und in der Übersetzung bedeutender europäischer literarischer Werke erste Schritte zu einer Reformierung der eigenen Gesellschaft. So entstanden Übertragungen von Goethes Briefroman *Die Leiden des jungen Werther* sowie der autobiografischen Prosadichtung *Raphaël* von Alphonse de Lamartine.[29] Doch die 1940er Jahre brachten eine Wende im Verhältnis der arabisch-muslimischen Intellektuellen zu Europa. Eine Reihe unterschiedlicher Ursachen trug dazu bei: zunächst die Grausamkeiten des Zweiten Weltkriegs – wie auch die Vergegenwärtigung jener des Ersten Weltkriegs –, die gerade bei den arabischen Vertretern des europäischen Liberalismuskonzepts essenzielle Zweifel am »heroischen Europa« hervorriefen. Für az-Zayyat bedeuteten die europäischen Kriege und somit auch die Machtübertragung an faschistische beziehungsweise nationalsozialistische Parteien einen Verrat an der europäischen aufklärerischen Tradition. Ausschlaggebend für den Vertrauensbruch war jedoch die britische Kolonialpolitik in Ägypten während des Zweiten Weltkriegs.

---

27 Vgl. dazu Walker, Egypt's Liberal Arabism, 65–68, und Gershoni, The Evolution of National Culture in Modern Egypt, 345.

28 Die Universität wurde 1908 als »Öffentliche Universität« gegründet, jedoch im Jahr 1925 in »Ägyptische Universität« umbenannt; 1940 wurde die Universität nach dem ägpyptischen Herrscher Fouad I. (1868–1936) benannt; ihre heutige Bezeichnung »Universität Kairo« erhielt sie nach dem Militärputsch von 1952 im Rahmen der Nationalisierung des ägyptischen Bildungssystems im Jahr 1953. Vgl. dazu Reid, Cairo University and the Making of Modern Egypt, 1.

29 Vgl. dazu az-Zayyat, ālām fartar [Die Leiden von Werther], und ders., alfuns lamartina [Alfons Lamartine].

Insbesondere das »Ereignis des 4. Februar 1942«[30] gab in Ägypten endgültig den Anlass zur Distanzierung von Europa. So formulierte az-Zayyat zwei Jahre nach Kriegsende sehr deutlich, was er von Europa hielt:

»Wir glaubten an das aufgeklärte Europa und deshalb unterstützten wir die Alliierten gegen die Verbrechen Hitlers. Nun zeigt Europa sein wahres Gesicht. Die Briten sind für das Drama der Palästinenser verantwortlich und verweigern die Unabhängigkeit Ägyptens und des Sudans. Die Franzosen massakrieren die Araber in Nordafrika und die Einheimischen in Indochina und bestehen darauf, die koloniale Politik der Ausbeutung fortzusetzen. Sie haben vergessen, wie sie vor Hitler gezittert haben. Wäre er am Leben, hätte er ihnen gezeigt, wo ihr Platz ist. Gott möge sich Hitlers erbarmen.«[31]

Diese Worte mögen als die eines verzweifelten Intellektuellen betrachtet werden, doch sind sie charakteristisch für jene ehemals europhilen Intellektuellen der 1930er Jahre.[32] Die Wahrnehmung Europas im arabischen Raum erfuhr in dieser Zeit eine Verschiebung, die von den Europäern propagierten Ideale der Aufklärung und des Humanismus traten in den Hintergrund. In den Vordergrund schob sich die Wahrnehmung eines von Machtinteressen »besessenen« Kolonialisten: »[D]as an Gelehrten reiche, moderne Europa«, dessen Kriegsführung »nicht einmal zwischen Schuldigen und Unschuldigen«[33] zu unterscheiden vermochte, verlor den Anspruch auf seine »zivilisatorische« Vorreiterrolle. Die »großartigen islamischen Länder«[34] und den »Westen, das heißt sowohl die Alliierten als auch die Achse Berlin–Rom«,[35] betrachtete az-Zayyat nun als zwei entgegengesetzte Systeme. In der Perspektive des kolonialisierten Intellektuellen ging az-Zayyat die moralische Trennschärfe verloren, als England auf der Fortführung der Kolonialisierung

---

30 Während des Zweiten Weltkrieges stand die in Kairo regierende liberale Wafd-Partei hinter England. Im Laufe des Krieges allerdings mehrten sich nationalistische Stimmen, die für eine Kooperation Ägyptens mit Nazideutschland eintraten, um von England die Unabhängigkeit zu erzwingen. Mit dem Einmarsch Rommels in Ägypten fürchtete England, die Kontrolle über Ägypten zu verlieren. An jenem Tag war König Faruk von Ägypten bemüht, eine Regierung zu bilden. Der britische Botschafter in Kairo, Miles Lampson, gab den Befehl, den Palast mit Panzern zu umstellen, und zwang Faruk, dem Wafd-Politiker Mustafa an-Nahas die Regierungsbildung zu überlassen. Dies geschah und die Krise wurde überwunden, aber der 4. Februar 1942 hatte eine verheerende Wirkung: Er zeigte den Ägyptern, wer Herr im Lande ist und schürte den antibritischen Hass, stigmatisierte aber gleichzeitig die Liberalen als »Agenten« des Westens. Zu den Ereignissen vgl. Vatikiotis, The Modern History of Egypt, 349–351.
31 Az-Zayyat, raḥima allāh udolf hitlar! [Gott möge sich Adolf Hitlers erbarmen!].
32 Zum Verhalten arabischer Intellektueller liberaler Prägung vgl. Safran, Egypt in Search of Political Community; Vatikiotis, The Modern History of Egypt; Gershoni, Redefining the Egyptian Nation, 1930–1945.
33 Az-Zayyat, akhlāq al-ḥarb [Die Ethik des Krieges].
34 Ders., kalimat al-ʿadad [Leitartikel].
35 Ebd.

Ägyptens bestand: »Demokratie, Kommunismus, Nazismus und Faschismus«,[36] so schrieb er 1946, »sind Synonyme für die fortdauernde Kolonialisierung des arabischen Orients und die Versklavung seiner Bewohner.«[37]

Die Zeitschrift *al-risāla* stellt gewissermaßen die Vorgeschichte dessen dar, was diese Studie nachdrücklich ins Bewusstsein des Lesers rücken will: Es gibt eine vergessene liberale Tradition in der arabischen Welt, die sich ausdrücklich gegen den Nationalsozialismus aussprach. Durch die Kolonialerfahrung trübte sich jedoch dieser zunächst klare Blick, die Ereignisse in Algerien und der Kampf gegen den Kolonialismus in der übrigen arabischen Welt prägten die Wahrnehmung Europas.

Diese Studie versteht sich als eine arabische Zeitgeschichte, die einen gedächtnisgeschichtlichen Zugriff unternimmt. Aus dieser methodischen Herangehensweise ergibt sich der Untersuchungszeitraum. Diese Arbeit misst den 1960er Jahren eine bislang so nicht wahrgenommene entscheidende Bedeutung zu. Die Entkolonialisierung erfuhr Anfang der sechziger Jahre mit dem Algerienkrieg und der Unabhängigkeit des Landes eine Zuspitzung, die in der arabischen Welt die Hoffnung auf eine Beschäftigung mit der kolonialen Vergangenheit Europas geweckt hatte. Zugleich wurde Adolf Eichmann von 1960 bis 1962 in Jerusalem der Prozess gemacht, aus gedächtnisgeschichtlicher Perspektive ein weiterer Markstein des Jahrzehnts. An diesen beiden Ereignissen wird die Gegenläufigkeit von Gedächtnissen offenbar, die fortan die historischen Konstellationen prägen sollten: Das arabische Gedächtnis der Kolonialzeit und das europäische Gedächtnis des Holocaust gingen ab dem Eichmann-Prozess getrennte Wege. Die zweite Hälfte des in dieser Studie vorrangig betrachteten Zeitraums ist vom Sechstagekrieg 1967 gekennzeichnet. Er verschärfte die in der ersten Hälfte des Jahrzehnts entstandene Gegenläufigkeit europäischer und kolonialer Gedächtnisse.

Um die Entstehung jener konkurrierenden Gedächtnisse nachzuvollziehen, werden Rückgriffe in vorgelagerte und vermeintlich später liegende Zeiten notwendig. Dan Diner hat in einer Studie auf die Gegenläufigkeit europäischer und kolonialer Gedächtnisse aufmerksam gemacht. Ausgehend von der Gedächtnisikone des 8. Mai beschreibt er die mehrfache Besetzung des Datums in der europäischen Gedächtnisgeschichte: Während am 8. Mai 1945 in Reims die Franzosen gemeinsam mit anderen Alliierten die bedingungslose Kapitulation der deutschen Streitkräfte an allen Fronten feierten, verübte die französische Kolonialarmee in den algerischen, mehrheitlich arabisch-muslimisch bewohnten Städten Sétif, Guelma und Kherrata ein grausames Massaker. Sétif und Reims im Mai 1945 können somit als Embleme unterschiedlicher Wahrnehmung des Kriegsendes verstanden werden: Wäh-

---

36 Ders., *nahnu wa-ūrūbā* [Wir und Europa].
37 Ebd., 542.

rend der 8. Mai 1945 in Europa zum Tag des Sieges und der Befreiung wurde, ging er als Tag der Trauer in das algerische Gedächtnis ein.[38]

Solch eine zuweilen drastische Gegenläufigkeit der Gedächtnisse beschränkt sich nicht auf Algerien. Für verschiedene arabische Gesellschaften war das Ende des Zweiten Weltkriegs zunächst Anlass zu Freude und Hoffnung. Der ägyptische Historiker Abd al-ʿazim Ramadan fasst den Hauptgrund dafür zusammen:

»Die Menschen auf der Straße waren über die Kriegsgeschehnisse informiert. Der Rundfunk berichtete regelmäßig über den Kriegsverlauf und die Zeitungen hatten manchmal Früh- und Abendausgaben, um den Leser auf den aktuellen Stand zu bringen. Unsere Informationen waren dennoch sehr oberflächlich: Wir wussten, welche Städte gerade von den Deutschen beherrscht oder von den Alliierten zurückerobert wurden; wir kannten auch die Namen der Generäle auf beiden Seiten; aber wir wussten zum Beispiel nicht, warum der Krieg ausbrach, das hatte keine Rolle gespielt. Wichtig für die Bevölkerung war, dass England uns Ägyptern mit dem Sieg über die Achsenmächte die vollständige Unabhängigkeit garantiert hatte. Daher waren die meisten Ägypter bei Kriegsende voller Freude, hatten den Sieg sogar gefeiert und waren zuversichtlich, dass ihre Unabhängigkeit in naher Zukunft folgen würde.«[39]

Diese Kolonialpolitik, sei es das brutale Vorgehen der Franzosen in Algerien oder das nicht eingehaltene Versprechen der Briten in Kairo, blieb nicht folgenlos. In den arabischen Gesellschaften überlagerten Bilder der Kolonialgewalt die Gedächtnisse. Die Folgen sind absehbar: Der sinnhaltige Unterschied zwischen den von den Nationalsozialisten in Europa begangenen Verbrechen und der kolonialen Gewalterfahrung in der arabischen Welt ging verloren.

Die drastischen Folgen der kolonialen Erfahrungen des Zweiten Weltkriegs beschränkten sich nicht auf die Wut kolonialisierter Intellektueller gegenüber den Kolonialmächten. Noch deutlicher haftet die Niederlage der arabischen Armeen 1948 im Gedächtnis. Auch der Palästinakrieg muss also vor dem Horizont einer Gegenläufigkeit europäischer und kolonialer Gedächtnisse neu betrachtet werden. Der syrische Historiker Constantine Zurayk setzte sich als einer der ersten arabischen Intellektuellen mit der Niederlage auseinander und erklärt in seinem Buch *Die Bedeutung der Nakba*, warum Israel den Sieg davongetragen habe:

»Der Sieg, den die Zionisten [1948] erzielten, liegt nicht in der Überlegenheit eines Volkes über ein anderes, sondern vielmehr in der Überlegenheit eines Systems gegenüber dem anderen. Der Grund für diesen Sieg besteht darin, dass die Wurzeln des Zionismus in der westlichen Moderne verankert sind und er damit ein Bestandteil dieser Moderne ist, während wir [Araber] immer noch weit von dieser Moderne entfernt sind und ihr

---

38 Vgl. dazu Diner, Zeitenschwelle, sowie ders., Gegenläufige Gedächtnisse, 64–68.
39 Gespräch mit dem Verfasser in Kairo am 24. Januar 2006.

zum großen Teil ablehnend gegenüberstehen. Sie [die Zionisten] leben in der Gegenwart und für die Zukunft, während wir weiter von einer glorreichen Vergangenheit träumen und uns selbst verdummen mit ihrer verstaubten Herrlichkeit.«[40]

Die Wucht dieser Aussage musste für die arabischen Intellektuellen durchaus schmerzhaft gewesen sein, was auch mit der Stellung der Juden in der arabischen Erfahrungs- und Mentalitätsgeschichte zu tun hat. Diese Wahrnehmung kann anhand der Reaktion Ahmad Hassan az-Zayyats auf den Krieg 1948 veranschaulicht werden:

»Sagte man, die Juden besäßen die Macht in Palästina, so wäre dies, als hätte man gesagt: Eine Schar von Hasen bildet einen Staat im Löwenwald! Wer konnte bloß einer solchen Nachricht [von der Niederlage der Araber], die dem Gesetz Gottes, der Natur und der Geschichtserfahrung widerspricht, Glauben schenken!«[41]

Dies ist nur ein Beispiel für zahlreiche vergleichbare zeitgenössische Bewertungen der Ereignisse. Noch in den 1930er Jahren hatte az-Zayyat die Juden als Brüder beschrieben, »mit kreativen Köpfen, deren Beitrag die großartigen Errungenschaften der Deutschen ermöglichte«.[42] Jetzt erschienen sie in seinen Augen als »Feiglinge, die nur durch Intrigen und Böswilligkeit historisch überlebt haben«.[43] Diese judenfeindlichen Äußerungen stellen nicht in Abrede, dass die Juden einen Platz in der Ordnung der Welt haben; sie beharren nur darauf, dass dieser Platz ein bescheidener sei und dem einer geduldeten, untergeordneten »Schar von Hasen« entspreche. Durch ihr Auftreten als Eroberer und Herrscher hätten die Juden jedoch die gottgegebene Ordnung der Dinge umgestürzt: »Oh Allmächtiger! Was hören wir, [das jüdische] Tel Aviv regiert über [das islamische] Haifa und die Flagge Zions weht über der Moschee.«[44]

An Reaktionen dieser Art ist das wesentliche Problem arabisch-muslimischer Intellektueller mit der Niederlage 1948 abzulesen: Az-Zayyat betrauert nicht den Verlust eines islamischen Gebiets und auch nicht die Opfer des Kriegs, sondern er beklagt sich über die Sieger. Es waren nicht die Enkel der Kreuzritter, auch nicht die Rückeroberer Spaniens, nicht die modernen britischen und französischen Kolonialherren, unter deren Herrschaft die Muslime zu leben lernten, sondern eine »Schar von Hasen«, aus seiner Sicht ein geschichtlich obdach- und wehrloses Volk, dessen vermeintliche Schwäche den »jüdischen Sieg« zu einer Erniedrigung und Beschämung für die arabischen Muslime machte.

---

40 Zurayk, maʿna al-nakba [Die Bedeutung der Nakba], 42.
41 Az-Zayyat, li-man al-ʿizza fī filastīn? [Wer besitzt die Macht in Palästina?].
42 Ders., fī maʿna al-jarmāniyya [Die Bedeutung des Germanentums], 1244.
43 Ders., li-man al-ʿizza fī filastīn? [Wer besitzt die Macht in Palästina?], 549.
44 Ders., min ʿalāmāt al-sāʿa [Zeichen des Jüngsten Gerichts].

Die arabischen Reaktionen auf die Niederlage 1948 stehen in unmittelbarer Verbindung zur arabischen Wahrnehmung des Holocaust, jedoch nicht in kausaler Hinsicht. Der Palästinakonflikt war nicht die Ursache der arabischen Leugnung des Holocaust, sondern er hat zu jener gedächtnistheoretischen Komplexität beigetragen, die oben beschrieben wurde. Dies geschah in zweierlei Hinsicht: Zunächst erschienen die Juden aus arabischer Perspektive zwar als »Schar von Hasen«, die jedoch nicht zu bemitleiden, sondern als Eroberer und Kolonialisten zu verurteilen seien, da sie arabisches Land in Besitz nahmen. Zweitens fungierte der arabisch-israelische Konflikt wie ein Ventil, dessen Betätigung die Gegenläufigkeit arabischer und europäischer Gedächtnisse sichtbar machte. Die Gründe für die arabische Leugnung des Holocaust sind also nicht ausschließlich ereignisgeschichtlich über den Zweiten Weltkrieg, die koloniale Tragödie, etwa in Algerien 1945, oder den arabisch-israelischen Krieg um Palästina von 1948 zu verstehen, sondern vielmehr aus ideengeschichtlicher Perspektive auf jenen Zeitraum zu entschlüsseln, in dem sich europäische und arabische Diskurse über den Zweiten Weltkrieg überschnitten und als Gedächtnisse konkurrierten. Einen solchen Zeitraum bildeten die 1960er Jahre, deren ideengeschichtliche Bedeutung für die arabische Leugnung des Holocaust im Mittelpunkt der vorliegenden Studie steht.

Es wird in diesem Buch also nicht erneut darum gehen, eine Sammlung arabischer Reaktionen auf den Zivilisationsbruch zu erstellen, um anschließend zum wiederholten Mal die Leugnung des Holocaust in der arabischen Welt zu konstatieren. Ebenso wenig soll der Konflikt entlang historischer Krisen, wie des arabisch-israelischen Konflikts insgesamt, oder anhand von Einzelereignissen wie dem Suezkrieg 1956 oder dem Algerienkrieg (1954–1962) nacherzählt werden, um daraus Motive für die arabische Leugnung des Holocaust abzuleiten. Es soll vielmehr jene diskursive Überschneidung europäischer und arabischer Ideengeschichte nachvollzogen werden, die für ein angemessenes Urteil über die Lage notwendig ist. Ihre Hauptakteure waren gar keine Araber und dennoch haben sie die arabische Ideen- und Kulturgeschichte der 1960er Jahre entscheidend geprägt: der britische Universalhistoriker Arnold Joseph Toynbee (1889–1975), der französische Philosoph und Publizist Jean-Paul Sartre (1905–1980) und der französische Soziologe und Orientalist Maxime Rodinson (1915–2004). Fest steht, dass mit Toynbee, Sartre und Rodinson Akteure aufgerufen sind, deren Schriften sowohl die Kolonialerfahrungen arabischer Gesellschaften als auch die Judenverfolgung zum Thema haben – und deren Texte in der arabischen Welt intensiv rezipiert wurden.

Toynbee, Sartre und Rodinson suchten darüber hinaus stets den unmittelbaren Kontakt zu arabischen Intellektuellen der 1960er Jahre, sie sollten die intellektuelle arabische Geschichte, sei es in Algier, Kairo, Bagdad, Damaskus und Beirut, maßgeblich prägen. Ihr Schreiben und Agieren soll als Reflexionsort dienen, um den hier beschriebenen gedächtnisgeschichtlichen Zugriff paradigmatisch an drei Zeiten und Orten der arabischen Politikgeschichte zu entfalten. Dies geschieht in drei Kapiteln, die jeweils einen Akteur, einen Ort und zugleich eine damit verbundene Gedächtniskonstellation in den Mittelpunkt stellen: Kapitel 1 widmet sich »Toynbee in Montreal«, das zweite Kapitel »Sartre in Kairo«, das dritte und letzte Kapitel dieser Studie verfolgt den Weg Rodinsons in Beirut. Es soll gezeigt werden, warum die Begegnung mit den Werken von Toynbee, Sartre und Rodinson die angemessene Wahrnehmung des Holocaust in der arabischen Welt blockierte und zu dessen Leugnung führte. Auf diese Weise soll ein Prisma der Geschichte der arabischen Intellektuellen entstehen, das neue Perspektiven auf die Besonderheiten der Wahrnehmung des Holocaust in der arabischen Welt zulässt.

Schließlich bietet das Buch mit einem Anhang ausgewählter arabischer Quellentexte dem deutschen Leser – ohne Vorgreifen des Verfassers – einen direkten Zugang zur arabischen Rezeption Toynbees, Sartres und Rodinsons sowie zu Reaktionen auf ihre Texte.

Araber und Holocaust – eine Forschungsgeschichte

Während sich die wissenschaftliche Auseinandersetzung mit dem Holocaust in der westlichen Welt ausdifferenziert, quellengesättigt und methodisch anspruchsvoll ausnimmt, weigerte sich die arabische Welt lange Zeit, sich mit dem Holocaust in vergleichbarer Weise wissenschaftlich zu beschäftigen. Dies gilt für das Ereignis selbst ebenso wie für die erkenntnistheoretischen Herausforderungen des Forschungsprozesses und seiner Bedingtheiten. Eine Ausnahme ist ein Aufsatz des arabisch-israelischen Intellektuellen Azmi Bishara, der aufgrund seiner Veröffentlichung in deutscher und hebräischer Sprache in arabischen Intellektuellenkreisen indes kaum wahrgenommen wurde.[45]

Der Beitrag von Bishara stellt eine der ersten wissenschaftlichen Befassungen mit dem Holocaust aus arabischer Feder dar, die sich explizit um die Vermittlung des erkenntnistheoretischen Hiatus zwischen dem europäisch-westlichen und dem arabischen Kulturraum bemühte. Geschrieben von einem palästinensischen Israeli und veröffentlicht unter dem Titel *Die Araber und der Holocaust. Die Problematisierung einer Konjunktion*, versammelt

---

45 Bishara, Die Araber und der Holocaust (hebr. Ha aravim ve hashoah).

dieser Text eine Fülle von Hinweisen auf die Untiefen des Themas. Doch seine Erklärungsversuche bleiben dem israelisch-palästinensischen Konflikt verhaftet. Bishara, der hier die Frage diskutiert, ob sich die Araber überhaupt mit dem Holocaust beschäftigen sollten, plädiert zwar für die wissenschaftliche Auseinandersetzung. Doch auch für ihn ist das Thema »mysteriös«, »provokativ« und nicht zuletzt »verdächtig.«[46] Der Schauplatz der verheerenden Katastrophe des Holocaust sei Europa gewesen, sowohl in ideologischer als auch in historischer Hinsicht, die »Wiedergutmachung« hingegen habe vor allem im Nahen Osten zum Nachteil der Palästinenser stattgefunden: »Der jüdische Staat entstand nicht in Bayern oder Schleswig-Holstein.«[47] Auch Bishara nimmt die Thematik »Die Araber und der Holocaust« letztendlich nicht anders als in einer Umkehrung des Täter-Opfer-Verhältnisses wahr:

»Die palästinensischen Opfer wurden kriminalisiert. Keine Erwähnung des Holocaust im Zusammenhang mit dem israelisch-palästinensischen Konflikt trägt der Rolle der Palästinenser heute Rechnung. Die Israelis hingegen bleiben Opfer, auch wenn sie Besatzer sind.«[48]

Sein Eintreten für eine Beschäftigung mit dem Holocaust erfolgte daher in einer universalgeschichtlichen Neutralisierung dieses Konfliktes und er plädierte folgerichtig dafür, dem Staat Israel den Holocaust als »Eigentum« zu entziehen und der »ganzen Menschheit« anzuvertrauen.[49] Bishara formulierte darüber hinaus drei weitere Gründe für eine arabische Auseinandersetzung mit dem Holocaust, »die über ein normales, menschliches Interesse« hinausgeht: Erstens sei die Palästinafrage unmittelbar mit der jüdischen Frage verknüpft. Ohne diese Verwicklung wäre sie schon längst im Prozess der Dekolonialisierung gelöst worden.[50] Zum Zweiten müsse jeder politische Kompromiss zwischen Israelis und Arabern den zwei verschiedenen »kollektiven Gedächtnissen« Rechnung tragen, weshalb seiner Meinung zufolge eine Verständigung nur »mit Rücksicht auf die Geschichte« erfolgen könne. Der dritte Grund schließlich liege in der bisher nicht ausreichend erfolgten historischen Selbstkritik der palästinensischen Nationalisten, die in den 1930er Jahren mit dem nationalsozialistischen Deutschland gegen England und die Zionisten kooperierten. Bishara bewertete diese Kooperation als »gravierenden Fehler«, der gesehen werden müsse, »um der Geschichte und der Gegenwart willen«.[51]

---

46 Ders., Die Araber und der Holocaust, 407.
47 Ebd.
48 Ebd.
49 Ebd., 409.
50 Ebd.
51 Ebd.

Neben dem Aufsatz Bisharas und zwei Aufsätzen aus israelischer Feder stand die Haltung der Araber zum Holocaust bis Mitte der 1990er Jahre kaum im Mittelpunkt der Forschung.[52] Vielmehr konzentrierte sich diese auf arabisch-jüdische Geschichtserfahrungen der modernen Zeit und daraus resultierende Formen der arabischen Judenfeindschaft sowie eine im arabischen Raum prägende Leugnung beziehungsweise Relativierung des Holocaust. Die Erklärungsansätze dieser Studien lassen sich strukturell in drei Gruppen zusammenfassen. Das erste Modell zeigt Analysen, die von einem religiös-politischen Punkt ausgehen. Hier wird die Stellung der Juden in der islamischen Geschichte durch eine über Jahrhunderte geltende islamische Ordnung analysiert. Nach dieser Ordnung übernehmen die Muslime als die Besitzer der vollständigen Offenbarung Gottes die führende Position in einer vom Islam bestimmten Lebensgemeinschaft. Dagegen sieht diese Ordnung den Juden als Schutzbefohlenen, *dhimma*, und verleiht ihm deshalb eine untergeordnete Rolle. Durch diese asymmetrische islamisch-jüdische Geschichtserfahrung wird die arabische Ablehnung gegenüber Israel als einem Staat der Juden erklärt. Gestärkt wird dieser Ansatz durch die Tatsache, dass die Araber ihre »Israelfeindschaft« über die Grenzen des arabisch-israelischen Konfliktes hinaus zu einer gegen die Gesamtjudenheit gerichteten Feindschaft ausweiten. Ein zweites Deutungsmodell distanziert sich in seinen Analysen von diesem religiös-politischen Muster und führt stattdessen die arabische Judenfeindschaft auf die Erfahrungen der Muslime mit dem Europa des 18. und 19. Jahrhunderts zurück, jener Anfangsphase der arabischen Begegnung mit der europäischen Moderne. Hier trafen arabische Muslime auf europäische Juden nicht mehr als *dhimmī*, sondern als Pioniere der Moderne und deren Mitgestalter. In einer frühen Phase wurde Begeisterung für Europa empfunden, man war bemüht, auch die eigenen Gesellschaften zu modernisieren. Arabische Intellektuelle begegneten Konzepten der Moderne wie Nation, Nationalismus und Staatlichkeit, die ihnen bis dahin fremd waren. Die Damaskus- und die Dreyfusaffäre konfrontierten sie mit dem Phänomen des Antisemitismus, den sie anfänglich als unvereinbar mit der islamischen Tradition ablehnten. Doch das Scheitern der Modernisierungsversuche und der Beginn militärischer Auseinandersetzungen um Palästina trugen zur Antipathie gegen die Juden bei und öffneten den arabischen Raum für aus Europa importierten Judenhass und Antisemitismus. Zu den Vertretern dieses Erklärungsmusters gehört der deutsche Islam-

---

52 Neben Litvak/Webman, Perceptions of the Holocaust in Palestinian Public Discourse, sowie dies., The Representation of the Holocaust in the Arab World, gibt es zwei klassische Arbeiten, die die arabische Judenfeindschaft behandeln und dabei das arabische Leugnen des Holocaust als eine Begleiterscheinung dieser Feindschaft beschreiben: Harkabi, Arab Attitudes to Israel, und Lewis, Semites and Anti-Semites.

wissenschaftler Michael Kiefer mit einer Studie zum arabischen Antisemitismus.[53]

Ein letztes Deutungsmodell konzentriert sich auf das arabisch-israelische Verhältnis und sieht in ihm den Motor der Judenfeindschaft im arabischen Raum. Mit der zunehmenden Besiedlung Palästinas in der ersten Hälfte des 20. Jahrhunderts durch europäische Juden begann sich ein Konflikt abzuzeichnen, dessen vorläufigen Höhepunkt der erste arabisch-israelische Krieg 1948 darstellte – Beginn der bis in die Gegenwart andauernden arabisch-israelischen Auseinandersetzungen.[54] Ein Beispiel für diesen Deutungsansatz sind die Forschungen des israelischen Politikwissenschaftlers Yehoshafat Harkabi.

Diese drei Deutungsmodelle wirken unmittelbar auf die arabische Wahrnehmung des Holocaust. Die drei Erklärungswege sind so miteinander verschränkt, dass erst ihre Entwirrung die erkenntnistheoretische Blockade arabischer Intellektueller in der Wahrnehmung des Holocaust erkennbar macht.

Islamische Wahrnehmung

Kaum eine Arbeit behandelte die jüdisch-arabische Geschichtserfahrung so ausführlich wie die wirkmächtige Studie *The Jews of Islam* des britischen Orientalisten Bernard Lewis. Bereits der Titel weist auf Lewis' Deutung der Stellung der Juden in einer islamisch-religiös bestimmten Weltordnung hin, die die arabisch-islamischen Gesellschaften seit Gründung des Islam bis zur Begegnung der arabischen Muslime mit der europäischen Moderne Ende des 18. Jahrhunderts prägte. Innerhalb dieser Ordnung lag – im Vergleich zur Situation jüdischer Gemeinschaften jenseits der islamischen Welt – die Besonderheit der Stellung der Juden im Grad der Assimilation. Lewis deutete diese Assimilation als kulturell, nicht als religiös. Juden konvertierten, von einigen Ausnahmen abgesehen, nicht zum Islam, doch ging ihre Assimilation über die Grenzen einer Arabisierung hinaus, sie stellt für Lewis eine Art Islamisierung dar. Gemeint ist damit nicht die Annahme des islamischen Glaubens, »sondern die Assimilierung an islamische Denk- und Verhaltensweisen – mit einem Wort, eine jüdisch-islamische Tradition parallel zur jüdisch-christlichen, von der wir in der neuzeitlichen Welt zu reden pfle-

---

53 Kiefer, Antisemitismus in den islamischen Gesellschaften.
54 Klassische Beispiele dafür sind: Lewis, The Jews of Islam; Kiefer, Antisemitismus in den islamischen Gesellschaften, bes. Kap. 4, 37–49, über den Einbruch der Moderne; Harkabi, Arab Attitudes to Israel, über den arabisch-israelischen Konflikt.

gen.«⁵⁵ Diese jüdisch-islamische Tradition war so tief verankert, dass Lewis von *The Jews of Islam* sprechen konnte. Um die Ausprägung dieser Assimilation im islamischen Orient zu erklären, unternahm er einen Vergleich zwischen der Stellung der Juden dort und im christlichen Okzident. Danach habe im Mittelalter der »größere und aktivere Teil des jüdischen Volkes im islamischen Herrschaftsgebiet« gelebt, seien die Juden des Islam »kreativer und bedeutsamer« als deren Glaubensbrüder im christlichen Europa gewesen. Dies stelle ein Verhältnis dar, das die Juden des christlichen Europa in »eine Art kultureller Abhängigkeit« von den Juden des Islam versetzte.⁵⁶

Die Blüte jüdischen Lebens im islamischen Herrschaftsgebiet und die geringere Rolle der Juden im christlichen Europa führte Lewis in einer weiteren Studie auf die historische Reihenfolge zurück, die die Stellung der Juden in Islam und Christentum prägte. Im christlichen Europa galt das Judentum als Vorläufer des Christentums und war daher für dessen Legitimation von Bedeutung. Doch die Weigerung, die Botschaft Christi anzuerkennen, schürte Feindschaft und Hass gegen die Juden, die als Gottesmörder stigmatisiert wurden.

Anders als die jüdisch-christliche Erfahrung gestaltete sich aus Sicht von Lewis die jüdisch-islamische Begegnung. Für die arabischen Muslime war die Vorstellung vom Gottesmord »eine blasphemische Absurdität«. Vielmehr war der Prophet des Islam als religiöses und politisches Oberhaupt einer neu gegründeten islamischen Gemeinschaft daran interessiert, die jüdischen Stimmen aus seiner Umgebung für die neue Religion zu gewinnen. Aber die Juden lehnten die »Einladung« ab und Muhammad entschied sich für eine militärische Lösung, die mit Niederlage und Vernichtung der jüdischen Stämme in Medina endete. Damit unterschied sich die Erfahrung der Juden mit Jesus von der mit Muhammad. Jesus wurde gekreuzigt und die Juden wurden im christlichen Europa für seinen Mord verantwortlich gemacht, im islamischen Herrschaftsgebiet wurde Muhammad zum religiösen Führer und Staatsmann und beseitigte die Juden als politische Konkurrenten.⁵⁷

Vor diesem Hintergrund analysierte Lewis die Stellung der Juden im Herrschaftsgebiet des Islam als schwache religiöse Gemeinschaft, die aufgrund ihrer Niederlage in der frühen Phase des Islam als politisch unbedeutend galt – eine Stellung, die von den islamischen Rechtsgelehrten als Schutzbefohlenenstatus, *dhimma*, etabliert wurde. Juden und Christen lebten gleichermaßen als *dhimmī* im islamischen Herrschaftsgebiet, doch die Wahrnehmung beider Religionsgemeinschaften durch die Muslime unterschied

---

55 Lewis, The Jews of Islam, 76.
56 Ebd., 67.
57 Ebd., 137f.

sich erheblich. Das Christentum mit seinem missionarischen Ansatz erschien als religiöse Herausforderung, seine Expansionsversuche als politische Bedrohung. Somit war das Christentum religiös und politisch der Hauptrivale der Muslime, wogegen die Juden weder politisch noch theologisch eine Herausforderung darstellten. So gesehen war »das herausragende Merkmal der Juden, wie sie in der klassischen islamischen Welt gesehen wurden, ihre Bedeutungslosigkeit.«[58]

Die Stärke des Ansatzes von Lewis liegt in seiner Fähigkeit, sich jenseits konventioneller Erklärungsmuster zu bewegen. Er verdeutlicht die Verbundenheit der Juden mit dem Islam, ohne dabei den Mythos einer interreligiösen beziehungsweise interkulturellen Utopie zu bemühen. Auch geht es ihm nicht darum, die jüdisch-islamische Geschichte als tränenreiche Erfahrung zu deuten.[59] Lewis spricht von der Verschränkung der jüdischen Erfahrung mit der islamischen Geschichte, um zu zeigen, dass trotz der herrschenden Ordnung einer asymmetrischen gesellschaftlichen Stellung zwischen Juden und Muslimen eine jüdisch-islamische Symbiose entstehen konnte. Erst mit dem Ende der islamischen Gesellschaftsordnung infolge der europäischen Herrschaft über islamische Gebiete und der Einwanderung europäischer Juden nach Palästina habe sich die islamisch-jüdische Symbiose zur Feindschaft gewandelt.

In seinem Erklärungsversuch verbindet Lewis die oben skizzierte Stellung der Juden in der islamischen Gesellschaftsordnung mit dem Aufkommen der europäischen zionistischen Bewegung, die Anspruch auf ein Gebiet erhob, das aus Sicht der Muslime Teil ihres Hoheitsgebietes war. Für Lewis befanden sich die Araber in ihrer militärischen Auseinandersetzung um Palästina in einer Ambivalenz zwischen einem von der religiösen Tradition vermittelten Bild der schwachen und unbedeutenden Juden einerseits und der erlebten Realität einer starken »jüdischen« Macht in Palästina andererseits. Daher habe der Krieg 1948 wie ein Schock gewirkt. Die einzige aus arabischer Sicht plausibel erscheinende Erklärung des Geschehenen war konspirativer Natur. Mehrheitlich führten die Araber die Niederlage auf eine Verschwörung und eine geheime Macht zurück. Damit begann ein bis dahin der islamischen Geschichte fremder Antisemitismus: »Während die Juden früher als ein minderes oder als überhaupt kein Problem angesehen wurden, ragen sie jetzt düster empor als die eine große Gefahr, die die ganze islamische Welt überschattet.«[60]

---

58 Ders., Semites and Anti-Semites, 152.
59 Eine kritische Analyse der jüdisch-islamischen Geschichtserfahrung zwischen dem Mythos einer interreligiösen Utopie und dem Gegenmythos einer neuen, wehleidigen Deutung liefert Cohen, Unter Kreuz und Halbmond, 26–28.
60 Lewis, Semites and Anti-Semites, 235.

Erst infolge der Niederlage im Krieg 1948 wurden nach Lewis der Antisemitismus und das Leugnen des Holocaust in den arabischen Gesellschaften präsent. Die traditionelle Judenfeindschaft wurde ergänzt durch den Import des europäischen Antisemitismus, der nicht allein auf politischem Terrain existierte, sondern sich auch in den tieferen Schichten von Wissenschaft und Kultur festsetzte.[61]

Lewis' Werke sind in jeder Hinsicht ungewöhnlich. Den deutschsprachigen Lesern dürften sie aufgrund kultureller Prägung ungewohnt erscheinen, denn der Verfasser bewegt sich in beiden Studien jenseits der in Deutschland etablierten Grenzen zwischen den Disziplinen Islamwissenschaft, Judaistik und Jüdische Geschichte, in denen jüdische und islamische Geschichtserfahrung getrennt erforscht werden. Er bietet eine Wissenschaftsperspektive, die jüdisch-arabische Geschichtserfahrung als gegenseitige Bereicherung wahrnimmt und für jüdische und islamische Geschichte neue Forschungshorizonte öffnet. Doch seine Erklärungsmuster für Judenfeindschaft im arabischen Raum führt er fast ausschließlich auf das erste in dieser Arbeit genannte Deutungsmodell der traditionell-islamischen Wahrnehmung der Juden zurück. Diese Wahrnehmung analysiert Lewis tiefgründig. Bei seiner Beschreibung der Wechselwirkung zwischen islamischer Geschichte und militärischer Auseinandersetzung um Palästina vernachlässigt er jedoch den – nicht im Fokus seiner Arbeiten liegenden – Einfluss der europäischen Moderne auf die arabische Wahrnehmung der Juden.

Auch der Holocaust findet nur kurz Erwähnung. Lewis führt das Leugnen des Holocaust in der arabischen Welt nicht allein auf den Palästinakonflikt im engeren Sinne zurück, sondern setzt ihn auch zur Erfahrung arabischer Völker mit der europäischen Kolonialisierung in Beziehung.[62] Arabische Nationalisten, so seine These, seien mit nationalsozialistischem Gedankengut in Berührung gekommen und hätten sich dieses in ihrem Kampf gegen den Kolonialismus zu eigen gemacht.[63]

Die Studien von Lewis verdienen in dieser Hinsicht besondere Beachtung, weil sie die ersten waren, die das Verhalten arabischer Intellektueller zum Antisemitismus im Allgemeinen und zum Holocaust im Speziellen zu erklären versuchten. Doch letztendlich bleibt seine Erklärung europäisch geprägt, die epistemologische Durchdringung dieser blockierten Wahrnehmung bleibt daher unvollständig.

Auch aufgrund der religiös-politischen Deutungsmuster entstanden einige wissenschaftliche Arbeiten, die den arabischen Antisemitismus und das

---

61 Ebd.
62 Ebd., 266.
63 Ebd., 256.

Leugnen des Holocaust im islamistischen Milieu untersuchten, unter anderem von Esther Webman.[64] Anders als Lewis konzentriert sich die israelische Wissenschaftlerin nicht auf Ansichten der Träger eines traditionellen Islam, sondern auf zwei politische Gruppen: die schiitisch-libanesische Hisbollah und die palästinensisch-sunnitische Hamas. Webman führt den Antisemitismus und das Leugnen des Holocaust beider Gruppen auf eine Mischung islamischer und christlich-europäischer Antisemitismen zurück. Das Aufkommen der schiitischen Hisbollah im Libanon analysiert sie im Zusammenhang sowohl mit der iranischen Revolution 1979 als auch mit der israelischen Invasion im Libanon 1982. Die Hisbollah negiert das Recht der Juden auf Palästina einerseits politisch, indem diese als Agenten des Westens, insbesondere der Vereinigten Staaten, bezeichnet werden, andererseits religiös-islamisch, da Juden nicht das Recht besäßen, in islamischem Herrschaftsgebiet Macht auszuüben. Die Hisbollah baut demnach ihre Judenfeindschaft und ihre Holocaustleugnung auf politischen und religiösen Vorstellungen auf. Die Juden würden von ihren religiösen Schriften zum Töten angeleitet und dazu, die Anhänger anderer Religionen zu hassen. Daher täten sie alles, um die Weltherrschaft zu erlangen. Dieses Bild scheint eine Konzession an die europäisch-antisemitische Vorstellung zu sein, steht aber im Kontrast zu islamisch-traditionellen Vorstellungen von den schwachen und bedeutungslosen Juden.

Ähnlich analysiert Webman die Stellung der islamistischen Bewegung Hamas, die den Konflikt um Palästina als religiösen Kampf zwischen Muslimen und Juden, Gläubigen und Ungläubigen, zwischen Wahrheit und Lüge sieht. Für Hamas ist Palästina eine religiöse Stiftung *(waqf)*, das heißt, nur Muslime haben das Recht, Macht in Palästina auszuüben. Juden können in dieser islamischen Ordnung als Schutzbefohlene *(dhimmī)* leben, ihnen steht aber keine Herrschaft über ein islamisches Gebiet zu. Neben dieser religiösen Wahrnehmung des Konfliktes sind Hamas-Schriften von den klassischen Vorstellungen des europäischen Antisemitismus geprägt. So wird Israel als Ausgangspunkt betrachtet, von dem aus die gesamte arabisch-islamische Welt unter jüdische Vorherrschaft gezwungen werden soll.

Der Aufsatz von Webman ist akribisch recherchiert, bietet dem Leser einen fundierten Einblick in die Schriften von Hisbollah und Hamas, beschränkt sich jedoch auf einen deskriptiven Ansatz und vernachlässigt erkenntnistheoretische Fragestellungen.

---

64 Webman, Anti-Semitic Motifs in the Ideology of Hizballah and Hamas.

Die Wirkung der europäischen Moderne

Eine weitere Publikation, die sich mit der islamisch-jüdischen Geschichtserfahrung befasst, ist die Studie des Islamwissenschaftlers Michael Kiefer *Antisemitismus in den islamischen Gesellschaften*.[65] Anders als Lewis legt Kiefer bei der Suche nach den Gründen des arabischen Antisemitismus den Schwerpunkt seiner Analyse auf die arabische Begegnung mit der europäischen Moderne. Insbesondere betont er die Wirkung der Damaskus- und der Dreyfusaffäre. Die Damaskusaffäre leitete »den folgenschweren Transformationsprozess ein, welcher die tradierten Identitätsmuster der religiösen Gruppen innerhalb der pluralistischen islamischen Gesellschaft einem grundlegenden Wandel unterzog.«[66] Bis dahin, so die Argumentation, waren Ritualmordvorwürfe in der islamischen Geschichte kaum bekannt und erschienen aus islamischer Sicht absurd. Doch der Transformationsprozess, von dem Kiefer spricht, ist die Kolonialisierung beziehungsweise deren Wirkung auf die bisher in islamischen Gesellschaften herrschende Wahrnehmungsdynamik. Der europäische Kolonialismus brachte »nicht nur ein neues ökonomisches System, sondern infiltrierte die kolonisierten oder halbkolonisierten Gesellschaften auch mit den internen Problemstellungen.«[67] Demzufolge brachte die Kolonialherrschaft einen grundlegenden Wandel im muslimisch-christlich-jüdischen Zusammenleben mit sich. Die politischen, ökonomischen und militärischen Maßnahmen der imperialen Mächte verdrängten sukzessiv die bisher geltende Wirkungsmacht des Islam.

Deutlich wurde dies im Verfall der Regeln des *dhimma*-Systems (in der Literatur wird auch vom *dhimma*-Status gesprochen). Die Europäer präsentierten sich als Schutzmächte von Minderheiten. Insbesondere wurden Kiefer zufolge die Christen privilegiert, was ihren erheblichen Einfluss auf die inneren Angelegenheiten im Osmanischen Reich erklärt.[68] Nach Kiefer wirkte sich der neu gewonnene Einfluss der Christen negativ auf die Situation der Juden aus, was die Briten als »willkommene Gelegenheit«[69] nutzten, um Juden bei der britisch-französischen Machtverteilung in der Region zu instrumentalisieren. De facto führe die Schutzpolitik der Kolonialmächte zur »Dekomposition der hierarchisch strukturierten muslimischen Gesellschaften.« Dies zeige sich in der Außerkraftsetzung der *dhimma* und in »der Zerstörung des bisher gültigen dreiseitigen Anerkennungsverhältnisses, wel-

---

65 Kiefer, Antisemitismus in den islamischen Gesellschaften.
66 Ebd., 41.
67 Ebd.
68 Ebd., 43.
69 Ebd.

ches das friedfertige Zusammenleben zwischen Muslimen, Christen und Juden in der pluralistischen islamischen Gesellschaft garantierte.« Für Kiefer bedeutete die Abschaffung des *dhimma*-Systems in gewisser Weise einen Verlust, denn die Kolonialmächte ermöglichten der christlichen Bevölkerungsgruppe, das Stigma der Inferiorität abzuwerfen, den Juden aber nicht. Die Juden sahen sich in zweifacher Hinsicht gefährdet. Diese Gefahren gingen »sowohl von der machtvollen christlichen Minderheit aus, in der sich der vormoderne Antisemitismus zunehmend etablieren konnte, als auch von der muslimischen Bevölkerung.«[70] Als Beispiel für die christliche Antipathie gegen Juden erwähnt Kiefer das bis dahin im Herrschaftsgebiet des Islam kaum bekannte christliche Phantasma des vorgeblich von Juden praktizierten Ritualmordes. Im Hinblick auf die Damaskusaffäre von 1840 zeigt Kiefer, wie arabische Christen mithilfe französischer Katholiken Antipathien gegen Juden omnipräsent machten.

Die politische Wirkung der Dreyfusaffäre auf den Orient betrachtet Kiefer anders als die der Damaskusaffäre. Er folgt dabei einer Interpretationslinie, die in der Dreyfusaffäre den Ursprung des Wunsches nach einer nationalen Heimstätte für die Juden Europas sieht. Theodor Herzl begleitete die Dreyfusaffäre und die mit ihr verknüpften Antisemitisierungen als Journalist, was ihn dazu veranlasst habe, »die Lösung der ›Judenfrage‹ nicht mehr im Prozess der Integration und Assimilation, sondern in der Rückkehr zur eigenen Nation und in der Sesshaftmachung auf eigenem Boden zu suchen.«[71]

Mit seiner Analyse kommt Kiefer zu der Überzeugung, dass die Damaskus- und die Folgen der Dreyfusaffäre muslimische Gesellschaften für den Antisemitismus öffneten. Er betrachtet den Antisemitismus arabischer Gesellschaften als im Kern europäischen Ursprungs. Das Image des »jüdischen Feindes« stamme nur zu einem unerheblichen Teil aus der islamischen Tradition.[72] Der Rückgriff auf den Islam habe vielmehr dazu gedient, Juden als historische Widersacher des Islams in einer mehrheitlich islamisch geprägten Gesellschaft darzustellen.[73] Im Wesentlichen sei der arabische Antisemitismus in all seinen Aspekten ein Export der europäischen Moderne und lediglich an islamische Semantik angepasst worden.

Vor diesem Hintergrund negiert Kiefer die islamische Färbung des Antisemitismus zwar nicht, lehnt es aber ab, dessen Entstehung auf einen einzigen Grund zurückzuführen. Vielmehr betrachtet er das Phänomen als eine Übertragung von Elementen des modernen europäischen Antisemitismus in den Nahen Osten unter ganz bestimmten Umständen: »Die Geschichte ver-

---

70 Die drei Zitate ebd., 44.
71 Ebd., 51.
72 Ebd., 9.
73 Ebd., 12.

mittelt das, was die mehr als ungünstig verlaufene ›Moderne‹ vielen Menschen in den islamischen Gesellschaften genommen hat, nämlich: Identität, Kontinuität und das Gefühl der Grandiosität«.[74] Diese negative Erfahrung der Muslime mit der europäischen Moderne betrachtet Kiefer als wesentlichen Grund für die arabische Übernahme einer Geschichtskonstruktion, die »in erheblichem Maße vom europäischen Antisemitismus inspiriert ist.«[75] Daher kann aus seiner Sicht der heutige Antisemitismus in den arabischen Gesellschaften als »misslungene ›Verarbeitung‹ kolonialer und postkolonialer Geschichte verstanden werden.«[76] Doch die Wirkung des europäischen Antisemitismus sei im arabischen Orient im 19. Jahrhundert kaum spürbar gewesen und habe sich in erster Linie auf Übersetzungen europäisch-antisemitischer Werke beschränkt. Erst mit den zionistischen Aktivitäten habe sich der Antisemitismus in der Region positioniert:

»Der Antisemitismus in der islamischen Welt [muss] als ein ideologischer Reflex auf einen realen Konflikt angesehen werden […], der paradoxerweise die Denkungsart bzw. die Deutungsmuster aufnimmt und reproduziert, die ursprünglich zur Genese des Konfliktes führten (Antisemitismus – Zionismus – Antisemitismus).«[77]

Der »jüdische Schock« von 1948 brachte die arabische Welt in Verlegenheit und auf der Suche nach einer Erklärung für die Niederlage griffen arabische Autoren auf antisemitische Erklärungsmuster zurück. Ein Beispiel hierfür bietet der christliche Journalist und Literaturkritiker Niqula al-Haddad (1870–1954). Aus dem Libanon stammend, emigrierte er im Jahr 1900 nach Ägypten und arbeitete dort als Journalist. Die erste Station seiner beruflichen Laufbahn war *al-mahrusa* (Das geschützte Land), eine Zeitung, die sich um die Jahrhundertwende erfolglos um die Verbreitung des europäischen Antisemitismus in Ägypten bemüht hatte.[78] Bei *al-mahrusa* gesellte sich al-Haddad zu jenen christlichen Journalisten, die diese antisemitischen Ansichten pflegten und sich weiter von Europa inspirieren ließen.[79] Nebenbei profilierte er sich als Schriftsteller, er zählt zu den heute prominentesten ägyptischen Autoren der 1920er Jahre. Sein politisches Interesse führte ihn vom Kommunismus zum arabischen Nationalismus; tatsächlich war er einer seiner frühesten Befürworter. Zwischen 1947 und 1949 arbeitete al-Haddad

---

74 Alexander Flores in *Propaganda für Palästina*, der Rezension zu Kiefers *Antisemitismus in den islamischen Gesellschaften*.
75 Ebd.
76 Ebd.
77 Kiefer, Antisemitismus in den islamischen Gesellschaften, 123.
78 Vgl. Landau, Jews in Nineteenth-Century Egypt, 128.
79 Filib de Tirazi zählt ihn zu den Journalisten im Umfeld der beiden Herausgeber von *al-mahrusa* Raphael und Aziz Zand; vgl. dazu Tirazi, tarikh as-Sahafa al-'arabiya [Die Geschichte des arabischen Journalismus], 58.

regelmäßig für die ägyptische Kulturzeitschrift *al-risāla*. Er schrieb über 130 Artikel, von denen 126 als antijüdisch bezeichnet werden können. Er fühlte sich »berufen«, die »zerstörende Natur« dieses Volkes aufzudecken[80] und den arabisch-muslimischen Leser vor der Gefahr der »verräterischen, verruchten Rasse« zu warnen.[81] So erscheinen die Juden bei ihm als blutrünstige Verräter, die es verdient hätten, »ausgerottet zu werden«. Seinen judenfeindlichen Diskurs verfolgt er dabei unabhängig von den Ereignissen in Palästina und führt den Juden als den »ewigen Juden« ein, dessen Erscheinung als »Zionist« und »Israeli« »uns Araber« nicht täuschen darf: »Die Juden sind genetisch und ontologisch heimtückisch. Gute Juden gibt es nicht«, argumentiert er, um die »Blutdürstigkeit« der Juden von Alters her bis in die Gegenwart zu rekonstruieren.[82] Dabei bedient er sich der Begriffe eines christlichen Antijudaismus wie auch des europäischen Antisemitismus. So erscheinen die Juden als Gottes- und Prophetenmörder, deren »Bösartigkeit« ihrem Wesen inhärent ist.

Al-Haddad erkannte jedoch bald, dass seine »Aufklärung« über das Judentum kaum Wirkung auf seine muslimischen Leser haben würde, solange sie nicht durch islamische Quellen legitimiert wäre. Mit dieser Einsicht verfolgte al-Haddad seit Sommer 1948 eine neue Strategie. So verzichtete er auf die bisher von ihm propagierte Entlarvung »eines wahren Gesichts der Juden« mithilfe christlicher und europäischer Quellen und verknüpfte seine Ansichten stattdessen mit islamischen Narrativen. Sowohl in die Titel seiner Artikel als auch in deren Inhalte flossen zunehmend antijüdische Aussagen aus der islamischen Lehre mit ein.[83]

Eine weitere Strategie al-Haddads bestand in seinen Bemühungen, europäische antisemitische Literatur zu popularisieren. In mehreren Artikeln klagt er über die »Unwissenheit arabisch-muslimischer Gesellschaften« in Bezug auf die moderne europäische Literatur zum Judentum, er forderte einen »mutigen Ägypter«, der sich zur Bewältigung dieser Aufgabe bereit erkläre. Eine Antwort ließ nicht lange auf sich warten: Muhammad Khalifa at-Tunsi, ein bis dahin unbekannter Journalist und Geschichtsessayist, fühlte sich angesprochen. Er übersetzte die *Protokolle der Weisen von Zion,* die zunächst als Serie in *al-risāla* veröffentlicht wurden. Im November 1951 erschien die erste vollständige Übersetzung unter dem Titel *Die jüdische Gefahr. Die Protokolle der Weisen von Zion.* Kaum war das Buch auf dem

---

80 Ebd.
81 Niqula al-Haddad, Die verruchte Nation, in: al-risāla, 18. Oktober 1948, 1172–1175, hier 1174.
82 Ebd.
83 Vgl. dazu beispielhaft seine Artikelreihe über das antijüdische Koranzitat »und sie wurden zu Demut und Bedeutungslosigkeit verdammt«, wo er den »Verrat« der Juden am Propheten Mohammed als Fortsetzung ihrer in der Bibel beschriebenen Bösartigkeit darstellt.

Markt, wurde es zu einem Bestseller, es findet bis heute reißenden Absatz. Zur Popularität dieser Übersetzung trug zweierlei bei: zum einen die Tatsache, dass sie aus muslimischer Feder stammt, und, noch bedeutender, das vom »Doyen der arabischen Literatur« (*'Imlaq al-adab al-arabi*) Abbas Mahmud al-'Aqqad verfasste Vorwort.

Nahostkonflikt

Der Kontrast und die zeitliche Nähe zwischen dem Untergang der europäischen Juden und der Geburt des Staates Israel haben in Wissenschaft und Politik dazu geführt, beide Ereignisse in eine enge Wechselbeziehung zu bringen. George Steiner hat dieser Verknüpfung einmal literarische Gestalt gegeben. Er schuf eine Romanfigur mit dem Kürzel A. H. (die Initialen stehen für Adolf Hitler), die er Mitte der siebziger Jahre in Südamerika wieder in Erscheinung treten ließ. In einem fiktiven Gerichtsverfahren lässt Steiner Hitler zu Wort kommen, der wiederum behauptet, dass es ohne die Schoah Israel gar nicht gegeben hätte.[84]

Die Zuspitzung steht beispielhaft für den immer wieder in Anschlag gebrachten kausalen Zusammenhang zwischen Holocaust und Gründung des Staates Israel, der im hier interessierenden Kontext stets mit der Entstehung arabischer Judenfeindschaft und der Leugnung des Holocaust zusammengeführt wird. Den Niederlagen arabischer Staaten in der militärischen Auseinandersetzung um Palästina wird hierbei besondere Bedeutung zugemessen. Die Anthropologin Sylvia G. Haim hat mit einem der ersten Texte, die diesen Zusammenhang wissenschaftlich behandeln, den Grundstein für die Erforschung des arabischen Antisemitismus gelegt.[85] Sie konzentrierte sich dabei auf den Antisemitismus als ein Importphänomen aus Europa, das vornehmlich von arabischen Christen verbreitet wurde.[86] Die Resonanz von Forschungsarbeiten dieser Art blieb in mehrheitlich islamisch geprägten Gesellschaften sehr beschränkt. Haim verweist nachdrücklich auf die Tradition christlicher Judenfeindschaft, in der die Übersetzer antisemitischer Texte ins Arabische standen. Sie macht deutlich, dass religiöse und rassistische Ressentiments der islamischen Tradition nicht inhärent sind, sondern erst mit solchen Übersetzungen dahin gelangten. Dies untermauert Haim mit dem

---

84 Interview mit George Steiner zu seinem Roman und Stück *The Portage to San Cristóbal of A. H.*, in: Rosenbaum, Explaining Hitler, 313. Vgl. auch Steiner, The Portage to San Cristóbal of A. H., 126.
85 Haim, Arabic Anti-Semitic Literature.
86 Ebd., 307 f.

Hinweis auf die Reaktion des muslimischen Gelehrten Muhammad Rashid Rida auf die Dreyfusaffäre: In der von ihm herausgegebenen Zeitschrift *al-manār* (Der Leuchtturm) stellte sich Rida – anders als die meisten orientalischen Christen – auf die Seite von Dreyfus und lehnte den französischen Antisemitismus als mit dem Islam unvereinbar ab.[87] Doch die Ablehnung des europäischen Antisemitismus habe sich durch die gewalttätigen Auseinandersetzungen zwischen Juden und Arabern um Palästina verändert. Selbst Rashid Rida habe antisemitisierende Argumentationen übernommen.[88] Schließlich sei es der Konflikt gewesen, so Haim, der muslimische Autoren dazu bewegte, antisemitische Werke wie die *Protokolle der Weisen von Zion* ins Arabische zu übersetzen und zu deren Popularisierung in den arabisch-islamischen Gesellschaften beizutragen.[89]

Mit diesem wegweisenden Aufsatz gelang es Haim, eine Erklärung für die Anfangsphase des arabischen Antisemitismus zu finden. Dennoch reduzierte sie ihn auf seinen europäischen Ursprung und erwähnte kaum den Einfluss der islamisch geprägten Judenfeindschaft, die selbst den von ihr erwähnten muslimischen Reformer Rida in seinem später formulierten antijüdischen Diskurs prägte. Rida blieb ein Gegner des europäischen Antisemitismus, aber er legte seiner Judenfeindschaft islamisch-traditionelle Judenbilder zugrunde. Nimmt man neben Rida weitere von Haim genannte arabische Intellektuelle mit religiösem Hintergrund in den Blick, etwa den Ägypter Muhammad Khalifa at-Tunsi, Übersetzer der *Protokolle der Weisen von Zion*, oder den irakischen Politiker Ali Mahumud as-Sheik Ali, dessen in der irakischen Zeitung *al-zaman* veröffentlichte Aufsätze gegen die Juden zu seiner Popularität beitrugen, so erscheint die erste Hälfte des 20. Jahrhunderts insbesondere seit den 1920er Jahren als eine Übergangsphase, in der sich der aus Europa importierte Antisemitismus mit islamisch geprägter Judenfeindschaft mischte.

Weiterhin soll eine bedeutende Studie des israelischen Politikwissenschaftlers Yehoshafat Harkabi hier Erwähnung finden. Die kurz vor dem arabisch-israelischen Krieg 1967 verfasste Dissertation wurde erst 1972 in Jerusalem unter dem Titel *Arab Attitudes to Israel* veröffentlicht.[90] Auf mehr als 500 Seiten widmet sich Harkabi dem arabisch-israelischen Konflikt. Sein Ausgangspunkt ist die Untersuchung des Verhaltens der Araber zum Konflikt, zu den Israelis, den Zionisten und den Juden. Mit den Mitteln der Sozialpsychologie unterscheidet Harkabi zwischen drei Hauptkomponenten, die das Verhalten der Araber im Konflikt beschreiben. Unter kognitiv-

---

87 Ebd., 309.
88 Ebd.
89 Ebd., 312.
90 Harkabi, Arab Attitudes to Israel.

evaluativem Blickwinkel analysiert Harkabi das »Selbstwertgefühl« der Araber, das heißt »the thinking of the Arabs about the variables of the conflict, their view of Israel and their self-images in the framework of the conflict.«[91] In einem weiteren Teil beschäftigt sich Harkabi mit Judenfeindschaft als emotionalem Phänomen und stellt dies detailliert anhand antizionistischer, antijüdischer und antiisraelischer Schriften arabischer Autoren dar. Schließlich behandelt Harkabi in einem dritten Teil die Aktion beziehungsweise Reaktion der Araber. Der Aufbau zeigt, dass die Studie im Schatten des arabisch-israelischen Konflikts entstand. Dies wird auch auf der inhaltlichen Ebene deutlich. Harkabi erweitert den Ansatz von Haim und führt die arabische Begeisterung für Hitler und den Nationalsozialismus – neben der »Aktivierung« des arabischen Antisemitismus – auf die »verletzte Psyche« der Araber aufgrund ständiger Niederlagen gegen Israel zurück. Er verwendet die »Ehrverletzung« als Erklärungsmodell. Einerseits rechtfertigen die Araber die Verbrechen der Nazis gegen die Juden,[92] gleichzeitig setzen sie die »Bösartigkeit« des Zionismus mit der des Nationalsozialismus gleich.[93] Harkabi plädiert dafür, die arabische Judenfeindschaft nicht nur im Konflikt zu sehen, sondern in der jüdisch-islamischen Geschichtserfahrung. Seinen Ansatz untermauert er mit einer kurzen Darstellung sowohl der Situation der Juden im Islam wie auch der »Islamisierung des Judenhasses«.[94]

Die akribische Zusammenstellung der antisemitischen Literatur der arabischen Welt sowie der Literatur über die Haltung der Araber zum Nationalsozialismus machte diese Arbeit zu einem Standardwerk und führte somit – allein schon wegen der Breite der Quellenverarbeitung – auch über Haims Aufsatz hinaus. Heute haben beide Studien an Bedeutung verloren, wobei weniger der Zeitpunkt ihres Erscheinens entscheidend ist als vielmehr die auf das Phänomen des Antisemitismus fokussierte Fragestellung. Aufgrund dieses seinerzeit innovativen Erkenntnisinteresses sind sie für das vorliegende Projekt nur von randständiger Bedeutung, denn der Holocaust wird in beiden Arbeiten nicht eigens behandelt. Hinzu kommt, dass in den 1970er Jahren an diese beiden Schlüsselarbeiten auffälligerweise nicht angeknüpft wurde – sie blieben solitär und regten keine vergleichbaren Untersuchungen an.

Es dauerte dreißig Jahre, bis Meir Litvak und Esther Webman das Nahostkonflikt-Deutungsmuster mit zwei Aufsätzen erweiterten, deren Bedeutung in der Konzentration der Fragestellung auf das Verhältnis der Palästinenser in Israel und den besetzten Gebieten zum Holocaust sowie auf der Darstel-

---

91 Ebd., XVI.
92 Ebd., 276–278.
93 Ebd., 176 f.
94 Ebd., 218–222 und 263–269.

lung des Holocaust in arabischen Gesellschaften liegt.[95] Beide Aufsätze sind strukturell und inhaltlich durchaus ähnlich. Ausgangspunkt ist die – die arabische Kultursphäre prägende – Leugnung des Holocaust, »[which is] not confined to marginal or extreme groups [like in western societies] […] [it is] shared by political establishments and mainstream political and ideological movements.«[96] Hier dient das Leugnen des Holocaust als »geistige« Waffe von Islamisten, Nationalisten sowie der arabischen Linken im Kampf um Palästina.[97] Litvak/Webman verfolgen die Tradition der Holocaustleugnung seit den 1950er Jahren im arabischen Raum und stellen den Zusammenhang zwischen dem arabisch-israelischen Konflikt und dem Verhältnis der Araber zum Holocaust fest. »The representation of the Holocaust in the Arab world was influenced and shaped since 1950's mainly by the context of the Arab-Israeli conflict.«[98] Bei dieser Herangehensweise sehen die Autoren ihre Aufgabe in der Untersuchung von

»patterns of continuity and change in the representation of the Holocaust in the Arab world since the end of World War II, and examine the evolution of the Arab discourse, its characteristics and the causes that contributed to its construction. It will also try to establish whether a correlation exists between the varying ideological trends in the Arab world and the various aspects of the representation of the Holocaust.«[99]

Entsprechend dieser Zielsetzung stellen beide Aufsätze eine organisierte Aneinanderreihung arabischer Holocaustdiskurse dar, die von den Autoren in einem ersten Schritt vorgestellt werden, um anschließend als unwissenschaftlich zurückgewiesen zu werden. So präsentieren beide Autoren die arabische Rechtfertigung des Holocaust vorrangig mit Belegen aus arabischen Quellen. Anschließend bewerten sie diese Quellen als pseudohistorisch und auf das Schicksal der Juden in Deutschland konzentriert, »ignoring the fact that most of the Jews who perished in the Holocaust lived outside Germany and had no direct link to the events in that country itself.«[100]

---

95 Litvak/Webman, Perceptions of the Holocaust in Palestinian Public Discourse; dies., The Representation of The Holocaust in the Arab World.
96 Dies., The Representation of the Holocaust in the Arab World, 100. Vgl. auch dies., Perceptions of the Holocaust in Palestinian Public Discourse, 124–126, wo frühe Beispiele der Holocaustleugnung in palästinensischen Strömungen dargestellt werden.
97 Dies., The Representation of the Holocaust in the Arab World, 101.
98 Ebd., 100; vgl. auch dies., Perceptions of the Holocaust in Palestinian Public Discourse, 123, wo es im gleichen Sinne heißt: »The Palestinians view the Holocaust within the context of the general Arab struggle with Zionism and of their particular tragedy and sense of victimhood«.
99 Dies., The Representation of the Holocaust in the Arab World, 101. Vgl. die ähnliche Zielsetzung in: dies., Perceptions of the Holocaust in Palestinian Public Discourse, 123: »This abstract successfully epitomizes the essence and the spirit of Palestinian attitudes towards the Holocaust since the immediate post-1945 period.«
100 Dies., The Representation of the Holocaust in the Arab World, 102.

Von Bedeutung sind beide Aufsätze dennoch, denn sie ermöglichen den Zugang zu den Leugnungsdiskursen arabischer Intellektueller und ihrem Zusammenhang mit der Palästinafrage. Die Leugnung zielt in erster Linie auf »demolishing the moral-historical basis of Zionism and delegitimizing the state of Israel.«[101] Mit der Leugnung des Holocaust lehnten es die Araber ab, die »Leidensgeschichte« ihrer »Feinde« anzuerkennen und hofften dabei, Israel moralisch zu schwächen. Nach einer Begründung des Leugnungsaffekts liefern Litvak/Webman Beispiele für verschiedene Ausformungen. So wurde der Holocaust als eine »Erfindung« der Juden gesehen, die die Europäer, insbesondere Deutschland, mit »Schuldgefühlen und Scham« beladen und dazu veranlassen sollte, Israel mit »Wiedergutmachungsgeldern« zu überschütten. Damit sei der Holocaust ein Instrument des »Weltzionismus«, um die westliche Gemeinschaft zu erpressen.[102] Eine weitere Form der Leugnung ist die Bagatellisierung des Holocaust. Hier wird das Ausmaß des Mordes an den Juden mit den Besatzungsmaßnahmen Israels in den besetzten Gebieten verglichen, um anschließend den Holocaust herunterzuspielen und das Schicksal der Palästinenser unter israelischer Besatzung als den *wahren* Holocaust darzustellen. Schließlich widmen sich die Autoren der letzten Form der Leugnung, der Relativierung, anhand einer seit den 1960er Jahren im arabischen Raum andauernden Debatte um die Infragestellung der Zahl von sechs Millionen Opfern.

Ein weiteres Indiz für den Zusammenhang zwischen dem Verhältnis der Araber zum Holocaust und dem arabisch-israelischen Konflikt liefert jene Ambivalenz, die Darstellung und Deutung der nationalsozialistischen Verbrechen an den Juden im arabischen Raum prägt. Denn parallel zu den drei Formen der Leugnung verlaufe ein Diskurs, dessen Vertreter den Holocaust rechtfertigten. Somit stehe das Leugnen des Holocaust gleichzeitig als Emblem für die Ablehnung der moralischen Legitimierung des Staates Israel.[103]

Beide Autoren bemühen sich vorsichtig darum, die für das jüdische und das palästinensische nationale Selbstverständnis wesentlichen Ereignisse Holocaust und *Nakba* in einen Zusammenhang zu bringen. Sie betonen zwar die Unwissenheit der Araber in Bezug auf den Holocaust, zeigen aber, wie sich diese zuweilen seiner Begrifflichkeit annähern. So bezeichnet die palästinensische Geschichtsschreibung das Leiden der Palästinenser unter der israelischen Besatzung zunehmend mit Begriffen wie »Holocaust« und »Diaspora«. Auch die *Nakba* geht über ihre ursprüngliche arabische Bedeutung hinaus und erhält in den arabischen, insbesondere palästinensischen Diskursfeldern neue, aus dem israelisch-jüdischen Kontext stammende Bedeu-

---

101 Ebd., 104.
102 Ebd., 105.
103 Ebd., 101.

tungen. So werden aus *shoah u-geula* (Schoah und Diaspora) die Begriffe *Nakba* und Widerstand *(nakba wa-muqāwama)* und aus den Begriffen *shoah u-tehiya* (Schoah und nationale Widerbelebung) die Begriffe *Nakba* und territoriale Existenz *(nakba wa-sumud)*.

Die Arbeiten von Litvak und Webman haben wesentlich zur Erforschung der Wahrnehmung des Holocaust im arabischen Raum beigetragen. Doch das Phänomen kann nicht mit politischem Pragmatismus allein erklärt werden. Vielmehr bedarf es einer filigranen Entzifferung historischer Prozesse, die die Gedächtnisse und Wahrnehmungen arabischer Intellektueller geprägt haben. Nur eine epistemologische Fragestellung, die sich mit der bloßen Darstellung des Verhaltens der Araber zum Holocaust nicht zufrieden gibt, sondern auf die Deutung dieses Verhaltens zielt, wird das Phänomen angemessen erklärbar machen.

Nicht nur in Israel findet eine Deutung der arabischen Holocaustleugnung über den Nahostkonflikt Resonanz, sondern vor allem auch im deutschsprachigen Raum. Dan Diner hat in einer Studie deutsche und israelisch-jüdische Gedächtnisnarrative über den Holocaust betrachtet. Aus seiner Sicht unterscheiden sich beide Gedächtnisse durch ihre erkenntnisleitenden Fragen.[104] Während im Zentrum der jüdischen Narrative die Frage des Warum steht, wird im deutschen Kollektivgedächtnis auf die »Frage nach dem *Wie* abgezielt: *Wie* konnte es geschehen?«[105] Das heißt, während das »jüdische« Gedächtnis nach den Motiven fragt, die zum Verbrechen führten, beschäftigt sich das »deutsche« Gedächtnis mit der Frage nach den Umständen, die die Tat ermöglichten. Damit werden nicht die Beweggründe der Täter diskutiert, sondern der Holocaust erscheint in wohlmeinender pädagogischer Absicht als *Menschheitsverbrechen*, dessen Verantwortung eben die Menschheit trage. Genau dies wiederholt sich in der deutschen Forschung über die Wahrnehmung des Nationalsozialismus in der arabischen Welt. Exemplarisch dafür steht die Studie von Klaus-Michael Mallmann und Martin Cüppers *Halbmond und Hakenkreuz. Das Dritte Reich, die Araber und Palästina*.[106]

Die Autoren reagieren aus einem Bedürfnis, Antwort auf die zentrale Frage des deutschen Holocaustgedächtnisses nach dem »Wie konnte es geschehen?« beziehungsweise »Wie konnte es dazu kommen?« zu geben, und konzentrieren sich dabei auf den arabischen Beitrag. Dementsprechend werden die Araber wegen ihrer »tatkräftigen Mithilfe« bei der Judenvernichtung in Europa mitverantwortlich gemacht.[107] Dabei geht es den Autoren nicht

---

[104] Diner, Gedächtniszeiten, 187–191.
[105] Ebd., 189 (Hervorhebung im Original).
[106] Mallmann/Cüppers, Halbmond und Hakenkreuz; Küntzel, Djihad und Judenhass; ders., Über den neuen antijüdischen Krieg; Gensicke, Der Mufti von Jerusalem, Amin al-Hussaini, und die Nationalsozialisten.
[107] Mallmann/Cüppers, Halbmond und Hakenkreuz, 8.

darum, »die Araber insgesamt unter den Generalverdacht einer Kollaboration mit dem Nationalsozialismus zu stellen«. Vielmehr bekräftigen sie ihre wohlmeinende Absicht:

»Die vorliegende Studie ist darum analytisch den Axiomen der Aufklärung verpflichtet, deren universalistisches Prinzip dem Anspruch nach ja gerade darauf abzielt, Trennungen nach Ethnien, Nationen oder Konfessionen zu überwinden, da sie symbolisch von *einer* Menschheit ausgeht, um Toleranz, Vielfalt und den Schutz von Minderheiten zu erreichen.«[108]

Ausgehend von diesem Ansatz bemühen sich die Autoren, die Verbindung der Araber zum Holocaust darzustellen. Es geht ihnen weniger darum, die Leugnung des Holocaust zu erklären, sondern vielmehr die Kollaboration arabischer Nationalisten mit den Nationalsozialisten in den Vordergrund zu rücken.[109] Trotz ihrer akribischen Bearbeitung deutscher Dokumente zu Beziehungen zwischen NS-Staat und arabischen Nationalisten leidet die Studie von Mallmann/Cüppers nicht nur an einem zu polemischen Ton, sondern auch an einer nur oberflächlichen Kenntnis der arabischen Nationalbewegung.[110] Dies zeigt sich im indirekten Vergleich Amin al-Hussainis mit Hitler. Hitlers Nationalsozialismus hatte eine ideologische Quelle, während sich der Judenhass bei al-Hussaini aus dem arabisch-islamischen Antisemitismus nährte, dessen Ursprünge im Islam, aber auch im arabischen Nationalismus zu finden sind.[111] Das Scheitern des arabischen »Vernichtungsvorhabens« führen die Autoren auf die militärische Überlegenheit Israels zurück. Dies zeigt sich in der immer wiederkehrenden Herstellung einer Verbindung zwischen dem pronazistischen Verhalten »der Araber« und der gegenwärtigen Situation im arabischen Raum. So gehen die Autoren von einem »Zusammenstoß der Kulturen« aus, der seit dem 11. September 2001 die Beziehungen der westlichen Welt mit der Welt des Islam bestimmt. In diesem Rahmen deuten Mallmann/Cüppers auch die Drohungen des iranischen Präsidenten gegen Israel, die USA und die westliche Welt sowie den »Wahlsieg der terroristischen Hamas in den palästinensischen Autonomiegebieten«. Ziel ist, aus der Perspektive des Verhältnisses der Araber zum »Dritten Reich« die historische Dimension des Nahostkonflikts neu zu deuten.[112]

»Gemessen an den relevanten ereignisgeschichtlichen Vorgängen«, werden hier »eher abseitige Kollaborationshandlungen von Personen und Per-

---

108 Ebd., 9.
109 Vgl. ebd., 8.
110 Ähnliches gilt für das Buch *Djihad und Judenhass* von Küntzel, das sich mit polemischer Kritik vor allem gegen die deutsche Islamwissenschaft stellt. Vgl. Mallmann/Cüppers, Halbmond und Hakenkreuz, 6.
111 Ebd., 8.
112 Ebd., 7.

sönlichkeiten der arabischen Nationalbewegung mit den deutschen Nazis regelrecht zu einem Forschungszweig aufgewertet«; Ziel dieser Geschichtsschreibung ist es, »die arabische Seite zumindest auf die zeitgeschichtliche Legitimation Israels zu verpflichten«.[113] Vor diesem Hintergrund wurde nach John Bunzl im zionistischen Diskurs »eine Dämonisierung des Mufti von Jerusalem, Hadj Amin al-Hussaini« vorgenommen sowie der »pauschale Vorwurf palästinensischer und arabischer Sympathien für Hitler« erhoben.[114] Doch dieses Bild wurde in der neueren israelischen Geschichtsforschung modifiziert.[115]

Somit ist der historische Streit um arabische Nationalisten im Allgemeinen und Amin al-Hussaini im Besonderen in erster Linie politisch gelagert und dient im arabischen Kontext der Legitimation des israelischen und palästinensischen Gemeinwesens. Dieser Streit beschreibt einen historischen Moment der Zusammenarbeit zwischen Persönlichkeiten des arabischen Nationalismus und des Nationalsozialismus und ist daher von Relevanz, doch setzt er sich nicht erkenntnistheoretisch mit den Beweggründen der Holocaustleugnung im arabischen Raum auseinander und ist daher für die vorliegende Studie von geringer Bedeutung.

Vor dem Hintergrund der Debatte über die Verbindung der Araber zum Nationalsozialismus initiierte der Islamwissenschaftler Gerhard Höpp im Jahr 2000 ein Forschungsprojekt zum Thema »Erlebnis und Diskurs – Zeitgenössische arabische Begegnungen mit dem Nationalsozialismus. Ein Beitrag zur Erinnerungskultur«, das sich in drei Teilprojekten die Untersuchung der Wahrnehmung und Wirkung des Nationalsozialismus in arabischen Gesellschaften zum Ziel setzte.[116] Vier Jahre später wurden die Resultate der Forschungsarbeit – deren Bedeutung für die vorliegende Untersuchung größer ist – unter dem Titel *Blind für die Geschichte? Arabische Begegnungen mit dem Nationalsozialismus* herausgegeben.[117] Im Titel des Buches wie auch im Forschungsbericht selbst und auf einer vom Projektträger organisierten internationalen Konferenz[118] wird das Ziel der Autoren angedeutet, einem doppelten »Mythos« entgegenzutreten: zum einen der Vorstellung, die Ara-

---

113 Diner, Gedächtniszeiten, 222.
114 Bunzl, Spiegelbilder, 140.
115 Vgl. dazu Elpeleg, The Grand Mufti.
116 Peter Wien arbeitete im Teilprojekt 1 über »Disziplin und Aufforderung. Nationalsozialismus im irakischen Diskurs«, Gerhard Höpp im Teilprojekt 2 über »Täter und Opfer. Arabische Erfahrungen nationalsozialistischer Herrschaft, 1933–1945«. Das Teilprojekt 3 wurde unter dem Titel »Die palästinensischen Araber und der Nationalsozialismus – Zeitgenössische Ansichten und Erfahrungen 1933–1945« von René Wildangel bearbeitet.
117 Höpp/Wien/Wildangel (Hgg.), Blind für die Geschichte?
118 Die internationale Konferenz fand am 17. und 18. September 2002 unter dem Titel »Arabische Begegnungen mit dem Nationalsozialismus« am Zentrum Moderner Orient (ZMO) in Berlin statt.

ber seien vor dem Zweiten Weltkrieg aufgrund ihrer Gegnerschaft zur britischen beziehungsweise französischen Kolonialherrschaft und angesichts der zionistischen Ansiedlung in Palästina natürliche Verbündete des italienischen Faschismus und des deutschen Nationalsozialismus gewesen; zum anderen der Auffassung, man sei heute in der arabischen Welt »blind für die Geschichte«, wie es vor einigen Jahren der britische Journalist Robert Fisk in einem Artikel ausdrückte, der die fortgesetzte Leugnung des millionenfachen Mordes an den europäischen Juden in arabischen Medien kritisierte.[119]

Eine umfassende Darstellung deutsch-arabischer Beziehungen im nationalsozialistischen Kontext liefert der Beitrag nicht. Dagegen soll das bisher vorherrschende Geschichtsbild von der Kooperation arabischer Nationalisten mit den Nationalsozialisten korrigiert werden. Die Beiträge stellen dabei nicht die Zusammenarbeit arabischer Nationalisten mit Nazideutschland in den 1930er und 1940er Jahren infrage; vielmehr fokusieren sie arabische Stimmen, die sich gegen den Faschismus und den Nationalsozialismus in unterschiedlichen arabischen Gesellschaften erhoben haben. Ein Beispiel dafür bietet der Text des israelischen Autors Israel Gershoni *Der verfolgte Jude*. Gershoni spricht sich gegen das verbreitete Bild von einem nationalistischen Ägypten während des Zweiten Weltkriegs aus, das vom Nationalsozialismus inspiriert war. Dieses Bild resultierte aus der bisherigen Forschung, die sich in erster Linie auf die nationalistische Organisation misr al-fatat (Das junge Ägypten) konzentrierte. Der israelische Historiker negiert die faschistischen beziehungsweise nationalistischen Einflüsse auf das junge Ägypten nicht, jedoch sieht er darin äußerliche Einflüsse, die sich auf Lieder oder Uniformen beschränkten, ohne jedoch ideologische Dimensionen zu übernehmen. Die gegensätzlichen Reaktionen auf den Nationalsozialismus zeigt Gershoni anhand der monatlich erscheinenden Kulturzeitschrift *al-hilal* auf, er rekonstruiert dabei ihre anti-nationalsozialistische Haltung. Die Zeitschrift informierte die ägyptische Öffentlichkeit regelmäßig über die Gefahr des Nationalsozialismus und berichtete über die Judenverfolgung als Makel europäischer Geschichte, der nicht in den Orient übertragen werden solle.

Mit diesem Werk haben die Autoren des Bandes *Blind für die Geschichte?* einen Beitrag zur Entmythologisierung einer profaschistischen beziehungsweise pronazistischen arabischen Haltung geleistet. Doch die Bedeutung dieses Bandes für die vorliegende Arbeit zeigt sich durch die Spezifik der Behandlung dreier Themenkomplexe: Kolonialismus, »direkte« arabische Begegnungen mit dem Nationalsozialismus sowie Bedeutung des Holocaust für den europäisch-westlichen Kontext. Insbesondere die drei Beiträge über Marokko sowie ein Aufsatz von Gerhard Höpp weisen auf diese Themenkomplexe hin. Jamaa Baida behandelt *Das Bild des Nationalsozialismus in der*

---

119 Vgl. die deutsche Version: Fisk, Blind für die Geschichte.

Presse Marokkos zwischen 1933 und 1945[120] und zeigt, dass große Teile der marokkanischen Elite mit dem NS-System sympathisierten, ohne dass sich dies in bedeutendem Umfang auf die Nationalbewegung Marokkos auswirkte. Der Historiker Driss Maghraoui lieferte mit seinem Aufsatz *»Den Marokkanern den Krieg verkaufen«. Französische Anti-Nazipropaganda während des Zweiten Weltkriegs*[121] eine materialreiche Quellensammlung zu den marokkanisch-französischen Beziehungen.

Der dritte Beitrag über Marokko, *Scherifenstern und Hakenkreuz im Zweiten Weltkrieg* des aus Israel stammenden und in den Vereinigten Staaten lehrenden Historikers Moshe Gershovich, beschäftigt sich mit der militärischen Rolle marokkanischer Truppen im Kampf gegen die deutschen Besatzer in Frankreich. Auch Gershovich sieht seinen Beitrag als Baustein einer Marokko-Forschung, die er gegen die »konventionelle Darstellung der marokkanischen Teilnahme am Zweiten Weltkrieg«[122] positioniert und die stattdessen den marokkanischen Helden bei der Befreiung Frankreichs eine Stimme verleiht.[123]

Beschäftigten sich Baida, Maghraoui und Gershovich mit der direkten Begegnung Marokkos mit dem Nationalsozialismus, so wechselt Höpp in seinem Beitrag die Perspektive und kehrt zum deutschen beziehungsweise europäischen Kontext zurück. Dort zeigt er anhand der Arbeit der israelischen Autorin Ina Friedman über die nichtjüdischen Opfer des Nationalsozialismus, dass die Araber »außerhalb des Gesichtskreises der Autorin« liegen.[124] Damit verweist Höpp auf die in der westlichen Welt vorherrschende Wahrnehmung arabischer Nationalisten als Kollaborateure des Nationalsozialismus. Höpp zielt auf eine Korrektur dieses Bildes.[125]

Zusammenfassend verfolgen die Beiträge Baidas, Maghraouis, Gershovichs und Höpps das Ziel, der dominierenden Lehrmeinung einer notorischen Zusammenarbeit zwischen Nationalsozialismus und arabischer Welt entgegenzutreten. Mit diesem Forschungsansatz betraten die Autoren historiografisches Neuland und ernteten hierfür sowohl Kritik als auch Lob. Die Überbewertung der Forschungsergebnisse insbesondere von arabischer Seite stellt indes eine unangemessene Vereinnahmung dar. Doch ist der Sammelband nicht nur eine Forschungsdokumentation, sondern er erlaubt auch Einsichten grundlegender Art: Insbesondere der Beitrag von Höpp untermauert durch die Darstellung arabischer Opfer die Zentralität des Holocaust

---

120 Baida, Das Bild des Nationalsozialismus in der Presse Marokkos.
121 Maghraoui, »Den Marokkanern den Krieg verkaufen«.
122 Gershovich, Scherifenstern und Hakenkreuz, 335.
123 Ebd.
124 Höpp, Der verdrängte Diskurs.
125 Ebd., 246. Nach Recherchen in belgischen, deutschen und österreichischen Archiven listet Höpp 450 arabische Opfer des Nationalsozialismus namentlich auf.

im europäischen Kontext. Auf ähnliche Art und Weise argumentieren die Beiträge von Baida, Maghraoui und Gershovich: Zwar stellen sie sich gegen die konventionelle Sicht auf die Geschichte und betonen die Bedeutung der nationalen Bestrebungen nach Unabhängigkeit für die Sicht der arabischen Welt auf den Zweiten Weltkrieg. Doch in der Betonung des Kolonialismus wird die Bedeutung des Holocaust nicht entsprechend wahrgenommen.

Eine angemessene Deutung der seitens arabischer Intellektueller blockierten Wahrnehmung des Zweiten Weltkriegs muss also stets die beiden einander zuweilen überlagernden, zuweilen miteinander konkurrierenden Gedächtniskulturen berücksichtigen: Die europäische Rezeption mit dem Holocaust im Zentrum und die arabisch-islamische Erinnerungskultur, die vom Kolonialismus geprägt ist. Diese Unterscheidung ist epistemologische Grundlage der vorliegenden Arbeit.

In jüngster Zeit hat die Bedeutung einer angemessenen Würdigung des Holocaust als Gedächtnischiffre in einer sich zunehmend globalisierenden Welt[126] in den arabischen Gesellschaften große Aufmerksamkeit erfahren. Vor allem eine Generation jüngerer Wissenschaftler wendet sich Themen wie der Leugnung des Holocaust in den arabischen Medien,[127] der arabischen Sicht auf die Schoah[128] und antisemitischen Motiven islamistisch-fundamentalistischer Gruppen zu.[129] Diese Arbeiten stehen sämtlich noch stark in der Tradition des arabisch-israelischen Konflikts. Götz Nordbruch fasste vornehmlich die direkte Leugnung des Holocaust in den arabischen Medien zusammen. Webman wiederum wertete mit ähnlicher Absicht ausgewählte Schriften von Hamas und Hisbollah aus, während Rainer Zimmer-Winkel in dokumentarischer Absicht deutsche Übersetzungen arabischer und europäischer Artikel zum Holocaust veröffentlichte. Allen drei Studien fehlt jedoch die Fragestellung, warum die Wahrnehmung des Holocaust in der arabischen Welt so starke deterministische Züge trägt. Dieser erkenntnistheoretische Ansatz ist Ziel der vorliegenden Arbeit.

---

126 Levy/Sznaider, Erinnerung im globalen Zeitalter.
127 Nordbruch, Leugnungen des Holocaust in arabischen Medien.
128 Zimmer-Winkel (Hg.), Die Araber und die Shoah.
129 Webman, Anti-Semitic Motifs in the Ideology of Hizballah and Hamas.

1. Toynbee in Montreal

Vorgeschichte

Im August 1956 gab die ägyptische Regierung die Festnahme einer Spionagezelle bekannt. Unter den dreißig festgenommenen Männern befanden sich vier in Kairo ansässige britische Staatsbürger: James Swinburn, Charles Pittuck, John Stanley und James Zarb.[1] Die Männer wurden beschuldigt, für zwei Diplomaten der britischen Botschaft in Kairo Informationen über das ägyptische Militär am Suezkanal gesammelt zu haben. Kairo erklärte infolgedessen die zwei verdächtigten Diplomaten zu *Personae non gratae* und sie forderte sie auf, Ägypten innerhalb von 72 Stunden zu verlassen.[2]

Der Spionagevorfall belastete die ohnehin gestörte Atmosphäre zwischen Ägypten und seiner ehemaligen Kolonialmacht weiter. Beide Länder hatten in den 1950er Jahren über die Nutzungsrechte des Suezkanals gestritten und schließlich im Oktober 1954 ein Abkommen unterzeichnet, das den Abzug der britischen Truppen aus der Suezkanalzone innerhalb von zwanzig Monaten vorsah. Im Gegenzug hatte sich Ägypten verpflichtet, die militärischen Standorte und Einrichtungen zu erhalten und im Kriegsfall den britischen Streitkräften zur Verfügung zu stellen. Weiterhin hatte die ägyptische Regierung ihre Bereitschaft erklärt, innerhalb von zwei Jahren gemeinsam mit England über die Zukunft des Suezkanals zu entscheiden. Im Juli 1956 jedoch berief sich der ägyptische Präsident Gamal Abd an-Nasser auf das Souveränitätsprinzip des internationalen Rechts und verkündete die Nationalisierung der Suezkanalgesellschaft.

Großbritannien zeigte sich empört und reagierte mit aggressiver Rhetorik, die fortan den Ton auf beiden Seiten bestimmen sollte. Premierminister Anthony Eden forderte von Ägypten den Verzicht auf die Verstaatlichung der Suezkanalgesellschaft, bezichtigte Präsident Nasser des Vertragsbruchs und sprach ihm die Vertrauenswürdigkeit ab. Er verwies auf die wirtschaftliche und militärische Bedeutung der Suezkanalzone für England und die west-

---

1 Vgl. dazu die ägyptische Tageszeitung *al-ahrām* [Die Pyramide] vom 18., 29. und 30. August 1956 sowie die britische Zeitung *The Guardian* vom 30. und 31. August 1956.
2 Die Darstellung der Spionageaffäre erfolgt anhand der ägyptischen, britischen und amerikanischen Presse, die die Affäre intensiv verfolgte und regelmäßig darüber berichtete. Insbesondere wurden berücksichtigt: *al-ahrām*, *The Guardian*, *The New York Times*, *The Times*.

liche Welt und bezeichnete die Kontrolle über den Suezkanal als eine Frage von »Leben und Tod« für Großbritannien.³

Nasser reagierte offensiv auf diese Argumentation: In bekannter Redegewandtheit erinnerte er England daran, dass dessen koloniale Vormachtstellung der Vergangenheit angehöre, und erklärte, die Kontrolle über den Suezkanal sei eine Angelegenheit des ägyptischen Volkes und seiner nationalen Würde.⁴

Die Suezkrise mündete in einen britisch-französisch-israelischen Boden- und Luftangriff gegen Ägypten.⁵ Doch abseits des militärischen Ausgangs belastete die Festnahme der vier britischen Bürger die Beziehungen zwischen Ägypten und Großbritannien in der zweiten Hälfte der 1950er Jahre in besonderem Maße. Das *Foreign Office* forderte in Kairo nachdrücklich die Freilassung der Briten, die Ägypter jedoch kamen der Forderung nicht nach. Die britischen Medien verschärften alsbald ihren Ton und nahmen insbesondere Nasser ins Visier: Der ägyptische Präsident wurde als ein fanatischer Nationalist, teilweise sogar als zweiter Hitler charakterisiert, der die britischen Interessen im Vorderen Orient sabotiere und dessen »Gestapo« vier unschuldige Briten als Geiseln festhalte.⁶ Die festgenommenen Beschuldigten, unter ihnen auch die vier Briten, blieben während der gesamten Krise in Haft und wurden erst im März 1957 vor Gericht gestellt, nach knapp drei Monaten folgte der Urteilsspruch: Die härteste Strafe erhielt ein Ägypter, der zum Tode verurteilt wurde. Zwei der Briten, Swinburn und Pittuck wurden für unschuldig befunden und kamen umgehend frei. Stanley wurde zu fünf Jahren Haft verurteilt, Zarb erhielt eine Strafe von zehn Jahren. Die britische Öffentlichkeit hatte eine härtere Verurteilung erwartet und reagierte entsprechend erleichtert.⁷ Fortan bemühte man sich vor allem auf diplomatischem Weg um die Freilassung der Gefangenen, allerdings ohne Erfolg. Die ehemaligen Kolonialherren schwankten ohnmächtig und gedemütigt zwischen Drohgebärden und Bittgesuchen. Erst nachdem Stan-

---

3 Vgl. dazu Shaw, Eden, Suez, and the Mass Media, 43–47.
4 Die Instrumentalisierung der Suezkrise durch die Nasser-Regierung ist ausreichend dokumentiert bei Shehada, Die Suezkrise von 1956 unter besonderer Berücksichtigung der ägyptischen Darstellung.
5 Vgl. zur Suezkrise im Allgemeinen: Hurewitz, The Historical Context; Hewedy, Nasser and the Crisis of 1956; Kyle, Britain and the Crisis; Lucas, Divided We Stand; Martin, The Military and Political Contradictions of the Suez Affair; Louis, The Tragedy of the Anglo-Egyptian Settlement of 1954; Shamir, The Collapse of Project Alpha; Shemesh, Egypt; James, Eden.
6 Der Vergleich zwischen Nasser und Hitler wurde sowohl vom französischen Premier Guy Mollet als auch von seinem britischen Amtskollegen Anthony Eden gezogen. Vgl. dazu Shaw, Eden, Suez, and the Mass Media, 12, 53, 88, 113 und 185–213.
7 Vgl. dazu The Guardian, 9. März 1957.

ley im Jahr 1959 die Hälfte seiner Haftzeit abgesessen hatte, wurde er im Zuge einer Generalamnestie entlassen.[8] Zarb jedoch blieb weiter inhaftiert.

Zarb wurde damit zu einer Art Indikator für das Ende des britischen Weltimperiums und auch zum Symbol einer verletzten Nation. Sich dieses psychologischen Faktors bewusst, hielt Ägypten den Briten weiter fest. Der regierungsnahe Journalist und Medienberater Muhammad Hassanain Haikal (geb. 1923) spottete in der Tageszeitung *al-ahrām* im Dezember 1959:

»Die britischen Medien tobten gestern vor Wut gegen Ägypten [...]. Wie wäre es, wenn die Großmacht England ihr großes Heer mobilisierte und das Gefängnis Turah [in dem Zarb einsaß] angriffe; allerdings müsste sie diese Invasion besser organisieren als diejenige vor einigen Jahren in Port Said.«[9]

Die Zeit, in der Großbritannien das Sagen hatte, so machte Nassers Mediensprecher unmissverständlich klar, sei endgültig vorüber: »Wir sagen es klar und deutlich, Großbritannien hat nicht mehr die Macht, um uns Ägyptern zu sagen, was erlaubt ist und was nicht.«[10] Zum Schicksal des britischen Inhaftierten hielt er fest: »James Zarb war in ein Spionagenetzwerk verstrickt und sitzt daher im Gefängnis. Nach den Informationen, über die ich verfüge und denen ich vertraue, bleibt Zarb in Haft, und zwar bis zum letzten Tag und zur letzten Stunde seiner Haftstrafe.«[11]

Doch Haikal sollte sich irren. Zarb kam nach vier Jahren Haft vorzeitig frei. Das lag weder an seiner guten Führung noch am Druck der britischen Öffentlichkeit oder an den Bemühungen des britischen *Foreign Office*. *Al-ahrām* meldete am 4. Februar 1961:

»Die britische Regierung sowie die englische Presse haben ihr Möglichstes getan, um die Freilassung Zarbs zu erzwingen. Aber die Regierung der Arabischen Vereinigten Republik [Ägypten und Syrien] hatte sich durch keinen Druck beugen lassen und die Freilassung abgelehnt [...]. Doch aufgrund des Wortgefechts, das sich der britische Historiker Arnold Toynbee mit dem israelischen Botschafter in Kanada geliefert hat, erwägt die ägyptische Führung nun die Freilassung [...]. Ja, eine einzige faire und gerechte britische Stimme konnte die Wahrheit über Israel in einem öffentlichen Streitgespräch laut aussprechen und erreichte damit die in der britischen Öffentlichkeit lang ersehnte Freilassung Zarbs.«[12]

In England löste die Nachricht aus Ägypten große Freude, jedoch auch Verwunderung aus. Überrascht zeigte sich ebenfalls Zarbs Frau Elda angesichts

---

8 Vgl. dazu The Guardian, 22. September 1959, und The Times, 23. September 1959.
9 Al-ahrām, 16. Dezember 1959.
10 Ebd.
11 Ebd.
12 Al-ahrām, 4. Februar 1961.

des »Wunders von Kairo«.¹³ Dann ging alles sehr schnell, bereits einen Tag später konnte der Brite das Gefängnis verlassen und sich auf den Heimweg nach England machen. Die Spionageaffäre hatte ein glimpfliches Ende gefunden, jedoch waren die Umstände, die dieses Ende begleitet hatten, rätselhaft, insbesondere die Rolle Toynbees. *Al-ahrām* erklärte den Vorgang so:

»Der ehrwürdige Gelehrte, und damit meinen wir den berühmten britischen Historiker, hat ein gerechtes Wort gesprochen und konnte damit in Sekunden das erreichen, was England in Jahren misslungen war. Toynbee fand den Mut, sich gegen die Zionisten zu erheben und in Anwesenheit des israelischen Botschafters die Wahrheit über die Palästinafrage auszusprechen.«¹⁴

Ein britischer Historiker kritisiert die israelische Politik, woraufhin die ägyptische Führung die »Gegenleistung« erbringt und Toynbee – und mit ihm Großbritannien – durch die Freilassung seines Landsmannes Zarb belohnt. Wer genau war aber Arnold Toynbee und worin bestand jenes »gerechte Wort«, das er in der Montrealer Debatte gesprochen hatte?

Juden und Araber˙

Arnold J. Toynbee (1889–1975) war einer der ersten Historiker des 20. Jahrhunderts, der sich darum bemühte, den Eurozentrismus hinter sich zu lassen. Allein das macht ihn zu einem der interessantesten Vertreter seines Faches.¹⁵ Zwischen 1934 und 1961 arbeitete der britische Kultur- und Universalhistoriker an seinem epochalen zwölfbändigen Hauptwerk *A Study of History*.¹⁶ Toynbee untersuchte darin die Bedingungen von Entstehung, Aufstieg und Verfall unterschiedlicher Kulturen und Zivilisationen. Sein Ansatz schließt an Oswald Spenglers *Untergang des Abendlandes* an,¹⁷ jedoch mit einer anderen Schlussfolgerung. Während Spengler das Durchlaufen der Stadien Aufstieg, Blüte, Niedergang als ein »Naturgesetz« menschlicher Kul-

---

13 Die Bezeichnung geht zurück auf: al-ahrām, 7. Februar 1961, 7.
14 Ebd., 6.
15 Zu einer historiografischen Bewertung Toynbees vgl. Osterhammel, Geschichtswissenschaft jenseits des Nationalstaats, 171–176; Brewin, Arnold Toynbee, Chatham House, and Research in a Global Context; Costello, World Historians and Their Goals; Montagu (Hg.), Toynbee and History.
16 Toynbee, A Study of History, zit. nach der deutschen Übersetzung: ders., Der Gang der Weltgeschichte.
17 Spengler, Der Untergang des Abendlandes. Über den Einfluss Spenglers auf Toynbee vgl. Toynbee/Toynbee, Über Gott und die Welt, 73, und Dawson, Gestaltungskräfte der Weltgeschichte, 323.

tur betrachtete, entwickelte Toynbee ein Konzept, das diese Entwicklungen von den Fähigkeiten der Kulturen abhängig macht, auf spezifische Gegebenheiten zu reagieren.[18]

An Umfang universalhistorischer Stoffmasse ging Toynbee dabei weit über Spengler hinaus und zählte neben dem vom Christentum geprägten Abendland noch vier weitere Kultureinheiten auf: die christlich-orthodoxe (byzantinische), die islamische, die hinduistische und die fernöstliche Kultur. Insbesondere aber genossen Araber und Juden in diesem Zivilisationsmuster aufgrund ihrer geografischen und kulturhistorischen Verknüpfung mit Europa besondere Aufmerksamkeit. Unter der Überschrift »Das Abendland der Neuzeit und die islamische Welt« bot Toynbee dem Leser einen Abriss islamischer Kulturgeschichte und unterschied dabei zwischen drei »Gesellschaftskörpern«, die unter dem Banner des Islam stünden: die Iraner, die Türken und die Araber. Während Toynbee jedoch Iranern und Türken eine erfolgreiche historische Entwicklung zuschrieb, blieb er in Bezug auf die Araber pessimistisch. Für Toynbee hatten diese seit dem 15. Jahrhundert an Bedeutung verloren und ahmten lediglich die Europäer nach, anstatt sich aus eigener Kraft den Herausforderungen der Neuzeit zu stellen:

»Die im zweiten Viertel des 19. Jahrhunderts durch den albanischen Abenteurer Mehmed ʿAli durchgeführte Verwestlichung Ägyptens scheiterte, obwohl sie viel durchdringender war als irgendetwas, das von den türkischen Sultanen im gleichen Jahrhundert versucht oder erreicht worden war; sie erwies sich am Ende als ein abendländisch-islamischer Bastard, der einige der übelsten Züge beider Kulturen in sich vereinigte.«[19]

Toynbee stand sowohl der Geschichte als auch der Religion der Araber skeptisch gegenüber.[20] Weder ihre Vergangenheit noch ihre Gegenwart waren für ihn von wissenschaftlichem Interesse; allein aufgrund ihrer Rolle als Träger und Bewahrer einiger kultureller Elemente der griechisch-jüdischen Antike verdienten sie Erwähnung in seiner Kultur- und Zivilisationstheorie. Sein Urteil über den Islam war daher nicht eben freundlich:

»Wir haben den Kommunismus eine christliche Ketzerei genannt. Diese Bezeichnung lässt sich auch auf den Islam anwenden. Denn ebenso wie der Kommunismus war auch der Islam ursprünglich ein Reformprogramm, das den Missbräuchen, die in der praktischen Betätigung des Christentums jener Zeit zutage traten, entgegengestellt wurde. Und der Erfolg, den der Islam in seiner Frühzeit hatte, zeigt, wie mächtig die Werbe-

---

18 Eine detaillierte Auseinandersetzung mit Toynbee bieten Anderle, Das universalhistorische System Arnold Joseph Toynbees, und Vogt, Wege zum historischen Universum.
19 Toynbee, Der Gang der Geschichte, Bd. 2, 220.
20 Vgl. dazu Friedman, Arnold Toynbee; Weil, Arnold Toynbee's Conception of the Future of Islam.

kraft einer reformierenden Ketzerei sein kann, wenn die Orthodoxie, gegen die sich der Angriff dieser Ketzerei richtet, allzu starr ist.«[21]

Nicht deutlich anders verfuhr Toynbee mit der jüdischen Geschichte: Neben den genannten vier Weltzivilisationen definierte er zwei weitere »fossilisierte« Überbleibsel ähnlicher, jedoch heute erloschener Kulturen. Zum einen die monophysitischen Christen von Armenien, Mesopotamien, Ägypten und Abessinien, die nestorianischen Christen von Kurdistan und Malabar, die Juden und die Parsen, zum anderen die lamaistischen Mahayana-Buddhisten Tibets und der Mongolei, die Hinayana-Buddhisten von Ceylon, Burma und ferner die Jaina in Indien.[22] Ohne eine weitere Erläuterung wurden die Juden zum Relikt der erloschenen altsyrischen Kultur reduziert, zu »einer veralteten sozialen Gruppe, die sich über die Zeit auflöste«.[23]

Toynbees Ansichten waren also nicht frei von elitären und essentialistischen Annahmen. Tatsächlich begegnet uns in ihm ein Historiker und politischer Intellektueller, an dessen eigentümlicher Mischung aus enorm umfangreichem, weitverzweigtem Wissen, geschichtlicher Intuition und starker Hinwendung zur religiösen Weltanschauung deutlich wird, wie ideologische Haltungen auf die Darstellung und Interpretation von Geschichtsabläufen und die Ausprägung politischer Ansichten Einfluss nehmen können. Ein Blick in Toynbees Biografie hilft, seine Positionierung zu Juden und Arabern zu klären, die in einem erkennbaren Widerspruch zu seiner universalistischen, nicht essentialistischen Konzeption von Historiografie stand.[24]

Der Gang der Weltgeschichte

Arnold Toynbee wurde am 14. April 1889 in London geboren. Der Sohn eines erfolgreichen Arztes und einer Historikerin besuchte ein Internat, das das christliche Weltbild seiner Eltern reflektierte. Hier zeichnete sich ein erstes Interesse des jungen Toynbee für das Studium der antiken Kulturen ab. Mit Fleiß und Begabung erlernte er Latein und Griechisch. Nach Abschluss des Gymnasiums immatrikulierte er sich an der Universität Oxford in den Fächern Geschichte und Klassische Sprachen. Aufgrund seiner sehr guten

---

21 Die Äußerung Toynbees über den Islam fiel jedoch nicht in seiner Abhandlung selbst, sondern in einer Vorlesung, die er zur Präsentation seines Buches *A Study of History* im Jahr 1952 gehalten hatte und die unter dem Titel *Der Islam und der Westen* erschien; vgl. dazu Toynbee, Die Welt und der Westen, 24–38, hier 24f.
22 Vgl. Toynbee, A Study of History, Bd. 1, 35 und 172–176.
23 Ebd., Bd. 9, 363.
24 Vgl. dazu Toynbee, Erlebnisse und Erfahrungen.

Leistungen wurde er Tutor für Alte Geschichte am Balliol College, zuvor erhielt er 1911/12 ein Jahresstipendium für einen Studienaufenthalt in Griechenland. Dort vertiefte er seine Zuneigung zur Antike, was seine Haltung zur jüdischen und arabischen Geschichte geprägt haben mag. Das Judentum hatte den Monotheismus hervorgebracht und sich damit gegen das polytheistische System der Antike gestellt. Toynbee lehnte die »Ikonisierung« der Juden als auserwähltes Volk ab. Christentum und Islam, ebenfalls universalistische monotheistische Religionen, traf der gleiche Vorbehalt, insbesondere den Protestantismus.[25]

Der Ausbruch des Ersten Weltkrieges weckte bei Toynbee, der inzwischen von seiner griechischen Studienreise zurückgekehrt war, eine Liebe zu England als seinem Vaterland. Jedoch war er während des Auslandsaufenthalts in Griechenland schwer erkrankt, sodass es ihm unmöglich war, sich zum Militärdienst zu melden. Er entschied sich, seinem Land als Diplomat zu dienen und trat in das britische Außenministerium ein. Während des Krieges arbeitete er im Intelligence Department des *Foreign Office* und war für den Nahen Osten zuständig. Im Jahr 1919 nahm er als Nahostexperte an der Versailler Friedenskonferenz teil und sammelte hier weltpolitische Erfahrungen. 1925 übernahm er die Leitung des Britischen Institute of International Affairs, einer Art Thinktank, der von der britischen Regierung nach dem Ende des Ersten Weltkriegs 1919 mit dem Ziel gegründet worden war, Informationen über internationale Konflikte und Krisen zu beschaffen. Innerhalb kurzer Zeit profilierten sich die Veröffentlichungen des Institutes, insbesondere die Zeitschrift *Survey of International Affairs* mit ihren Studien über Krisenregionen der Welt. Das Blatt wurde zu einer frühen Grundlage der britischen Außenpolitik, der Herausgeber Toynbee wurde zu einem bedeutenden Ratgeber der Entscheidungsträger in London.

Schrittweise rückte die Palästinafrage ins Zentrum von Toynbees Interesse. Bereits als Mitarbeiter des *Foreign Office* engagierte er sich für eine politische Lösung. Die britische Regierung hatte 1917 die Balfour-Deklaration bekannt gegeben. In diesem Dokument verpflichtete sich Großbritannien in der ersten Klausel, die Gründung einer jüdischen Heimstätte in Palästina zu fördern und zu unterstützen, und in der zweiten, nichts zu unternehmen, was die Interessen der arabischen Bevölkerung verletzen und die Bewahrung einer arabischen nationalen Heimstätte in Palästina gefährden könne. Toynbee war gegenüber einem solchen Spagat skeptisch, als Mitarbeiter des *Foreign Office* schwieg er jedoch und vertrat loyal die Außenpolitik seines Landes. Er zeigte sich aber nicht nur kritisch gegenüber dem ambivalenten, vage formulierten Dokument, sondern prinzipiell gegenüber der Schaffung einer nationalen Heimstätte für die Juden in Palästina.

---

25 Vgl. dazu mehr bei Kaupp, Toynbee und die Juden, 244–246.

Mit dieser Meinung trat Toynbee allerdings erst nach Ende seiner Tätigkeit im britischen Außenministerium an die Öffentlichkeit. Wie sehr Toynbee die Palästinafrage bewegte, zeigte sich in der Ausführlichkeit, in der er das Thema in seinem Opus magnum *A Study of History* behandelte und sich auf arabischer Seite positionierte:

»Im Jahr 1952 war der Dar-al-Islam im Wesentlichen intakt, nachdem er nur wenige entlegene Provinzen eingebüßt [hatte]. Der zentrale Kern von Ägypten bis Afghanistan und von der Türkei bis zum Jemen war frei von fremder politischer Herrschaft und sogar Kontrolle. Um diese Zeit waren Ägypten, Jordanien, der Libanon, Syrien und der Irak sämtlich wieder aufgetaucht aus einer Flut des britischen und französischen Imperialismus, die sie nacheinander 1882 und im Laufe des allgemeinen Krieges 1914–18 überflutet hatte, und die noch übrige Bedrohung des Herzens der arabischen Welt kam nicht von den abendländischen Mächten, sondern von den Zionisten.«[26]

Den Zionismus interpretierte Toynbee als Folge einer gescheiterten geistigen, sozialen und kulturellen Assimilation der westeuropäischen Judenheiten an ihre nichtjüdische Umwelt, nachdem europäische Nationalismen ausgesprochen antisemitische Züge angenommen hatten. Aus dieser Perspektive betrachtete Toynbee den Zionismus als eine jüdische Antwort auf die europäische Moderne:

»Der abendländische Nationalismus der Neuzeit griff die jüdische Diaspora in der abendländischen Welt gleichzeitig auf zwei Seiten an. Er führte die abendländischen Juden durch seine Anziehungskraft zur gleichen Zeit, wo er sie durch seinen Druck hintrieb zu einem eigenen Nationalismus, der als eine kollektive Form der Verwestlichung beschrieben werden könnte, im Gegensatz zu der individuellen Form der Verwestlichung, die für die Juden mit dem voraufgegangenen Zeitalter des Liberalismus des 19. Jahrhunderts verknüpft ist.«[27]

Die Gründung des Staates Israel im Jahr 1948 war für Toynbee folgerichtig nichts anderes als eine Reaktion auf den auflebenden Antisemitismus in Europa, besonders aber auf die Verfolgung der Juden durch die deutschen Nationalsozialisten:

»Dieser deutsche Antisemitismus war nicht die am wenigsten mächtige der Kräfte, die die deutschen Nationalsozialisten zur Macht führten. Der nachfolgende, von den deutschen Nationalsozialisten an den Juden verübte ›Völkermord‹ braucht hier nicht breiter behandelt zu werden. Die Tatsachen sind so bekannt wie erschreckend und stellen eine Bösartigkeit in nationalem Maßstabe zur Schau, zu der die Geschichte vielleicht bisher keine Parallele lieferte.«[28]

---

26 Toynbee, Der Gang der Weltgeschichte, Bd. 1, 218.
27 Ebd., 228f.
28 Ebd., 228.

Aber ungeachtet der »Bösartigkeit« der Judenverfolgung und der zugestandenen Einzigartigkeit des Völkermordes an den Juden im 20. Jahrhundert fügte Toynbee einschränkend hinzu, dass die Juden kein Recht hätten, auf Kosten unschuldiger Dritter, das heißt der palästinensischen Araber, entschädigt zu werden. Toynbee beschränkte sich nicht auf die Ablehnung jüdischer Nationalansprüche auf Palästina. Er verglich das Schicksal der europäischen Juden im Nationalsozialismus mit dem der palästinensischen Araber unter dem Zionismus:

»Von allen düsteren Ironien der Geschichte wirft keine ein finstereres Licht auf die menschliche Natur als die Tatsache, dass die zionistischen Juden neuen Stiles am Morgen nach der erschreckendsten der vielen Verfolgungen, die ihre Rasse überdauert hatte, auf Kosten der palästinensischen Araber, deren einziges Vergehen gegen die Juden war, dass Palästina ihre angestammte Heimat [war], auf einmal dazu übergingen zu zeigen, dass die Lehre, die die Zionisten aus den Leiden, die die Nazis den Juden angetan, gelernt hatten, die war, sich nicht der Begehung des Verbrechens zu enthalten, dessen Opfer sie gewesen, sondern ihrerseits ein Volk, das schwächer als das ihre, zu verfolgen.«[29]

Dem Vergleich folgte sein Urteil:

»Die israelischen Juden folgten nicht den Fußstapfen der Nazis bis zur Austilgung der palästinensischen Araber in Konzentrationslagern und Gaskammern; aber sie depossedierten deren Mehrzahl bis zur Anzahl von mehr als einer halben Million aus den Ländereien, die diese und deren Väter für Generationen in Besitz genommen und kultiviert hatten, und aus dem Eigentum, das sie nicht auf ihrer Flucht mit sich führen konnten, und sie überlieferten jene damit als ›Displaced persons‹ der bitteren Not.«[30]

Toynbee richtete nach dieser Darstellung der europäischen Situation den Blick auf Amerika:

»Das jüdische Element im amerikanischen Volkskörper übt eine politische Macht aus, die in keinem Verhältnis zu seiner Zahl steht; denn es war in der Stadt New York konzentriert, und in dem Wettbewerb um Stimmen in der amerikanischen Innenpolitik war diese eine Schlüsselstadt in einem Schlüsselstaat [...]. Amerikaner fanden sich fähig, auf die Leiden von Juden in Europa in Naziländen einzugehen, weil andere Juden vertraute menschliche Figuren in ihrem täglichen Leben waren. Es gab keine vertrauten Araber, um ihnen die Leiden der palästinensischen Araber nachfühlbar zu machen; und ›die Abwesenden befinden sich immer im Unrecht‹.«[31]

Toynbees Stimme hatte Gewicht, *A Study of History* gehörte zu den populärsten Geschichtsbüchern des 20. Jahrhunderts. Nach Erscheinen der ersten drei Bände 1934 wurden umfangreiche Folgebände angekündigt. Geplant

29 Ebd., 229.
30 Ebd., 229f.
31 Ebd., 231.

waren zunächst insgesamt neun, schließlich erschienen zwölf Bände. Das Werk wurde zu einer Erfolgsstory. Nach der sechsten Auflage entschied sich der Verlag, eine komprimierte Fassung herauszugeben. Der Geschichtslehrer und Verfasser zahlreicher populärwissenschaftlicher historischer Bücher David Churchill Somervell (1885–1965) sollte aus dem zwölfbändigen Werk eine »Volksausgabe« unter der Regie von Toynbee schaffen.[32] Diese Version erschien in zwei Teilen: der erste Teil umfasste die ersten drei Bände, der zweite Teil bildete eine Zusammenfassung des siebenten bis zehnten Bandes. Eine gekürzte Fassung erschien 1949 und 1950 in deutscher Sprache, eine deutsche Übersetzung des gesamten Werkes kam hingegen nicht zustande. Sowohl in der akademischen als auch in der populären Ausgabe erscheint die Behandlung der jüdischen und arabischen Geschichte ungekürzt. Die Erfolgsgeschichte des Werkes wird folgendermaßen kommentiert:

»Aufgrund des wirtschaftlichen Erfolges dieses Geschichtswerkes hieß es in den 60er Jahren in Großbritannien, England verfüge über zwei wichtige und munter sprudelnde Quellen für den Export: die *Beatles* und Toynbees *A Study of History*. Somervells Kurzfassung wurde zum Bestseller und machte Toynbee vor allem während und nach dem Zweiten Weltkrieg zu einem der bekanntesten Gelehrten des ganzen Globus […].«[33]

Toynbee war also eine Gestalt von Weltgeltung. Das wussten auch seine jüdischen Kritiker und sie suchten daher den Dialog mit dem Universalhistoriker.[34] Manche von ihnen teilten seine Ansichten über die Juden als »fossiliertes Volk« und sogar seine Infragestellung der Rechtsansprüche der Israelis auf Palästina.[35] Doch kaum eine Behauptung Toynbees war ihm von jüdischer Seite mehr verübelt worden, als seine Verbindung des Nationalsozialismus mit dem Zionismus. Während der amerikanische Rabbiner Jacob B. Agus (1911–1986) eine solche Gleichsetzung als entweihend und frevlerisch verurteilte,[36] stellten die Äußerungen Toynbees für den Kultur- und Geschichtsphilosophen Franz Borkenau (1900–1957) eine Verleumdung des Zionismus dar, zu der der britische Historiker nur durch Ignorierung aller wirklich relevanten Faktoren gelangt sein könne.[37] Auch der Rabbiner und Theologe Eliezer Berkovitz (1908–1992) war durchaus bemüht, Toynbees Ansichten zu verstehen. Er ging davon aus, dass Toynbee dazu neige, Nationalsozialisten und Zionisten deshalb in Beziehung zu setzen, weil beide mit dem Nationa-

---

32 Vgl. Rattner/Danzer, Gipfelpunkte des englischen Geisteslebens von 1850–1950, 238f.
33 Ebd., 239 (Hervorhebungen im Original).
34 Vgl. beispielsweise die Debatte jüdischer Studenten und Wissenschaftler der Universität Oxford mit Toynbee über seine Äußerung zu Juden und jüdischer Geschichte in *A Study of History* in der Oxford Synagoge, dazu Schmid, Reflections on a Talk by Toynbee, 563.
35 Vgl. Kaupp, Toynbee und die Juden, 205–211.
36 Vgl. Agus, Toynbee and Judaism, 322.
37 Borkenau, Toynbee's Judgment of the Jews, 425.

lismus und Kolonialismus zwei Schattenseiten der abendländischen Kultur übernommen hätten. Berkovitz nahm daher an, dass dieser Vorwurf gegenüber dem Zionismus lediglich das Maß von Toynbees Verurteilung des Nationalsozialismus in seiner eigenen westlichen Welt widerspiegle.[38] Tatsächlich wurde mit der Analogie zwischen dem Schicksal der Palästinenser unter israelischer Macht und dem der Juden im nationalsozialistischen Europa ein geschichtlicher Diskurs berührt, dessen Bedeutung sich erst noch offenbaren sollte. Die geistige Welt im Europa und Amerika der 1950er Jahre reagierte auf die Ansichten Toynbees zunächst mit schweigender Gleichgültigkeit,[39] und beinahe wären seine Einlassungen in Vergessenheit geraten, hätten sie nicht im Jahr 1961 im Vorlesungssaal einer kanadischen Universität ein folgenreiches Nachspiel erfahren.

Streitgespräch

Die größte englischsprachige Universität Kanadas, die McGill University in Montreal, Quebec, verfolgt seit 1952 eine akademische Tradition, die Beatty Memorial Lectures. Herausragende Persönlichkeiten aus Politik, Kultur und Wissenschaft sprechen vor einem nicht ausschließlich akademischen Publikum. Im Januar 1961 war Toynbee hier Gast. Der britische Historiker las dreimal öffentlich: über den Hellenismus in der westlichen Geschichtserfahrung, über die Anziehungskraft der europäischen Lebensweise und über die Kritik parlamentarischer Demokratie.[40] Die Hörsäle waren bei all seinen Veranstaltungen überfüllt, und die Organisatoren übertrugen die Vorträge über das Campusradio. Auch die Presse war zugegen, und so wurde im Januar 1961 die McGill University zu einem Zentrum der akademischen Welt.

In der letzten Veranstaltung, die im Hillel House Montreal, einem Zentrum für jüdische Studien, stattfand, kam es zum Eklat. Ein Student fragte Toynbee, ob er noch immer die Juden als »historisches Fossil« betrachte und den Umgang der Israelis mit den palästinensischen Arabern und den der

---

38 Berkovits, Judaism, 94.
39 In Rezensionen von Nichtjuden wurden die Ansichten Toynbees über Juden, Nationalsozialismus, Zionismus und Palästinafrage kaum erwähnt. Vgl. dazu beispielsweise Hales, Arnold Toynbee's Study of History, Teile 1 und 2; Fitzsimons, Toynbee's Summa; Fox, History and Mr. Toynbee.
40 Die Vorträge wurden am 12., 17. und 19. Januar 1961 unter folgenden Titeln gehalten: »The Present-Day Experiment in Western Civilization«; »The Experiment in Hellenization«; »The Attraction of the Western Way of Life und Parliamentary Democracy on Trial«, alle in: Toynbee, America and the World Revolution, 1–51.

Nationalsozialisten mit den Juden gleichsetze. Toynbee bekräftigte seine Ansichten, wie er sie bereits in *A Study of History* dargelegt hatte.

Am Morgen des folgenden Tages berichteten die kanadischen Medien detailliert über die Veranstaltung. Yaacov Herzog (1921–1972), seit 1960 israelischer Botschafter in Kanada und eigentlich bekannt für seine ruhige Art, war zutiefst aufgebracht. Er entschloss sich, Toynbee zu einer öffentlichen Debatte herauszufordern[41] und der Historiker nahm an. Als die Nachricht über das bevorstehende Duell bekannt wurde, musste Herzog seine Entscheidung allerdings zunächst gegenüber dem israelischen Außenministerium verteidigen, das über eine solche Debatte nicht gerade glücklich war. Herzog schlug deshalb vor, nicht in seiner Funktion als Gesandter des Staates Israel aufzutreten, sondern als »Sprecher des jüdischen Volkes«. Kaum hatte Herzog Jerusalem überzeugt, machte sich neue Aufregung breit. Die jüdische Gemeinde in Montreal und andere jüdische Gemeinschaften in ganz Kanada fürchteten ebenfalls eine öffentliche Debatte und eine mögliche Blamage des jungen israelischen Diplomaten in einem Duell mit dem erfahrenen Historiker. Weiterhin herrschte die Überzeugung vor, dass ein solcher öffentlich geführter Streit latente antisemitische Ressentiments schüren könnte, doch setzte der Botschafter sein Vorhaben durch.

Yaacov Herzog wuchs in einer religiösen europäischen Familie auf. Die Familie seines Vaters Yitzhak Halevi Herzog (1888–1959) hatte bereits 1898 die polnische Heimatstadt Łomża verlassen und sich in Leeds niedergelassen. Mit 27 Jahren wurde der Vater 1916 zum Rabbi von Belfast ernannt, er diente ab 1919 der dortigen jüdischen Gemeinde als Rabbiner. Von 1922 bis 1936 war er der erste Großrabbiner von Irland. Dann verließ er mit Ehefrau Sarah und den Söhnen Chaim und Yaacov Großbritannien und zog nach Palästina, wo er bis zu seinem Tod 1959 das Amt des aschkenasischen Oberrabbiners ausübte. Das Leben in verschiedenen jüdischen Gemeinden Europas schienen die Familie Herzog und insbesondere die zwei Söhne maßgeblich geprägt zu haben. Dies zeigte sich vor allem bei Ausbruch des Zweiten Weltkriegs. Der älteste Sohn Chaim (1918–1997) unterbrach seinen Studienaufenthalt in England und meldete sich mit Unterstützung seines Vaters zum Dienst in der britischen Armee. Auf eigene Bitte hin wurde er vornehmlich in Deutschland eingesetzt. Am Ende des Krieges gehörte er zu jenen Offizieren, die an der Befreiung von Konzentrationslagern beteiligt und damit unmittelbar Zeugen des Leides der Inhaftierten geworden waren. Chaim Herzog war auch an Festnahme und Verhör Heinrich Himmlers beteiligt.

---

41 Brief an seinen Freund Yehoshua Auerbach vom 21. Februar 1961, vgl. dazu Bar-Zohar, Yaacov Herzog, 6; zit. jedoch nach der hebräischen Ausgabe: ders., Tzafnat pane'ach [Zafenat-Paneach], 158.

Yitzhak Herzog war durch seine Beziehungen zu verschiedenen jüdischen Gemeinden in Polen und England über das Ausmaß der Judenvernichtung in Europa informiert und betrachtete es als seine Aufgabe, sich des Schicksals jüdischer Holocaustüberlebender anzunehmen. So bereisten der Vater und Yaacov sechs Monate lang verschiedene europäische Staaten: In Italien trafen sie Papst Pius XII. (1876–1958) und baten ihn um die Freigabe jüdischer Kinder, die während des Kriegs in katholischen Klöstern Zuflucht gefunden hatten. In Deutschland und Polen machten sich Vater und Sohn in den vom Krieg verwüsteten Städten auf die Suche nach den Überresten des untergegangenen Judentums. Yaacov war erschüttert von dem, was er gesehen hatte, und schrieb einem Freund:

»Unsere Reise dauerte sechs Monate. Wir besuchten jede Stadt auf dem Kontinent. Wir sahen eine solche Verwüstung, die die Menschheit in dem Ausmaß noch nicht erfahren hatte […] und als wir den Trümmerhaufen, oder das, was vom Warschauer Ghetto übrig geblieben war, sahen, war es so, als stürzten wir 2000 Jahre zurück in die Geschichte vor den Hügeln von Jerusalem und wurden Zeuge, wie die Flammen die letzten Reste des Tempels verschlangen. […] Was für eine Zerstörung, was für eine Einsamkeit und was für eine Verlassenheit.«[42]

Es hat den Anschein, als seien es genau diese Bilder gewesen, die sich während der Diskussion mit Toynbee vor Herzogs innerem Auge abspielten: die Spuren des Holocaust, deren Zeuge er geworden war und die sich tief in sein Gedächtnis eingeprägt hatten.

Der Botschafter war davon überzeugt, dass Toynbee durch seine Äußerungen den Juden in Geschichte und Gegenwart Unrecht widerfahren ließ. Er betrat dennoch Hillel House nicht, um sein Gegenüber zu einer Entschuldigung zu drängen, erwartete weder Mitleid noch Anerkennung für das, was den Juden in Europa vom frühen Antisemitismus bis zur Vernichtung unter den Nationalsozialisten zugefügt worden war. Er strebte keine emotionale Debatte an, sondern ein sachliches, klärendes Streitgespräch. Herzog hatte sich eingehend über Person und Werk Toynbees sowie über dessen Tätigkeit im britischen *Foreign Office* und über seine Opposition zur britischen Mandatspolitik in Palästina informiert.[43]

Am 31. Januar 1961 um 12 Uhr mittags begann die Debatte im Hörsaal vor erwartungsvollen Studenten, ausländischen Diplomaten und nationalen wie internationalen Pressevertretern. Herzog sprach als Erster und benannte sogleich den Stein des Anstoßes:

---

42 Herzog in einem Brief vom 12. Februar 1947 an seinen Freund Joseph Nelson, zit. nach Bar-Zohar, Yaacov Herzog, 55.
43 Bar-Zohar, Yaacov Herzog, 176f.

»Vor einer Woche wurde in diesem Hörsaal ein Vergleich gezogen […]. Die Haltung der Israelis gegenüber den Arabern 1947 und 1948 gleiche der Vernichtung von sechs Millionen Juden durch die Nazis […]. Der Professor wurde in der Presse folgendermaßen zitiert: Die Juden hätten keinerlei historischen Anspruch auf Israel.«[44]

Herzog bestritt die Rechtmäßigkeit einer solchen Analogie und berief sich auf die Urteile der Nürnberger Prozesse zwischen 1945 und 1949. Er erinnerte Toynbee daran, dass die Juden nicht in einer Konfliktsituation mit Nazi-Deutschland gestanden hätten, sondern nur verfolgt worden seien, weil sie Juden waren. Dies sei etwas anderes als die arabisch-israelische Auseinandersetzung, in der zwei Konfliktparteien sich im Streit um das gleiche Land befänden. Er betonte, dass die Araber und nicht die Juden diejenigen gewesen seien, die sich geweigert hätten, den Teilungsplan des UNO-Sicherheitsrats von 1947 anzuerkennen, und dem neugegründeten Staat Israel stattdessen den Krieg erklärten. Die Juden hätten dagegen 1948 nur ihre Existenz verteidigt. Herzog sprach Toynbee direkt an:

»Professor, es gibt eine Beziehung zwischen den beiden Ereignissen [Holocaust und Palästinakonflikt], die Sie erwähnt haben. In beiden Ereignissen waren die Juden der Gefahr der Vernichtung ausgesetzt. Im ersten Ereignis wurde ein Drittel des jüdischen Volkes vernichtet, im zweiten haben wir uns verteidigt und unter göttlicher Vorsehung waren wir erfolgreich.«[45]

Herzog schloss mit der Feststellung, dass sein Streitpunkt mit Toynbee moralischer Natur sei. Es gehe ihm darum, Toynbees Begriff von Recht und Unrecht zu verstehen. In diesem Sinne bat er den britischen Historiker um Klärung seiner umstrittenen Äußerungen.

Toynbees Entgegnung ließ an Deutlichkeit nichts zu wünschen übrig. Der Atem einiger mag gestockt haben, als er gar erklärte, dass er Zionisten und Nationalsozialisten nicht auf die gleiche Stufe stelle, sondern das Vorgehen der Zionisten für ungleich verwerflicher halte. Für Toynbee war der »Sündenfall der Nationalsozialisten« weniger tragisch als derjenige der zionistischen Juden, hätten die Juden doch von allen Völkern die längste und bitterste Erfahrung als Opfer von Ungerechtigkeit und Grausamkeit gemacht. Sein Vergleich sei kein quantitativer. Vielmehr sah er eine moralische Analogie zwischen den Verbrechen der Nationalsozialisten gegen die Juden und den Massakern israelischer Untergrundkämpfer gegen Palästinenser:

»Natürlich verursacht eine höhere Opferzahl mehr Leid, aber es ist unmöglich, zu mehr als hundert Prozent verrückt oder kriminell zu sein. Lassen Sie mich das unverblümt auf den Punkt bringen: Wenn ich einen einzigen Mann umbringe, dann bin ich

---

44 Die erste Dokumentation der Debatte erschien in Kairo 1961 unter dem Titel *The Toynbee Debate*, hg. vom Information Department der ägyptischen Regierung. Hier zit. nach Louvish, A People that Dwells Alone, 21.
45 Ebd., 23.

ein Mörder. Ich brauche nicht erst die Zielmarke von eintausend oder einer Million [Opfern] zu erreichen, um ein Mörder zu sein.«[46]

Zum allgemeinen Erstaunen kritisierte Toynbee die Kolonialpolitik seines Landes und ergriff Partei für die ehemaligen Kolonien Großbritanniens:

»Ist ein Ägypter im Saal anwesend? Vielleicht nicht. Gut! Lassen Sie uns vorstellen, es wäre ein Ägypter im Raum hier anwesend, der mich Folgendes fragen würde: Wie können Sie als Engländer die britischen Massaker von 1956 gegen die Bewohner der ägyptischen Stadt Port Said, die aus der Luft bombardiert wurde, verteidigen […]? Stellen sie sich vor, ich würde ihm antworten: Warum? Das war kein Morden. Wir haben doch nicht mehr als eine vierstellige Opferzahl getötet, aber um Mörder zu sein, muss man die Millionenmarke erreichen. Nun haben die Deutschen diese Marke erreicht und mehrere Millionen Menschen umgebracht. Waren die Deutschen Mörder, aber wir Briten nicht?«[47]

Toynbee hatte zwei Weltkriege erlebt, aber auch zahlreiche Kolonialkriege. Dieser Erfahrungsschatz formte sein politisches Urteil, dass Gewaltanwendung, sei sie ausgeübt von britischen Kolonialisten, deutschen Nationalsozialisten oder israelischen Zionisten, per se moralisch verwerflich sei:

»Nun kommen wir zum Moralaspekt, und hier stimme ich, was die grundlegende Bedeutung von Moral für die Zukunft, aber auch für die Gegenwart betrifft, mit dem Herrn Botschafter überein. Ich habe vorher den britischen Fall 1956 hervorgehoben, um zu zeigen, dass ich sowohl die Taten meines eigenen Landes, als auch die der anderen Völker als gleichwertig betrachte. […] Ich glaube fest daran, dass manche jener Massaker, die die israelischen Streitkräfte den Palästinensern angetan haben, durchaus in ihrer moralischen Qualität vergleichbar mit dem sind, was die Deutschen [den Juden] zugefügt haben.«[48]

Mit der »moralischen Qualität« meinte Toynbee die Praxis der Vernichtung der Juden: »Das, was wir an den deutschen Taten hassen, ist: die Vorplanung, die kaltblütige Durchführung, die ungeheure Grausamkeit und die Zielsetzung.«[49] Genau diese Herangehensweise war nach Toynbee aber bei den israelischen Vertreibungsaktionen gegen die Palästinenser wieder vorzufinden, zum Beispiel bei dem Massaker, das jüdische Untergrundorganisationen gegen die Bewohner des palästinensischen Dorfes Deir Yassin im April 1948 verübt hatten.[50] Die »Vorplanung« und die »kaltblütige Durchführung« hätten ein klares Ziel verfolgt: die Vertreibung der Ansässigen:

---

46 Ebd., 24.
47 Ebd.
48 Ebd.
49 Ebd., 24f.
50 Am 9. April 1948 ermordeten die zionistischen militärischen Untergrundorganisationen Irgun Zwai Leumi und Lechi laut zeitgenössischen Berichten eines Irgun-Kommandeurs bei dem Massaker ca. 250 Zivilisten. Ziel des Blutbades war, Angst und Schrecken bei der

»Israelische Streitkräfte – ich bin mir nicht sicher, ob die Soldaten nur zum inoffiziellen Militär oder auch zur israelischen Armee gehörten – fuhren mit Lautsprechern durch die Dörfer und wandten sich in arabischer Sprache an die Bewohner: ›Oh, ihr Araber, ja, wir haben den Bewohnern [von Deir Yassin] das zugefügt. Wenn ihr das Gleiche vermeiden wollt, verlasst eure Häuser.‹«[51]

Toynbee zog daraus den Schluss, dass die Vernichtung der Juden während des Zweiten Weltkriegs nicht einzigartig gewesen sei. Er hatte Deir Yassin nicht allein angeführt, um die »moralische Analogie« von Zionismus und Nationalsozialismus zu belegen, sondern er wollte damit zur Antwort auf Herzogs zweiten Streitpunkt überleiten: den unrechtmäßigen Anspruch der Juden auf Palästina. Drei Hauptargumente lassen sich Toynbees Darstellung entnehmen. Erstens bestritt er das Besitzrecht der Juden an Palästina. Er bemühte ein Beispiel aus dem Zweiten Weltkrieg:

»Im Jahre 1940, als die Deutschen in Frankreich einmarschierten, flohen mehrere Millionen Franzosen aus dem Norden in die südliche Region Frankreichs. Sie flohen aus dem gleichen Grund, aus dem die arabischen Bewohner Palästinas die Kriegszone verlassen haben. Niemand, so glaube ich, würde im Traum behaupten, [...] dass aufgrund ihrer Flucht das Recht dieser Franzosen auf ihr Land und ihren Besitz in Nordfrankreich verfiele.«[52]

Das Verhalten der palästinensischen Bewohner entsprach nach Toynbee dem Verhalten jeder zivilen Bevölkerung in einem Kriegsgebiet: der Flucht aus Todesgefahr. Anders als den Palästinensern gehöre den Israelis, argumentiert Toynbee weiter, rechtmäßig nur das Land, das sie nach 1880 beziehungsweise nach 1917 gekauft hatten.[53]

Das zweite Argument war historisch-religiöser Natur. Für den britischen Historiker waren historische Ansprüche der Juden auf Palästina ungültig, weil Palästina nur für einen verhältnismäßig kurzen Zeitraum größtenteils von Juden bewohnt gewesen sei. Zu allen Zeiten, als es den Juden freistand, nach Palästina zurückzukehren, habe es die große Mehrheit der Juden vorgezogen, in der Diaspora zu bleiben. Dennoch gestand Toynbee zu, dass die Juden religiös, kulturell und emotional mit Palästina verbunden seien und daher ein Recht auf Bewegungsfreiheit in Palästina, nicht jedoch auf einen Staat hätten, der auf Kosten der arabischen Bevölkerung des Landes gegründet worden sei.

---

palästinensischen Bevölkerung zu verbreiten und sie dazu zu zwingen, aus Palästina zu flüchten. Vgl. dazu Morris, The Historiography of Deir Yassin; Walid al-Khalidi, Dair Yassin; McGowan/Ellis, Remembering Deir Yassin; Tal, There Was No Massacre There; Rubinstein, Indeed There Was a Massacre There; Kanaana/Zeitawi, The Village of Deir Yassin.
51 Louvish, A People that Dwells Alone, 25.
52 Ebd., 25.
53 Ebd., 25f.

Mit der religiös und historisch gewachsenen Beziehung der Juden zu Eretz Israel begründete Toynbee sein drittes Argument gegen den Anspruch der Juden auf eine Staatlichkeit in Palästina: das Prinzip der Verjährung. Mit dem Ziel, die historische beziehungsweise biblische Existenzgeschichte der Juden in Palästina zu entkräften, führte Toynbee die juristische Regelung des *Statute of limitations* an, eines Verjährungsrechts:

»Nehmen wir beispielsweise das Jahr 135 n. Chr., also jene Zeit, als es mit Ausnahme von Teilen Galiläas keine beständige jüdische Existenz in Palästina mehr gab. Die Verjährungsregelung ist jedoch noch nicht einmal auf Leute anzuwenden, die ihr Heimatland im Jahr 1835[54] verloren haben. Nun, was könnte das für eine Konsequenz für Montreal haben? Die Algonkin[55] waren doch hier vor drei- oder vierhundert Jahren. Heißt das, Montreal soll den Algonkin zugesprochen werden? Schließlich liegt 1835 viel weniger weit zurück als das Jahr 135 n. Chr.! Sollte etwa England an die Waliser zurückgegeben werden? Ich glaube, es würde kompliziert werden, die Briten aus England zu vertreiben und sie zu Flüchtlingen zu machen.«[56]

Toynbee fand abschließend klare Worte zur Gründung des Staates Israel: »Unverblümt formuliert: Das war ein Raubüberfall.«[57]

Der weltbekannte britische Historiker war ein blendender Rhetoriker, er verstand es, durch seinen Gestus und seine Sprachgewandtheit die Aufmerksamkeit auf sich zu ziehen. Dennoch waren seine Ausführungen häufig einseitig, polemisch und nicht frei von Vorurteilen. So hatte sich Toynbee in der Palästinafrage nicht zur Rolle der arabischen Seite geäußert, die Araber erschienen bei ihm vielmehr als Geschichtsobjekte, die einmal Opfer des Kolonialismus, dann des Zionismus waren. Anmaßend erschien seine Interpretation der weltweiten Empörung der Juden infolge seiner Äußerungen:

»Mit dem Vergleich, den ich gezogen habe, habe ich dem jüdischen Volk ein Stück dessen zugefügt, was die Psychologen ›Schocktherapie‹ nennen. Ich habe etwas laut und aufsehenerregend gesagt, was längst in eurem Gewissen flüstert.«[58]

Toynbee bot als Therapie an:

»Bleiben Sie kritisch. Selbstkritik war eins der größten Merkmale der jüdischen Tradition. Ich lasse Ihr Gewissen über das Schicksal von 900 000 palästinensischen Flüchtlingen entscheiden. [...] Ich lasse Ihr Gewissen ein gerechtes Urteil über die Situation aussprechen.«[59]

---

54 In dem Jahr begann das *Indian Removal*, die Umsiedlung der nordamerikanischen Indianer; vgl. dazu Stewart, The Indian Removal Act.
55 Die Algonkin sind ein aus mehreren Stämmen bestehendes Volk nordamerikanischer Ureinwohner, das zu den *First Nations of Canada*, den indianischen Völkern Kanadas gezählt wird; vgl. zu Geschichte und Kultur der Algonkin: Clément, The Algonquins.
56 Louvish, A People that Dwells Alone, 34 f.
57 Ebd., 30.
58 Ebd., 27.
59 Ebd.

Herzog ließ sich durch Toynbees Rhetorik nicht aus der Ruhe bringen. Er blieb in der Darstellung sachlich und es gelang ihm, seine Argumente an rechter Stelle zu platzieren. Er beharrte auf der Legitimität der Existenz Israels: Erstens existiere eine ununterbrochene Kontinuität jüdischen Lebens in Palästina. Zweitens sei die Rückkehr der Juden in das Land Israel als Bestandteil des religiösen und kulturellen Lebens der Juden in der Diaspora und somit als Inspiration jüdisch-nationaler Bestrebungen zu begreifen. Drittens sei die diplomatische Anerkennung durch die Weltgemeinschaft – von der Balfour-Deklaration bis zum Teilungsplan der Vereinten Nationen – ein legitimierender Faktor. Und schließlich zähle auch die Bereitschaft einiger arabischer Herrscher, die Besiedlung der Juden in Palästina anzuerkennen.[60]

Des Weiteren bestand Herzog auf dem Unterschied zwischen einem realen, begründeten Konflikt und einer grundlosen, von einer Ideologie geleiteten Vernichtung, wie sie die Juden während des Zweiten Weltkriegs erfahren hatten. Verbrechen und Mord seien moralisch zwar immer zu verurteilen, historisch gesehen sei jedoch der Judenmord etwas Einzigartiges. Schließlich griff Herzog Toynbees Metapher vom »fossilisierten Volk« auf und verwies auf die Vitalität des jüdischen Volkes: Die Juden im Nahen Osten seien die einzige noch existierende Gemeinde der antiken Völker. Die Kontinuität der Sprache und Religion und nicht zuletzt das moderne, demokratische System in Israel, das von vielen afrikanischen und asiatischen Staaten als Vorbild angestrebt werde, seien Ausdruck dieser Lebendigkeit.

In Israel war man begeistert über Herzogs Auftritt. Trotz der Zeitverschiebung wurde die Liveübertragung im Radio bis spät in die Nacht verfolgt. Mit seiner Verteidigung des jüdischen Volkes hatte der Botschafter die Sympathien seiner Landsleute erobert – man sprach von ihm als »jüdischem Prinzen«.[61] Auch die zunächst skeptische Politik lobte ihn für »seinen Mut bei der Verteidigung der Ehre der Nation.«[62] Die internationale Presse jedoch kommentierte das Ereignis anders. Die *New York Times* bewertete die Debatte nicht nach Sieger und Verlierer, sondern betonte, dass Herzog und Toynbee sich in einem Punkt einig gewesen seien: »Mord ist Mord, egal ob er von Nazis oder Juden verübt worden ist.«[63] Mit einem solchen Resümee konnte nur Toynbee zufrieden sein, Herzog indes warf der amerikanischen Zeitung unprofessionelle Berichterstattung vor.[64] Entscheidend ist jedoch nicht, wer das

---

60 Ebd., 32f.
61 So zumindest lautet der Titel (*nasikh yehudi*, dt. »jüdischer Prinz«), den seine Biografie in der hebräischen Version trägt und der auf eine biblische Metapher aus Gen. 41,45 anspielt.
62 Abba Eban, damals israelischer Bildungs- und Kulturminister, in einem Brief vom 19. Februar 1961, zit. nach Bar-zohar, Tzafnat pane'ach, 211.
63 Ebd.
64 Ebd., 211f.

Duell für sich entschieden hatte, sondern warum Toynbees und Herzogs Ansichten dermaßen auseinandergingen.

Während Herzog direkt nach dem Zweiten Weltkrieg Zeuge der Vernichtung des europäischen Judentums geworden war, die Schoah als den Zusammenbruch einer ganzen Zivilisation erlebt hatte und die antisemitische Vernichtung um der Vernichtung Willen als historische Zäsur wahrnahm, wurde Toynbees politisches Urteil weniger vom Zweiten als vom Ersten Weltkrieg geprägt. Toynbee war bis zum Ersten Weltkrieg ein eifriger Fürsprecher der kolonialen Idee gewesen. Der wirtschaftliche und kulturelle Austausch zwischen der europäischen und der außereuropäischen Welt entsprach für ihn nicht nur einem gegenseitigen ökonomischen Bedürfnis, sondern war auch eine unabdingbare Voraussetzung dafür, dass Europa seine zivilisatorische Mission erfüllte. Er glaubte zu dieser Zeit, dass denjenigen, die noch im Dunkel einer primitiveren Entwicklungsstufe ihr Dasein fristeten, nur durch den Kolonialismus zu zivilisatorischen Errungenschaften verholfen werden könne.[65] Dieser Erziehungsprozess der »primitiven Gesellschaften« zu einer voll entwickelten Zivilisation konnte sich nach Toynbees Dafürhalten nur gemäß dem europäischen Vorbild vollziehen, das heißt über eine Entwicklung hin zu Nationalismus und moderner Wirtschaftsform, die als geschichtsbildende Kräfte bereits das neuzeitliche Europa geformt hätten.[66]

In diesem Licht beurteilte Toynbee zunächst die jüdischen Besiedlungsstrategien in Palästina. Er sah die Zionisten als die Träger jener europäischen Errungenschaften der Moderne im unterentwickelten Orient und war bis in die 1920er Jahre hinein ein leidenschaftlicher Unterstützer des zionistischen Besiedlungsprojekts gewesen.[67] Doch diese Begeisterung wandelte sich. Spätestens nach Ende des Ersten Weltkriegs begann Toynbee, seine politischen Ansichten zu revidieren. Die britisch-französische Rivalität und Interessengegensätze im Nahen Osten ließen den ideologischen Firnis der europäischen Machtpolitik schnell sichtbar werden. Die imperialistischen Interessen ließen sich kaum noch verleugnen und stießen den jungen Mann ab. Vor allem das Erlebnis des griechisch-türkischen Krieges wurde für Toynbee zum Anlass, die Dichotomie von Zivilisation und Barbarei sowie die Anwendung dieser Kategorien auf europäische beziehungsweise außereuropäische Völker radikal infrage zu stellen. Desillusioniert zog er die Konsequenzen aus den Erfahrungen mit der Kolonialpolitik der europäischen Großmächte. Vor allem seine Schriften aus der Mitte der 1920er Jahre sind geprägt von einer radikalen Imperialismuskritik, die trotz ökonomischer Drapierung ihren im Grunde humanistisch-moralischen Impetus nicht verleugnen konnte. Diese

---

65 Vgl. dazu u.a. Toynbee, Greek Policy Since 1882, 24; ders., The New Europe, 3 und 63f.
66 Vgl. ders., Nationality and the War, 273; ders., The New Europe, 51.
67 Vgl. ders., Turkey, 64f.

Umorientierung führte auch dazu, dass Toynbee seine Position zur Palästinafrage überdachte und im Zionismus eine verspätete Form des europäischen Kolonialismus sah, die dem Verhältnis von Juden und Arabern auf Dauer Schaden zufüge und damit die gesamte Region destabilisiere.[68] Von nun an erfuhren die Schriften des britischen Historikers eine scharfe antizionistische Prägung, in deren Rahmen die Gegenüberstellung von »Zionisten« und »Palästinensern« nicht mehr für Dichotomien wie »Moderne versus Tradition« oder »Zivilisation versus Barbarei« stand, sondern allein für den Konflikt »Kolonialisten gegen Kolonialisierte«.[69]

Die historischen Personen Yaacov Herzog und Arnold J. Toynbee spiegelten somit zwei europäische Erfahrungen wider und können daher den epistemischen Gehalt der McGill-Debatte erhellen: Hier stand nicht nur ein Israeli einem Briten gegenüber oder ein Diplomat einem Historiker. Vielmehr diskutierten zwei Europäer über zwei europäische Geschichtserfahrungen: den Holocaust und den Kolonialismus. Wie aber erlebten arabische Intellektuelle das Aufeinanderprallen dieser Gedächtnisse?

Arabische Rezeption

In Ägypten löste die Veranstaltung von Montreal Begeisterung aus, was unmittelbaren Ausdruck in der Freilassung des Briten James Zarb fand. Toynbee wiederum bedankte sich unverzüglich bei der ägyptischen Regierung für diese Geste.

Vor Beginn dieser neuen Freundschaft war das Verhältnis zwischen dem Universalhistoriker und arabischen Intellektuellen ambivalent gewesen. In seinem Buch *Toynbee, Begründer der modernen Geschichtsschreibung* berichtete der Historiker und Diplomat Fu'ad Muhammad Shibl (1914–1975) über seinen ersten Kontakt mit Toynbee:

»Im November 1956 erhielt ich in meiner damaligen Funktion als Kulturattaché in der ägyptischen Botschaft in Japan eine Einladung zur Pressekonferenz des Universalgelehrten Arnold Toynbee. Der bedeutende Historiker hatte die britische Aggression [den Suezkrieg] kritisiert. Nun verurteilte er erneut seine Regierung in England aufgrund ihrer Beteiligung an jener böswilligen Verschwörung gegen Ägypten.«[70]

Shibl wandte sich daraufhin an Toynbee mit der Bitte, den Inhalt seiner Rede als Broschüre in Kairo veröffentlichen zu dürfen. Umgekehrt äußerte Toyn-

---

68 Hablützel, Bürgerliches Krisenbewusstsein und historische Perspektive, 320–332.
69 Ebd.
70 Shibl, tūyinbī [Toynbee], 7.

bee den Wunsch, *A Study of History* ins Arabische übersetzen zu lassen. Shibl befürchtete jedoch, Toynbee sei in der arabischen Öffentlichkeit zu wenig bekannt – und das Wenige, das die Araber über ihn wussten, war zudem negativ beladen: Der Islam wurde in Toynbees Werk kritisch gewertet und der kulturell-zivilisatorische Beitrag der Araber gering geschätzt. Auch die Tätigkeit Toynbees in der britischen Kolonialverwaltung warf ihre Schatten. Der Ägypter war allerdings an den antikolonialen Reden interessiert und lehnte das Ansinnen nicht rundweg ab.

Ein anderer Historiker, der Libanese Menh Khoury (1918–1996), war Verfasser des vor 1960 einzigen Referenzwerkes zu Toynbee in arabischer Sprache – schon daran erkennt man, dass vor Toynbees politischem Auftritt in Montreal das Interesse an seiner Person bei arabischen Intellektuellen eher gering war. Das Buch trug den Titel *Die Zivilisationsgeschichte bei Toynbee*.[71] Khoury war Christ und Absolvent der Amerikanischen Universität in Beirut.[72] Er war sich durchaus bewusst, welche negative Wirkung die Schriften Toynbees in einer mehrheitlich islamisch geprägten Öffentlichkeit haben konnten, und versuchte zu rechtfertigen, warum eine Rezeption für den arabischen Kontext notwendig sei:

»Das Ziel dieser Studie ist es, der Frage nach der Krise der islamischen Zivilisation in einem vergleichenden Ansatz nachzugehen und dabei Arnold Toynbees Reaktion als engagierte Antwort eines der großen Philosophen der modernen Zivilisationsgeschichte zu betrachten. [...] Es mag sein, dass wir dem Historiker nicht zustimmen werden hinsichtlich des Beitrags des islamischen Erbes für die Welt von morgen, aber wir dürfen nicht verdrängen, dass seine Ausführungen einer intellektuellen Sorge entspringen und er die Geschichte in einer aufklärerischen Tradition begreift, die den Menschen von seinem rückwärtsgewandten Irrweg abbringen soll.«[73]

Toynbee war in der arabischen Welt nicht nur aufgrund seiner Haltung zum Islam und den Arabern unbeliebt, sondern auch wegen seiner früheren Tätigkeit im britischen Außenministerium. Der einzige arabische Schüler Toynbees, der ägyptische Historiker Muhammad Shafiq Ghurbal (1894–1961),[74] wollte deshalb nicht mit ihm in Zusammenhang gebracht werden. Ghurbal, der in Kairo studiert und an der London University bei Toynbee über die Rolle Großbritanniens und Frankreichs in der modernen Geschichte Ägyptens promoviert hatte, wahrte Distanz.[75] Toynbee war von Ghurbal begeistert gewesen und hatte im Vorwort zu dessen Dissertation betont, er habe von diesem mehr gelernt als umgekehrt. Freundschaft verband

---

71 M. Khoury, al-tarīkh al-hadarī ʿinda tūyinbī [Geschichte der Zivilisation bei Toynbee].
72 Ebd., 7.
73 Ebd., 5f.
74 Vgl. zu Ghurbal: Goldschmidt, Bibliographical Dictionary of Modern Egypt, 64f.
75 Ghurbal, The Beginning of the Egyptian Question and the Rise of Mehmet Ali.

beide bis zu Ghurbals Rückkehr nach Ägypten, wo der junge Wissenschaftler eine glänzende Karriere durchlief: Er wurde als erster Ägypter Geschichtsprofessor an der Kairoer Universität und galt bald als Vater der modernen ägyptischen Geschichtsschreibung.[76] In Kairo eingetroffen, bearbeitete er einen Teil seiner Dissertation und veröffentlichte sie unter dem Titel *Geschichte der ägyptisch-britischen Verhandlungen*.[77] Doch anders als in der englischen Fassung fand sein Doktorvater hier keine Erwähnung. Eine Vorsichtsmaßnahme, die Ghurbal Jahre später auf die politische Tätigkeit Toynbees in der britischen Kolonialadministration zurückführte.[78]

Doch mit dem McGill-Streitgespräch änderte sich die arabische Wahrnehmung Toynbees grundlegend. Nur kurze Zeit nach der Debatte präsentierte der populäre libanesische Verlag Dar al-ʿilm lilmalayyin (Wissen für die Masse) eine Textsammlung des britischen Historikers unter dem Titel *Palästina – Verbrechen und Verteidigung*.[79] In der Einleitung des Herausgebers wurde angekündigt, Toynbee entlarve das zionistische Verbrechen als Variante des europäischen Kolonialismus, während er in Kanada die arabische Sache verteidigt habe:

»Arnold Toynbee ist ein renommierter und weltweit anerkannter Historiker. [...] Einige seiner Ansichten können wir als Araber nicht vertreten, aber er hat Palästina auf der internationalen Bühne verteidigt. Seine Ansichten sollten uns aus zwei Gründen interessieren: Erstens prophezeit er kurz- oder langfristig das Ende des Staates Israel, zweitens sieht er, dass das Verbrechen der Zionisten gegen die Palästinenser moralisch verwerflicher ist als das der Nationalsozialisten gegen die Juden.«[80]

Das Buch wurde ein großer Erfolg und wird auch heute noch in arabischen Buchläden verkauft. Doch die Vermarktung und Popularisierung des britischen Historikers in der arabischen Welt war nicht allein Ergebnis dieses kleinen Bandes. Fast parallel zum Erscheinen von *Palästina – Verbrechen und Verteidigung* in Beirut wuchs auch in Ägypten das Interesse an Toynbee. In

---

76 Zur Bedeutung Ghurbals für die ägyptische Historiografie vgl. Gorman, Historians, State, and Politics in Twentieth Century Egypt, 22–50; Piterberg, The Tropes of Stagnation and Awakening, 49–59.
77 Das Buch behandelt die Kolonialgeschichte Ägyptens und die diplomatischen Bemühungen um die Unabhängigkeit. Statt der ursprünglich geplanten zwei Teile über die französische sowie über die britische Kolonialisierung Ägyptens erschien schließlich nur die Arbeit zu den Verhandlungen Ägyptens mit Großbritannien um die Unabhängigkeit: Ghurbal, tarīkh al-mufāwadāt al-misriyya al-britaniyya [Die Geschichte der ägyptisch-britischen Verhandlungen].
78 Vgl. ein Interview mit Ghurbal, das kurz nach seinem Tod (19. Oktober 1961) in der ägyptischen Tageszeitung *al-akhbār* veröffentlicht wurde: Fuda, asʾila wa-ajwiba maʿa muhammad shafiq ghurbal [Frage und Antwort mit Muhammad Shafiq Ghurbal].
79 Toynbee, filastīn [Palästina].
80 Ebd., kalimat al-nāshir [Einleitung der Herausgeber], o. S.

der Vorbereitungsphase für den Besuch des britischen Gasts in Kairo begann das für kulturelle Angelegenheiten zuständige Ministerium für nationale Leitung (wizārat al-irshād al-qawmī), Toynbee und seine Ansichten in der ägyptischen Hauptstadt zu popularisieren. So war der Autor Lamʿi al-Mutaiʿi (1927–2003) sofort nach der McGill-Debatte vom Ministerium beauftragt worden, ein Buch über den britischen Historiker zu verfassen.[81] Bezeichnenderweise dominierten auch in dieser Schrift nicht etwa die Kapitel zu seiner philosophischen und historischen Arbeit, sondern ein Abschnitt über »Toynbee und die Juden«.[82] Und hier behandelte al-Mutaiʿi nicht etwa Toynbees Überlegungen zum jüdischen Zivilisationsbeitrag oder die jüdischen Geschichtserfahrungen im europäisch-westlichen Kontext, sondern nur seine politischen Äußerungen in der Debatte von McGill.

Immerhin waren nun Übersetzungen der akademischen Werke möglich. Shibl, der einst gezögert hatte, änderte seine Meinung und übersetzte zwischen 1961 und 1966 eine gekürzte Fassung von *A Study of History*.[83] Außerdem bemühte er sich in seinem Band *Die islamische Zivilisation in Toynbees Werk,* dem arabischen Leser Toynbees kritische Deutung der islamischen Geschichte zu vermitteln.[84] Es folgten in den kommenden Jahren zwei weitere Arbeiten, *Die Historische Methodik bei Toynbee*[85] und *Toynbee, Begründer der modernen Geschichtsschreibung*.[86] Ende der 1960er Jahre griff auch Shibl Toynbees politische Ansichten zu Israel auf: *Das internationale Judenproblem. Eine analytische Studie über die Ansichten des Universalhistorikers Arnold Toynbee*.[87] Er stellte darin Äußerungen Toynbees zusammen, die Bezug auf die Juden von biblischer Zeit bis in die Gegenwart nahmen, um die israelischen Ansprüche auf Palästina anzufechten.

Neben einzelnen Verlegern und Autoren versuchte in erster Linie die arabische Politik, Kapital aus dem Ereignis von Montreal zu schlagen. Das ägyptische Außenministerium und die Arabische Liga gaben die Debatte zwischen Toynbee und Herzog erstmals in gedruckter Fassung heraus.[88] Von

---

81 Al-Mutaʿi, arnūld tūyinbī. ʿard wa-dirāsa. [Arnold Toynbee. Darstellung und Studie], 5.
82 Vgl. ebd., 70–81.
83 Shibl, mukhtasar dirāsat al-tarīkh [Eine Geschichtsuntersuchung in Auszügen].
84 Ders., hadarat al-islām fī dirāsat tarīkh tūyinbī [Die islamische Zivilisation in Toynbees Werk].
85 Ders., minhaj tūyinbī al-tarīkhīʿ [Die Historische Methodik bei Toynbee].
86 Ders.; tūyinbī. mubtadiʿ al-manhaj al-tarīkhī al-hadīth [Toynbee. Begründer der modernen Geschichtsschreibung].
87 Shibl schrieb diese Arbeit in den 1960ern, doch wurde sie erst im Januar 1970 veröffentlicht. Vgl., Shibl, mushkilat al-yahūd al-ʿālamiyya [Das internationale Judenproblem].
88 Vgl. Information Department Cairo (Hg.), The Toynbee Debate. Diese Version galt lange Zeit als die einzige Quelle zur Debatte, auf die sich sogar europäische wissenschaftliche Arbeiten beriefen. Vgl. beispielsweise Kaup, Toynbee und die Juden, hier 189 und 275. Auch das Informationszentrum der Arabischen Liga in Washington hatte die Debatte 1961

arabischen Auslandsvertretungen wurden englische und französische Ausgaben als Infomaterial verteilt, arabische Verbände im Ausland wurden aufgefordert, die Debatte in der europäischen Öffentlichkeit bekannt zu machen.[89] In einigen arabischen Staaten wurde die Debatte zur Lektüre an Universitäten und Schulen empfohlen.

In der arabischen Welt beschränkte sich Toynbees Popularität also nicht auf intellektuelle Kreise. Die breite Bevölkerung erreichten die Informationen jedoch nicht in gedruckter Form, sondern durch das wichtigste Medium der 1960er Jahre in der arabischen Welt: Radio Kairo. Der bereits erwähnte al-Mutai'i schrieb 1967 in seinem Buch *Arnold Toynbee*:

»Ich beschäftigte mich 1963 ein weiteres Mal mit den Büchern und Schriften Toynbees, als mich das zweite Programm des ägyptischen Rundfunks mit einem Themenabend über Arnold Toynbee beauftragte.«[90]

Al-Mutai'i war ein erfahrener Drehbuch- und Hörspielautor und wusste, wie die Aufmerksamkeit der arabischen Hörer zu gewinnen war. Sein Hörspiel *Arnold Toynbee – Historiker und Philosoph* wurde zu mehreren nationalen Anlässen aus Kairo in die gesamte arabische Welt gesendet.[91] Der Titel entsprach allerdings kaum dem Inhalt: Das zweistündige Stück arbeitet die Debatte zwischen Toynbee und Herzog auf und vermittelt Toynbees proarabische Standpunkte. Zu Beginn führt der Moderator in die Zusammenhänge des Streitgesprächs ein. Dann übernimmt ein Schauspieler die Rolle Toynbees: »Die jüdische Behandlung der Araber 1947 in Palästina gleicht moralisch der Tötung der Juden durch die Nazis während des Zweiten Weltkriegs. Tötung ist Tötung, ist das Opfer nun ein einziger Araber oder sechs Millionen Juden.« Diese Stellungnahme wird beantwortet durch laute abfällige Rufe jüdischer Studenten im Hintergrund, die gegen Toynbees Argument protestieren. Ihre Schreie vermischen sich mit arabischen Liedern, deren Texte den Verlust Palästinas betrauern. Al-Mutai'i lässt das Hörspiel jedoch nicht ohne »Happy End« ausgehen: Israel geht unter und die Araber werden wieder vereint.[92]

---

herausgegeben, vgl. dazu Arab Information Center (Hg.), Transcript of a Debate between Mr. Yaacov Herzog, Israeli Ambassador to Canada and Prof. Arnold Toynbee. Diese Version wurde 1970 in einer Sonderausgabe des von der irakischen Regierung insbesondere für ausländische Diplomaten und Geschäftsleute herausgegebenen englischsprachigen *Baghdad Magazine* veröffentlicht. Vgl. Kadhim, Transcript of the Debate between Professor Arnold Toynbee and Yaacov Herzog, the Indicator of the Zionist Position.

89 In Deutschland gaben arabische Studenten der Universität München 1961 eine deutsche Version der Debatte heraus. Vgl. dazu al-Hifnawi, Palästina-Problem.
90 Al-Muta'i, arnūld tūyinbī. 'ard wa-dirāsa [Arnold Toynbee. Darstellung und Studie], 6.
91 arnūld tūyinbī. al-mu'arrikh wa-l-faylasūf, in: ebd., 121–163.
92 Die Ausführungen beziehen sich auf eine Audioversion sowie den Text des Hörspiels, welcher veröffentlicht wurde in: ebd., 120–165.

Toynbee in Kairo

Dass das Interesse der Araber an Toynbee dessen politischen Ansichten galt, wurde spätestens mit seinen Besuchen in Kairo evident. Dreimal reiste Toynbee jeweils für einige Wochen in die ägyptische Hauptstadt, im Dezember 1961, im April 1964 und im Oktober 1968. In seinen öffentlichen Auftritten bemühte er sich dabei, die Grenzen rein politischer Positionierungen zu überschreiten und auch über seine akademischen Interessen zu sprechen. Die Haltung der arabischen Intellektuellen und Politiker blieb von Ambivalenz geprägt. Einerseits sahen sie in Toynbee »einen Freund und Verteidiger« der arabischen Sache im Westen und unterstützten daher die Übersetzung seiner Schriften. Andererseits war Toynbee nicht ein antikolonialer Intellektueller par excellence wie etwa Sartre, Fanon oder Camus. Im Gegenteil vertrat Toynbee aus Sicht der vom europäischen Antikolonialismus geprägten Intellektuellen in Kairo und Beirut das alte koloniale Europa – ungeachtet seiner proarabischen Positionierung zur Palästinafrage, die ihm zweifellos Respekt eintrug.[93]

Die Annäherungsversuche zwischen Toynbee und den Arabern verliefen somit zaghaft. Das zeigte der Verlauf des ersten Besuchs im Dezember 1961 (Abb. 1): Vorgesehen waren eine Audienz beim ägyptischen Präsidenten, der Besuch ägyptischer Sehenswürdigkeiten und acht öffentliche Vorträge, die auf ein akademisches, universitäres Publikum beschränkt waren. Andere Vertreter der ägyptischen beziehungsweise arabischen Intelligenz fanden sich nur spärlich ein. Deren Vorbehalte wurden im Anschluss an den Besuch sichtbar, als die ägyptische Regierung beabsichtigte, die während der Reise gehaltenen acht Vorträge Toynbees zu veröffentlichen, die unter anderem die Geschichte des Orients über das antike Ägypten bis hin zur Situation im Nahostkonflikt thematisierten. Ein mit der Publikation betrauter Regierungsverlag bat einige ägyptische Intellektuelle um ein Vorwort – vergeblich, der Band erschien ohne Einleitung.[94]

Erst im Anschluss an seinen nächsten Besuch im Jahr 1964 erschien der Band *Vorträge von Arnold Toynbee* mit einer Einleitung von dem Philosophen Fouad Zakaria.[95] Doch bleiben wir in zeitlicher Nähe der Montrealer Debatte und des Besuchs vom Dezember 1961. In dieses Umfeld fiel ein anderes Ereignis von internationaler Bedeutung: der Eichmann-Prozess. In

---

93 Zum Beispiel aus Sicht al-Mutaiʿis. Ebd., 5f.
94 muhādarāt arnūld tūyinbī. ʾulqiyat fī athnāʾa ziyāratihu li-l-qāhira fī disambir ʿām 1961 [Arnold Toynbee. Vorträge, gehalten während seines Besuchs in Kairo im Dezember 1961], hg. vom al-dār al-qawmiyya li-l-tibāʿa wa-l-nashr [Der nationale Verlag für Druck und Veröffentlichung], Kairo 1961.
95 Vgl. Zakaria, muhādarāt arnūld tūyinbī [Vorträge von Arnold Toynbee].

Abb. 1: Joseph Arnold Toynbee bei einer Audienz mit dem ägyptischen Präsidenten Gamal Abd an-Nasser im Palast der Republik in Kairo im Dezember 1961.

welchem Zusammenhang standen beide Ereignisse zueinander – welche Bedeutung hat die Synchronität von »Toynbee in Kairo« und »Eichmann in Jerusalem«?

Eichmann in Kuwait

Am 11. Mai 1960 wurde der SS-Sturmbannführer Adolf Eichmann in Buenos Aires von drei Agenten des israelischen Geheimdienstes festgenommen und nach Israel gebracht. Der Kulturattaché an der deutschen Botschaft in Tripolis, Rudolf Grau, berichtete über die libyschen Reaktionen auf die Entführung an das Auswärtige Amt:

»Eichmann ist unbekannt, was in der libyschen Hauptstadt zu Irritationen aufgrund des Interesses der Weltöffentlichkeit führte. Die Festnahme wird in der hiesigen Öffentlichkeit ausschließlich unter dem Blickwinkel der arabischen Feindschaft gegen Israel zur Kenntnis genommen. Daher werden allgemein die seitens des Hitler-Regimes an den Juden verübten Verbrechen nicht als Unmenschlichkeiten empfunden, eher werden sie sogar begrüßt, da sie den ›Todfeinden der Araber‹ geschadet haben.«[96]

Der deutsche Diplomat war über den Meinungsstand der libyschen wie auch der allgemeinen arabischen Öffentlichkeit gut informiert. Ein Desinteresse am Eichmann-Prozess und der vorausgegangenen Entführung bestand nicht nur in Libyen, sondern auch in den großen arabischen Hauptstädten wie Kairo, Beirut und Damaskus. Die ägyptische Nachrichtenagentur Mina vermeldete immerhin:

»Das zionistische Gebilde nahm Adolf Eichmann mit Unterstützung der amerikanischen Regierung in Argentinien fest. Aufgrund der Distanz zwischen Argentinien und dem besetzten Palästina landete die zionistische Maschine in Kuwait. Eichmann soll an die Zionisten ausgeliefert werden.«[97]

Mina behauptete also, Eichmann sei in Kuwait zwischengelandet. Mit dem Staat auf der arabischen Halbinsel wurde Eichmann nicht zum ersten Mal in Verbindung gebracht: In der jüdischen Gemeinde in Frankfurt am Main verbreitete sich Ende der 1950er Jahre das Gerücht, Eichmann sei in Ölgeschäfte verwickelt und halte sich in Kuwait auf. Doch die ägyptische Nachrichtenagentur hatte einen anderen Grund für ihre Mutmaßung: Die arabische Welt war Anfang der 1960er Jahre in reaktionäre und progressive Kräfte gespalten. Ägypten, Syrien und der Libanon verkörperten die fortschrittliche, revolutionäre Fraktion, Saudi-Arabien, Katar und Kuwait galten dagegen als rückständige, reaktionäre Regime. Die Ägypter sahen in der Festnahme Eichmanns eine Gelegenheit, die Kuwaiter in Verbindung mit den »bösen Zionisten« zu bringen, und erhofften, dadurch die Angehörigen der kuwaitischen Herrscherfamilie als Agenten des amerikanischen Imperialismus beziehungsweise des Zionismus bloßzustellen. Die Nachricht von der Festnahme Eichmanns und seinem angeblichen Transfer nach Kuwait verbreitete sich tatsächlich in der ganzen arabischen Welt. Doch der Propagandaerfolg war von kurzer Dauer. Die Ägypter hatten falsch kalkuliert: Sie hatten angenommen, die Festnahme von Eichmann sei eine Angelegenheit von geringer Bedeutung, die in internen Bruderkämpfen eingesetzt werden könne. Doch das weltweite Interesse an der Festnahme Eichmanns blieb über einen längeren Zeitraum enorm groß. Fast im Stundentakt brachten internationale Agenturen Berichte über Eichmann und seine Rolle bei der Ermordung der Juden während des Zweiten Weltkriegs.

---

96 Politisches Archiv des Auswärtigen Amts, Bestand B12, Bd. 1037, 993–80.00–508/61, Brief der Gesandtschaft der Bundesrepublik Deutschland an das Auswärtige Amt Bonn, Betr.: Fall Eichmann, Bezug: Runderlass vom 28. März 1961, Tripolis, 13. April 1961.
97 Vgl. die der ägyptischen Regierung nahestehende Zeitung *al-jumhūriyya* (Die Republik) vom 20. November 1960; ähnlich auch *al-ahrām* vom 30. Mai 1960.

Vor dem Hintergrund des Konfliktes mit Israel hatten die arabischen Medien ein bestimmtes Bild geprägt, in dem Juden ausschließlich als Zionisten, als Besatzer und als Kolonialisten auftauchten. Zwischen der Festnahme Eichmanns im Mai 1960 und seiner Hinrichtung in Juni 1962 sahen sie sich nun mit Begriffen wie »Judenverfolgung«, »Judendeportation«, »Judenvernichtung« und »Holocaust« konfrontiert. Ihre anfängliche naive Reaktion, wie etwa der Bericht von Eichmanns Zwischenlandung in Kuwait, schlug in Zurückhaltung um. Zehn Tage lang schwiegen arabische Zeitungen, Zeitschriften und Rundfunkstationen über den Fall Eichmann. In der Tat stellten sich komplizierte Fragen: Sollten die Araber Israel für die Festnahme und Entführung Eichmanns verurteilen? Und konnten sie die israelische Regierung für die Verletzung des internationalen Rechts an den Pranger stellen? Der Eichmannprozess gewann auch die Aufmerksamkeit der arabischen Öffentlichkeit, jedoch fast ausschließlich im Zusammenhang mit der Palästinafrage.

In Kairo und Beirut, in Damaskus und Bagdad entwickelte sich in dieser Frage ein Konsens:

»Die Welt blickt auf Eichmann und empfindet dabei Mitleid und Sympathie für das Schicksal der Juden während des Zweiten Weltkriegs [...]. Wir Araber haben dagegen die Aufgabe, die Augen der Weltöffentlichkeit auf die Gräueltaten und die Unmenschlichkeit der Juden in Palästina zu richten.«[98]

Die »diplomatische Schlacht« zwischen Israel und Argentinien vor den Vereinten Nationen um Legalität und Legitimität der Entführung Eichmanns wurde fortan in der arabischen Öffentlichkeit mit großer Aufmerksamkeit verfolgt. Auf etwa einer halben Seite berichtete zum Beispiel *al-ahrām* über die »15 Jahre israelischer Suche nach Eichmann« und versprach im Titel, das *Geheimnis der diplomatischen Krise zwischen Argentinien und der israelischen Regierung* aufzudecken.[99] Der Artikel analysierte die diplomatischen Verwicklungen zwischen Israel und Argentinien und präsentierte Eichmann irrtümlich als Verantwortlichen für das Vernichtungslager Auschwitz. Er habe aus der Überzeugung gehandelt,

»dass der Zionismus eine heimtückische und verräterische Ideologie darstellt und daher ausgerottet werden muss [...]. Daher glaubte Eichmann an die Endlösung und in seiner Funktion als Sachbearbeiter für Judenangelegenheiten bei der Gestapo gelang ihm mit großem Eifer die Vernichtung von sechs Millionen Juden.«[100]

---

98 So der Kommentar der ägyptischen Wochenzeitung *al-musawwar,* 17. Juni 1960.
99 Khamsat ʿashar ʿām wa-isrāʾīl tabhathu ʿan ikhman. sirr al-ʾazma al-diblumāsiyya fi-l-arjantīn tujāha hukūmat isrāʾīl [15 Jahre israelischer Suche nach Eichmann. Das Geheimnis der diplomatischen Krise zwischen Argentinien und der israelischen Regierung], in: al-ahrām, 10. Juni 1960, 2.
100 Ebd.

Offensichtlich wurde nicht befürchtet, mit der Uminterpretation von Eichmanns Antisemitismus in einen Antizionismus die arabische Sache zu diskreditieren. Man glaubte vielmehr, die Aufmerksamkeit der Weltöffentlichkeit vom Fall Eichmann auf das »zionistische Unrecht« in Palästina umlenken zu können. Im Sinne dieses Impetus konzentrierten sich die meisten Reaktionen in der arabischen Welt zwischen Festnahme Eichmanns und Prozessbeginn auf den Verstoß der israelischen Regierung gegen das internationale Recht. Die Botschaft war einmütig: Diejenigen, die heute gegen das internationale Recht in Argentinien verstoßen, verletzen bereits seit 1948 das Existenzrecht der Palästinenser.

Ein Beispiel dafür bot eine Reportage der libanesischen Zeitung *al-hayat* im Juni 1960. Über eine ganze Seite diskutierte Zuhdi Yakan, Jurist und Vorsitzender des Beiruter Berufungsgerichts, die Frage, »ob es Israel zusteht, Eichmann zu entführen und vor Gericht zu stellen«.[101] Yakan kündigte an, »das Thema nicht moralisch aufzugreifen, sondern aus rein juristischer Sicht«.[102] Er sprach sich gegen einen Prozess in Jerusalem aus, aber auch gegen einen solchen in den Staaten der Siegermächte des Zweiten Weltkrieges. Er zweifelte zudem daran, dass Deutschland dafür geeignet sei, zumal er hier eine gewisse Erleichterung über die verweigerte Auslieferung festgestellt zu haben glaubte.[103] Es blieb aus Sicht des libanesischen Richters nur das internationale Tribunal in Den Haag als rechtmäßige Institution, die Eichmann zur Verantwortung ziehen könne. Yakans Ausführungen waren jenseits politischer Ambitionen sachlich und informativ, doch der Redaktion erschien diese Position zu neutral: Sie platzierte im Artikel ein Bild, auf dem Dutzende getöteter Palästinenser abgebildet waren. Es trug die Überschrift: »Und diese Opfer, wer bestraft ihre Täter?«[104] Weiter hieß es: »Wenn Israel mit der Entführung Eichmanns die internationale Gerichtsbarkeit missbraucht, dann steht den Arabern die Frage zu: Wer bestraft die Verantwortlichen für die Massaker in Deir Yassin und Qabiya?«[105]

Tatsächlich folgte die arabische Sicht auf den Fall Eichmann dem Blickwinkel des arabisch-israelischen Konflikts. Dabei wurden die israelische Re-

---

101 Yakan, a-yajūzu li-isrāʾīl ikhtitāf ikhman wa-muḥākamatuhu? [Ob es Israel zusteht, Eichmann zu entführen und vor Gericht zu stellen?].
102 Ebd.
103 Yakan hatte sich in seinem Artikel gegen eine mögliche Auslieferung Eichmanns nach Deutschland ausgesprochen, was zeigt, dass er keine Kenntnis über den Beschluss der Bundesregierung vom 27. Mai 1960 hatte, in dem sie erklärte, für den aus Argentinien entführten Adolf Eichmann in Israel keine Auslieferung zu beantragen. Vgl. dazu Große, Der Eichmann-Prozess zwischen Recht und Politik, 100–118.
104 Yakan, a-yajūzu li-isrāʾīl ikhtitāf ikhman wa-muḥākamatuhu? [Ob es Israel zusteht, Eichmann zu entführen und vor Gericht zu stellen?].
105 Vgl. zur Bedeutung Qabiyas für die arabischen Narrative des Konflikts mit Israel: Morris, Israel's Border Wars, 1949–1956, 258 f.

gierung und insbesondere Ministerpräsent David Ben Gurion (1886–1973) analog zur Verantwortung Eichmanns für die Judenvernichtung als verantwortlich für die palästinensische Tragödie von 1948 dargestellt. Ein Beispiel lieferte der ägyptische Journalist und Essayist Mustafa Amin (1914–1997), der 1944 eine der bedeutendsten Zeitungen in Ägypten, *al-akhbār* (Die Nachrichten), gegründet hatte und als einer der Väter des modernen arabischen Journalismus in die arabische Mediengeschichte einging. Amin galt als Gegner des arabischen Nationalismus und hatte mit seinen Artikeln als Herausgeber von *al-akhbār* jahrzehntelang die ägyptische und arabische Öffentlichkeit durch seine liberalen Ansichten geprägt.[106] Gleichwohl fragte er nun sarkastisch, wie die Weltöffentlichkeit wohl reagieren würde, wenn die ägyptische Regierung den israelischen Ministerpräsidenten bei seinem Auslandsbesuch in Europa und Amerika entführen und ihn in Kairo für seine »Verbrechen gegen die Palästinenser« vor Gericht stellen würde. In einem solchen – natürlich völlig irrealen – Falle, versicherte Amin, würde er gegen das Vorgehen protestieren, denn die Entführung Eichmanns müsse vor einem internationalen Tribunal verhandelt werden.[107] Amin war weder ein fanatischer Kritiker Israels noch ein Sympathisant des Nationalsozialismus. Im Gegenteil, er gehörte zu jenen Intellektuellen, die eine politische Lösung des Nahostkonfliktes befürworteten und den Nationalsozialismus verabscheuten. Doch er war auch ein erfahrener Journalist mit einem Gefühl für die Stimmung in der ägyptischen Bevölkerung und brachte mit seinem Vergleich zwischen Ben Gurion und Eichmann jene in der arabischen Öffentlichkeit verbreitete Überzeugung zum Ausdruck, der Westen messe im arabisch-israelischen Konflikt mit zweierlei Maß.[108]

Die arabischen Reaktionen auf Eichmann erfolgten zwar im Kontext eines politischen Konfliktes mit Israel, nahmen mitunter jedoch offen judenfeindliche und antisemitische Züge an. Der Journalist Hilmy Abu-Ziyad beschrieb in der saudischen Tageszeitung *al-bilād* (Das Land) Eichmann als den Mann, »der die Ehre hatte, fünf Millionen Juden zu töten«.[109] Der libanesische Journalist Salim Nassar verfolgte für die Beiruter Tageszeitung *al-anwār* (Die Lichter) die Verhandlungen in Jerusalem. In seinen ersten Berichten findet man keine Hinweise auf antisemitische Ressentiments, obwohl er – dem arabischen Konsens verpflichtet – die Entführung verurteilte und Israel wie den

---

106 Vgl. dazu Goldschmidt, Bibliographical Dictionary of Modern Egypt, 21 f.
107 M. Amin, al-ʿālam wa-ikhman [Die Welt und Eichmann], in: akhbār al-yawm [Die Nachrichten des Tages], 11. Juni 1960, 3. Ähnlich die ägyptische Zeitschrift *rūz al-yūsuf*, 13. Juni 1960, 20. Juni 1960 und 10. April 1961; auch die ägyptische Tageszeitung *al-ahrām*, 16. Juni 1960, 24. Juni 1960; *al-ahrām*, 12. April 1961 sowie die libanesische Zeitung *al-hayāt*, 8., 10., 12., 14., 21. Juni 1960 und 1. Juli 1960 und 13. April 1961.
108 Vgl. M. Amin, Die Welt und Eichmann.
109 Al-bilād, 31. Mai 1960, 3.

Zionismus grundsätzlich ablehnte.[110] Im Laufe des Prozesses jedoch wurde sein Ton schärfer. Nassar nahm Anstoß am zunehmenden Mitleid beziehungsweise den wachsenden Sympathien, die die Juden seit der Entführung Eichmanns erfahren hätten, was aus seiner Sicht das Leid der Juden in den Vordergrund stelle und das der Palästinenser gleichzeitig schmälere. Nassar interpretierte den Prozess letztendlich als zionistische Propaganda, die darauf abziele, Sympathie für die Juden zu erreichen. Nassar steigerte sich während des Eichmann-Prozesses in einen antisemitischen Diskurs hinein und betrachtete zum Schluss den Judenmord mit sechs Millionen Opfern als eine von den Juden selbst erfundene »Lüge«.[111]

Auch die Relativierung der Opferzahl des Holocaust erreichte mit dem Eichmann-Prozess die arabische Welt. Dies gründete vor allem auf einen Beitrag des libanesischen Intellektuellen Habib Jamati (1898–1968). Jamati war Buchautor, Übersetzer, Historiker und Journalist. Er stammte aus einer christlichen Familie und hatte am katholischen Lazaristen-Kolleg in ʿAintura im Norden von Beirut studiert.[112] Jamati sprach neben seiner Muttersprache Arabisch fließend Französisch, Deutsch und Englisch. Nach seinem Studium ging er nach Paris und arbeitete dort als Dolmetscher für das französische Außenministerium. Nach Kriegsende zeigte Jamati Begeisterung für die Idee des arabischen Nationalismus und siedelte nach Ägypten über.[113] Dort schrieb er vor allem historische Romane, die die arabische Vergangenheit verherrlichten. Bekannt wurde Jamati durch seine journalistische Tätigkeit für das Verlagshaus Dar al-Hilal, wo er in den 1950er und 1960er Jahren im Wochenmagazin *al-musawwar* (Die Illustrierte) eine Kolumne verantwortete. Diese trug den Titel *Tarīkh mā ahmalahu al-tarīkh* (Die Geschichte dessen, was Geschichte vergessen hat) und klärte den arabischen Leser über die eigene Geschichte, aber auch über das Weltgeschehen auf, so über den Fall Eichmann und die Anzahl der jüdischen Opfer während des Zweiten Weltkriegs.[114] Jamati stellte Eichmann als einen Nazi aus der zweiten Reihe vor, einen Sachbearbeiter, der lediglich die Befehle Himmlers durchgeführt habe. Er zweifelte an der Zahl von sechs Millionen jüdischen Opfern: Er wisse

---

110 Nassar, li-mādhā khatafat isrāʾīl adulf ikhman? [Warum hat Israel Adolf Eichmann entführt?].
111 Ders., abʿad min ikhman [Jenseits von Eichmann]. Vgl. auch ders., al-masʾūlūn fī almāniyya al-gharbiyya wa-l-sharqiyya yatahaddathūn ilā al-anwār [Politiker aus West- und Ostdeutschland sprechen zu al-anwār]. Vgl. auch al-anwār vom 22. Februar 1962, 4.
112 Vgl. zum Beitrag arabischer Christen zur Verbreitung des europäischen Antisemitismus im Nahen Osten: Wild, Die arabische Rezeption der »Protokolle der Weisen von Zion«. Zur Biografie von Habib Jamati vgl. Daghir, masādir al-dirāsat al-adabiyya [Quellenuntersuchungen zur Adab-Literatur], Bd. 3, Teil 1, 244 f.; az-Zarkli, al-ʿālam, Bd. 2, 165.
113 Er übersetzte einige Werke der Weltliteratur, u. a. Stefan Zweigs Roman *Magellan. Der Mann und seine Tat*: Jamati, majallan [Magellan].
114 Jamati, li-mādhā al-ihtimām bi-ikhman? [Warum das Interesse an Eichmann?].

aus europäischen Quellen, dass diese Zahl übertrieben sei und nur dazu diene, »den Hass gegen Eichmann und andere Nazis weltweit zu schüren und Mitleidsgefühle für die Juden zu wecken«.[115] Die Relativierung der Opferzahlen wurde begleitet von einer Herausstellung der palästinensischen Tragödie:

»Eichmann ist, gar keine Frage, ein Mörder. Aber er ist Gefangener einer Schar von Kriminellen, die nicht weniger gefährlich sind. Er beteiligte sich an einem Massenmord und Ben Gurion und seine Bande sind für den Massenmord an den Arabern seit zwölf Jahren verantwortlich. Zionistischer Terrorismus verurteilt nationalsozialistischen Terrorismus!«[116]

Ein weiteres Beispiel arabischer Judenfeindschaft im Umfeld des Eichmann-Prozesses stammt von einem der bedeutendsten arabischen Intellektuellen im 20. Jahrhundert: ʿAbbas Mahmud al-ʿAqqad (1889–1964). Der ägyptische Denker war lange Jahre ein Verfechter des europäischen Liberalismus und vehementer Gegner des Nationalsozialismus gewesen. In seinen Werken *Hitler. Eine Bilanz* (1935) und *Nazismus und Religionen* (1938) hatte er die parlamentarische Demokratie gepriesen und die Rechte der Juden als Religionsgemeinschaft verteidigt.[117] Während des Zweiten Weltkriegs gehörte al-ʿAqqad zu jenen arabischen Intellektuellen, die glaubten, dass der Sieg der Alliierten die nationale Unabhängigkeit ihrer Gesellschaften vom europäischen Kolonialismus mit sich bringen würde. Als sich aber zunächst weder Großbritannien noch Frankreich bereit zeigten, ihre Kolonien aufzugeben, kehrte al-ʿAqqad enttäuscht und verbittert Europa den Rücken und widmete sich zunehmend religiösen Themen. Dabei entdeckte er sein Interesse für jüdische Geschichte; er vertrat bald die Ansicht, dass die Juden eine historische Gemeinschaft seien, die ihre Existenz durch eine Aneinanderreihung von Verschwörungen gegen ihre Umwelt gesichert hätte.[118] Diese Anschauung radikalisierte sich infolge des Krieges von 1948 und mündete in ein geschlossenes antisemitisches Weltbild, dem er bis zu seinem Lebensende anhing. Er verfasste die Einleitung zu einer der ersten Ausgaben der *Protokolle der Wei-*

---

115 Ebd., 23.
116 Ebd.
117 Al-ʿAqqad, hitlar [Hitler]; ders., al-nāziyya wa-l-adyān al-samāwiyya [Nazismus und Religionen].
118 Vgl. vor allem folgende Artikel: taqahqur fi-l-waʿd [Der Bruch des Versprechens]; jihād fī sabīl al-hayāt [Jihad für das Leben]; al-ʿadūw, allathī yuhāribukum [Der Feind, der gegen euch kämpft]; khatar ʿalā al-insāniyya [Gefahr für die Menschheit]; ustūrat al-asātīr. mamlakat sihyawn [Der Mythos der Mythen. Das Königreich von Zion]; muʾāmara ʿālamiyya [Weltverschwörung]; al-fulk lam yuhawad [Das Universum wird nicht judaisiert]; nihāyat ustūra [Das Ende eines Mythos]; brutukulāt hukamāʾ sihyawn [Die Protokolle der Weisen von Zion].

sen von Zion nach der arabischen Niederlage[119] sowie zahlreiche Zeitungsartikel[120] und präsentierte Mitte der 1950er Jahre eine Radiosendung über seine Haltung zur jüdischen Geschichte, die Jahre später als Buch unter dem Titel *Der Weltzionismus* herausgegeben wurde.[121]

Im Eichmann-Prozess sah al-ʿAqqad seine These von der Existenz eines organisierten »Weltjudentums« bestätigt. Als Mann der Literatur beherrschte al-ʿAqqad die Kunst der Sprache – auch im judenfeindlichen Diskurs. Das galt beispielsweise für seinen Artikel *sihyawniyyāt*,[122] was sich mit »Zionistische Auswahl« übersetzen ließe. In der ägyptischen Alltagssprache beschreibt jedoch das verwandte *sahyan* jemanden, der nach außen den Unschuldigen spielt, aber hinter den Kulissen die Fäden zieht.

Al-ʿAqqad deutete auch den Eichmann-Fall als eine jüdische Verschwörung um, die möglicherweise erst nach tausend Jahren aufgedeckt werden könne. Eichmann sei sogar selbst ein Jude gewesen: »Sieht Eichmann nicht jüdisch aus […] oder warum strengt er sich an, um ihre Sprache, ihren Talmud und ihre Geschichte zu lernen?«[123] Der Holocaust sei zwar eine historische Tatsache, doch trügen die Juden die Verantwortung dafür: Sie selbst hätten den Hass ihrer nichtjüdischen Umwelt geschürt, der diese dann dazu veranlasste, sie zu bestrafen.[124]

---

119 Die im arabischen Raum bis heute weitverbreitete Übersetzung der »Protokolle« geht auf den wenig bekannten Journalisten und Geschichtsessayisten Muhammad Khalifa at-Tunsi zurück, der sie als Serie in der ägyptischen Kulturzeitschrift *al-risāla* während des Kriegs 1948 veröffentlichte. Im November 1951 erschien die vollständige Übersetzung: at-Tunsi, al-khatar al-yahūdī [Die jüdische Gefahr]. Sie wurde zu einem Bestseller; vgl. dazu die Einführung in: ebd., 26–47; vgl. ebenfalls die Einführung von al-ʿAqqad: ebd., 2–25.
120 Der libanesische Journalist al-Hassani Hassan ʿAbdallah hatte allein zwischen 1947 und 1952 über neunzig Zeitungsartikel von al-ʿAqqad gesammelt und 1970 unter dem Titel *al-sihyawniyya wa-qadiyyat filastīn* (Der Zionismus und die Palästinafrage) in Beirut herausgegeben. Die Artikel wendeten sich gegen Israel, aber auch gegen Juden im Allgemeinen. Vgl. darin v. a. folgende Artikel: baqāyā al-nāziyya tuʾaiyyduhā al-dimuqrātiyya [Überreste des Nazismus mit demokratischer Unterstützung], 83–85; khatar ʿalā al-insāniyya [Gefahr für die Menschheit], 86–89; ustūrat al-asātīr. mamlakat sihyawn [Der Mythos der Mythen. Das Königreich von Zion], 102–106; al-sihyawniyya wa-l-shuyūʿiyya [Zionismus und Kommunismus], 144–148; ʿadūw muhtaqar [Abscheulicher Feind], 154–157; muʾāmara ʿālamiyya [Weltverschwörung], 174–177 und al-fulk lam yuhawad [Das Universum wird nicht judaisiert], 291–294.
121 Da der Zugriff auf die Sendung im Archiv des ägyptischen Rundfunks nicht erlaubt ist, stütze ich mich auf das im Jahr 1965 erschiene Buch. Vgl. al-ʿAqqad, as-sihyawniyya al-ʿālamiyya [Der Weltzionismus].
122 Vgl. ders., sihyawniyyāt [Zionistische Mythen].
123 Ebd.
124 Ebd.

Widerstreitende Schicksale

Die hier skizzierte Rezeption des Eichmann-Prozesses in der arabischen Welt mag nicht die Reaktionen in ihrer Ausführlichkeit erfasst haben. Sie erhebt keinen Anspruch auf Vollständigkeit und beleuchtet nur einen von mehreren möglichen Schwerpunkten.[125] So könnten sich die Ausführungen auf die arabischen Stimmen konzentrieren, die in der Festnahme Eichmanns einen israelischen Verstoß gegen internationales Recht sahen und die Vereinten Nationen dazu aufforderten, Strafmaßnahmen gegen Israel zu ergreifen; oder man könnte sich den arabischen Autoren widmen, die den deutschen Kriegsverbrecher in Schutz nahmen, ihn für seine Tat gar lobten, und bedauerten, dass Hitler den Krieg verloren hatte, ohne die Juden gänzlich zu vernichten. Eine weitere Alternative wäre, arabische Diskurse in den Blick zu nehmen, die die Judenvernichtung während des Zweiten Weltkriegs als historische Tatsache akzeptierten, sie aber gleichzeitig relativierten und in der Besetzung Palästinas den »wahren Holocaust« sahen. Nicht weniger interessant wäre es, jene arabischen Ansichten zu untersuchen, die die Zahl von sechs Millionen Opfern infrage stellten und dagegen eine siebenstellige Zahl palästinensischer Opfer annahmen. Eine weitere Möglichkeit wäre schließlich, arabische Ansichten zu deuten, die Eichmann zwar für seine Verbrechen an den Juden verurteilten, aber bedauerten, dass der damalige israelische Ministerpräsident Ben Gurion nicht wegen Unmenschlichkeit gegen die Palästinenser vor Gericht gestellt wurde.

So unterschiedlich die Möglichkeiten sind, haben sie doch einen gemeinsamen Nenner: Die arabischen Reaktionen auf den Fall Eichmann waren von dem Bedürfnis geleitet, die Judenvernichtung durch das Hitler-Regime mit den Leiderfahrungen der Palästinenser zu vergleichen. Ein solcher Vergleich

---

125 Die arabischen Positionen zum Eichmann-Prozess sind inzwischen gut erfasst, jedoch mit unterschiedlichen thematischen Schwerpunkten. Den Anfang bildete die Studie des israelischen Politikwissenschaftlers Yehoshafat Harkabi, der in seinem Buch über die arabische Wahrnehmung Israels eher kurz arabische Reaktionen auf den Eichmann-Prozess im Zusammenhang mit dem Verhalten der Araber zu Juden im Allgemeinen dokumentiert, vgl. Harkabi, Arab Attitudes to Israel, 278–280. Ausführlicher widmeten sich zwei weitere israelische Wissenschaftler, Meir Litvak und Esther Webman, dem Fall Eichmann und betrachten ihn als bedeutende Station in der arabischen Wahrnehmung des Holocaust, vgl. dazu: Litvak/Webman, From Empathy to Denial, hier 14 und 93–130. Anders als die israelische hat die arabische Geschichtswissenschaft bis heute kaum Interesse an der Erforschung des Eichmann-Falls gezeigt. Nur der amerikanische Historiker libanesisch-palästinensischer Herkunft Usama Makdisi verfasste 1993 eine Seminararbeit über das Thema und sah die Bedeutung Eichmanns darin, dass der Prozess die Araber dazu veranlasst habe, den Holocaust trotz judenfeindlicher bzw. den Holocaust leugnender Diskurse überhaupt wahrzunehmen.

mag in einem europäisch-westlichen Erfahrungsraum bizarr, kontext- und grundlos erscheinen, doch muss man ihn ernst nehmen und versuchen, ihn angemessen zu deuten. Wie lässt sich die Analogie erklären? Auf welcher Grundlage haben arabische Wissenschaftler, Journalisten und Politiker ihren Vergleich von Nationalsozialisten und Zionisten vorgenommen? Haben arabische Historiker Auschwitz, Dachau, Buchenwald und weitere ehemalige Vernichtungslager besucht oder nationalsozialistische Akten studiert? Diese Fragen sind eher rhetorischer Natur, denn bis auf einzelne Ausnahmen trifft dies nicht zu.

Die Analogie von Zionismus und Nazismus offenbart ein Dilemma arabischer Intellektueller in den gerade unabhängig gewordenen postkolonialen Staaten. Kaum vollzog sich die Entkolonialisierung arabischer Gesellschaften, sahen sie sich mit den europäischen Diskursen nach dem Zweiten Weltkrieg konfrontiert. Die McGill-Debatte ist ein Beispiel hierfür. Dort diskutierten zwei Europäer über zwei europäische Geschichtsnarrative: die Vernichtung der Juden während des Zweiten Weltkriegs und, ausgehend von den Kolonialerfahrungen, den als jüdische Kolonialisierung palästinensischen Territoriums interpretierten Zionismus und seine Gleichsetzung mit dem Nationalsozialismus. Spätestens mit dem Eichmann-Prozess hatten diese zwei Narrative die arabische Welt erreicht und einen epistemologischen Zwiespalt eröffnet: Wie sollten sich arabische Intellektuelle angesichts »eigener« Leiderfahrungen durch den Kolonialismus und »fremder« Leiderfahrungen durch den Holocaust verhalten?

Zumindest ein arabischer Intellektueller, der Ägypter Ahmad Baha ad-Din (1927–1996), erkannte dieses Dilemma und schlug – ausgehend von der Reaktion der Araber auf den Eichmann-Prozess, aber auch in Zusammenhang mit Toynbees Analogie von Nationalsozialismus und Zionismus – eine genuin arabische Auseinandersetzung mit dem Holocaust auf der Grundlage von Quellen vor.[126]

Bereits im Alter von 29 Jahren war Baha ad-Din Chefredakteur der populären ägyptischen Zeitschrift *sabāh al-khayr* (Guten Morgen) geworden. Später führte er die Redaktion der Tageszeitung *al-ahrām* sowie die panarabische, in Kuwait erscheinende Kulturzeitschrift *al-'arabī* (Der Araber). Er gehörte zu den Vätern des arabischen Journalismus in der zweiten Hälfte des 20. Jahrhunderts und er prägte sowohl eine Generation von Journalisten als auch die Meinung der arabischen Öffentlichkeit. Neben seiner journalistischen Tätigkeit war Baha ad-Din ein aktiver Buchautor. Er schrieb über dreißig Werke, in de-

---

126 Zur Biografie Baha ad-Dins vgl. Nabil, fī suhbat ahmad baha ad-din [In Begleitung Ahmad Baha ad-Dins]; al-Ghani, ahmad baha ad-din; Goldschmidt, Biographical Dictionary of Modern Egypt, 32f.; Mattar/Nabil, min hamalat mashā'il al-taqaddum al-'arabī [Vertreter des arabischen Fortschritts].

ren Mittelpunkt unter anderem die Auseinandersetzung mit Europa,[127] die arabische Ideengeschichte[128] und das Verhalten der Intellektuellen zur Politik[129] standen. Vor allem aber gewann der Palästinakonflikt eine zentrale Rolle in seinen Schriften.[130] Das mag der Grund sein, warum er sich für den Eichmann-Prozess interessierte, dem er ein Kapitel seines 1965 erschienenen Buches *isrāʾīliyyāt*[131] widmete. Das Werk befasste sich mit jüdischen Einflüssen auf die Entwicklung des Islam, einem bis in die Gegenwart andauernden Streitthema der islamischen Gelehrten.[132] Die Mehrheit der muslimischen Gelehrten lehnte *isrāʾīliyyāt* als Einfluss jüdischer Konvertiten zur Unterwanderung der islamischen Lehre ab; einzelne muslimische Autoren traten dagegen für eine Auseinandersetzung mit den jüdischen Komponenten im Islam ein, obwohl sie gegenüber *isrāʾīliyyāt* skeptisch blieben. Der ägyptische Journalist übertrug jedenfalls die religiöse Bedeutung des Begriffs auf die politische Haltung der Araber zum Staat der Juden. Baha ad-Din folgte zwar dem arabischen Konsens der 1960er Jahre und bezeichnete Israel als einen »Fremdkörper« in der Region, sah jedoch eine Auseinandersetzung mit dem jüdischen Staat und der jüdischen Geschichte als notwendige Voraussetzung jeder der Realität verpflichteten Politik jenseits des Konfliktes um Palästina an:

»Israel steht im Mittelpunkt des arabischen Journalismus, und das in allen arabischen Ländern; jeden Tag und sogar jede Stunde wird über Israel berichtet [...]. Trotzdem wissen wir [über dieses Land] wenig [...], wir erfahren von Israel als Besatzungsmacht, als dem Land, das mithilfe fremder Mächte entstand und nicht aufhört, nach mehr und mehr Immigranten zu suchen [...] [, doch] wir können uns den israelischen Herausforderungen erst stellen, wenn wir Israel von innen verstehen.«[133]

Interessanterweise rückte Baha ad-Din den Eichmann-Prozess in einen Zusammenhang mit der Toynbee-Debatte.[134] Mehr als zwei Jahre nach der Voll-

---

127 Vgl. Baha ad-Din, afkār muʿāsira [Moderne Ideen].
128 Vgl. die beiden Studien: ders., ayyam lahā tarīkh [Historische Tage]; ders., ihtimāmāt ʿarabiyya [Arabische Interessen].
129 Vgl. dazu ders., sirāʿāt al-sulta fi-l-ʿālam al-ʿarabī [Herrschaftskonflikte in der arabischen Welt].
130 Vgl. beispielsweise ders., iqtirāh dawlat filastīn [Palästina. Vorschlag eines Staates]; ders., abʿad fi-l-muwājaha al-ʿarabiyya al-isrāʾīliyya [Dimensionen im arabisch-israelischen Konflikt].
131 Baha ad-Din, isrāʾīliyyāt [Auswahl israelischer Beiträge]. Dieses Werk enthält Kapitel über israelische Diplomatie, über die israelische Gesellschaft, über israelische Literatur, über israelische Politik sowie über die Beschäftigung israelischer Akademiker mit der arabischen Welt.
132 Vgl. zu *isrāʾīliyyāt* beispielsweise Vajda, Isra'iliyyat; Nettler, Early Islam, Modern Islam and Judaism.
133 Baha ad-Din, isrāʾīliyyāt, 7–9.
134 Das Kapitel trägt in Berufung auf den britischen Historiker den Titel »al-sihyawniyya wa-l-nāziyya« (Zionismus und Nazismus), ebd., 193–219.

streckung der Todesstrafe gegen Eichmann stellte er dem arabischen Leser den Fall ausführlich vor und analysierte jüdische und arabische Leiderfahrungen in Verbindung mit der europäischen Geschichte. Dabei übernahm er den von Toynbee gezogenen Vergleich von Zionismus und Nationalsozialismus. Er fragte, warum der Zionismus in Europa und nicht anderswo entstanden sei. Den Grund verortete Baha ad-Din in der jüdisch-europäischen Geschichte: Mit der christlichen Judenfeindschaft und der daraus folgenden europäischen Verfolgung der Juden »wurden die Juden über die Zeit zu einer geschlossenen Gemeinschaft, die dazu veranlasst wurde, sich von Nichtjuden zu trennen oder ihnen feindselig gegenüberzustehen oder mit einem Überlegenheitsgefühl auf sie herabzublicken«.[135] Nach ad-Din hatte Europa seine Juden dazu gedrängt, einen »nationalistisch-rassistischen«[136] Weg einzuschlagen, womit der Zionismus als jüdische nationale Antwort auf die europäische Judenverfolgung erschien: »Der Zionismus glaubt nicht, dass alle Menschen gleich sind [...]. Er glaubt, dass aufgrund bestimmter Eigenschaften die Juden ein einheitliches Element bilden, gleichen Blutes, gleicher Rasse und gleicher Herkunft.«[137] In Analogie zum jüdischen Nationalismus verstand er auch den nichtjüdischen Nationalismus in Europa. Er konzentrierte sich auf seine »hässlichste Form«,[138] den Nationalsozialismus. Für ad-Din unterschied sich der Zionismus im Kern kaum vom Nationalsozialismus: »Der Nazismus baut darauf, dass die Deutschen eine ausgezeichnete Rasse bilden, die geschaffen wurde, um alle anderen Rassen zu beherrschen und zu führen.«[139] Er erklärte schließlich den Holocaust als »Konflikt«,[140] der aufgrund der Konkurrenz von Zionismus und Nationalsozialismus notwendig geworden sei:

»Die Geschichte erzählt uns, dass der Zionismus vor dem Nationalsozialismus erschienen ist. Dass es die Nazis gewesen waren, die die Juden schlachteten und nicht umgekehrt, lässt sich nicht darauf zurückführen, dass die Zionisten die ›Guten‹ und die Nazis die ›Bösen‹ waren. Nein, es geht darauf zurück, dass die Nazis den Juden in Zahl und Stärke überlegen waren. Lägen [...] umgekehrte Verhältnisse vor, so hätten die Zionisten die Nazis massakriert.«[141]

Die Interpretation des ägyptischen Journalisten klingt naiv und verdeutlicht mangelndes Wissen über die europäische Geschichte, doch im Grunde interessierte er sich weder für diese noch für den Nationalsozialismus im Besonderen. Ihm ging es allein darum, die Zionisten anzuklagen:

135 Ebd., 195.
136 Ebd.
137 Ebd., 196.
138 Ebd.
139 Ebd., 197.
140 Ebd., 199.
141 Ebd.

»Stellen meine Äußerungen eine Verteidigung des Nationalsozialismus dar? Natürlich nicht. Der Nazismus war ein schwarzes Blatt in der Zivilisationsgeschichte der Menschheit. Aber der Zionismus ist genau so ein schwarzes Kapitel in der Geschichte. Beide Ideologien schöpften aus der gleichen Logik und Philosophie eines hässlichen Rassismus. [...] Es ist unsere Aufgabe, die Welt über die Gefahr des Zionismus zu informieren.«[142]

Baha ad-Dins Angriffe geschahen nicht grundlos, der Holocaust war für die Araber in der Tat ein Problem, sicherte er doch den Israelis im Konflikt mit der arabischen Umwelt einen moralischen Vorteil in der Weltöffentlichkeit. Die – zum großen Teil polemischen – Formulierungen offenbaren, welche Wirkung der Eichmann-Prozess auf die arabischen Intellektuellen hatte. Bezeichnenderweise trägt ein Kapitel des Buches den Titel »Kollidierende Schicksale«,[143] was auf Jon und David Kimches Werk *A Clash of Destinies* zurückweist, das die politisch-territoriale Konkurrenz von Israelis und Palästinensern behandelt.[144] Anders als die beiden israelischen Autoren verfolgte Baha ad-Din allerdings den Zusammenhang zwischen jüdischer, europäischer und arabischer Geschichte und erkannte das Dilemma der Araber hinsichtlich des Holocaust. Er ging sogar zurück bis zur napoleonischen Intervention in Ägypten im Jahr 1798, um den Krieg mit Israel von 1948 einzuordnen. Beide Ereignisse hätten die Rückständigkeit der Araber zur Schau gestellt und das gleiche Ziel verfolgt:

»Nun, es war Europa, der Westen oder sagen wir die westliche Zivilisation, die Israel in die arabische Welt der ersten Hälfte des 20. Jahrhunderts führte, so wie sie uns Napoleon in der letzten Hälfte des 18. Jahrhunderts schickte [...] für die gleichen kolonialen Ziele, auch wenn sich die Umstände heute geändert haben.«[145]

Die vermeintliche europäische Infiltration der arabischen Welt mithilfe Israels bilde somit den Grundstein für die »kollidierenden Schicksale« von Juden und Arabern. Denn anstelle der Anerkennung der Leiderfahrungen, welche die Araber durch den europäischen Kolonialismus erlitten haben, belohne Europa die dort verfolgten Juden mit einem Staat in Palästina. Damit sei die eine Gruppe so entschädigt worden, dass es für die andere einer Bestrafung gleichkomme:

»Israel ist ein Kind Europas, aber es ist ein uneheliches Kind. Europa hat die Juden verfolgt. Das ist historische Realität. Die Juden wurden in Europa zu Tausenden, ja Hunderttausenden vernichtet [...] Auch das ist historische Wahrheit. Der Täter ist die europäische Zivilisation [...], daher schämt sich Europa der Massakrierung der Juden

---

142 Baha ad-Din, isrāʾīliyyāt, 199.
143 Vgl. das letzte Kapitel »aqdār mutasādima«, ebd., 245.
144 Vgl. dazu Kimche/Kimche, A Clash of Destinies.
145 Baha ad-Din, isrāʾīliyyāt, 251.

und war bereit, die Juden an einen anderen Ort zu schicken und alles dafür zu tun, um sie zu schützen und zu unterstützen.«[146]

Baha ad-Din bot keinen Ausweg aus dieser verschränkten Lage an. Solange die Ungerechtigkeit gegenüber den Palästinensern anhalte und die koloniale Abrechnung mit Europa offenbleibe, würden Juden und Araber sich wegen der Kollision ihrer Schicksale als Gegner gegenüberstehen. Er hatte damit die Bedeutung des arabisch-israelischen Konflikts für den arabischen Umgang mit dem Holocaust herausgestellt und gleichzeitig auf die koloniale Dimension verwiesen. Seine »Kollision der Schicksale« prägte die Reaktionen arabischer Intellektueller auf den Eichmann-Prozess und schlug in der zweiten Hälfte des 20. Jahrhunderts in eine »Konkurrenz der Gedächtnisse« um, was in bedeutungsvollem Zusammenhang mit den arabischen Debatten zum Antikolonialismus seit Mitte der 1960er Jahre stand, in deren Mittelpunkt der französische *maître à penser* des Antikolonialismus stand: Jean-Paul Sartre.

146 Ebd., 250.

2. Sartre in Kairo

Am 25. Februar 1967 traf Jean-Paul Sartre in Begleitung von Simone de Beauvoir und Claude Lanzmann, Mitherausgeber der Zeitschrift *Les temps modernes*, im Rahmen einer Nahostreise in Kairo ein, wo er bis zum 13. März blieb. Sartres Besuch wurde vom ägyptischen Präsidenten Gamal Abd an-Nasser als ein »kulturelles Ereignis höchsten Ausmaßes« gerühmt,[1] Sartre zum Staatsgast erklärt und ihm ein gebührender Empfang bereitet. So stand unter anderem eine Audienz beim Präsidenten auf dem Programm, die Besichtigung ägyptischer Sehenswürdigkeiten wie der Sphinx und der Pyramiden von Gizeh sowie des Nationaltheaters, aber auch der Besuch einiger Flüchtlingslager im Gazastreifen, der damals unter ägyptischer Verwaltung stand. Auf Sartres Bitte hin wurden ihm außerdem eine Fahrt in ein ägyptisches Dorf im Nildelta sowie der Besuch einer Textilfabrik ermöglicht. Zu den Höhepunkten gehörten seine Vorlesung an der Kairoer Universität sowie eine Diskussionsrunde mit verschiedenen arabischen Intellektuellen.

Doch trotz aller Herzlichkeit gilt Sartres Reise nach Kairo in der modernen arabischen Geistesgeschichte wegen der missglückten Kommunikation und enttäuschter Erwartungen als gescheitert.[2] Der französische Philosoph hatte eine große Bedeutung für die arabische Ideen- und Geisteswelt der fünfziger und sechziger Jahre, dennoch stand spätestens mit seinem Kairo-Besuch der divergente Blick auf die jüdische Leiderfahrung im Brennpunkt einer Entfremdung zwischen den arabischen Intellektuellen und Sartre, der sich sowohl der jüdischen Erfahrung des Holocaust als auch dem antikolonialen Engagement verpflichtet sah.

Philosophie und Engagement

Wie kaum ein anderer Denker prägte Jean-Paul Sartre das intellektuelle Leben im Frankreich der Nachkriegszeit.[3] Sartre, der sich während des Zweiten

---

1 Vgl. dazu al-ahrām, 26. Februar 1967.
2 Vgl. beispielsweise Abd al-wahab, ziyāra li-misr afsadahā al-yahūdī lanzmann [Der durch den Juden Lanzmann gescheiterte Besuch].
3 Vgl. dazu Winock, Das Jahrhundert der Intellektuellen; Cohen-Solal, Sartre 1905–1980; Lévy, Sartre.

Weltkriegs der Résistance angeschlossen hatte, formulierte die Bedeutung von Freiheit und Verantwortung in einem neuen Frankreich nach der Befreiung vom Naziregime so:

»Gegen die Unterdrücker unternahm jeder [der sie bekämpfte], unwiderruflich er selber zu sein, und dadurch, dass er sich in seiner Freiheit selbst wählte, wählte er die Freiheit aller. Diese Republik ohne Institutionen, ohne Armee, ohne Polizei musste jeder Franzose erobern und jeden Augenblick gegen den Nazismus behaupten. Heute stehen wir am Anfang einer neuen Republik. Ist nicht zu wünschen, dass diese Republik im Tageslicht die strengen Tugenden der Republik des Schweigens und der Nacht bewahrt?«[4]

Sartre galt in der französischen Öffentlichkeit der zweiten Hälfte der 1940er Jahre als bewunderter, aber auch gefürchteter Vordenker einer ganzen Intellektuellengeneration. Er beteiligte sich an Debatten der französischen wie auch der Weltpolitik.[5] Politisches und literarisches Engagement waren für Sartre untrennbar verbunden:

»Es gibt welche [gemeint sind Literaten], und das ist die größte Zahl, die dem Leser, der ruhig schlafen will, ein ganzes Arsenal von Tricks liefern. Ich sage dagegen, dass ein Schriftsteller engagiert ist, wenn er versucht, das klarste und vollständigste Bewusstsein davon zu gewinnen, dass er im Boot sitzt, das heißt, wenn er für sich und für die anderen das Engagement von der unmittelbaren Spontanität zum Reflektierten übergehen lässt. Der Schriftsteller ist Vermittler *par excellence,* und sein Engagement ist die Vermittlung. Wenn es wahr ist, dass man sein Werk von seiner Situation her nicht zu befragen hat, dann muss man allerdings auch daran denken, dass seine Situation nicht allein die eines Menschen schlechthin ist, sondern gerade auch die eines Schriftstellers.«[6]

Engagement war für Sartre moralischer Imperativ: Pflicht des Schriftstellers sei es, sich seines Engagements bewusst zu werden und es mit vollem Willen umzusetzen. Doch Engagement und Verantwortung prägten nicht nur die literarische Arbeit Sartres, sondern standen auch im Mittelpunkt seines philosophischen Schaffens. Das zeigte sich schon in seinem im Jahr 1943 erschienenen philosophischen Grundwerk *L'être et le néant*. Sartres Literaturbegriff war untrennbar mit seiner Existenzialphilosophie über die Schlüsselbegriffe Engagement, Freiheit und Verantwortung verbunden: Das Engagement des Schriftstellers bestehe darin, für die menschliche Freiheit in der jeweiligen konkreten Situation verantwortlich zu sein.

Verantwortung und Engagement übertraten bei Sartre zudem die Grenzen der rein intellektuellen Reflexion und bestimmten sein politisches Agie-

---

4 Sartre, Die Republik des Schweigens, 38.
5 Vgl. dazu Sirinelli, Génération intellectuelle, 285–291 und 631 f.
6 Sartre, Was ist Literatur, 62 f.

ren. Dies zeigte sich in seinen Stellungnahmen zu internationalen Konstellationen wie der europäischen jüdischen Geschichte, dem Kolonialerbe Frankreichs und dem arabisch-israelischen Konflikt.⁷

Betrachtungen zur Judenfrage

Wenige Wochen nach der Befreiung von Paris, im Oktober 1944, verfasste Sartre seinen Essay *Réflexions sur la question juive*.⁸ Aus heutiger Perspektive mag überraschen, dass der Essay den Massenmord an den europäischen Juden so gut wie nicht explizit benennt.⁹ Gleichwohl zählte Sartre keineswegs zu jenen europäischen Intellektuellen, die zwar von der Vernichtung der Juden wussten, darüber jedoch nicht schrieben und denen man daher später »Blindheit« vorwarf.¹⁰ Im Gegenteil: Sartre war von dem Bewusstsein getrieben, mitverantwortlich zu sein für die Folgen des Kriegs, der Niederlage und der Besatzung Frankreichs, für die Deportierung und Ermordung der europäischen Juden.¹¹ Er machte das jüdische Schicksal zu seiner Sache und klagte Frankreich an:

»Ganz Frankreich jubelt, auf den Straßen verbrüdert man sich, die sozialen Kämpfe scheinen vorläufig vergessen; die Zeitungen widmen ganze Spalten den Kriegsgefangenen, den Deportierten. Erwähnt man die Juden? Feiert man die Rückkehr der Überlebenden, gedenkt man einen Augenblick derer, die in den Gaskammern von Lublin starben? Kein Wort. Keine Zeile in den Tageszeitungen. Denn man darf den Antisemiten nicht reizen. Mehr denn je braucht Frankreich die Einheit.«¹²

Während Frankreich noch in Trümmern lag, Millionen Kriegsopfer und die zahlreichen heimkehrenden französischen Flüchtlinge im Zentrum der Öffentlichkeit standen, die *Grande Nation* sich nach der Befreiung feierte und die rassistisch motivierten Verfolgungen des Naziregimes als gegen die französische Nation gerichtetes Verbrechen begriffen wurden, wagte es Sartre, die Franzosen nach *ihren* Juden zu fragen, die unter der deutschen Besatzung verschleppt worden waren und über deren Schicksal die französische Öffentlichkeit schwieg.¹³

Entsprechend war der Essay ein Text über den Zustand der Republik und des antirepublikanischen Antisemitismus, über den spezifisch französischen

---

7 Vgl. dazu Judaken, Jean-Paul Sartre and the Jewish Question.
8 Sartre, Überlegungen zur Judenfrage.
9 Vgl. Traverso, Auschwitz denken, 304–328; Heter, Sartre after Auschwitz.
10 Vgl. Traverso, Auschwitz denken, 27 f. und 325 f.
11 Wroblewsky, Sartres jüdisches Engagement, 250.
12 Sartre, Überlegungen zur Judenfrage, 45.
13 Ders., Die Republik des Schweigens, 37.

Antisemitismus vor Auschwitz, der in der Dreyfusaffäre um die Jahrhundertwende manifest geworden war und seitdem die politische Kultur des Landes mitbestimmte. Die Reflexionen Sartres sind eine rigorose Umkehr bisheriger Denkgewohnheiten in Frankreich: Nicht die Juden seien das »Problem«, so Sartre, sondern die Antisemiten; die Judenfrage sei eigentlich eine Antisemitenfrage und der Antisemitismus ist pathologisch. Nicht die Juden lösten Antisemitismus aus, sondern der Antisemit erschaffe sie erst: »Existierte der Jude nicht, der Antisemit würde ihn erfinden«.[14] Der Antisemitismus sei eine Weltanschauung, ein schlechter Geschmack, ein Snobismus der vom Abstieg bedrohten Kleinbürger, ein Mittel der besitzenden Klasse, ein Ausdruck von Unfähigkeit, Gesellschaft zu verstehen, eine Furcht vor der Freiheit, vor Gefühlen, vor Verantwortung, vor Veränderung der Gesellschaft, vor Einsamkeit, »vor allem, außer den Juden«, kurzum: Der Antisemitismus sei »Furcht vor dem Menschsein«.

Die Juden sah er emphatisch als »verlassen«, sie verbinde die feindselige Verachtung der sie umgebenden Gesellschaft. Assimilation sei nicht nur vergeblich, sondern führe zur Nicht-Authentizität. Nicht der Parvenü, sondern der Paria – um Hannah Arendts Bezeichnungen der gesellschaftlichen Rolle der Juden in Europa zu benutzen[15] – war für ihn die bestmögliche Antwort auf die Paradoxien der jüdischen Situation, also der diskriminierte und ausgestoßene, aber bewusste und sich wehrende »Andere«. Sartre forderte eine Solidarität mit der jüdischen Erfahrung, die unmittelbar dem Existenzialismus entsprang:

»Man wird jedem Einzelnen darlegen müssen, dass das Schicksal der Juden auch *sein* Schicksal ist. Kein Franzose wird frei sein, solange die Juden nicht im Vollbesitz ihrer Rechte sind. Kein Franzose wird sicher sein, solange ein Jude in Frankreich, *in der ganzen Welt*, um sein Leben zittern muss.«[16]

Koloniale Erfahrung

Am 27. Januar 1956 sprach Jean-Paul Sartre in Paris bei einer Veranstaltung des Comité d'action des intellectuels contre la poursuite de la guerre en Algérie.[17] Er wandte sich in seiner Rede gegen den nationalen Konsens, der Algerien als Teil von Frankreich sah, gemäß dem zeitgenössischen Slogan

---

14 Ders., Überlegungen zur Judenfrage, 12.
15 Arendt, Elemente und Ursprünge totaler Herrschaft, 27.
16 Sartre, Überlegungen zur Judenfrage, 91 (Hervorhebungen im Original).
17 Die Rede von Sartre erschien knapp zwei Monate später unter dem Titel *Le colonialisme est un système*. Hier zit. nach Sartre, Wir sind alle Mörder, 15–31.

L'Algérie, c'est la France, und diagnostizierte den Kolonialismus als ein »System« mit einer längeren Vorgeschichte:

»Die Kolonialherrschaft ist weder ein Zusammenspiel von Zufällen noch das statistische Ergebnis Tausender individueller Unternehmen. Sie ist ein System, das um die Mitte des 19. Jahrhunderts errichtet wurde, gegen 1880 Früchte zu tragen begann, nach dem Ersten Weltkrieg in seine Verfallsphase geriet und sich heute gegen die kolonisierende Nation kehrt. [...] es ist nicht wahr, dass es gute Kolonialherren gäbe und andere, die böse sind: Es gibt Kolonialherren, das ist alles. Wenn wir das begriffen haben, werden wir verstehen, warum die Algerier recht haben, *zunächst politisch* den Kampf gegen dieses wirtschaftliche, soziale und politische System aufzunehmen, und warum ihre Befreiung und die *Befreiung Frankreichs* nur aus der Zerschlagung der Kolonialherrschaft hervorgehen kann.«[18]

Ausgehend von seiner Kritik gegen den Kolonialismus als Ausbeutungssystem wendet sich Sartre an die französische Öffentlichkeit:

»Wir, Franzosen des Mutterlandes, können aus diesen Tatsachen nur eine Lehre ziehen: der Kolonialismus ist dabei, sich selbst zu zerstören. Aber er verpestet noch die Atmosphäre: er ist unsere Schande, er spricht unseren Gesetzen hohn oder macht sie zu Karikaturen ihrer selbst; er infiziert uns mit seinem Rassismus [...], er zwingt unsere jungen Leute, *gegen ihren Willen* zu sterben für die Naziprinzipien, die wir vor zehn Jahren bekämpften; er sucht sich zu verteidigen, indem er den Faschismus nach Frankreich hineinträgt. Unsere Rolle ist es, ihm beim Sterben zu helfen. Nicht nur in Algerien, sondern überall, wo er auftritt. [...] Aber lassen wir uns vor allem nicht durch die reformistische Mystifikation von unserer Aufgabe abbringen. Der Neokolonialist ist ein Schwachkopf, der noch glaubt, man könne das Kolonialsystem verbessern – oder ein Schlaumeier, der Reformen vorschlägt, weil er weiß, dass sie wirkungslos sind. Sie werden schon zur rechten Zeit kommen, diese Reformen: das algerische Volk wird sie durchführen. Das einzige, was wir versuchen können und müssen – aber das ist jetzt das Wesentliche – ist, an seiner Seite zu kämpfen, um die Algerier und *zugleich* die Franzosen von der kolonialen Tyrannei zu befreien.«[19]

Sartres antikoloniales Engagement hatte bereits vor dem Ausbruch des Algerienkriegs 1954 begonnen. Er unterstützte seit Ende der 1940er Jahre die Unabhängigkeitsbestrebungen in Tunesien und Marokko. Sartre stand in Kontakt mit Farhat Abbas, einer führenden Persönlichkeit der algerischen Nationalbewegung. Die Algerienfrage geriet, während der Konflikt eskalierte, immer mehr in den Mittelpunkt von Sartres Denken. Dies steht in Zusammenhang mit der zunehmenden Bedeutung Algeriens für die französische Kolonialpolitik der 1950er Jahre. Insbesondere die französische Niederlage bei der Schlacht um Dien Bien Phu im Jahr 1954 veranlasste die Algerische Unabhängigkeitsbewegung FLN, moralisch ermutigt, ihre Anschläge auf Franzosen in Algerien zu verstärken. Die französische Regierung

---

18 Ebd., 16 (Hervorhebungen im Original).
19 Ebd., 30f. (Hervorhebungen im Original).

wollte jedoch auf keinen Fall eine zweite Niederlage erleiden und war nicht bereit, auf Algerien zu verzichten. Es wurde weiteres Militär nach Algerien verlegt, um die Anschläge zu bekämpfen.

Sartre, der mit dem Vorwurf lebte, lange gewartet zu haben, ehe er sich der Résistance angeschlossen hatte, zögerte dieses Mal nicht. Er sah es als seine Pflicht an, das von ihm propagierte Engagement der Intellektuellen zu praktizieren, und gründete 1955 das Comité d'action des intellectuels contre la poursuite de la guerre en Algérie, dessen Ziel es war, die Unabhängigkeitsbestrebungen der Algerier zu unterstützen. In erster Linie diente dieses Komitee dazu, die französische Öffentlichkeit für die Unabhängigkeit Algeriens zu gewinnen. Demzufolge zielten seine Aktivitäten darauf, die brutale Kolonialpolitik der Franzosen aufzudecken. Zu diesem Zweck unterstützte das Komitee den Philosophen und ehemaligen Résistancekämpfer Francis Jeanson in seinem antikolonialen Engagement in Algerien. So förderte Sartre gegen den Willen der französischen Regierung die Veröffentlichung des von Jeanson und seiner Frau verfassten Buches *L'Algérie hors la loi* (1956), das die französische Kolonialpolitik in Algerien scharf verurteilte. Auch markiert die Gründung des Komitees die Meinungsverschiedenheiten zwischen Sartre und der Kommunistischen Partei Frankreichs. Sartre kritisierte das Schweigen der Kommunisten über die brutale Kolonialpolitik der Franzosen in Algerien. Im Jahr 1956 trat er aus Protest offiziell aus der Partei aus, weil die Kommunisten im Parlament für die Wahl des sozialistischen Politikers Guy Mollet zum Ministerpräsidenten gestimmt hatten und damit seine Politik der Fortsetzung der Kolonialherrschaft in Algerien unterstützten. Dem algerischen Historiker Muhammad Harbi zufolge entdeckte Sartre mit diesem Schritt das neue Subjekt der Geschichte, »das radikaler war als das Proletariat: die Kolonisierten«.[20]

Die Entdeckung der Kolonialisierten prägte Sartres Engagement in der zweiten Hälfte der 1950er Jahre, sodass er ab 1957 radikaler in der französischen Öffentlichkeit als Fürsprecher und Verteidiger des algerischen Unabhängigkeitskampfes auftrat. Er verteidigte militärische Anschläge der Algerier auf die Franzosen als legitime Mittel zur Bekämpfung des Kolonialismus. So scheute er sich nicht, sich gegen die Mehrheit der Franzosen zu stellen und als Zeuge zugunsten des algerischen Attentäters Ben Sadok zu erscheinen, der den Vizepräsidenten der algerischen Nationalversammlung Ali Chekkal ermordet hatte, weil dieser in seinem Amt französische Kolonialpolitik vertreten hatte.[21]

---

20 Vgl. dazu Harbi, Une conscience libre; der algerische Historiker Mohammed Harbi, ehemaliges Mitglied der algerischen Nationalbewegung, lebt heute in Frankreich.
21 Zur Ermordung Ali Chekkals vgl.: Ordeal without End, in: Time, 10. Juni 1957, und The Guilty One, in: Time, 23. Dezember 1957.

Zu den bekanntesten Interventionen zählt ferner Sartres Unterschrift unter das Manifest der 121, eine Deklaration für das Recht der Kriegsdienstverweigerung im Algerienkrieg.[22] Darüber hinaus trat die von Sartre herausgegebene Zeitschrift *Les temps modernes* mit zahlreichen Aufsätzen und mehreren Sonderausgaben für die Sache der Algerier in Erscheinung und setzte sich sogar für die Verteidigung der Mitglieder der FLN vor Angriffen in der französischen Öffentlichkeit und gegen die Hinrichtung von algerischen Kämpferinnen wie Djamila Bouhired und Djamila Boupacha ein.[23] Sartre entwickelte sich damit beinahe zu einem Staatsfeind. Zweimal versuchte die französische Untergrundorganisation Organisation Armée Secrète ihn umzubringen; manche forderten seine Verhaftung, was de Gaulle jedoch strikt ablehnte: »On n'arrête pas Voltaire.«

Sartres Engagement in der Algerienfrage beschränkte sich nicht auf öffentliche Aktionen, sondern hatte zugleich großen Einfluss auf den antikolonialen Diskurs in Frankreich insgesamt, der zunehmend von Wut auf die eigene Gesellschaft, aber auch von Respekt für die kolonialisierten Algerier geprägt war. Dieser Diskurs kann kaum deutlicher nachvollzogen werden als in den Texten, die Sartre als Vorworte zu drei kolonialismuskritischen Werken, *Portrait du colonisé*, *La question* und *Les damnés de la terre*,[24] verfasste.

Als im Jahr 1957 die Studie *Portrait du colonisé* in Paris erschien, kannte kaum jemand in Frankreich ihren Verfasser. Der in einem jüdischen Elternhaus in Tunesien geborene und aufgewachsene Albert Memmi wunderte sich selbst über die Aufmerksamkeit, die seinem Buch zuteil wurde. Er erinnerte sich 1966: »Ich müsste lügen, wenn ich behaupten wollte, mir sei die ganze Bedeutung dieses Buches von Anfang an klar gewesen.«[25] Warum interessierte sich Sartre für diesen unbekannten Autor? Vermutlich war es die Erfahrung von kultureller Hybridität dieses jüdisch-arabischen Franzosen, die Sartre auf das Werk aufmerksam gemacht hatte:

»Was ist er nun in Wahrheit? Kolonisator oder Kolonisierter? Er selbst würde sagen: weder das eine noch das andere; Sie [der Leser] vielleicht: sowohl das eine wie das andere; im Grunde kommt es auf dasselbe hinaus. [...] Memmi hat diese doppelte Solidarität und diese doppelte Zurückweisung erfahren: die Spannung, die die Kolonisatoren den Kolonisierten und die ›sich selbst verneinenden Kolonisatoren‹ den ›sich selbst bejahenden Kolonisatoren‹ entgegengestellt. Er hat sie gut verstanden, weil er sie

---

22 Zum Manifest der 121 vgl. Winock, Das Jahrhundert der Intellektuellen, 679–694; Cohen-Solal, Sartre 1905–1980, 632–655.
23 Zum Fall von Djamila Bouhired und Djamila Boupacha vgl. Sueur, Torture and the Decolonisation of French Algeria; Fernea/Bezirgan, Interviews with Jamilah Buhrayd, Legendary Algerian Hero.
24 Es handelt sich um die drei folgenden Werke: Memmi, Der Kolonisator und der Kolonisierte; Alleg, Die Folter; Frantz Fanon, Die Verdammten dieser Erde.
25 Memmi, Der Kolonisator und der Kolonisierte, 11.

zuerst als seinen eigenen Widerspruch erfahren hat. Er zeigt in seinem Buch vortrefflich, dass diese seelischen Zerrissenheiten, bloße Verinnerlichungen der sozialen Konflikte, einen nicht zum Handeln disponieren.«[26]

Die Bedeutung von *Portrait du colonisé* lag vor allem in der hier dargestellten Gleichzeitigkeit von »Kolonisator« und »Kolonisiertem«, die in den Augen Sartres die unterschiedlichen Perspektiven zur Frage der Kolonialgewalt in ihrer Widersprüchlichkeit verstehen half. Reflexionen über Macht und Gewalt bildeten einen zentralen Aspekt in Sartres eigenem antikolonialen Diskurs. Bereits 1956 schrieb er über die Kolonialisierung Algeriens:

»Nur durch Gewalt konnte das Land erobert werden; zur Sicherung der gnadenlosen Ausbeutung und Unterdrückung bedarf es des ununterbrochenen Einsatzes von Gewalt, von Polizei- und Armeekräften. [...] Der Kolonialismus verweigert den Menschen, die er mit Gewalt unterworfen hat und die er gewaltsam in Elend und Unwissenheit, Marx würde sagen, im Zustand der ›Untermenschlichkeit‹ hält, die Menschenrechte. Der Rassismus prägt alle Vorfälle, alle Institutionen, alle Beziehungen und alle Produktionsweisen.«[27]

Im antikolonialen Diskurs der französischen Intellektuellen rückte die Folter mehr und mehr in den Mittelpunkt der Reflexionen. Diese Debatte war untrennbar mit dem Namen Henri Alleg verbunden. Der aus einer jüdisch-algerischen Familie stammende Alleg widersetzte sich der französischen Kolonialmacht in Algerien, wurde im Juni 1957 von der französischen Armee festgenommen und in Algier gefoltert. Er verfasste ein Buch über seine eigene Folterung durch französische Soldaten und veröffentlichte es unter dem Titel *La question*. Das Buch rief Empörung und Entsetzen in Paris hervor, denn es beschrieb Foltermethoden, wie sie auch von den Nationalsozialisten gegen die Franzosen angewendet worden waren, und setzte somit die französische Republik mit Nazideutschland gleich. Sartre stellte in seinem Vorwort zu Allegs Buch die Kolonialgewalt in Algerien in unmittelbare Nachbarschaft zu den Gräueltaten der Nazis in Frankreich während des Zweiten Weltkrieges:

»1943 schrien in der Rue Lauriston Franzosen vor Angst und Schmerz;[28] ganz Frankreich hörte sie. Der Ausgang des Krieges war ungewiss, und wir wollten nicht an die Zukunft denken; eines jedenfalls erschien uns unmöglich: dass jemals in unserem Namen Menschen zum Schreien gebracht werden könnten.«[29]

---

26 Sartres Vorwort, in: Memmi, Der Kolonisator und der Kolonisierte, 5.
27 Sartre, Kolonialismus und Neokolonialismus, 12.
28 In der Rue Lauriston befand sich während der deutschen Besatzung das Hauptquartier der französischen Gestapo, in dem Widerständler verhört und gefoltert wurden.
29 Sartre, Der Kolonialismus ist ein System, 49.

Aus den historischen Erfahrungen mit dem Zweiten Weltkrieg heraus konfrontierte Sartre die französische Öffentlichkeit mit ihrer Verantwortung für die Kolonialpolitik:

»Als während des Weltkriegs der englische Rundfunk und die Untergrundpresse uns über Oradour berichtet hatten,[30] blickten wir auf die deutschen Soldaten, die mit harmloser Miene durch die Straßen schlenderten, und sagten uns: ›Das sind doch Menschen, die uns ähneln. Wie können sie so etwas tun?‹, und wir waren ganz stolz auf uns, weil wir das nicht verstanden. Heute wissen wir, dass es nichts zu verstehen gibt: alles hat sich unmerklich vollzogen, durch winzige Preisgaben, und als wir endlich den Kopf hoben, sahen wir im Spiegel ein fremdes, ein hassenswertes Gesicht: unser eigenes.«[31]

Sartre radikalisierte sich infolge des Verbots von *La question* und der Eskalation des Algerienkriegs in der zweiten Hälfte der 1950er Jahre. Nun klagte er die französische Öffentlichkeit im Allgemeinen an: »Die hiesige Wählerschaft ist ein einheitlicher Korpus; wenn das Krebsgeschwür sich erst eingenistet hat, wird es sich unweigerlich sofort auf alle Wähler ausbreiten.«[32] Hierbei berief sich Sartre auf den antillischen Schriftsteller Aimé Césaire, der 1955 in seiner »Rede zum Kolonialismus« gefordert hatte: »Als Erstes sollte untersucht werden, auf welche Weise die Kolonialpolitik darauf abzielt, den Kolonisator zu entzivilisieren, […] eine Regression, die sich breit macht, ein Krebsgeschwür, das sich einnistet, ein Infektionsherd, der immer größer wird.«[33]

Sartres berühmtes Vorwort zu Frantz Fanons *Les damnés de la terre* von 1961 ist der letzte der drei hier kommentierten Texte.[34] Der 1925 auf Martinique geborene Fanon hatte Medizin und Philosophie in Lyon studiert und als französischer Soldat im Zweiten Weltkrieg gedient. Anfang der 1950er Jahre ging er nach Algerien, wo er als Psychiater arbeitete. Dort widersetzte sich Fanon der französischen Kolonialpolitik und schloss sich der algerischen Nationalbewegung an. In *Die Verdammten dieser Erde* stilisierte Fanon die antikoloniale Befreiungsbewegung zum »revolutionären Subjekt«.[35] Zentrales Sujet seiner Analyse war die Frage der Gewalt als Mittel der Befreiung der Kolonialisierten von der Herrschaft der Kolonialisten. Dabei strebte er

---

30 Die französische Gemeinde Oradour-sur-Glan wurde im Sommer 1944 von der SS in einer Terroraktion vollständig zerstört, wobei nahezu alle 642 Einwohner, darunter 240 Frauen und 213 Kinder, erschossen oder lebendig verbrannt wurden.
31 Sartre, Der Kolonialismus ist ein System, 49.
32 Ders., La Constitution du mépris, in: L'Express, 11. September 1958.
33 Césaire, Über den Kolonialismus, 6.
34 Zit. nach der deutschen Übersetzung: Frantz Fanon, Die Verdammten dieser Erde. Zum Vorwort Sartres in Fanons Werk vgl. Roberts, Fanon, Sartre, Violence, and Freedom; Kruks, Fanon, Sartre, and Identity Politics.
35 Frantz Fanon, Die Verdammten dieser Erde.

nicht nur die physische Befreiung an, es ging ihm auch um die Frage, wie der Kolonialisierte sein Menschsein, das der Kolonialismus ihm geraubt hatte, wiedererlangen könne.

Fanon hatte den großen Kolonialkritiker Sartre um ein Vorwort gebeten, und Sartre war seiner Bitte gefolgt. Zwei Gründe mögen die Entscheidung beeinflusst haben. Zunächst die Gleichgültigkeit der französischen Öffentlichkeit hinsichtlich der barbarischen Vorgehensweise ihrer Kolonialarmee in Algerien:

»Es ist nicht gut, meine Landsleute, Sie, die Sie all die in unserem Namen begangenen Verbrechen kennen, es ist wirklich nicht gut, daß Sie niemandem auch nur ein Wort davon sagen, nicht einmal Ihrer eigenen Seele, aus Angst, über sich selbst zu Gericht sitzen zu müssen. Anfangs haben Sie nichts gewußt, ich will es glauben, dann haben Sie gezweifelt, jetzt wissen Sie, aber Sie schweigen immer noch. Acht Jahre Schweigen, das korrumpiert. [...] Jedes Mal, wenn sich heute zwei Franzosen begegnen, ist eine Leiche zwischen ihnen. Sagte ich ›eine‹? Frankreich war einst der Name eines Landes. Passen wir auf, dass es nicht der Name einer Neurose wird.«[36]

Der zweite Grund, der Sartre bewogen haben mag, das Vorwort zu schreiben, liegt in den von Fanon vertretenen Ansichten selbst:

»Sicher, Fanon erwähnt beiläufig unsere berühmten Verbrechen, Sétif, Hanoi, Madagaskar, aber er macht sich nicht einmal die Mühe, sie zu verurteilen: er benutzt sie nur. Wenn er die Taktiken des Kolonialismus auseinandernimmt, das komplexe Spiel der Beziehungen, die die Kolonialherren mit dem ›Mutterland‹ verbinden oder in Gegensatz zu ihm bringen, so tut er das alles *für seine Brüder*. Sein Ziel ist es, ihnen beizubringen, wie man unsere Pläne vereiteln kann. Kurz, durch diese Stimme entdeckt die Dritte Welt *sich* und spricht zu *sich*.«[37]

Fanon warnt also vor einer außereuropäischen Generation, die sich von Europa loslöst beziehungsweise eine europafeindliche Haltung einnimmt, und appelliert:

»Verlieren wir keine Zeit mit sterilen Litaneien oder ekelhafter Nachäfferei. Verlassen wir dieses Europa, das nicht aufhört, vom Menschen zu reden, und ihn dabei niedermetzelt, wo es ihn trifft, an allen Ecken seiner eigenen Straßen, an allen Ecken der Welt. Ganze Jahrhunderte lang [...].«[38]

Sartre unterstützte dessen Forderung nach einem Weg in die Unabhängigkeit durch gewalttätigen Widerstand. Erneut zollte er den algerischen Kämpfern Anerkennung und nahm dabei eine »axiologische Umkehrung«[39] vor: Sartre

---

36 Sartre, Vorwort, in: Frantz Fanon, Die Verdammten dieser Erde, 7–26, hier 24 f.
37 Ebd., 9 (Hervorhebungen im Original).
38 Ebd., 8.
39 Mathieu, Un engagement déterminé contre le colonialisme, 31.

verlieh den Mitteln, mit denen sich der Kolonisierte gegen seinen Kolonialherren richtet, um sich aus der Knechtschaft zu befreien, einen positiven Wert: »Gibt es eine Heilung?«, fragte Sartre und fügte hinzu: »Ja. Die Gewalt kann, wie die Lanze des Achill, die Wunden vernarben lassen, die sie geschlagen hat.«[40]

Sartre pries mit seiner Legitimierung antikolonialer Gewalt das Ende der Epoche des im 19. Jahrhundert etablierten europäischen Kolonialismus und würdigte zugleich das Entstehen einer neuen und unabhängigen Sprache der Kolonisierten. Fanon stand emblematisch für die Wandlung eines ehemaligen Unterdrückten zum gleichberechtigten politischen Partner. Eine Wandlung, die alarmierende Wirkung für Europa haben sollte:

»Europäer [...] habt den Mut ihn [Fanon] zu lesen [...]. Ihr seht, auch ich kann mich nicht von der subjektiven Illusion freimachen. [...] Als Europäer stehle ich einem Feind sein Buch und mache es zu einem Mittel, Europa zu heilen. Profitiere davon!«[41]

Die Gewalt erschien dabei als eine dialektische, die das Verhältnis zwischen dem Kolonisator und dem Kolonisierten bestimmt und letztlich zur Entkolonialisierung führt:

»Wir [Europäer] haben den Wind gesät, er [Fanon] ist der Sturm. Ein Sohn der Gewalt, schöpfte er aus ihr in jedem Augenblick seine Menschlichkeit: Wir waren Menschen auf seine Kosten, jetzt macht er sich auf unsere Kosten zum Menschen. Zu einem neuen Menschen – von besserer Qualität.«[42]

Fanons Buch *Les damnés de la terre* hat Geschichte gemacht. Nicht allein, weil es in 17 Sprachen übersetzt wurde und eine Auflage von einer Million erreichte.[43] Das Buch erschien in einer politisch sensiblen Zeit und wurde zum Bezugstext aller entkolonialisierten Völker und antiimperialistischen Bewegungen.

Palästinafrage

Sartre hatte von Beginn an die Entwicklung des arabisch-jüdischen Konflikts in Palästina beobachtet. Bereits in dem Text *Situation de l'écrivain en 1947*, dem abschließenden Teil seines Werkes *Was ist Literatur?*, sah Sartre »die Pflicht des Schriftstellers [darin], gegen alle Ungerechtigkeiten Partei zu er-

---

40 Sartre, Vorwort, in: Frantz Fanon, Die Verdammten dieser Erde, 25.
41 Ebd., 12.
42 Ebd., 20.
43 Vgl. Cohen-Solal, Sartre 1905–1980, 657.

greifen«⁴⁴ – und verurteilte an dieser Stelle die Politik der britischen Mandatsmacht in Palästina. Zu diesem Zeitpunkt war sein Blick geprägt von der Verfolgung der Juden in Europa, und er schenkte der palästinensisch-arabischen Lage kaum Aufmerksamkeit. Schon vor dem Ausbruch des ersten arabisch-israelischen Kriegs 1948 bezog er klar Position: In einem an die projüdische »Liga zur Befreiung Palästinas« adressierten Brief befürwortete er das Recht der Juden in Palästina auf Selbstverteidigung, um einen »unabhängigen, freien und friedlichen Staat« zu gründen, der »stark genug ist, um sich Achtung zu verschaffen«.⁴⁵ Sartre legitimierte seine Position mit dem Hinweis auf die Untätigkeit der Franzosen und der übrigen Europäer gegenüber der Vernichtung der europäischen Juden:

»Das jüdische Volk zu vernichten, griffen die Antisemiten im Laufe der Geschichte auf viele Mittel zurück: Eisen, Feuer, Wasser, der langsame Tod in den Lagern, Gaskammern. Dummerweise ließen sich diese Mittel nicht ganz von der Verantwortung der sie Benutzenden trennen: mit ein wenig Pech riskierte man, als Mörder zu gelten. Nach dem Zweiten Weltkrieg wurden die Methoden perfekter, heute kann man Pogrome und Massaker sogar auf dem Territorium des hebräischen Staates organisieren und dabei ein reines Gewissen und saubere Hände bewahren.«⁴⁶

Den Juden, denen die Gefahr der Vernichtung auch in Palästina drohe, träten die Araber als »Söldner« und »Banden« entgegen, die ihnen auflauerten: »Jedermann weiß, dass arabische Söldner auf den Rückzug der Engländer warten, um eine [jüdische] unbewaffnete Bevölkerung niederzumetzeln.«⁴⁷

Sartre trat sogar als Fürsprecher der in Palästina operierenden jüdischen Untergrundorganisation Stern auf.⁴⁸ Robert Misrahi (geb. 1926), ein Schüler und Anhänger von Sartre, wurde im April 1948 mit weiteren jüdischen Aktivisten festgenommen und beschuldigt, illegale Organisationen in Palästina unterstützt zu haben. Sartre trat während des Prozesses in die Zeugenbank. Er verteidigte Misrahi als »wahrhafte[n] Held[en] der Freiheit« und verglich

---

44 Sartre, Was ist Literatur, 218.
45 Der Brief wurde zunächst veröffentlicht als: Un émouvant appel de J.-P. Sartre en faveur de la Palestine libre, in: L'Ordre de Paris, 7. April 1948, dann mit verändertem Titel nachgedruckt: C'est pour nous que sonne le glas, in: Caliban 16 (Mai 1948), 13–16. Hier wird zit. nach Sartre, Uns allen schlägt die Stunde, in: ders., Überlegungen zur Judenfrage, 134–137.
46 Ders., Überlegungen zur Judenfrage, 134.
47 Ebd.
48 Stern war die britische Bezeichnung für die Untergrundorganisation Lehi (Kurzwort für Lohamei herut Isra'il, »Die Verteidiger der Freiheit Israels«). Die Briten benannten Lehi nach dem Begründer Avraham Stern, der ein Mitglied des revisionistischen Flügels des Zionismus war. Stern lehnte Kompromisse mit der britischen Mandatsmacht ab und trat für die Gründung Israels auf dem gesamten Territorium des biblischen Israel ein. Um dieses Ziel zu erreichen, legitimierte Stern Terror und Sabotage als Kampfmittel. Vgl. dazu Bell, Terror Out of Zion; Heller, Avrahan Stern (1907–1942).

ihn mit jenen Franzosen, die während des Zweiten Weltkriegs gegen die deutsche Besatzung gekämpft hatten.⁴⁹

Auch nach der Gründung des Staates Israel behielt Sartre eine proisraelische Position bei. In einem Brief an einen Mitarbeiter der Zeitschrift des Weltbundes jüdischer Studenten *Hillel* bekräftigte er im Juni 1949 seine Unterstützung eines jüdischen Staates in Palästina:

»Ich habe mir zwar immer gewünscht und wünsche es noch heute, dass das Judenproblem im Rahmen einer Menschheit ohne Grenzen seine endgültige Lösung findet, aber da keine gesellschaftliche Entwicklung das Stadium der nationalen Unabhängigkeit umgehen kann, muss man sich freuen, dass ein autonomer israelischer Staat die Hoffnungen und die Kämpfe der Juden aus aller Welt legitimiert. Und da das Judenproblem ein besonders beklemmender Ausdruck der Widersprüche ist, die die zeitgenössische Gesellschaft zerreißen, muss die Gründung des jüdischen Staates in Palästina als eines der wichtigsten Ereignisse unserer Epoche angesehen werden. [...] Für die Juden ist es die Krönung ihrer Leiden und ihres historischen Kampfes.«⁵⁰

Sartres uneingeschränkte Solidarität mit Israel erfuhr jedoch in den 1950er Jahren eine Zäsur. Grund dafür war die Suezkrise im Jahr 1956, in deren Verlauf sich die politische Situation im Nahen Osten verschärfte. Der ägyptische Präsident Nasser versuchte, sein Land mit Rüstungslieferungen aus der Tschechoslowakei militärisch zu stärken. Zugleich blockierte Ägypten den Golf von Akaba und sperrte den Suezkanal für israelische Schiffe. Weiterhin nahmen in Israel Anschläge palästinensischer Kämpfer zu, die von Ägypten aus operierten. Nassers Haltung stellte jedoch nicht nur für Israel ein Problem dar, sondern auch für Frankreich, das sich in Algerien seit 1954 im Kriegszustand befand. Die algerische Nationalbewegung leistete dort erbitterten Widerstand. Waffennachschub erhielt sie von der ägyptischen Regierung, ihre Kämpfer wurden zum großen Teil am Nil militärisch ausgebildet. Auch Ägyptens ehemalige Kolonialmacht war Nasser nicht wohlgesonnen, seit er mit der Übernahme der Kontrolle über den Suezkanal den Briten strategisches, politisches und wirtschaftliches Terrain genommen hatte. Israel, Frankreich und Großbritannien beschlossen ein gemeinsames Vorgehen: Am 29. Oktober 1956 marschierten israelische Truppen in den Gazastreifen und auf die Sinai-Halbinsel ein und stießen rasch in Richtung des Suezkanals vor. Ägypten forderte den Rückzug, Israel Ägyptens Aufgabe der Kontrolle über den Kanal. Nasser jedoch lehnte ab. Daraufhin griffen die französische und die britische Luftwaffe Ägypten an und besetzten die größten Städte ent-

---

49 Zit. nach Jacob, Le Problème Juif?; die französische Journalistin Madeleine Jacob war Beobachterin der Gerichtsverhandlung. Vgl. auch Judaken, Jean-Paul Sartre and the Jewish Question, 188.
50 Erschienen in Hillel (deuxième série/zweite Serie) 7 (Juni 1949), 6; zit. nach Sartre, Krieg und Frieden I, 19.

lang des Kanals: Port Said, Suez und Ismailiya. Dieses Vorgehen wurde jedoch weder von der Sowjetunion noch von den Amerikanern toleriert und Israel, Großbritannien und Frankreich wurden gezwungen, aus Ägypten abzuziehen. Die Koinzidenz von militärischer Überlegenheit und politischer Niederlage blamierte die Interventen, die geschwächt aus der Krise hervorgingen, während die ägyptische Position im Nahen Osten gestärkt wurde.

Die Suezkrise ließ Sartre seine bisherige Wahrnehmung des Nahen Ostens infrage stellen. Der kolonialistische Geist, der dem militärischen Vorgehen der westlichen Mächte innewohnte, bezeugte ihr anhaltendes Streben nach internationaler Vormachtstellung und der daraus resultierenden Unterdrückung der betroffenen Staaten, in diesem Fall Ägyptens. Sartres Einsicht in die hegemoniale Haltung des Westens markiert den Beginn seines radikalen Engagements gegen den Kolonialismus. Im Zuge dessen kritisierte er in aller Schärfe das Verhalten Frankreichs und Großbritanniens. Eine direkte Verurteilung des israelischen Vorgehens vermied Sartre zwar, doch war seine positive Haltung zu Israel beeinträchtigt, die Glaubwürdigkeit des ägyptischen Präsidenten hingegen hatte sich für Sartre erhöht.[51] Sartre machte sich durch sein Engagement für die algerische Nationalbewegung und durch die Würdigung des ägyptischen Widerstands während der Suezkrise 1956 mit der arabischen Perspektive vertraut. Von nun an fand diese in den Schriften und Äußerungen Sartres eigenständige Erwähnung: Aus den »Söldnern und Banden« wurden »Kämpfer für die Gerechtigkeit und Freunde«, die »unsere Verbundenheit verdienen«.[52]

In Sartres Haltung vollzog sich ein Wandel von uneingeschränkter Solidarität mit Israel zu Neutralität in Bezug auf den arabisch-jüdischen Kampf um Palästina. In einem Interview mit dem israelischen Politiker und Historiker Simha Flapan (1911–1987) im Jahr 1966 bekundete Sartre:

»Ich finde mich zwischen zwei gegensätzlichen Freundschaften und Treuepflichten zerrissen. Die Situation meiner jüdischen Freunde während der Besatzung hat mir das jüdische Problem in Europa offenbart, und gleichzeitig schuf unser gemeinsamer Widerstand gegen den Nazismus eine tiefe Bindung zwischen uns. Ich habe nach der Befreiung geschrieben, was ich in diesen Jahren des Kampfes gefühlt hatte: dass kein Christ sich in Sicherheit wähnen könne, solange in der Welt ein Jude bedroht ist. Daraus folgt, meine Freunde und ich haben nach dem Krieg leidenschaftlich den Kampf der Israelis gegen die Engländer verfolgt. Aber der Kampf gegen den Kolonialismus während des Algerienkriegs hat uns gleichermaßen dazu geführt, uns mit den Kämpfern der FLN solidarisch zu erklären und zahlreiche Freundschaften in den ara-

---

51 Zum Verhalten Sartres während der Suezkrise vgl. Brinker, Sartre et Israël (1939–1980), hier bes. 84.
52 Vgl. dazu Sartre im Interview mit dem ägyptischen Intellektuellen Lutfi al-Khouli über seine Begeisterung für den ägyptischen Präsidenten, der versuche, den »arabischen Sozialismus« in die arabischen Gesellschaften einzuführen; in: al-ahrām, 25. Dezember 1965, 12.

bischen Ländern zu knüpfen; mehr noch, ich war immer der Meinung, die arabische Welt könne nur gegen den Imperialismus kämpfen, indem sie ihre Einheit stärkt.«[53]

So blieb Sartre bis zum Ausbruch des Sechstagekrieges 1967 einer neutralen Sicht verpflichtet und sah es als notwendig an, Ägypten und Israel zu besuchen, um anschließend arabische und israelische Intellektuelle zu bitten, ihre Ansichten zum Nahostkonflikt in einer Sondernummer der Zeitschrift *Les temps modernes* darzustellen.

Sartre und die Araber

Im Jahr 1964 erschien in Beirut die Studie *Sartre und der Marxismus* des syrischen Schriftstellers und Literaturkritikers Georges Tarabishi[54] mit 13 Essays über unterschiedliche Aspekte des Werks von Sartre, beispielsweise *Streit über den Existenzialismus*,[55] *Sartre kontra Marx?*[56] oder *Die französische kommunistische Partei.*[57] Die einzelnen Beiträge beleuchten eine bedeutende Epoche französischer Politik- und Geistesgeschichte aus arabischer Sicht. Der Verlag versprach dem Leser im Klappentext »neue Erkenntnisse, scharfe Analysen und ausgewogene Urteile über den andauernden Kampf zwischen den unterschiedlichen linken Strömungen [in Frankreich], die für die Wiedergeburt der Dritten Welt entscheidend sind«. Tarabishi ging es erklärtermaßen um »philosophische und politische Aufklärung«.[58] Im Vorwort schildert er die politische Stimmung unter jungen arabischen Studenten in den 1950er und 1960er Jahren:

»Als wir die politische Bühne betraten und an den ersten Studentendemonstrationen teilnahmen, waren wir in einem euphorischen und enthusiastischen Alter – wir waren

---

53 Nach dem Interview zu Jahresbeginn 1966 mit Simha Flapan für die Zeitung der israelischen Mapam-Partei ʿAl-hamishmar, zit. nach Sartre, Überlegungen zur Judenfrage, 142.
54 Tarabishi, sārtar wa-l-marksiyya [Sartre und der Marxismus].
55 khusūmat al-wujūdiyya [Streit über den Existenzialismus], in: ebd., 15–24.
56 sārtar didda marks [Sartre kontra Marx], in: ebd., 31–38; hier stellte Tarabishi fest, dass trotz einiger Meinungsverschiedenheiten Sartre dem Marxismus nahegeblieben sei.
57 al-hizb al-shuyūʿī al-faransī [Die französische kommunistische Partei], in: ebd., 173–184. Weitere Essays in diesem Band: mawqif al-marksiyyīn min sārtar [Die Stellung der Marxisten zu Sartre], 25–30; al-falsafa wa-l-ʿaqīda [Die Philosophie und das Dogma], 39–44; tawaqquf al-marksiyya [Aufhalten des Marxismus], 45–51; al-mathhab al-māddī wa-l-thawra [Der Materialismus und die Revolution], 51–62; kasal al-marksiyyīn [Die Faulheit der Marxisten], 63–72; shabah stalin [Der Geist Stalins], 73–108; indimāj al-wujūdiyya [Die Vereinheitlichung des Existenzialismus], 109–126; sārtar wa-l-māddiyya al-tarīkhiyya [Sartre und der historische Materialismus], 127–134; qadar sārtar [Das Schicksal Sartres], 135–156; thawrat al-majar [Die ungarische Revolution], 157–172.
58 Ebd., Klappentext.

16, 17 oder 18 Jahre alt. [...] Wir wussten, dass die herrschende politische Klasse in keiner Verbindung zum Volk stand, aber wir wussten nicht, durch welche alternative Regierungsform sie ersetzt werden könnte. [...] Die Gesellschaft war nicht sehr demokratisch, und zwischen den Parteien herrschte ein erbitterter Kampf. Ich weiß nicht mehr, wie wir zu Sozialisten geworden sind. Aber wir haben an den Sozialismus geglaubt. Besser gesagt, wir empfanden Antipathie gegen die Spaltung der Gesellschaft in Arm und Reich.«[59]

Aus den Worten wird ein Maß an Verwirrung erkennbar, das keineswegs als ausschließlich individuelle Erfahrung eines arabischen Intellektuellen zu verstehen ist. Die 1960er Jahre markierten eine Phase der Krise in der arabischen Nationalbewegung. Die Intellektuellen, die den verschiedenen Flügeln und Parteien dieser Bewegung anhingen, brachten nachdrücklich ihr Unbehagen an der Situation zum Ausdruck. Aus dieser Situation ging eine arabische Linke hervor, der auch Tarabishi angehörte. Er war zunächst Mitglied der syrischen, nationalistisch geprägten Baath-Partei, weigerte sich jedoch, deren nationales Pathos kritiklos zu akzeptieren.[60] Den Weg seiner Zeitgenossen in den arabischen Sozialismus beschrieb er so:

»Haben wir die sozialistischen Bücher gelesen? Ich glaube nicht, dass dies der Fall war. Vielleicht nur einige eilige Zeitungsartikel. Aber gewöhnlich dürsten junge Menschen nach Gerechtigkeit. Und deshalb sind wir Sozialisten geworden. Kurz gesagt, wir waren Weltverbesserer, aber keine Revolutionäre. [...] Wir hatten die Wahl zwischen der kommunistischen Partei und der arabisch-sozialistischen Baath-Partei, und ohne langes Zögern entschieden wir uns für Letztere. Sie war eine Partei, die unsere Jugendrebellion aufnahm und sie in der Revolution vollendete. Hinzu kam, dass die Revolution nicht das erklärte Ziel der syrischen kommunistischen Partei war. Sie setzte sich mehr für Demokratie, Weltfrieden, Völkerfreundschaft und die enge Verbindung zur Sowjetunion ein. Solche Slogans waren nicht verführerisch; sie konnte außerdem unsere Sehnsucht nach einer Rebellion gegen die Bourgeoisie nicht erfüllen. Die kommunistische Partei war wie ein Gespenst, wie eine atheistische Sekte und irgendwie mit Gewalt verbunden, was unserem idealistisch orientierten Rebellionsbedürfnis widersprach.«[61]

Die Aufbruchstimmung der syrischen Jugend, die vor allem nach einer gerechteren Gesellschaft strebte, wurde von einer sich sozialistisch gebenden nationalisierenden Bewegung absorbiert. Es fand keine wirkliche Auseinandersetzung mit der marxistischen Theorie statt, die nur oberflächlich rezipiert wurde und in ihrer internationalistischen Ausprägung und der strikt hierarchischen Organisation der kommunistischen Partei wenig attraktiv wirkte. Vielmehr wurde eine spezifische Adaption des Sozialismus an die Gegebenheiten der arabischen Kultur versucht:

---

59 Tarabishi, sārtar wa-l-marksiyya [Sartre und der Marxismus], 7.
60 Vgl. dazu Tibi, Die arabische Linke, 161.
61 Tarabishi, sārtar wa-l-marksiyya [Sartre und der Marxismus], 7f.

»Wir haben also den Weg eines nationalistisch interpretierten Sozialismus beschritten. Befragt über den Gehalt unseres Sozialismus, antworteten wir, unser Sozialismus ist ein hausgemachter, ein arabischer, nationalistischer, kein internationalistischer. Damit wollten wir den Unterschied zwischen unserem Sozialismus und dem Kommunismus verdeutlichen. Wir antworteten: Unser Sozialismus glaubt an den Materialismus, aber genauso an die Moral [rūh] – und mit Moralphilosophie [rūhāniyya] meinten wir jene idealistischen Werte, denen die Jugend nacheifert. Unser Sozialismus, so betonten wir, war für das ganze Volk und nicht nur für die Arbeiter.«[62]

Diese moralisierende Form des Sozialismus erfüllte die intellektuellen Bedürfnisse der arabischen Linken auf Dauer nicht. So fügt Tarabishi hinzu:

»Aber gleichzeitig wussten wir, dass wir nicht auf festem Boden standen und dass wir über keine Theorie verfügten. Die einzige Theorie, die wir damals besaßen, war die Angst vor dem Marxismus. Wir haben damals nicht gelesen, um Sozialisten zu sein, sondern nur, um gegen die Fratze des Marxismus zu argumentieren. [...] Gleichzeitig wollten wir Linke bleiben. Aber es sollte eine linke Position sein, die frei von jeglichem Marxismus ist. Wir haben jede Kritik gegen den Marxismus gelesen, sobald sie in Arabisch vorlag, aber kaum ein marxistisches Buch. Wir wollten den Marxismus durch das, was über ihn geschrieben wird, verstehen und nicht durch den Marxismus selbst.«[63]

Vor diesem Horizont erschien Sartre als geeignete linke und »jugendliche« Gegenstimme zum Marxismus, als Hoffnungsträger arabischer Intellektueller der postkolonialen Epoche:

»Innerhalb dieser Atmosphäre, die gezeichnet war durch die Vorbehalte gegenüber dem Marxismus, haben wir Sartre entdeckt. In ihm fanden wir ein kritisches Denken gegen den Marxismus, ohne ins rechte Lager zu geraten. In Sartre begegneten wir dem idealistischen Linken, auf den wir gehofft hatten: ein Linker, der links sein kann, ohne Kommunist oder Marxist zu sein [...]. Wir jubelten über diese Entdeckung. Anstelle der Unruhe, die der Marxismus in uns verursachte, löste Sartre in uns Zuversicht aus [...] [Doch] ich sage: Wir haben Sartre von Anfang an falsch verstanden, weil wir ihn nicht gelesen haben, sondern nur das gelesen haben, was wir lesen wollten.«[64]

Tarabishi erahnte somit bereits drei Jahre vor Sartres Besuch in Kairo die Kluft zwischen den arabischen, sich als Sozialisten verstehenden Intellektuellen und dem französischen Philosophen, der sich dem sozialen und politischen Engagement sowohl in der jüdischen wie auch in der antikolonialen Sache verschrieben hatte. Doch wie wurde Sartre in der arabischen Welt gelesen?

Konzentriert man sich zunächst auf das, was die Araber in ihrer Begeisterung *nicht* lesen wollten, lenkt dies den Blick auf einen der wenigen arabi-

---
62 Ebd., 8f.
63 Ebd., 9.
64 Ebd., 12.

schen Intellektuellen, die nicht erst nach 1967 auf Distanz zu Sartre gegangen sind: Fouad Zakaria. Er studierte von 1945 bis 1949 Philosophie in Kairo und gilt als Vertreter einer arabisch-islamischen Aufklärung.[65] Er veröffentlichte wesentliche Studien zur europäischen Ideengeschichte, zum Prozess der Säkularisierung und zur Erkenntnistheorie.[66] Zudem beschränkte Zakaria seine Aktivität nicht nur auf akademische Kreise, sondern er arbeitete für zahlreiche Zeitschriften und prägte über Jahrzehnte den Kulturjournalismus der arabischen Welt.[67]

In einer der renommiertesten Kulturzeitschriften der 1960er Jahre, *al-thaqāfa* (Die Kultur), veröffentlichte Zakaria einen Artikel über die *Europäischen Intellektuellen und die jüdische Frage,* der sich unmittelbar auf Sartres *Überlegungen zur Judenfrage* von 1944 bezog.[68] Zakaria erklärte zunächst, weshalb er sich für die Auseinandersetzung europäischer Intellektueller mit der »jüdischen Frage« interessiere:

»Für die europäischen Intellektuellen hat die jüdische Frage eine Sonderstellung, die wir verstehen sollten, um mit ihnen in Dialog zu treten. Dabei ist es unsere Aufgabe, Fehleinschätzungen Europas hinsichtlich der jüdischen Frage zu klären. Dazu gehört vor allem die europäische Sympathie für die Juden, insbesondere nach dem Zweiten Weltkrieg. Eine solche Sympathie geht bei den meisten europäischen Intellektuellen nicht darauf zurück, dass sie für die Juden Partei ergreifen, um sich gegen die Araber zu positionieren. Nein, die Araber befanden sich außerhalb des Blickfeldes. Der wahre Grund für die europäische Sympathie mit den Juden liegt in der Bürde, die Nazismus und Faschismus in der Judenfrage hinterlassen haben. Der europäische Intellektuelle sah sich durch Verstand, Vernunft und Gewissen dazu gezwungen, sich gegen Nazismus und Faschismus zu stellen. Eine Feindschaft, die automatisch zu Sympathie wurde gegenüber jener Gruppe, die als erste dem Nationalsozialismus und Faschismus zum Opfer fiel, die Juden.«[69]

Gegen eine solche Haltung hatte Zakaria nichts einzuwenden, im Gegenteil: »Jeder glaubwürdige europäische Intellektuelle« trage die Verantwortung, solch »hässliche Ideologien« von Europa fernzuhalten. Seine Kritik hatte andere Gründe und folgte einer anderen Perspektive:

---

65 Vgl. dazu den saudischen Literaturkritiker al-Baza'i, al-tanwīr al-'arabī [Die arabische Aufklärung].
66 Vgl. beispielsweise vor wenigen Jahren Zakaria, Myth and Reality in the Contemporary Islamic Movement; ders., Säkularisierung; ders., Laïcité ou islamisme; ders., nazariyyat al-ma'arifa wa-l-mawqif al-tabī'ī li-l-insān [Die Erkenntnistheorie und der Naturzustand der Menschen]; ders., sbinoza [Spinoza]; ders., nitsha [Nietzsche].
67 Zakaria war, neben der regelmäßigen Veröffentlichung von Aufsätzen in Tageszeitungen, Herausgeber der Kulturzeitschriften *al-fikr al-mu'āsir* (Das moderne Denken], *turāth al-insāniyya* (Das Erbe des Humanismus) und *al-thaqāfa* (Die Kultur).
68 Zakaria, al-muthaqqaf al-'arabī wa-l-mas'ala al-yahūdiyya [Der europäische Intellektuelle und die jüdische Frage].
69 Ebd., 6.

»Der europäische Intellektuelle geht in seiner Haltung gegenüber den Juden über die Grenze von Empathie und Mitleid hinaus. Seine Sympathie nimmt dabei beinahe irrationale Züge an. Für den Intellektuellen ist der Nazismus mit Irrationalismus verbunden. Dadurch wird die Verteidigung der Juden als Opfer des Nationalsozialismus zum Merkmal von Denkvermögen und Offenheit. Das führt zur Tabuisierung jeglicher Kritik an der Verhaltensweise der Juden.«[70]

Das Wissen um die dramatischen Erfahrungen der Juden, so Zakaria, halte den europäischen Intellektuellen in einem »ewigen Gewissensdilemma« gefangen, das ihn bewusst oder unbewusst dazu veranlasse, die Juden zu schützen und ihre Anliegen »moralisch« zu unterstützen: »Im heutigen Europa ist die Verteidigung der Juden ein Merkmal des aufgeklärten Geistes und der intellektuellen Offenheit.«[71] Dagegen werde Kritik tendenziell tabuisiert. Die Juden, ihre Geschichte und Gegenwart seien damit, so Zakaria, unantastbar geworden, in gewisser Hinsicht sakralisiert.

Dass Zakaria den europäischen Denkern in dieser Hinsicht seine Aufmerksamkeit schenkte, erwuchs also nicht aus ideengeschichtlichem Interesse. Er hatte ein konkretes politisches Anliegen, das ihn dazu veranlasste, Europas Haltung zu den Juden zu kritisieren. Zakaria machte dieses Anliegen am Ende seines Aufsatzes explizit:

»Wir [arabischen Intellektuellen] müssen die europäischen Intellektuellen immer daran erinnern, welchen Beitrag ihre Länder bei der Schaffung der jüdischen Frage geleistet haben. Wir müssen hervorheben, welches Schicksal die Juden im christlichen Westen erfahren und wie die Araber im Gegensatz dazu und durch die Geschichte hindurch die Juden behandelt haben. Mit anderen Worten: Europa trug einen entscheidenden Teil zum arabisch-zionistischen Konflikt bei. Europa kann nicht die Position des Zuschauers übernehmen oder – wie es häufig vorkommt – antiarabisch handeln. Das ist eine böswillige Ignoranz jenen Fehlern gegenüber, die in Europa begangen wurden und für die wir nun die Konsequenz tragen.«[72]

Doch Zakaria kritisierte nicht nur die europäische Schuld am arabisch-israelischen Konflikt und seine Haltung dazu, sondern er unterstellte den europäischen Intellektuellen auch eine Fehlinterpretation des Zionismus:

»Die europäischen Intellektuellen müssen zur Kenntnis nehmen, dass wir uns in unserem Kampf gegen den Zionismus gegen eine wahre Krankheit wehren, die Europa verursacht hat. [...] Unser Kampf gegen den Zionismus muss aufs Schärfste vom Antisemitismus getrennt werden.«[73]

---

70 Ebd., 7.
71 Ebd., 8.
72 Ebd.
73 Ebd., 9.

Zakaria wandte sich dabei nicht von Europa ab, sondern plädierte für eine humanistische Perspektive, in deren Rahmen menschliches Leid universal anerkannt werden könne. Zudem warnte er davor, durch ein Gefühl kollektiver Schuld die jüdische Leiderfahrung zu ikonisieren und damit beispielsweise das Schicksal der Araber unter dem Kolonialismus oder in Palästina zu relativieren. Diese Kritik mochte an mancher Stelle berechtigt sein, an anderer war sie jedoch eher polemisch. Doch wie eine Wertung auch ausfällt, sie blieb im arabischen Raum der ersten Hälfte der 1960er Jahre ungehört. Das hatte Gründe: Im Jahr 1964 erreichte die arabische Begeisterung für Sartre ihren Höhepunkt, woran auch einige kritische Stimmen zu seinen *Überlegungen zur Judenfrage* nichts ändern konnten. Wie lässt sich diese Verehrung Sartres erklären? Und wie hängt sie mit der Feststellung Georges Tarabishis zusammen, die Araber hätten Sartre nur selektiv gelesen? Die Antwort auf diese Fragen weist in die beiden intellektuellen Zentren des arabischen Raums der 1950er und 1960er Jahre, Beirut und Kairo.

Im Januar 1953 eröffnete der Beiruter Schriftsteller und Essayist Suhail Idris (1995–2008) die erste Nummer seiner monatlich erscheinenden Literaturzeitschrift *al-adab* (Die Literatur) mit einem Appell für eine »Literatur des Engagements« *(adab al-iltizām)*. Mit dem Erscheinen von *al-adab*, das zum Sprachrohr einer ganzen Generation auch jenseits der Grenzen Libanons wirkender Literaten werden sollte, wurde *al-iltizām* – das Engagement – im gesamten arabischen Raum zum Schlagwort hitziger Debatten über die politische und gesellschaftliche Rolle der Literatur in der postkolonialen Epoche. Idris mahnte in der ersten Ausgabe der Zeitschrift,

»dass Literatur eine geistige Tätigkeit bedeutet, die ein nobles Ziel anstrebt – nämlich ›wirkungsvolle Literatur‹ zu sein, die in einem wechselseitigen Verhältnis zur Gesellschaft steht, da sie diese in dem Maße prägt, wie sie selbst von ihr beeinflusst wird [...].«[74]

Weiter formulierte er eine programmatische Aufgabe, die seine Zeitschrift zu leisten habe:

»Die gegenwärtige Situation der arabischen Welt erlegt jedem Patrioten [*waṭanī*] auf, all seine Kräfte zu mobilisieren, um nach seinen Möglichkeiten für die Befreiung der Länder, für die Verbesserung ihres politischen, sozialen und geistigen Niveaus zu arbeiten. Damit Literatur glaubwürdig ist, darf sie sich nicht von der Gesellschaft isolieren, in der sie lebt. Das oberste Ziel der Zeitschrift ist, ein Forum für jene bewussten Autoren zu sein, welche die Erfahrung ihrer Epoche leben und als ihre Zeugen gesehen werden können: Indem sie die Bedürfnisse der arabischen Gesellschaft widerspiegeln und ihre Belange zum Ausdruck bringen, öffnen sie den Weg für die Kräfte der Reform. [...] Aus diesem Grunde ist die Literatur, die unsere Zeitschrift propagiert und der sie

---

74 Suhail Idris, risālat al-adab [Die Botschaft von al-adab].

Mut macht, eine Literatur des Engagements *(adab al-iltizām)*, die aus der arabischen Gesellschaft entspringt und wieder in sie mündet.«[75]

Im Geist dieser von Sartre abgeleiteten Idee der Literatur des Engagements definiert Suhail Idris die Aufgabe seiner Zeitschrift:

»Da die Zeitschrift für eine solche wirkungsvolle Literatur eintritt, trägt sie eine beispielhafte nationalistische Botschaft. Denn jene mit Bewusstsein versehene Gruppe von Literaten, die ihre Literatur aus der eigenen Gesellschaft erwachsen lassen, kann im Laufe der Zeit eine bewusste Generation von Lesern schaffen, die ihrerseits die wirkliche Situation ihrer Gesellschaft zu ergründen suchen. [...] Und so partizipiert die Zeitschrift durch ihre Autoren und Leser am bedeutenden nationalistischen Projekt, das die größte Aufgabe für jeden Patrioten ist.«[76]

Mit der Zeitschrift *al-adab,* die seit ihrem Erscheinen in den meisten arabischen Staaten verkauft wurde, trat im arabischen Literaturbetrieb der 1950er und 1960er Jahre der Begriff der engagierten Literatur *(al-adab al-multazim)* einen Siegeszug an. Und damit wurde auch Sartre mehr und mehr bekannt: Bereits in der zweiten Nummer der Zeitschrift erhob ihn der ägyptische Literaturkritiker Anwar al-Maʿaddawi zum geistigen Paten. *Al-adab al-multazim,* so der Autor, sei eine Benennung, die »der herausragende existenzialistische Literat Jean-Paul Sartre hervorgebracht« habe. Dieser sei zu dem Schluss gekommen, dass der *iltizām* »Ziel jeder Literatur und Botschaft jedes Literaten sein sollte«; dies bedeute eine große Verantwortung: »Der Literat muss diese Verantwortung auf sich nehmen, wenn er nach Art der Existenzialisten engagiert sein will!« Al-Maʿaddawi betonte insbesondere die Rolle von Freiheit und parteipolitischer Ungebundenheit für echtes Engagement:

»Der Literat muss unbedingt frei sein in dem, was er schreibt, und der Leser muss frei sein in dem, was er liest, damit das vorbildliche Ziel des Engagement-Prinzips erreicht wird! [...] Die Freiheit des Autor-Individuums und die Freiheit des Leser-Individuums sind unentbehrlich, damit die Literatur ihre engagierte Botschaft übermitteln kann.«[77]

Suhail Idris' Begeisterung für Sartre hatte ihren Ursprung in Idris' Studienjahren an der Sorbonne Ende der 1940er Jahre. Dort hatte er – im Kontext des arabisch-israelischen Kriegs 1948 und der arabischen Niederlage – im Lebenswerk des französischen Intellektuellen »nicht etwa eine Philosophie, sondern eine gesellschaftliche und politische Lehre« entdeckt, die der arabischen Welt die »so dringend benötigten Werte der Freiheit und der Verantwortung« liefere und als Quelle ethischen und moralischen Handelns in ih-

---

75 Ebd.
76 Ebd.
77 Al-Maʿadawi, al-adab al-multazim [Die engagierte Literatur].

rem Kampf gegen den Kolonialismus und für die Unabhängigkeit geeignet sei. Über die Bedeutung Sartres für die arabischen Intellektuellen schrieb Idris 1964:

»Sowohl die Zeitschrift *al-adab* als auch [unser] Verlagshaus dār al-adab haben dem französischen Intellektuellen Jean-Paul Sartre größte Aufmerksamkeit gewidmet. Wir haben seine wichtigsten Schriften übersetzt und Studien veröffentlicht, die sein Denken und seine [politischen] Ansichten in den Vordergrund stellten. [...] Diese Aufmerksamkeit schöpft sich aus unserer Überzeugung, dass auch wir Araber in Sartre den grandiosen freien Denker des 20. Jahrhunderts entdeckt haben. Sein Engagement und seine Interventionen, wenn es darum ging, Freiheit auch für nichteuropäische Völker zu erkämpfen, insbesondere in der Algerienfrage und den Unabhängigkeitsbestrebungen der Algerier, sichert ihm unsere Verbundenheit und Begeisterung. Ferner ist es ein Gewinn für uns Araber, dass sich ein Denker von Sartres Niveau in der Algerienfrage engagiert, sich der Verteidigung der Rechte der Unterdrückten widmet und damit auch koloniale Ausbeutungs- und Repressionsmethoden aufdeckt.«[78]

In kurzer Zeit etablierte sich *al-adab* als ein Forum innovativer Schriftsteller, Kritiker und Denker.[79] Ob Sozialisten, Marxisten oder Anhänger des arabischen Nationalismus: Ihnen allen war die Überzeugung gemein, dass die arabische Literatur eine Literatur des Engagements sei, mit Sartre als Vorbild.

Eines wird in der Beiruter Begeisterung deutlich: Das Lob konzentrierte sich in erster Linie auf den engagierten Politiker Sartre – der Philosoph Sartre war dagegen kaum von Interesse für die intellektuelle Auseinandersetzung. Dies lässt vermuten, dass die arabischen Leser in Sartre vor allem eine »arabische Stimme« in Europa sahen, die sich für die Belange der kolonialisierten Völker dieser Erde einsetzt.

Im zweiten intellektuellen Zentrum der arabischen Welt, in Kairo, war es kaum anders. Das ägyptische Pendant der libanesischen *al-adab* war die Zeitschrift *al-talīʿa* (Die Avantgarde), deren Name bereits die Position ihres Herausgebers deutlich werden lässt. Lutfi al-Khouli (1928–1999) hatte ebenfalls in Paris studiert. Allerdings unterschied er sich politisch von Suhail Idris: Während der libanesische Intellektuelle eher zu den arabischen Nationalisten gezählt werden kann, war Khouli Marxist. Das machte seine Arbeit in Ägypten nicht leicht. Das Land am Nil unterstand seit 1952 einem Mili-

---

78 Vgl. Suhail Idris, nahnu wa- sārtar [Wir und Sartre], 1. Den Artikel schrieb Idris als Unterstützung für Sartre, der 1964 den Nobelpreis für Literatur abgelehnt hatte. Als Grund für die Ablehnung, einen der größten Skandale in der Geschichte des Preises, nannte Sartre den Wunsch nach Unabhängigkeit. Idris interpretierte die Weigerung in dem Sinne, dass eine Annahme zwangsläufig einseitiges politisches Bekenntnis für den Westen und gegen die kolonialisierten Gesellschaften gewesen wäre; vgl. Sartre, Meine Gründe zur Ablehnung des Nobelpreises (Presseerklärung zum 24. Oktober 1964), in: ders., Was kann Literatur?, 69–71.
79 Vgl. dazu Klemm, Literarisches Engagement im arabischen Nahen Osten, 61–82.

tärregime, an dessen Spitze Armeeoffizier Gamal Abd an-Nasser stand.[80] Der Anfang von Nassers Regierungszeit war von inneren Machtkämpfen und von einer unentschlossenen Außenpolitik geprägt. Zunächst zeigte Nasser proamerikanische Tendenzen. Infolgedessen unterdrückte er Marxisten und linke Strömungen. Das änderte sich Anfang der 1960er Jahre. Nasser ging auf Distanz zu Amerika und wurde zu einem engen Verbündeten der Sowjetunion. Diese politische Neuorientierung hatte Auswirkungen auf das intellektuelle Leben am Nil.[81] Liberale ägyptische Kräfte wurden inhaftiert oder ins Exil gezwungen. Die Gunst der Stunde nutzten in dieser Phase die Linksorientierten, denn das ägyptische Regime war bemüht, die marxistischen Intellektuellen als Zeichen der Versöhnung mit der Sowjetunion zu rehabilitieren. Khouli profitierte davon: Er gehörte zu den ägyptischen Denkern, die in enger Verbindung zu ›al-ra᾿īs‹ (Präsident) Nasser standen, und so gelang es ihm, al-talīʿa als Plattform für die damalige ägyptische Avantgarde zu etablieren. Über sein Projekt schrieb er einige Tage vor der ersten Ausgabe:

»*Al-talīʿa* ist ein Organ der politischen Revolution [Ägyptens] und stellt eine Etappe im Kampf des sozialistischen Denkens dar. Wir werden das erkenntnisorientierte sozialistische Denken propagieren und verschiedene Debatten und Diskussionen über die Probleme Ägyptens, der arabischen Nation und der ganzen Welt fordern. [...] *Al-talīʿa* wird dem Weg des Sozialismus im Sinne des ägyptischen Revolutionssystems folgen. Sie wird für eine Allianz der Arbeiterbewegung mit dem Volk arbeiten. Eine Allianz, an deren Spitze Gamal Abd an-Nasser steht.«[82]

Jenseits kämpferischer Rhetorik enthält die Äußerung einen Begriff, der für das Denken al-Khoulis kennzeichnend war: den Begriff des erkenntnisorientierten Sozialismus *(al-ishtirākiyya al-maʿrifiyya)*. Als christlicher Ägypter vertrat al-Khouli die Position, dass sich eine moderne Idee wie die des Sozialismus mit der arabisch-islamischen Tradition versöhnen lassen müsse. Mit *al-ishtirākiyya al-maʿrifiyya* sollte in Ägypten und im arabischen Raum ein Sozialismus herrschen, der die arabisch-islamischen Werte nicht verletzt. Doch gegen die Realisierung eines solchen Sozialismus standen in dieser Wahrnehmung die imperialistischen Mächte. Hier kam Sartre ins Spiel: Al-Khouli präsentierte ihn als Humanisten, der seine revolutionäre und antiimperialistische Haltung während des Algerienkriegs bewiesen habe. Der arabische Leser lernte mit al-Khouli nicht den Philosophen Sartre kennen, sondern den revolutionären Intellektuellen.[83]

---

80 Vgl. Abdel-Malek, Ägypten. Militärgesellschaft.
81 Vgl. dazu Samah Idris, al-muthaqqaf al-ʿarabī wa-l-sulta [Der arabische Intellektuelle und die Macht].
82 Al-Khouli, li-mādhā al-talīʿa? [Warum *al-talīʿa*], in: al-ahrām, 6. Dezember 1964, 6.
83 Vgl. beispielsweise das Interview, das al-Khouli im Dezember 1965 in Paris mit Sartre führte und in *al-ahrām* am 25. Dezember 1965 veröffentlichte. Es trägt zwar den Titel *Eine*

In Beirut und Kairo wurde Sartre somit zum antikolonialen Idol. Als die Begeisterung für ihn den Höhepunkt erreichte, brachten bestimmte Nachrichten das heroische Bild ins Wanken. Im April 1965 wurde bekannt, dass Sartre zu einer philosophischen Konferenz nach Israel reisen werde. Verzweifelt bemühten sich arabische Intellektuelle, ihn von einem solchen Besuch abzubringen. Bestürzt und fassungslos schrieb Suhail Idris einen öffentlichen *Brief an Sartre*[84] und beschwor ihn:

»Ihre Literatur spiegelt die tiefe leidvolle Erfahrung der Franzosen während und nach dem Zweiten Weltkrieg wider. Das mag der Grund sein, warum die arabische Generation, welche die palästinensische Katastrophe [von 1948] erlebt hatte, durch ihre Literatur getröstet wurde. Es hätte nach unserer Katastrophe auch eine [arabische] Literatur geben sollen, die geholfen hätte, unsere Situation, unsere Sorgen und Sehnsüchte, unsere Unfähigkeit zu überwinden. Das war aber nicht der Fall, und deshalb suchten wir in der fremden Literatur all das, was unsere Sorge, Zerrissenheit, Verlorenheit, aber auch unsere Hoffnung ausdrückt. Das alles finden wir in der existenzialistischen Literatur, insbesondere der Ihren.«[85]

Nach dieser Huldigung fragte er Sartre, ob dieser in der Tat beabsichtige, Israel zu besuchen. Er warnte Sartre vor den Konsequenzen eines solchen Besuches und machte die Gründe der Missbilligung seitens der arabischen Welt deutlich:

»In uns Arabern haben Sie, mein verehrter Herr, Freunde, Schüler und Bewunderer. [...] Unser Volk besitzt ein hohes Maß an Sensibilität und wird in diesem Zusammenhang nicht unterscheiden können zwischen Politik und Philosophie. [...] Wir betrachten Israel als Aggressor und Brückenkopf des westlichen Imperialismus, insbesondere des US-amerikanischen. Das arabische Volk wird daher seinen bewaffneten Kampf gegen Israel fortführen, bis die eine Million palästinensischer Flüchtlinge in ihre Heimat zurückgekehrt sind. [...] Wir haben mit Aufmerksamkeit ihre Arbeit *Überlegungen zur Judenfrage* gelesen – gab es etwas, was wir von Ihren Schriften nicht gelesen haben? Sie haben die Juden gegen die Unterdrückung verteidigt, der sie ausgesetzt waren. Sie haben sie als unterdrückte Menschen verteidigt. Aber Sie haben nie einen verbrecherischen Staat unterstützt, der nie hätte entstehen können ohne die Unterstützung britischer Kolonialisten. Es steht uns zu, zwischen dem Juden als solchem und dem Israeli und Zionisten zu unterscheiden: der Verfolgte versus der Verbrecher.«[86]

---

literarische Begegnung mit Jean-Paul Sartre, jedoch behandeln die Fragen ausschließlich den revolutionären Beitrag Sartres und seine Ansichten über antikoloniale Bewegungen in Ägypten, Jemen und Algerien. Vgl. dazu al-Khouli, muqābala adabiyya maʿa jān būl sārtar [Eine literarische Begegnung mit Jean-Paul Sartre], in: al-ahrām, 25. Dezember 1965, 6.
84 Suhail Idris, risāla ilā sārtar [Brief an Sartre].
85 Ebd., 2.
86 Ebd.

Schließlich lud Suhail Sartre zu einem Besuch in den Libanon ein, um »die Arbeit der Zeitschrift *al-adab* und des Verlagshauses *dār al-adab* kennenzulernen«, aber auch, um »eines der palästinensischen Flüchtlingslager zu besuchen«.[87]

Anfang 1967 wurde bekannt, dass Sartre eine Reise nach Ägypten und Israel plante. Arabische Intellektuelle begrüßten Sartres Vorhaben, Kairo zu besuchen, kritisierten jedoch weiterhin einen möglichen Besuch in Israel. Einer der Kritiker war der ägyptische Schriftsteller und Journalist Ahmad Abbas Salih. In seiner Funktion als Chefredakteur der Kairoer Kulturzeitschrift *al-kātib* (Der Schreiber) wandte sich Salih, ähnlich wie zuvor Suhail, mit einem offenen Brief an Sartre und wies den französischen Intellektuellen auf seine Bedeutung in der arabischen Welt hin:

»Mein Lieber Herr [Sartre]! Es wird Ihnen nicht neu sein, welche Bedeutung Sie in der arabischen Welt genießen [...]. Ihr Einfluss auf unsere arabische Heimatregion ist so stark und allgegenwärtig wie der kaum eines anderen Intellektuellen weltweit. Wir lernten Sie und Ihre engagierten Ansichten kennen und empfanden rasch Bewunderung und Achtung [...]. Unsere Druckereien sind damit beschäftigt, Tag für Tag Übersetzungen Ihrer Werke zu publizieren. Sie sind der einzige westliche Schriftsteller, aus dessen Werk mehrere Übersetzungen gleichzeitig erscheinen. Sie sind der einzige westliche Schriftsteller, über dessen brillante Einstellung und Engagement nahezu alle arabischen Zeitungen tagtäglich respektvoll berichten.«[88]

Salih hob in der Folge Sartres Bedeutung als »engagierter Humanist« und Kämpfer gegen den »kapitalistischen Imperialismus« hervor und versuchte zu verdeutlichen, warum ein möglicher Besuch in Israel in der arabischen Welt solch großen Unmut hervorrufen würde. Zunächst aber wies er jegliche arabische Aversion gegen die Juden im Allgemeinen zurück:

»Wir hier in der Region kannten keine Judenfeindschaft, und zwischen uns und den Juden grassierte zu keiner Zeit eine Hassepidemie, wie sie die Juden in Europa erfahren mussten und wegen der ihr, Europäer, heute ein schlechtes Gewissen tragt. Doch das europäische Gewissen darf nicht auf Kosten eines anderen Volkes beruhigt werden. [...] Israel ist für uns eine kolonialistische Militärbasis, die der internationale Imperialismus nur deswegen geschaffen hat, um die Modernisierungsversuche der Araber zu sabotieren. [...] Wie kommt es, dass wir und Sie zu dieser Tragödie [der Palästinenser] unterschiedliche Meinungen vertreten? Wie können Sie – Sie, der Verteidiger der Freiheit – Israel für seine Haltung gegenüber Vietnam, Kuba und Afrika im Allgemeinen kritisieren, aber gleichzeitig dem israelischen Gebilde Legitimation verleihen? Unter welchem Umstand können wir akzeptieren, dass eine Gruppe von Menschen – aus welchen Gründen auch immer – die Heimat einer anderen Gruppe besetzt und sie darüber hinaus vertreibt und zu Flüchtlingen macht?«[89]

---

87 Ebd.
88 Salih, risāla ilā sārtar [Ein Brief an Sartre], 25.
89 Ebd., 28 f.

Salih appellierte an Sartre, seine Haltung zur Palästinafrage zu revidieren:

>»Zweifelsohne herrscht zwischen uns und Ihnen eine Kluft oder ein Missverständnis. [...] Das ist der Grund, warum Ihre Aussagen in unseren Augen gerade bezüglich dieser Frage [des arabisch-israelischen Konflikts] fundamental widersprüchlich erscheinen. [...] Wir erwarten Ihre Objektivität und Ihre gerechte Einmischung, um das Bild der Person Sartres in den Augen der freien Menschen dieser Welt an seinen richtigen Platz zurückzusetzen. [...] In diesem Sinne bleiben wir – gemäß der arabischen Tradition – unserem hochgeachteten Lehrer verbunden.«[90]

Doch trotz solcher Appelle plante Sartre seine Nahostreise weiter. Die Gründe für seine Entscheidung zu einem Besuch Kairos lagen auf der Hand. Sartre war daran interessiert, zwischen Israelis und Arabern zu vermitteln, und daher entschied er sich für einen Besuch des politischen Zentrums der arabischen Welt – dies war Ägypten, nicht der Libanon.[91] Sartre hatte – trotz des in der *adab*-Zeitschrift veröffentlichten Briefes sowie der Rolle des Verlagshauses bei der Popularisierung seines Werkes – kaum Notiz von Suhail Idris genommen.[92] Dagegen verband ihn ein freundschaftliches Verhältnis mit ägyptischen Intellektuellen, insbesondere mit Lutfi al-Khouli. Nachdem Sartre den Wunsch nach einem Besuch geäußert hatte, erfolgte die Einladung im Namen der Zeitschrift *al-talīʿa* und der regierungsnahen Tageszeitung *al-ahrām* im Einvernehmen mit der ägyptischen Führung.

Gescheitertes Gespräch

Der Besuch im Februar und März 1967 war durch interkulturelle Missverständnisse zwischen dem französischen Intellektuellen und den ägyptischen Gastgebern geprägt. Drei Episoden belegen das: Die Ägypter sahen in Sartre einen Kämpfer für die Freiheit der kolonialisierten Völker und empfingen ihn demnach wie ein Idol. In *al-talīʿa* war kurz vor dem Besuch zu lesen:

>»Am vierten dieses Monats lädt die *al-ahrām* Sartre [nach Kairo] ein. Er wird in Begleitung seiner Lebensgefährtin Simone de Beauvoir und Claude Lanzmanns, eines Redakteurs der in Paris herausgegebenen *Les temps modernes,* kommen. Sartre ist nicht nur ein Philosoph [...], sondern ein politischer Kämpfer von besonderem Schlag. [...] Seinen politischen Ansichten verleiht er in literarischer Form Ausdruck, in Romanen, Theaterstücken oder Literaturkritik. [...] Man mag Sartre zustimmen oder andere Ansichten hegen, ihm gebührt unser aller Respekt, Würdigung und Interesse als Denker,

---

90 Ebd., 29.
91 Vgl. Sartre in einem Interview mit *al-ahrām* vom 25. Dezember 1965; dieses Interview wurde auch in der Beiruter Zeitschrift *al-adab* veröffentlicht: al-adab 14 (Januar 1966), H. 1, 5–7.
92 Das erwähnt Idris selbst in einem Kommentar zum Interview in *al-adab*: ebd., 5, Anm. 1.

Literat und Mensch. Wir präsentieren heute dem Leser ein Dossier über diesen intellektuellen Kämpfer, um sein Denken zu verfolgen und damit auch die Zeit zu verstehen, in der wir leben, weil Sartre ein Zeichen dieser Zeit ist!«[93]

Alle Zeitungen in Kairo und in Beirut erschienen mit Schlagzeilen vom »Helden«, »Avantgardisten« oder »Freidenker« Sartre. Solche Attribute brachten den Geehrten in Verlegenheit. Eine peinliche Situation entstand während eines Empfangs an der Universität Kairo. Der Dichter Muhammad Ibrahim Abu-Sina folgte der Tradition arabischer Gastfreundschaft und trug einen Lobgesang über Sartre vor. Als der Poet Sartre als »das Gewissen der Menschheit« bezeichnete, unterbrach ihn der Franzose lächelnd und forderte seinen französischen Begleiter ironisch dazu auf, etwas gegen die übertriebene Höflichkeit der Ägypter zu unternehmen. Die Amüsiertheit der Franzosen erschien den Ägyptern jedoch als Affront. Für einen Moment herrschte Totenstille im Saal. Rasch nahm Lutfi al-Khouli das Wort, um das Thema zu wechseln und die Situation zu entschärfen.[94]

Ein anderes Missverständnis sollte sehr viel gravierendere Auswirkungen haben als diese Szene: Die Ägypter störten sich am engen Verhältnis Sartres zu seinem Begleiter Claude Lanzmann. Aida ash-Sharif, damals Korrespondentin der libanesischen Zeitschrift al-adab in Kairo, erinnerte sich in ihren Memoiren von 1995 an Sartres Besuch und die vermeintliche Rolle Lanzmanns dabei.[95] Sie machte unverblümt den »Juden« Lanzmann für das Scheitern der Begegnung verantwortlich. Auch andere arabische Berichte klagten über »den Juden«, der Sartres Aufenthalt in Ägypten schweigsam und lustlos begleitet habe. Diese Haltung wurde in Kreisen ägyptischer Intellektueller als »ein jüdischer Versuch zur Sabotage« bewertet. Tatsächlich kam Lanzmann lustlos und bedrückt nach Kairo, der Grund war jedoch rein privater Natur. Seine Schwester Évelyne hatte eine Liebesbeziehung zu einem Angehörigen der algerischen Nationalbewegung FLN gehabt. Als der in ein höheres Amt nach Algerien berufen wurde, konnte sie ihn aufgrund ihrer jüdischen Abstammung nicht begleiten. Die Beziehung war zu Ende gegangen und Lanzmanns Schwester hatte sich in Verzweiflung das Leben genommen.

---

93 Al-talīʿa, Sonderdossier, sārtar faylasūfan. sārtar nāqidan riwāʾiyyan wa-masrahiyyan. sārtar siyāsiyyan [Sartre als Philosoph. Sartre als Kritiker und Schriftsteller. Sartre als politischer Intellektueller], in: al-talīʿa 2 (Februar 1967), Editorial, 120–163, hier 120.
94 Diese Anekdote berichtete mir der ägyptische Marxist Mahmud Amin al-ʿalim (1922–2009) in seinem Büro in Kairo am 24. Februar 2006 in einem Gespräch über den Einfluss Sartres auf die arabischen Intellektuellen der 1960er Jahre. Zur arabischen Wahrnehmung Sartres als »Gewissen der Menschheit« vgl. außerdem den ägyptischen Kulturkritiker Gabir Asfur zur Dokumentation arabischer Feierlichkeiten zum 100. Geburtstag des französischen Intellektuellen: hawāmish li-l-kitāba. dhikrayāt sārtar [Randnotizen. Erinnerungen über Sartre], in: al-hayāt, 4. Januar 2006.
95 Aida ash-Sharif, shāhid rubʿ qarn [Ein Vierteljahrhundert-Zeuge], 23–46.

Dass dieses Familiendrama in der arabischen Öffentlichkeit bekannt war, ist unwahrscheinlich. Doch fest steht, dass Lanzmann in einer Weise wahrgenommen wurde, die die ägyptischen Gastgeber provozierte und während des Empfangs Sartres beim ägyptischen Präsidenten zum Eklat führte. Die Begegnung zwischen Nasser und Sartre verlief zwar wie im Protokoll vorgesehen, doch die ägyptische Presse, die normalerweise die Audienzen beim Präsidenten ausführlich dokumentierte, veröffentlichte in diesem Falle keine Bilder. Auch in allen anderen arabischen Zeitungen wurde über den Besuch berichtet: Man sieht Fotos von Sartre beim Teetrinken mit einigen Bauern oder inmitten von ägyptischen Arbeitern, Bilder, die ihn in Touristenpose gemeinsam mit Simone de Beauvoir vor der Sphinx und den Pyramiden zeigen – doch es wurde kein einziges Foto mit dem Präsidenten veröffentlicht. Aida ash-Sharif erklärt dies in ihren Memoiren wie folgt:

»Ich öffnete die offizielle Tageszeitung und war überrascht, dass kein Foto von dem Treffen mit Nasser vorhanden ist. So fuhr ich anschließend ins Öffentlichkeitsbüro des Präsidenten und verlangte als Korrespondentin von *al-adab* nach einem Foto von Sartre gemeinsam mit Nasser, um es in der nächsten Ausgabe zu veröffentlichen. Der zuständige Mitarbeiter dort reagierte entschieden: ›Madam Aida, wir haben keine Fotos.‹ ›Wie, Sie haben keine Fotos gemacht?‹ ›Doch‹, erwiderte der Mitarbeiter, ›es wurden Fotos gemacht, aber die Zensur vernichtete sie mit Einverständnis des Präsidenten.‹«[96]

Was war Grund dieser Zensur? Alle Bilder von Sartre und Nasser zeigten auch Claude Lanzmann, aber dies in einer Sitzhaltung, die im arabischen Raum einen Affront darstellen kann: Lanzmann hatte auf jedem der Bilder die Beine übereinandergeschlagen. Diese Haltung dürfen indes nur Personen einnehmen, die von gleichem Rang sind. Nasser stand im Frühjahr 1967 im Zenit seiner Macht, war mehr als ein ägyptischer Staatspräsident: Er verkörperte das Projekt *der einen* arabischen Nation, er war *das* Emblem der arabischen Sache. Die Zensurbehörde fürchtete die Macht dieser symbolischen Bilder: Nasser durfte nicht als auf einer Stufe mit einem »jüdischen Redakteur« stehend erscheinen.[97] Schließlich ließ das Pressebüro des Präsidenten auf Anfrage von Journalisten ein offizielles Foto zu, auf dem Wasser zwischen Sartre und Beauvoir steht, während Lanzmann nur am Rande der Aufnahme zu sehen ist (Abb. 2).

Doch nicht die interkulturellen Missverständnisse allein waren für das Scheitern des Empfangs verantwortlich. Vor allem die Statements Sartres zu politischen Fragen enttäuschten die arabischen Gastgeber maßlos. Von Suhail Idris wurde Sartre in *al-adab* so begrüßt:

»Im Namen aller arabischen Intellektuellen heißen wir Sartre herzlich willkommen. Wir sind ihm auch dankbar dafür, dass er sich ungeachtet der zionistischen Propa-

---

96 Ebd., 35–37.
97 Vgl. ebd.

Abb. 2: Claude Lanzmann, Simone de Beauvoir und Jean-Paul Sartre beim Besuch des ägyptischen Präsidenten Gamal Abd an-Nasser in Kairo im März 1967.

ganda für Kairo als erste Station seiner Nahostreise entschieden hat. Doch wir erwarten, dass Sartre und de Beauvoir den Zionismus ein für alle Mal als imperialistische, reaktionäre und usurpatorische Bewegung öffentlich verurteilen.«[98]

Ähnliche Erwartungen hatten auch die Gastgeber in Kairo. *Al-talīʿa* formulierte diese jedoch nicht so explizit wie das libanesische Blatt, sondern beschränkte sich in seiner Vorankündigung auf die Nennung von Themen, die der Gast aus Paris ihrer Meinung nach in Kairo diskutieren sollte. Die ägyptische Kulturzeitschrift ließ dabei zwar Philosophie, Kritik, Literatur und Theater nicht unerwähnt, porträtierte jedoch in erster Linie »den politischen Sartre«, dessen Stimme »zu den ersten und lautesten gehörte, die sich für die Unabhängigkeit Algeriens einsetzten und den Kolonialkrieg, die Unterwerfung und die brutalen Foltermethoden verurteilten, denen das algerische Volk ausgesetzt war«.[99] Zwischen den Zeilen fand sich somit eine kaum ver-

---

98 Suhail Idris, ahlan bi-sārtar wa-simun! [Willkommen, Sartre und Simone!], 1.
99 Sonderdossier: hiwār sārtar wa-simon di bufwar maʿa al-fallāhīn, wa-l-ʿummāl wa-l-muthaqqafīn al-ʿarab [Sartre und Simone de Beauvoir in einem Dialog mit Bauern, Arbeitern und arabischen Intellektuellen], in al-talīʿa 4 (April 1967), Editorial, 117–147.

hüllte Erwartungshaltung, die dem politischen Denker galt, nicht aber dem Philosophen.

Man hoffte, der Philosoph möge Israel und die Unterdrückung der Palästinenser verurteilen und deutlich den westlichen Kolonialismus ächten. Doch diese Erwartung wurde enttäuscht: Sartre erschien an der Kairoer Universität und hielt in Anwesenheit von 6000 Gästen, einschließlich der versammelten intellektuellen Elite der arabischen Welt, eine Rede, die weder Palästina noch Israel oder den Kolonialismus, sondern »die Verantwortung der Intellektuellen in der modernen Gesellschaft« zum Thema hatte.[100] Sartre bat die Anwesenden um Verständnis dafür, dass er in seinem Vortrag über Philosophie reden werde, über die Politik dagegen erst während der Diskussion. Aber auch in der anschließenden Diskussion wurde politischen Themen kaum Platz eingeräumt, über Palästina wurde nur eine einzige Frage gestellt. Lutfi al-Khouli als Moderator der Sitzung begründete diese Enthaltsamkeit so: »Die Fragen zum Palästinakonflikt werden wir in einer Frage formulieren, da alle Fragen sich um das gleiche Thema drehen.«[101] Jene heikle Frage durfte ein gewisser Fathi Ahmad Ibrahim von der Fakultät für Literatur stellen:

»Sie [Sartre] haben sich mit ihrer Meinung in allen verschiedenen Fragen der Befreiungsbewegung eingemischt. Nun haben Sie den Gazastreifen besucht und haben die bösartigsten und verbrecherischsten Gräueltaten des Kolonialismus und des Zionismus in ihrer wahren Gestalt erlebt. Wir wissen, dass Sie unter dem Kolonialismus des deutschen Nazismus gelitten haben. Und wir wissen, dass Sie im Anschluss an Ihren Ägypten-Besuch Israel besuchen werden. Nun, wie ist Ihre Meinung zur Palästinafrage?«[102]

Sartre antwortete zurückhaltend und ausweichend. Er hob seine neutrale Haltung zum Konflikt hervor sowie seine Bemühungen, beiden Seiten die Möglichkeit zu bieten, ihre Position der französischen Öffentlichkeit darzulegen:[103]

»Alles, was ich sagen kann, sind zwei Dinge: Ich habe erstens tiefes Mitgefühl für alle palästinensischen Flüchtlinge, die an den Grenzen jenes Landes leben, das einst ihr Heimatland war, und die unter miserablen Umständen leben, die manchmal nicht zu

---

100 Ebd., 118.
101 Ebd., 140.
102 Ebd.
103 Ähnlich hatte sich Sartre bei einem Treffen mit ägyptischen Studenten an der Universität von Alexandria geäußert. Er sprach über den Existenzialismus und seine Haltung zum Marxismus. Als jedoch die Studenten ihn um seine Meinung zu Palästina baten, reagierte er zurückhaltend und betonte seine Unvertrautheit mit dem Konflikt, jedoch versprach er den Studenten, seine Meinung zu äußern, wenn er die Ansichten beider Seiten gehört hätte. Vgl. dazu Kapeliuk, Sartre in the Arab Press, 30.

ertragen sind. Ich glaube zweitens, dass die palästinensischen Flüchtlinge das Recht haben, in jenes Land zurückzukehren, in dem sie gelebt haben.«[104]

Sartre hatte seine Rede bewusst auf die Flüchtlingsfrage beschränkt, seine Position über den arabisch-israelischen Konflikt jedoch wollte er erst im Anschluss an seine Reise nach Israel in einer Sonderausgabe der von ihm herausgegebenen Zeitschrift *Les temps modernes* äußern:

»Das [Rückkehrrecht] ist ihr Recht und darf absolut nicht zur Debatte stehen. Mehr werde ich dazu heute nicht sagen. Ich sage Ihnen aber auch, warum, weil manche ansonsten weiter fragen werden, wie können die Flüchtlinge zurückehren und wie soll die Beziehung zwischen ihnen und den Israelis gestaltet werden? Wir in der Zeitschrift *Les temps modernes* bereiten eine Sonderausgabe vor, die zum ersten Mal die Ansichten arabischer Intellektueller – darunter werden auch jene zählen, die der PLO angehören – unserer französischen Öffentlichkeit präsentiert wird. Diese Sicht ist im Vergleich zur israelischen Position in Frankreich kaum bekannt. Wir werden beide Meinungen, die arabische und die israelische, getrennt und nicht in Form eines Dialoges präsentieren, da beide Seiten sich gegenseitig ablehnen. Wir werden dabei nicht das Wort ergreifen. Meine Distanz hat ihren Grund: Würde ich mich in diesen Konflikt vertiefen, so würde ich parteiisch werden und das will ich nicht. Ich höre an dieser Stelle auf!«[105]

Die Zuhörer waren enttäuscht. Sartre hatte zwar dem Leid der palästinensischen Flüchtlinge sein Mitgefühl ausgesprochen, hatte Israel aber nicht verurteilt – aus seinen vagen Andeutungen ließ sich nach arabischem Empfinden gar eine mögliche Sympathie für die jüdische Seite vermuten. Die Enttäuschung beruhte jedoch auf Gegenseitigkeit. Kaum in Israel angekommen, beklagte sich Sartre über die antijüdischen Ressentiments arabischer Intellektueller. Jedoch war der Philosoph auch in Israel darum bemüht, den Konfliktparteien weder Zugeständnisse zu machen noch Ratschläge zu erteilen. Gleichwohl zeigte er hier ein größeres Interesse an politischen Konstellationen.

Sartre in Israel

Sartre erreichte Israel im Anschluss an seine Ägyptenreise auf Einladung der marxistisch-zionistischen Vereinigten Arbeiterpartei Mapam und der Zeitschrift *New Outlook*. Es erwartete ihn ein volles Programm: Er besuchte historische Stätten, verbrachte Zeit in Kibbuzim und Moschavim, besuchte die

---

104 Hiwār sārtar wa-simon di bufwar ma'a al-fallāḥīn, wa-l-'ummāl wa-l-muthaqqafīn al-'arab [Sartre und Simone de Beauvoir in einem Dialog mit Bauern, Arbeitern und arabischen Intellektuellen], 140.
105 Ebd.

Arbeitergewerkschaft Histadrut, traf sich mit israelischen Journalisten und Politikern. Doch ein Programmpunkt schien Sartre besonders beeindruckt zu haben: Einen Abend verbrachte er mit dem Philosophen Gershom Scholem (1897–1982), Professor für jüdische Mystik an der Hebräischen Universität Jerusalem. Scholem fragte Sartre, was es für ihn bedeute, jüdisch zu sein. Sartre hatte ja in den *Überlegungen zur Judenfrage* darauf insistiert, es sei der Antisemit, der den Juden erst schaffe. Damit hatte er den Zorn von Scholems Freundin Hannah Arendt auf sich gezogen, die ihrer Entrüstung im Juli 1967 auch publizistisch Ausdruck verlieh: Es sei Zeit einen Mythos zu entkräften, »der unter Intellektuellen einigermaßen in Mode kam, seit Sartre *den* Juden ›existentialistisch‹ als jemanden bestimmte, der von anderen als Jude angesehen und definiert wird«.[106] Jüdische Zugehörigkeit war demnach nicht einfach ein Produkt von Judenfeindschaft, sondern hatte eigene historische Quellen, soziale, politische und kulturelle. Zwischen Sartre und Scholem entspann sich ein ausführlicher religiöser und philosophischer Dialog, der von gegenseitiger Zustimmung, aber auch unterschiedlichen Einschätzungen geprägt war. Scholem wollte die Debatte zum Ende führen und fragte erneut, nun aber rhetorisch: »Aha, was könnte Jude-Sein heißen? Wenn Sie mir vor vierzig Jahren, als ich jung war, diese Frage gestellt hätten, hätte ich eine sehr gute Antwort darauf gegeben, aber jetzt bin ich alt und habe keine Ahnung.«[107] Der resignativ-melancholische, aber durchaus humorvolle Ausklang täuschte nicht über die Tiefe des Eindrucks hinweg, den die Begegnung bei Sartre hinterlassen hatte. In Ägypten hatte der Schwerpunkt des Sartre entgegengebrachten Interesses auf seiner Haltung zur Palästinafrage gelegen, doch der Besuch bei Scholem stellte das Schicksal der Juden während des Zweiten Weltkriegs ins Zentrum. Sartre hatte in Ägypten die palästinensischen Flüchtlinge besucht und seine Solidarität mit ihnen bekundet, aber in Israel holte ihn die Geschichte der europäischen Juden ein. Dies wurde vor allem in der Pressekonferenz zum Abschluss seiner Israelreise am 29. März 1967 deutlich.[108] Mit keinem Wort erwähnte Sartre in seiner kurzen Rede vor den Journalisten den Konflikt mit den Arabern, auch nicht das Schicksal der Palästinenser. Statt über die gegenwärtige Situation zu reden, sprach er über den Verlauf der Geschichte, konzentriert auf das Beispiel des Antisemitismus. Sartre berichtete über seine Eindrücke in Israel:

»Der erste Eindruck – ich denke, Israel ist das einzige Land, in dem ein Nichtjude sagen kann: ›Das ist ein Jude‹, ohne Antisemit zu sein. Wenn man bei mir zu Hause zum Beispiel von einem Universitätsprofessor sagt, er sei ein Jude, denke ich, der das sagt, ist sicher ein wenig Antisemit. [...] Jedenfalls ist das mein erster Eindruck, und ich muss

---

106 Arendt, Elemente und Ursprünge totaler Herrschaft, 23.
107 Zit. nach Ben-Gal, Mardi, chez Sartre, 72.
108 Die Pressekonferenz ist dokumentiert bei Sartre, Überlegungen zur Judenfrage, 146–164.

Ihnen sagen, es ist eine Art Befreiung, nicht nur ein Zeugnis Ihrer Befreiung, sondern auch für den Nichtjuden eine Befreiung. [...] Es gibt bei uns schmerzhafte Erinnerungen an einen Antisemitismus der mindestens passiven Mittäterschaft einer großen Anzahl mit den Nazis und auch an die Enttäuschung für die Juden hier, für französische und auch andere Juden: Wenn man nach der Befreiung gedacht hatte: ›Nun, nach diesem Grauen wird wenigstens der Antisemitismus verschwunden sein‹, dass man ihn neu entstehen sah, lau, etwas heimlich, aber dennoch existierend.«[109]

Sartre tat weiterhin seine Bewunderung für die neue israelisch-jüdische Gesellschaft kund und berichtete mit Enthusiasmus von seinen Begegnungen mit den Menschen in Israel, über die Kibbuzim und über die Anfänge einer nationalen Industrie.

Die Rede Sartres mag in unterschiedlicher Weise auf die Anwesenden gewirkt haben. Von den elf Fragen, die an Sartre gerichtet wurden, nahm keine einzige Bezug auf den Inhalt seiner Rede.[110] Denn anders als er waren die Israelis nicht an ihrer Geschichte interessiert, sondern an ihrer Gegenwart: Sie fragten nach Sartres Stellung zum ägyptischen Präsidenten Nasser und dem Wunsch der Ägypter nach Frieden, zur israelischen Führung und ihren Friedensbestrebungen. Sie wollten wissen, ob er nach seinem Besuch in Kairo und Tel Aviv optimistischer geworden sei und wie ein Dialog mit der Linken beziehungsweise den progressiven Kräfte beider Seiten möglich sein könnte. Sartre verwirklichte sofort nach seiner Rückkehr, was er in Ägypten und Israel versprochen hatte: eine Ausgabe seiner Zeitschrift zum Palästinakonflikt.

Vom Ende einer Utopie

Im Juni 1967 – kurz vor dem Ausbruch des Sechstagekrieges – erschien die angekündigte Sondernummer der Zeitschrift *Les temps modernes* mit dem Titel *Le conflit israélo-arabe*.[111] Die Ausgabe verfolgte das schwierige Ziel, israelische und arabische Intellektuelle miteinander in Dialog zu bringen. Im Editorial berichtete Sartre von den Barrieren, die im Vorfeld der Publikation ausgeräumt werden mussten:

---

109 Ebd., 147.
110 Es wurden neben den Fragen an Sartre auch zwei Fragen an seine Lebensgefährtin Simone de Beauvoir zu ihrer Meinung über die Situation der Frauen in Israel gerichtet, vgl. ebd., 159f.
111 Neben der französischen Ausgabe ist eine deutsche Teilübersetzung vorhanden: Abosch (Hg.), Der israelisch-arabische Konflikt. Sowohl die deutsche als auch die französische Ausgabe werden hier zitiert, auf die jeweilige Fassung wird hingewiesen.

»Die Verhandlung [mit den arabischen und israelischen Intellektuellen] war nicht einfach, und mehrmals glaubten wir, dieser Band könne niemals erscheinen. Das lag daran, dass weder für einen Dialog noch für eine – selbst heftige – Diskussion die Voraussetzungen gegeben waren. Stattdessen überwog die Meinung, dass jeder den anderen vollständig ignorieren sollte [...]. Kein ›Gegenüber‹, noch nicht einmal ein Miteinander. [...] Man darf niemals vergessen, dass diese beiden Gruppen, die miteinander nichts zu tun haben wollen, sich an uns wenden, dass ihre Autoren zu uns sprechen. Also kein Dialog zwischen Arabern und Israelis. Dafür gibt es aber nun zwei Dialoge – zumindest im Ansatz: Israel mit dem Westen und Araber mit dem Westen.«[112]

Doch auch die konkrete Redaktionsarbeit war problematisch. Die arabischen Autoren wollten in einer geschlossenen Einheit erscheinen,[113] So hatten sie Sartres Wunsch zurückgewiesen, einen Beitrag des algerischen Freiheitskämpfers und Intellektuellen Abd ar-Razaq Abd al-Kader aufzunehmen,[114] da er einige Jahre zuvor ein Buch über die Herausforderungen des arabisch-israelischen Konflikts verfasst und darin die algerische Nationalbewegung aufgefordert hatte, sich vom arabischen Nationalismus abzuwenden und sich stattdessen mit den sozialistischen Kräften Israels zu verbünden. Ein weiteres Problem stellte die Platzierung der Beiträge von Robert Misrahi und Maxime Rodinson dar. Misrahi war in der israelischen Politik aktiv und nahm eine zionistische Perspektive ein.[115] Als die Redaktion seinen Artikel dem israelischen Teil zurechnete, baten die Araber den Orientalisten Rodinson darum, seinen antizionistischen Beitrag im arabischen Teil zu veröffentlichen.[116] Doch Rodinson lehnte ab und zog es vor, seinen israelkritischen

---

112 Abosch (Hg.), Der israelisch-arabische Konflikt, 8.
113 Vgl. dazu Lanzmann, Présentation.
114 Abdel-Kader, Le conflit judéo-arabe. Al-Razak Abdel-Kader war in der arabischen Öffentlichkeit eine umstrittene Persönlichkeit. Als Enkel des berühmten Nationalhelden der Algerier im Kampf gegen den französischen Kolonialismus im 19. Jahrhundert, Abd al-Qadir al-Jazairy, genoss er hohes Ansehen. Doch der überzeugte Marxist heiratete in seiner Jugend eine kommunistische Jüdin und zog mit ihr nach Israel, um aufseiten der progressiven Juden gegen seine arabischen Glaubensbrüder zu kämpfen. Er verließ Israel jedoch Anfang der 1950er Jahre, schloss sich 1954 der algerischen Nationalbewegung FLN an und wurde zu deren Vertreter in Deutschland und der Schweiz ernannt. Nach der Unabhängigkeit Algeriens 1962 war er in Machtkämpfe unterschiedlicher Fraktionen innerhalb der FLN verwickelt. Er wurde festgenommen und wegen Konspiration gegen die Staatsmacht verurteilt. Kaum im Gefängnis, gelang ihm die Flucht nach Frankreich. In Paris wandte er sich zunehmend von der arabischen Seite ab. 1989 konvertierte er zum Judentum, nannte sich fortan Dov Golan und lebte bis zu seinem Tod 1994 in der kleinen Stadt Migdal im Norden Israels. Vgl. dazu Laskier, Israel and Algeria amid French Colonialism and the Arab-Israeli Conflict, 1954–1978, sowie die israelischen Zeitungen *Davar* vom 2. Dezember 1960 und 7. Juli 1961 sowie *Yediʿot aharaonot*, Wochenendbeilage, 23. Dezember 1994.
115 Vgl. Robert Misrahi, La coexistence ou la guerre.
116 Vgl. Lanzmann, Présentation, 14f.

Text – in Abgrenzung sowohl zum arabischen als auch zum israelischen Block – in einem zusätzlichen Abschnitt zu publizieren. Die arabischen Autoren stimmten schließlich zu und damit war der Weg zur Veröffentlichung der Sondernummer geebnet. Sartre war es gelungen, mit der Veröffentlichung von *Le conflit israélo-arabe* die erste detaillierte Dokumentation jüdischer und arabischer Autoren zum Konflikt herauszugeben. Die Beiträge erstrecken sich über fast tausend Seiten: Sie wurden angeführt von einem Vorwort Sartres *Pour la vérité*,[117] gefolgt von einem Bericht Lanzmanns über die schwierige Entstehung der Ausgabe, daran schlossen sich der Beitrag Rodinsons[118] und die zwei Blöcke an: »Les points de vue arabes«[119] und »Les points de vue israéliens«[120] an. Inhaltlich fiel auf, dass die Araber proarabisch, staatsloyal und nationalistisch argumentierten und in ihren Aufsätzen jegliche Anerkennung der israelischen Seite ablehnten, während einige Israelis die Politik ihrer Regierung heftig kritisierten.[121] Die arabischen Beiträge gingen von einem gemeinsamen politischen Ansatz aus, der sich bereits über ihre Titel vermittelte: *Revidierung der biblischen und historischen Narrative des Zionismus*,[122] *Der Zionismus. Eine kolonialistische, chauvinistische und militaristische Bewegung*,[123] *Israel und der Friede im Nahen Osten*,[124] *Israel. Ghetto und Festung des Kolonialismus*,[125] *Israel vom Standpunkt der arabischen Linken*[126] und *Warum das »Nein« zum Dialog*.[127] Doch der marokkanische Diplomat und Professor für Philosophie Abdallah Laroui ging in seinem Aufsatz über die Geschichte und Gegenwart der Konfliktparteien hinaus und bezog die Europäer und ihre historische Verantwortung in seine Ausführungen ein. In seinem Beitrag mit dem bündigen Titel *Ein Problem des Abendlandes* erläutert Laroui dem französischen Leser:[128]

»Ich behaupte [...], dass es im anstehenden Konflikt nicht zwei, sondern vielmehr drei Gegner gibt, und dass letzten Endes vielleicht alles von dieser unsichtbaren Person, der eigentlichen Triebkraft der ganzen Tragödie, abhängt.«[129]

---

117 Sartre, Pour la vérité.
118 Rodinson, Israël, fait colonial?
119 Vgl. Sartre (Hg.), Le conflit israélo-arabe, 91–367.
120 Ebd., 371–811.
121 Vgl. die ausführliche Rezension der Sonderausgabe bei Stone, For a New Approach to the Israeli-Arab Conflict.
122 Sami Hadawi, Les revendications »bibliques« et »historiques« des sionistes sur la Palestine.
123 Anabtawi, Le sionisme.
124 Mohieddine, Israël et la paix dans le Moyen-Orient.
125 Al-Khouli, Israël, bastion de l'imperialisme et ghetto.
126 Baheidine, Israël vu par la gauche arabe.
127 Elsamman, Pourquoi le »non« au dialogue?
128 Laroui, Ein Problem des Abendlandes.
129 Ebd., 131.

Bei dieser »eigentlichen Triebkraft« hinter dem arabisch-israelischen Konflikt handelte es sich um Europa. Laroui wollte jedoch keine antieuropäische Propaganda betreiben, sondern die Europäer an ihre historische Verantwortung für den Konflikt erinnern. So stellte er eine rhetorische Frage: Warum wenden sich Araber und Israelis bei jeglicher Eskalation an Europa? Zum einen, weil der Zionismus in Europa entstanden sei: Infolge der Herausbildung von Nationalstaaten in Europa und der Entstehung von Nationalismus und Antisemitismus hätten die Juden keinen sicheren Platz mehr in Europa finden können. Darüber hinaus hätten die Deutschen mit dem Nationalsozialismus und ihren Gräueltaten an den Juden den Entstehungsprozess Israels beschleunigt. Eben aufgrund dieser Erfahrung wende man sich in Israel in Konfliktsituationen an Europa:

»Der Zionist fängt damit an [...], dem liberalen Westen [...] die Affäre Dreyfus ins Gesicht [zu schleudern], dem Demokraten die Nazi-Massaker und dem Sozialisten den polnischen und sowjetischen Antisemitismus [...]. Man müsste versuchen festzustellen, warum sich das Abendland jedes Mal mit Taten und Worten für die zionistischen Juden und nicht für die Araber erklärt hat. Man muß genau klarstellen, daß es nicht darum geht, irgendjemanden anzuklagen oder sich auf irgendeine jüdische Verschwörung zu berufen, sondern einfach zu begreifen, wie die Geschichte die Dinge verknüpft hat, und zu untersuchen, ob eine Möglichkeit besteht, sie eines Tages wieder zu entflechten.«[130]

Warum aber wendeten sich auch die Araber permanent an Europa? Laroui ging es weniger darum, an die Politik der Briten in Palästina während der Mandatszeit von 1920 bis 1948 zu erinnern, sondern um die Erkenntnis, dass die Entstehung des »Judenproblems« in Europa ein Nachspiel in Palästina gefunden habe:

»Wenn sich die jüdische nationale Heimstätte auf Uganda beschränkt hätte, [wäre] es nur zu wahrscheinlich, dass die Araber dasselbe Unverständnis für die Interessen der dort Einheimischen gezeigt hätten und sich nur vom Mitgefühl für das Unglück der europäischen Juden hätten leiten lassen. Es geht also nicht darum, den Europäern ihre legitime Empörung gegen die Nazi-Gräuel vorzuwerfen, sondern sie nur daran zu erinnern, daß diese Empörung bei der Entwicklung der Ereignisse in Palästina eine große Rolle gespielt hat. Die Nazi-Lager haben über die Rechte der Araber gesiegt, aber die Araber haben die Nazi-Lager nicht geschaffen; das ist die objektive Wahrheit, und die Völker des Abendlandes haben nicht die geringste Veranlassung, sie abzustreiten.«[131]

Welche Haltung nahm nun Sartre ein? In erster Linie suchte er ein Gespräch mit der arabischen Seite. Vor allem Larouis Argumentation scheint ihn beeindruckt zu haben:

130 Ebd., 134f.
131 Ebd., 143f.

»Die Linke [in Frankreich] hat ein schlechtes Gewissen. Den von uns behandelten Problemen gegenüber hat sie immer eine konfuse und undurchsichtige Haltung eingenommen, sofern sie nicht einen abstrakten Voluntarismus betrieb. In Frankreich haben die Ereignisse im Nahen Osten seit einigen Tagen die schöne, gerade erst neugewonnene Einheit wieder zerrissen. Guy Mollet ist, wie man hier sagt, ›israélien‹, Waldeck Rochet ›nassérien‹. Und dies liegt nicht an Unwissenheit, sondern an der Zerrissenheit, die sie paralysiert und die wir in uns selbst wiederfinden. Wie könnte ich sie deshalb tadeln, ich, der ich – wie viele andere – den jüdisch-arabischen Konflikt als ein persönliches Drama empfinde. Wie alle Franzosen, welche die deutsche Okkupation kennengelernt und gegen die Nazis gekämpft haben, schien mir die systematische Ausrottung der Juden nicht nur das ungeheuerliche Resultat der hitlerschen Barbarei zu sein. Tag für Tag habe ich gesehen, dass diese Ausrottung in Frankreich nicht möglich gewesen wäre ohne die stillschweigende Komplizenschaft zahlreicher Franzosen [...] [,] für alle diejenigen, die zu derselben Zeit denselben Lernprozess durchgemacht haben, ist die Vorstellung unerträglich, dass eine jüdische Gemeinschaft, wo auch immer und welche auch immer, dieses Golgatha von Neuem ertragen und Märtyrer für ein neues Massaker liefern könnte.«[132]

Sartre stimmte somit Laroui durchaus zu. Das mag auch der Grund sein, warum er die Araber daran erinnerte, dass die »tiefe Verbundenheit« der Franzosen mit den Juden kein Hindernis bilde, um auch »unser Engagement« und »unsere brüderliche Verbundenheit« mit den arabischen Algeriern im Kampf für die Unabhängigkeit zu zeigen. Die Äußerungen Sartres offenbarten allerdings das Dilemma der linken europäischen Intellektuellen. Sartre gab den Arabern recht, wenn sie argumentierten: »Ihr [Europäer] habt rassistische Verbrechen in Europa begangen, warum sollten wir dafür bezahlen?«[133] Gleichzeitig bat er die Opfer der Opfer um Verständnis für die Situation der europäischen Intellektuellen:

»Ich wollte nur daran erinnern, dass es bei vielen von uns dieses emotionale Engagement [für die Juden] gibt, das selbstverständlich nicht ein bedeutungsloser Zug unserer Subjektivität ist, sondern ein allgemeines Ergebnis historischer und völlig objektiver Umstände, die wir nicht vergessen können. Daher reagieren wir auf alles allergisch, was auch nur von Weitem nach Antisemitismus aussieht. Worauf viele Araber antworten werden: ›Wir sind nicht antisemitisch, sondern antiisraelisch.‹ Zweifellos haben sie Recht. Aber können sie verhindern, dass diese Israelis für uns Juden sind?«[134]

Auf dieses Verständnis hoffte Sartre vergebens. Der Sechstagekrieg im Juni 1967 besiegelte den Bruch zwischen ihm und den arabischen Intellektuellen. Die Konsequenzen des Krieges sind bekannt: Die Araber erlitten eine vernichtende Niederlage. Erniedrigt und orientierungslos suchten arabische Intellektuelle Unterstützung für ihre Position im Kampf gegen Israel. Doch

---

132 Sartre, Um der Wahrheit willen, 12f.
133 Ebd., 13.
134 Ebd.

Sartre gehörte zu denen, die kurz vor dem Ausbruch des Krieges ihre Solidarität mit Israel erklärt hatten.¹³⁵ Suhail Idris, Herausgeber von *al-adab*, verlangte eine klare Stellungnahme Sartres:

»Die Position des französischen Intellektuellen zum Krieg im Nahen Osten ist verwirrend. [...] Wir waren maßlos enttäuscht, als wir von einem Manifest erfahren haben, das Israel unterstützt und von circa fünfzig französischen Intellektuellen, einschließlich Sartre und de Beauvoir, unterschrieben wurde. [...] Wir verurteilen diese Solidaritätserklärung mit Israel. [...] Wir, die arabischen Intellektuellen, bedauern die Ambivalenz, die dazu führt, einerseits den amerikanischen Imperialismus zu verurteilen, andererseits Israel als dessen Kind zu unterstützen. [...] Ich bereue zutiefst, viele Ihrer Werke für den arabischen Leser übersetzt und präsentiert zu haben. Wir haben unser Vertrauen in Sie verloren, aber das wird unseren Glauben an den Kampf für das arabische Recht in Palästina nur noch steigern.«¹³⁶

Diejenigen Intellektuellen, die Sartre einst wegen seines engagierten Kampfes für die algerische Unabhängigkeit und als Kolonialismusgegner bejubelt hatten, schenkten ihm bis zu seinem Tod keine Beachtung mehr.¹³⁷ Der Einfluss, den Sartre auf die arabischen Denker vom Ende des Zweiten Weltkriegs an gehabt hatte, fand in der zweiten Hälfte der 1960er Jahre ein Ende.

Doch jenseits aller Enttäuschung hat die Entfremdung zwischen Sartre und seinen arabischen Bewunderern epistemologischen Gehalt. Georges Tarabishi war diese Bedeutung bewusst, als er seine arabischen Leser daran erinnerte, dass ein wesentlicher Grund für die Fehldeutung der Beziehung Sartres zum Marxismus im arabischen Kontext der sei, dass der Marxismus nicht dem arabischen, sondern dem europäischen Boden entwachsen sei. In seinen Ausführungen findet sich ein zentraler Satz: »Sartre ist der Sohn Europas. Seine Ansichten sind europäischer Prägung, und das weiß Sartre selbst.«¹³⁸ Dies galt nicht nur für das Verhältnis Sartres zum Marxismus, sondern auch zum arabisch-israelischen Konflikt.

Der Sechstagekrieg 1967 offenbarte Sartres Dilemma: die Zerrissenheit zwischen zwei unterschiedlichen Geschichtserfahrungen – der des Algerien-

---

135 Die Solidaritätserklärung erschien in englischer Sprache in *Le Monde* vom 1. Juni 1967. Vgl. dazu Contant/Rybalka (Hgg.), The Writings of Jean-Paul Sartre, 502f.
136 Suhail Idris, nantaziru min sārtra mawqifan wādihan! [Wir erwarten von Sartre eine klare Stellungnahme!]. Auch der einst mit Sartre befreundete Lutfi al-Khouli schrieb rückblickend in einem Artikel aus dem Jahr 1980 über Differenzen wegen Sartres Solidarität mit Israel, vgl. dazu al-Khouli, hiwār maʿa sārtar hawla l-ʿidwān [Ein Dialog mit Sartre über die Aggression].
137 Als Idris 1975 von der Erblindung Sartres erfuhr, äußerte er sarkastisch, eine solche Nachricht sei nichts Neues, da schon 1967 ein »dichter Schleier« die Augen Sartres daran gehindert hätte, den Zionismus zu durchschauen. Stattdessen hätte er ihn unterstützt und das Leid der Palästinenser übersehen; vgl. Suhail Idris, sārtar wa-l-ʿama [Sartre und die Blindheit].
138 Tarabishi, sārtar wa-l-marksiyya [Sartre und der Marxismus], 186.

kriegs und der des Schicksals der Juden Europas. Sein Kampf gegen den Kolonialismus stand nun seinem projüdischen Engagement unauflösbar gegenüber. Sartre selbst brachte dies in seiner Vorrede von *Le conflit israélo-arabe* zum Ausdruck:

»Wir finden bei uns rigorose und widersprüchliche Forderungen – unsere Forderungen: ›Der Imperialismus ist ein einheitliches Ganzes und muss überall und in allen seinen Formen bekämpft werden, in Vietnam, in Venezuela, in Santo Domingo, in Griechenland und auch bei allen seinen Versuchen, sich im Nahen Osten zu etablieren oder zu behaupten.‹ – Die Vorstellung, dass die Araber den jüdischen Staat zerstören und seine Bewohner ins Meer werfen könnten, kann ich nicht einen Moment ertragen, es sei denn, ich bin Rassist.«[139]

Die Antwort Sartres auf dieses Dilemma war Neutralität, aber mit dem Ausbruch des Krieges 1967 hatte diese ihre Grundlage verloren. Mit dem Unterschreiben der Solidaritätserklärung mit Israel hatte Sartre eine klare Wahl getroffen. Der Antikolonialist Sartre, der einst Frantz Fanons Postulat einer legitimierten Gewaltanwendung gegen den kolonialen Aggressor unterstützt hatte, konnte einen »antiimperialistischen Kampf gegen Israel« nicht billigen. Seine Entscheidung brüskierte die antikolonialen Kreise in Frankreich. Paradigmatisch hierfür ist die Reaktion von Josie Fanon, der Witwe Frantz Fanons, die ihn als Verräter am Erbe ihres Mannes verurteilte. Sie verlangte von dem Verleger François Maspero, der *Die Verdammten dieser Erde* veröffentlicht hatte, bei den neu geplanten Auflagen des Buches die von Sartre verfasste Einleitung herauszunehmen.[140]

Sartres Haltung zu Antikolonialismus und Nahostkonflikt ist bis in die Gegenwart umstritten.[141] Die arabischen Intellektuellen interessierten sich wenig für die inneren Konflikte der französischen Linken, für die Last des historischen Erbes von Judenverfolgung in Europa und Kolonialgewalt in Algerien. Tatsächlich blieb Sartre zwischen Holocaust und Kolonialismus zerrissen; aber sein Verdienst im arabischen Kontext bleibt unbestritten: Der französische Intellektuelle hielt den arabischen Denkern einen Spiegel vor, in dem sie zwar ihre eigenen Leiderfahrungen sahen, doch immer gemeinsam mit der jüdischen Leiderfahrung. Der selbst gespaltene Sartre konfrontierte somit Ende der 1960er Jahre die arabischen Intellektuellen mit einer bis in die Gegenwart ungelösten Herausforderung: präzise zu unterscheiden zwi-

---

139 Sartre, Um der Wahrheit willen, 14.
140 J. Fanon, À-propos de Frantz Fanon, Sartre, le racisme et les Arabes.
141 Vgl. u. a. den arabisch-amerikanischen Literaturwissenschaftler Edward Said, nach dessen Auffassung Sartre vor dem Vorwurf des Antisemitismus oder sogar der Holocaustleugnung flüchtete und daher vom antikolonialen Intellektuellen zum prozionistischen Aktivisten wurde. Vgl. E. Said, sārtar wa-l-ʿarab [Sartre und die Araber]; Traverso, Auschwitz denken, 325 f.

schen Israel, dem Land, dem sie in einem Konflikt gegenüberstehen, und den Juden. Ähnlich wie Sartres Haltung fiel die arabische Reaktion aus, jedoch mit einem wesentlichen Unterschied: Arabische Intellektuelle blieben nicht wie Sartre zwischen Kolonialgewalt und Judenvernichtung zerrissen. Sie trugen keine Schuldgefühle gegenüber den Opfern des Holocaust mit sich und in ihr Geschichtsbild rückte der Jude allein als Besatzer und Kolonialist Palästinas, der Jude als Opfer der Nationalsozialisten dagegen wurde ausgeblendet.

3. Rodinson in Beirut

Dawud Talhami, ein zwanzigjähriger palästinensischer Student der Ingenieurwissenschaften aus dem Westjordanland, der seit fünf Jahren in Frankreich lebte, war 1965 zum Vorsitzenden des palästinensischen Studentenverbandes Frankreichs gewählt worden.[1] Sein erklärtes Ziel war es, die französische Öffentlichkeit mit der palästinensischen Perspektive im Konflikt mit Israel vertraut zu machen. Das war ein schwieriges Unterfangen, denn die ägyptische Führung hatte die »Zerstörung Israels« als ihr Hauptziel propagiert.[2] In Frankreich fürchtete man infolgedessen um die Zukunft des jüdischen Staates und stand mehrheitlich aufseiten Israels.[3] Trotz dieser Stimmung suchte Talhami über die Grenzen der Universität hinaus die öffentliche Wahrnehmung.

Eine Gelegenheit bot sich im Mai 1966, als der marokkanische Studentenverein in Paris eine Veranstaltung zum Gedenken an die *Nakba* im Maison de Mutualité vorschlug. Talhami wurde gebeten, über die Vertreibung seiner Familie aus seiner Geburtsstadt Nazareth ins Westjordanland zu berichten. Das Mutualité war damals in aller Munde: Mitten im Quartier Latin etablierte sich das Mutualité zu *der* Kultur- und Politikstätte der französischen Hauptstadt in den 1950er und 1960er Jahren. Mit spontaner Begeisterung ging Talhami auf den Vorschlag ein, erkundigte sich jedoch auch nach den weiteren Gastrednern. Es handelte sich um zwei jüdische Intellektuelle, den aus Ägypten stammenden Journalisten Eric Rouleau sowie den französischen Orientalisten Maxime Rodinson. Während Rouleau die Veranstaltung eröffnen und moderieren sollte, war Rodinson als Hauptredner vorgesehen. Talhami war entsetzt und zunächst sprachlos: In seinem Weltbild waren die Juden die Besatzer seines Landes, seine Feinde. Was veranlasste nun zwei jüdische Intellektuelle dazu, der Katastrophe der Palästinenser öffentlich zu gedenken? Und konnte er es überhaupt wagen, an der Veranstaltung teilzunehmen? Im Paris der 1960er Jahre herrschte ein Konsens unter den arabischen Intellektuellen, keine Gespräche mit Israelis zu führen. Auch wenn Rouleau und Rodinson keine israelischen Staatsbürger waren, konnte ihre

---

1 Die hier geführte Rekonstruktion der Ereignisse beruht auf einer Korrespondenz mit Dawud Talhami vom Mai und Dezember 2009.
2 Vgl. dazu Gamal Abd an-Nasser in *al-ahrām* vom 12. August 1963 sowie die *Egyptian Gazette* vom gleichen Tag.
3 Winock, Das Jahrhundert der Intellektuellen, 708.

jüdische Identität dem Ansehen des jungen Palästinensers im Fall einer gemeinsamen Teilnahme Schaden zufügen. Talhami wandte sich daher ratsuchend an die Arabische Liga, die jedoch – für Talhami überraschend – eine propalästinensische Veranstaltung mit jüdischen Intellektuellen begrüßte. Der Veranstaltung stand nichts mehr im Weg.

Schüchtern und aufgeregt berichtete Talhami über die Erfahrung seiner Vertreibung. Der wichtigste Gast des Abends war jedoch Maxime Rodinson. Er bezeichnete – so erinnert sich Talhami – die Gründung eines jüdischen Staates inmitten des arabischen Orients als ein Kolonialprojekt ohne rechtliche Grundlage. Diese Verurteilung Israels sorgte innerhalb der französischen Öffentlichkeit für großen Wirbel, jüdische Gruppen und Verbände kritisierten den Orientalisten scharf und bezeichneten ihn als einen »jüdischen Selbsthasser«, der seine Seele den Arabern verkauft habe.[4]

So hatte die gut besuchte Veranstaltung hohe Wellen geschlagen und eine rege Debatte nach sich gezogen. Ähnlich wie im Fall Toynbee wurde zudem die arabische Welt auf einen dort weitgehend unbekannten europäischen Intellektuellen aufmerksam. Allerdings war Rodinson eine bescheidene Persönlichkeit, ein Intellektueller, der keine Ambitionen hatte, als Staatsgast in Kairo oder Beirut begrüßt zu werden. Besonnen, aber deutlich lehnte er die Versuche arabischer Diplomaten in Paris ab, für ihn den roten Teppich in der arabischen Welt auszurollen. Er besuchte weder arabische Vertretungen in Paris, noch schickte er offizielle Briefe an arabische Herrscher. So ließ er den Arabern keine andere Wahl, als ihn so wahrzunehmen, wie er sich selbst sah: als Akademiker und Wissenschaftler.

Die Distanz Rodinsons zu den politischen Kreisen in der arabischen Welt mag die Bekanntheit seiner propalästinensischen Ansichten in Kairo und Beirut teilweise verzögert haben. Doch spätestens mit der arabischen Niederlage im Krieg von 1967 schob Rodinson sich ins Blickfeld der arabischen Intellektualität.

Libanon 1967

Im Juni 1967 trauerte die gesamte arabische Welt über eine vernichtende Niederlage: Binnen sechs Tagen hatte Israel das Westjordanland einschließlich Ostjerusalems, den syrischen Golan sowie die ägyptische Sinaihalbinsel erobert. Die Israelis traten in der Region als mächtiger und stolzer Sieger auf

---

4 Rodinson setzt sich in *Cult, Ghetto, and State*, 8, kritisch mit dem Vorwurf des jüdischen Selbsthasses auseinander. Vgl. auch Lockman, *Israel and the Jewish Question*, 23.

und bei den Arabern von Kairo bis Casablanca und von Aden bis Bagdad breitete sich ein Gefühl der Unterlegenheit und Schande aus.

Nicht nur Politik und Öffentlichkeit, auch Kultur und Intellektuelle mussten diese Demütigung verarbeiten, so zum Beispiel die Beiruter Zeitschrift *al-adab*, deren Juli/August-Ausgabe vollständig der Kriegsniederlage gewidmet war. Arabische Intellektuelle sämtlicher ideologischer Strömungen kamen in dieser Ausgabe zu Wort. Der Ton war geprägt von Bestürzung, Verwirrung und Wut. Literaten, die sich bisher in ihrem Schaffen unpolitischen Themen zugewandt hatten, wurden durch die Ereignisse politisiert. Ein Beispiel hierfür ist der syrische Poet und Jurist Nizar Qabbani (1923–1998), der zwar offiziell im syrischen auswärtigen Dienst tätig war, hauptsächlich aber Liebeslyrik verfasste. Nun aber veröffentlichte er ein Gedicht mit dem unpoetischen Titel *Marginale Bemerkungen als Reaktion auf die Niederlage*,[5] in dem er die arabische Führung scharf angriff und ein neues Herrschafts- und Regierungssystem forderte:

»Oh, verehrter Sultan, Ihr habt den Krieg zwei Mal verloren; / einmal, als Ihr unsere Zunge abschnittet / und beim zweiten Mal, als Ihr Euer Volk ausspioniertet. / Oh, unsere Kinder, wir brauchen Euch, wir brauchen eine neue Generation. / Aber lest nichts von uns [...] / wir sind die besiegte Generation, wir sind die versagende Generation [...] / lest nicht unsere Geschichten, verfolgt nicht unsere Spuren / und folgt nicht unseren Gedanken.«[6]

Auch der ebenfalls aus Syrien stammende Poet und Essayist Ali Ahmad Said, der unter dem Künstlernamen Adonis internationale Berühmtheit erlangte, steuerte zu dieser Ausgabe von *al-adab* einen kurzen Essay bei. Adonis führte die Niederlage auf die Unfähigkeit der Araber zurück, den Weg in eine moderne Welt einzuschlagen:

»Wer bin ich? Weiß ich das eigentlich? Die anderen traten in das Zeitalter der Elektrizität, der Maschine, der Elektronen und der Atomenergie ein. Sie landeten auf dem Mond, und sie schlugen jeden Tag ein neues Kapitel menschlicher Schöpfung auf. Ich dagegen laufe kaum Schritte in die Zukunft und sammle kaum Erkenntnisse. [...] Wir erfahren heute die verheerende Wirkung unserer Nachahmung von Facetten der europäischen Moderne, aber unser Wesen bleibt unverändert. [...] Wir sind ein historisches Relikt aus dem fünften Jahrhundert.«[7]

Weitere aufschlussreiche Dokumente eines Stimmungsbildes jener Zeit sind *Die erneuerte Nakba* von Jacques Berque, einem französischen Islamwissenschaftler und Soziologen,[8] *Die Hauptlehre der Niederlage* von dem libanesi-

---

5 Qabbani, hawāmish ʿalā daftar an-naksa.
6 Ebd., 3.
7 A. A. Said, bayān 5 yūnya huzayrān 1967 [Die Erklärung vom 5. Juni 1967], 7.
8 Bergue, al-nakba al-mutajaddida [Die erneuerte Nakba].

schen Schriftsteller Michael Na'ima,[9] der Essay zum Kampf zweier Zivilisationen[10] des syrischen Journalisten und Schriftstellers Anwar Qusaybati und nicht zuletzt der Beitrag des ägyptischen Schriftstellers und Kulturkritikers Ghali Shukri zur *Auswirkung der israelischen Aggression auf unsere Kultur*.[11] Sämtliche Texte waren beladen von Wehmut, Anklage und Selbstanklage.

Nur ein Text wich von dieser Grundhaltung ab: die Vorankündigung eines im Erscheinen begriffenen Buches von Rodinson. Der Verlag hatte für den Beitrag *Israel – eine koloniale Wirklichkeit!* den gesamten Klappentext reserviert, bestehend aus der typografisch auffälligen Titelzeile, einem Bild des Autors und folgenden Zeilen:

»Maxime Rodinson, französischer Orientalist und Sozialwissenschaftler jüdischer Herkunft. [...] Stets vertritt er eine progressive antikoloniale Position, widmet sich den modernen Fragen des arabischen Orients, des Islam, dessen Kultur und Geschichte.«[12]

Vier Aspekte wurden in dieser Anzeige hervorgehoben: die jüdische Herkunft Rodinsons, seine antikoloniale Haltung, seine Beschäftigung mit dem Islam sowie seine propalästinensische Haltung im arabisch-israelischen Konflikt.

Das Buch war eine Frucht der Veranstaltung im Maison de Mutualité vom Mai 1966. Der Orientalist hatte den von ihm damals gehaltenen Vortrag als Grundlage für einen Aufsatz verwendet, den er in einer Sonderausgabe der von Sartre herausgegebenen Zeitschrift *Les temps modernes* zum arabisch-israelischen Konflikt im Juni 1967 unter dem Titel *Israël, fait colonial?* veröffentlichte.[13] Das Buch wiederum stand auf den Schultern dieses Aufsatzes. *Al-adab* kündigte es nun als eines an, das »zum richtigen Zeitpunkt« auf dem arabischen Buchmarkt erscheinen würde.[14] Während im Mutualité die arabische Öffentlichkeit erstmals mit Maxime Rodinson in Berührung gekommen war, trat er nun mit dem Erscheinen von *Israël, fait colonial?* ins diskursive Zentrum der arabischen Intellektualität.

---

9 Naʿima, dars al-hazīma al-akbar [Die Hauptlehre der Niederlage].
10 Al-Qusaybati, maʿrakatunā maʿraka bayna hadāratayn [Unser Kampf ist der Kampf zweier Zivilisationen].
11 Shukri, athar al-ʿidwān ʿalā bināʾinā al-thaqāfī [Die Auswirkung der israelischen Aggression auf unsere Kultur].
12 Al-adab 87 (Juli/August 1967), Klappentext.
13 Sartre, Le conflit israélo-arabe.
14 Al-adab 87 (Juli/August 1967), Klappentext.

Molière in Tripoli

Es bleibt jedoch zu fragen, wie sich das arabische Interesse an Maxime Rodinson erklärt beziehungsweise welche Bedeutung ihm in der arabischen Welt der späten 1960er Jahre zukam. Hierzu ist ein Blick in seine Biografie aufschlussreich.[15]

Rodinson wurde 1915 in Marseille geboren und wuchs in einer polnisch-russischen Immigrantenfamilie in Paris auf. Sein Vater und seine Mutter waren Kommunisten und sie gehörten zu den ersten Mitgliedern der 1920 gegründeten kommunistischen Partei Frankreichs. Doch nicht die vorgestellte Heimat aller Kommunisten, die Sowjetunion, sondern die Araber, ihre Sprache, Religion, Geschichte und Gegenwart, interessierten den jungen Mann.[16] Diese Faszination weckte in Rodinson den Wunsch, Orientwissenschaften zu studieren. Vorerst rückte dessen Erfüllung jedoch in weite Ferne, denn die finanziellen Mittel der Familie waren bescheiden: Rodinson konnte weder das Gymnasium besuchen noch die Hochschulzugangsberechtigung erwerben. Nach einer zweijährigen Tätigkeit als Bote in einer Pariser Firma ergab sich jedoch 1935 eine Möglichkeit für einen akademischen Werdegang ohne Abitur an der École nationale des langues orientales vivantes in Paris. Umgehend begann Rodinson mit dem Studium der orientalischen Sprachen: Türkisch, Hocharabisch, verschiedene arabische Dialekte sowie Amharisch. Nach dem Studium wurde er in die französische Armee eingezogen und meldete sich 1940 als Freiwilliger in einer französischen Einheit, die in Syrien eingesetzt, jedoch bereits nach fünf Monaten wieder aufgelöst wurde.[17] Die Soldaten wurden vor die Wahl gestellt, entweder nach Frankreich zurückzukehren oder in Syrien zu bleiben. Da Rodinson seine Kenntnisse der arabischen Sprache verbessern wollte, blieb er. Seine Entscheidung war allerdings nicht allein wissenschaftlich motiviert. Zwar war Rodinson ein begeisterter Forscher, aber der Riege der Orientalisten hatte er sich auch später nie selbst zugerechnet.[18] Er begriff sich nicht als außen stehenden Ethnologen, der die

---

15 Die biografischen Ausführungen stützen sich v. a. auf G. Khoury, Maxime Rodinson, sowie dessen arabische Übersetzung maksīm rūdinsūn [Maxime Rodinson]; ders., Maxime Rodinson (1915–2004); Rodinson, Souvenirs d'un marginal; Boussois, Maxime Rodinson; Shatz, The Interpreters of Maladies.
16 Vgl. dazu Rodinson, Souvenirs d'un marginal, 24–26.
17 Nach Rodinson hatte diese Einheit gemäß einem Verteidigungsabkommen zwischen polnischer und französischer Regierung die Aufgabe, eine polnische Einheit zu versorgen, die in Syrien stationiert war. Als diese jedoch nach Palästina verlagert wurde, befand sie sich außerhalb des französischen Zuständigkeitsbereichs auf britischem Mandatsgebiet. Vgl. dazu G. Khoury, Maxime Rodinson, 88 f.
18 Rodinson, Souvenirs d'un marginal, 33.

fremde arabische Kultur beobachtete und studierte, sondern fühlte sich mit ihr verbunden[19] als jemand, der sich diese Kultur aneignet und sich in ihr heimisch fühlt, ohne seine eigene Herkunft zu verleugnen oder zu konvertieren. So nannte er sich selbst bis zu seinem Lebensende den *musta'rab*, den »Arabisierten«.[20]

Rodinson, der acht Jahre lang hauptsächlich in Syrien und dem Libanon, aber auch im Irak, in Nordafrika und Ägypten verbracht hatte, kehrte nach dem Ende des Zweiten Weltkriegs nach Frankreich zurück. Dort arbeitete er zunächst als Bibliothekar in der Orientabteilung der Bibliothèque Nationale in Paris und wurde Ende 1955 zum Professor für amharische Sprachen an der École pratique des hautes Études ernannt. Motiv seines akademischen Wirkens war die Revidierung, mindestens aber eine Korrektur der im akademischen Leben Frankreichs vorhandenen Vorstellungen und Bilder von der arabisch-islamischen Kultur. So überwog in seinen ersten wissenschaftlichen Werken der Aufklärungsgedanke, etwa in seinen Arbeiten über *Muhammed*[21] und *Die Araber*.[22] Zudem kritisierte Rodinson an exponierter Stelle die rassistischen Typologien orientalischer Fremddarstellungen.[23] 1966 erschien seine bahnbrechende Analyse des islamischen Wirtschaftssystem *Islam et Capitalisme*.[24] Darin widerlegte er nicht nur Schritt für Schritt Max Webers These von der Unmöglichkeit kapitalistischer Entwicklungen in der islamischen Welt, sondern machte außerdem führende Orientalisten wie den Deutschen Carl-Heinrich Becker dafür mitverantwortlich, dass diese unzutreffenden Behauptungen des vergleichenden Religionssoziologen und Eurozentristen Weber lange Zeit unwidersprochen geblieben waren und auf diese Weise ein Allgemeinplatz werden konnten.[25]

Rodinson war kein romantisierender Vermittler zwischen Orient und Okzident, sondern ein Wissenschaftler, der beiden Kulturen kritisch gegenüberstand. Der arabischen Welt hielt er mit derselben Offenheit ihre verkrampfte

---

19 Ebd., 35f.
20 Vgl. dazu den Nachruf eines seiner Schüler, des libanesischem Journalisten Samir Qasir, *maksīm rūdinsūn. al-musta'rab al-'aqlī wa-l-sadīq al-naqdī* (Maxime Rodinson. Der rationale Arabisierte und der kritische Freund), 14. Die Bezeichnung *musta'rab* wird v.a. von den arabischen Schülern Rodinsons verwendet, z.B. von dem libanesischen Soziologen und Essayisten Faisal Jalul: *al-jundī al-musta'rab* (Der arabisierte Kämpfer), 12–16, sowie dem libanesischen Schriftsteller Elias Khoury: *'urūbat maksīm rūdinsūn* (Die proarabische Haltung Maxime Rodinsons); ebenfalls bei Qasir, *maksīm rūdinsūn* (Maxime Rodinson).
21 Rodinson, Mahomet.
22 *Les Arabes* erschien zwar erst 1979 in Paris, doch bereits 1962 wurde der Aufsatz *La lune chez les Arabes et dans l'Islam* veröffentlicht.
23 Vgl. dazu Rodinson, L'Egypt nassérienne au miroir marxiste.
24 Rodinson, Islam et capitalisme.
25 Ebd. vgl. hierzu im Detail die deutsche Übertragung Rodinson, Islam und Kapitalismus, 138–146.

Selbststilisierung vor wie der europäischen ihren selbstgefälligen Orientalismus. Dennoch fühlte er sich in besonderer Weise der arabischen Kultur verbunden und wünschte, sie aus ihren religiösen Fesseln zu befreien.[26] Eine Episode aus seiner Zeit im Libanon ist dafür besonders bezeichnend. Kurz nach seiner Entlassung aus der Armee wurde Rodinson im Dezember 1940 Französischlehrer im islamischen Gymnasium der libanesischen Hafenstadt Tripoli. Das war ein riskanter Schritt, denn die mehrheitlich von Sunniten bewohnte Stadt galt als Hochburg im Kampf nationalistischer und religiöser Gruppen gegen den französischen Kolonialismus. Auch die Schüler hegten anfänglich Misstrauen gegen den französischen Juden, der sich für den Islam und seine Geschichte interessierte. Mit der Zeit entspannte sich jedoch das Verhältnis. Die Schüler vertrauten ihrem Lehrer, folgten mit Begeisterung seinen Erzählungen über Europa und lasen mit ihm Werke der europäischen Literatur:

»Eines Tages haben wir in der Schule Molière gelesen. Zuerst habe ich laut gelesen, dann lasen wir zusammen und anschließend hat jeder Schüler einzeln vorgetragen. [...] Eine bestimmte Szene wollte ich übergehen, woraufhin meine Schüler mich fragten: Was ist los, Monsieur Maxime? Was ist das für eine Passage, die Sie nicht lesen wollen bzw. nicht wollen, dass wir sie lesen? Ich reagierte abwinkend: Nein, gar nichts [...] nichts von Bedeutung.«[27]

Doch Rodinsons Reaktion schürte nur die Neugierde seiner Schüler, nun wollten sie erst recht die vorenthaltene Stelle lesen. Es handelte sich dabei um einen Dialog aus dem Theaterstück *Der Geizige* von 1668 zwischen Cléante und seinem Diener La Flèche, in dem Cléante über einen Wucherer schimpft, der ihm angeblich ein Darlehen mit zu hohem Zins geben will und wütend ausruft: »Was für ein Teufel, der Kerl ist ein Jude, ein wahrer Araber.« Diese abfällige Äußerung führte, wie vom Lehrer befürchtet, zu einer empörten Stimmung unter den Schülern. Sie hatten sie nicht nur als eine nationale Beleidigung verstanden, sondern darüber hinaus als Angriff eines christlichen Autors gegen die Muslime und weigerten sich nun, die Lektüre fortzusetzen. Rodinson bemühte sich daraufhin, ihnen den historischen Kontext zu erklären, nämlich die Belagerung Wiens durch die Türken und die herrschende Angst der Europäer vor einer Expansion des Islam. Außerdem, betonte er, sei im Europa des 17. Jahrhunderts aufgrund eines Mangels an Wissen und Begegnung kein großer Unterschied zwischen Juden, Arabern, Türken und Muslimen gemacht worden. Vergeblich forderte Rodinson seine Schüler auf, erst die gesamte Darstellung der historischen Umstände mit einzubeziehen, bevor

---

26 Vgl. dazu Rodinson, Cult, Ghetto, and State, 14–16.
27 G. Khoury, Maxime Rodinson; zit. nach der arabischen Übersetzung maksīm rūdinsūn [Maxime Rodinson], 97.

sie Molière verurteilten. Doch die in ihren nationalen und religiösen Gefühlen gekränkten Schüler beharrten darauf, Molière nie wieder lesen zu wollen.[28]

Die Anekdote trägt einen nicht zu unterschätzenden Erkenntnisgehalt. Rodinson erkannte zwar die prägende Bedeutung der Religion im Leben und Denken seiner Schüler, legte ihnen aber unentwegt nahe, ihre eigenen Gefühle zu beherrschen und ohne zornigen Eifer ein Ereignis erst dann zu beurteilen, wenn sie den gesamten historischen Horizont erfasst hatten. Diese Disziplin eines Wissenschaftlers forderte Rodinson nicht nur von seinen Schülern in Tripoli, sondern von allen seinen Gesprächspartnern im arabischen Orient. Seine Forderung nach einer Historisierung von Geschichte und Gegenwart galt auch für den Umgang mit dem Kolonialismus und dem Holocaust.

Palästina und Auschwitz

Für Rodinson war die Vernichtung der europäischen Juden eine persönliche Katastrophe. Während er in Tripoli lehrte, wurden seine Eltern in das Konzentrationslager Auschwitz verschleppt und getötet. Doch die Betroffenheit machte Rodinson keineswegs zu einem Zionisten, im Gegenteil: Als Marxist stand er der Idee eines nationalistisch begründeten jüdischen Staates kritisch gegenüber. Als radikaler Antikolonialist erkannte Rodinson als einer der ersten europäischen Intellektuellen, dass die Palästinafrage in den Vordergrund der arabischen Kolonialerfahrung rücken würde – und dies prägte auch seine Position zum arabisch-israelischen Konflikt:

»Der Konflikt erscheint im Wesentlichen als Kampf einer heimischen Bevölkerung gegen die Besetzung eines Teils ihres nationalen Territoriums durch eine fremde Macht. Mit Sicherheit gibt es viele andere Facetten, die als Gründe berücksichtigt werden können. Keiner dieser Gründe jedoch erscheint als relevant für die Grunddefinition des Konflikts.«[29]

Rodinson betrachtete Israel als einen »kolonialen Siedlungsstaat«[30], der keine national-rechtlichen Ansprüche auf arabisches Territorium habe. Deswegen unterstützte er den Kampf der Palästinenser für einen eigenen Staat:

»Die Araber Palästinas sollen über die gleichen territorialen Rechte verfügen, die die Franzosen in Frankreich haben und die die Engländer in England besitzen. Ihnen wurde dieses Recht grundlos geraubt. Das ist die Realität, und dieser kann man nicht ausweichen.«[31]

---

28 Ebd., 98.
29 Rodinson, Israel and the Arabs, 321.
30 Vgl. Rodinson, Israël, fait colonial?, 17–88.
31 Ebd., zit. jedoch nach der arabischen Ausgabe isrāʾīl wāqiʿ istiʿmārī [Israel, eine koloniale Wirklichkeit], 4.

Rodinsons Auftritt fiel in dieselbe Zeit, in der arabische Intellektuelle über Arnold Toynbee und Jean-Paul Sartre debattierten. Gleichwohl bestanden erhebliche Unterschiede im Ansatz dieser drei europäischen Denker. Toynbee behauptete eine Analogie zwischen dem Schicksal der Juden unter dem Nationalsozialismus einerseits und dem Schicksal arabischer Völker unter dem Kolonialismus andererseits, wobei er letztlich doch das Leid der Palästinenser unter dem Zionismus über die nationalsozialistische Judenvernichtung stellte. Sartre engagierte sich sowohl für das Schicksal der Juden als auch gegen den europäischen Kolonialismus und verkörperte mit dieser Position das Dilemma des europäischen Intellektuellen im Umgang mit seinem historischen Erbe. Er entschied sich jedoch letztlich für eine proisraelische Haltung. Resümierend hatten damit sowohl Toynbee als auch Sartre, trotz ihrer konträren Positionen, den Holocaust und die Palästinafrage in einen vergleichenden Zusammenhang gebracht. Hierdurch wurden die arabische Kolonialerfahrung und der Holocaust in Konkurrenz zueinander gesetzt.

Rodinson dagegen argumentierte in umgekehrter Richtung. Seine Bemühungen zielten darauf ab, die jüdischen und arabischen Leiderfahrungen voneinander zu trennen und jegliche Deutungskonkurrenz von Holocaust und Kolonialismus beziehungsweise Palästinafrage zu vermeiden. Anders als Toynbee und Sartre kannte Rodinson die arabische Kultur und Sprache. Er war mit der intellektuellen Szene und ihren unterschiedlichen ideologischen Prägungen in fast allen arabischen Hauptstädten vertraut, verfolgte die Tagespolitik und war ein aufmerksamer Leser arabischer Zeitungen und Zeitschriften.[32]

Es mochten ihm daher im Jahr 1967 zwei Entwicklungen in der arabischen Welt schnell aufgefallen sein. Die erste betraf das zunehmende arabische Interesse an Werken von Schriftstellern jüdischer Herkunft, die Kritik an Israel übten. Tatsächlich setzten sich arabische Intellektuelle seit dem Ausbruch des ersten arabisch-israelischen Kriegs 1948 kaum mit der jüdischen Geschichte auseinander, geschweige denn mit Fragen zu Antisemitismus oder Holocaust. Eine Ausnahme bildete allein das arabische Interesse an jenen jüdischen Stimmen aus Europa und den Vereinigten Staaten, die in antizionistischer Haltung Israel ablehnend gegenüberstanden. Ein solches Interesse offenbarte sich in Form von Übersetzungen einzelner Arbeiten jüdischer Autoren,[33] zum Beispiel durch den ägyptischen Philosophen Zaki

---

32 Vgl dazu den Nachruf des libanesischen Schriftstellers zu Rodinsons Tod 2004: E. Khoury, ʿurūbat maksīm rūdinsūn [Die proarabische Haltung von Maxime Rodinson], 12.
33 Ein bekanntes Beispiel ist der jüdisch-amerikanische Jurist, Diplomat und Essayist Alfred Lilienthal (1913–2008). Sein Buch *What Price Israel?*, zunächst 1953 in Washington erschienen, erlangte nach seiner Veröffentlichung in Beirut ein Jahr später unter dem Titel *thaman Isra'il* besondere Bedeutung und Popularität. Ein weiteres Beispiel ist das Buch des ameri-

Nagib Mahmud (1905–1993).³⁴ Mahmud war weder religiös noch ein Nationalist, sondern säkular und liberal.³⁵ Als Chefredakteur der monatlich erscheinenden ägyptischen Kulturzeitschrift *al-fikr al-muʿāsir* (Das moderne Denken) verfasste Mahmud in der Septemberausgabe 1967 den Leitartikel *Ein jüdischer Zeuge des Zionismus* über den amerikanischen Rabbiner Elmer Berger (1908–1996).³⁶ Berger leitete das antizionistische American Council for Judaism.³⁷ Auf einer Nahostreise Mitte der 1950er Jahre besuchte er Kairo, Bagdad, Beirut, Damaskus, Ostjerusalem und Amman, schrieb 26 Briefe über seine Erlebnisse in der Region und bekräftigte in diesen seine Ablehnung eines jüdischen Staates in Palästina. Wichtig in Mahmuds ausführlicher Darstellung war vor allem die Begründung der Frage, warum die Rezeption jüdischer Autoren für die arabische Gegenwart notwendig sei:

»Wenn ein arabischer Autor über den Zionismus schreibt und dessen hässliches Gesicht offenbart, wird [mit der Behauptung] reagiert, [es handle sich um] feindliche Schriften. Auch wenn ein neutraler europäischer Autor schreibt und die Gefahr und Bösartigkeit [des Zionismus] aufzeichnet, würde er als antisemitischer Fanatiker verurteilt. Aber was könnte gesagt werden, wenn der Autor ein Jude und darüber hinaus Direktor des amerikanischen Councils wäre? Seine jüdische Zugehörigkeit würde ihn schützen vor dem Vorwurf des Antisemitismus, und seine amerikanische Zugehörigkeit diente als Garant dafür, dass er Israel mit Mitleid und Zuneigung begegnet. Aufgrund seiner doppelten jüdisch-amerikanischen Zugehörigkeit verdient sein Zeugnis eine zweifache Würdigung.«³⁸

Die Ansichten des Ägypters waren in dieser Zeit keine Ausnahme. Tatsächlich rezipierte die intellektuelle arabische Öffentlichkeit in der zweiten Hälfte der 1960er Jahre zahlreiche Übersetzungen jüdischer Kritiker des Zionismus.³⁹ Die arabische Welt benötigte jüdische Stimmen im Kampf gegen Israel, und eine von diesen war die Stimme Rodinsons.

kanischen Historikers und Professors für biblische Literatur Millar Burrows (1889–1980), das in den Vereinigten Staaten 1949 unter dem Titel *Palestine is Our Business* und 1956 auf Arabisch erschien: *isrāʾīl. jarīmatunā* (Israel. Unser Verbrechen).

34 Vgl. dazu Meisami/Starkey, Zaki Nagib Mahmud; Esposito, The Oxford Dictionary of Islam, 186f.; Mahmud, hisād al-sinīn [Lebensrückblick].
35 Vgl. u. a. Binder, Islamic Liberalism, 126; al-ʿIraqi, zaki nagib mahmud.
36 Mahmud, shāhid ʿalā al-sihyawniyya min al-yahūd [Ein jüdischer Zeuge des Zionismus], in: al-fikr al-muʿāsir 31 (September 1967), 6–15.
37 Vgl. dazu Berger, Memoirs of an Anti-Zionist Jew, sowie Pase, Berger.
38 Mahmud, Ein jüdischer Zeuge des Zionismus, 6.
39 Vgl. beispielsweise den in Beirut 1968 erschienenen Sammelband von Zeitungsaufsätzen französischer Juden, die das Ende Israels voraussagten: Nashati (Übers.), bi-qalam 15 kātiban faransiyyan [Aus Schriften von 15 französischen Autoren]; Rouleau/Held/Lacouture/Lacouture, Israël et Les Arabes, in Paris 1967 erschienen und im gleichen Jahr in Kairo unter dem Titel *isrāʾīl wa-l-ʿarab. al-jawla al-thālitha* (Israel und die Araber. Die dritte Runde) veröffentlicht. Auch die durch den jüdisch-polnischen Journalisten, Schriftsteller und Historiker Isaac Deutscher 1967 in London veröffentlichte Sammlung verschiedener Essays, darunter

Araber und »jüdische Frage«

Ab 1967 interessierte sich die arabische Welt allmählich für die »jüdische Frage«. Noch bis Mitte der 1960er Jahre galt in Kreisen arabischer Intellektueller ein ungeschriebenes Gesetz: keine Beschäftigung mit dem Schicksal und den Tragödien der Juden, mit Themen, die Mitleid oder Sympathie wecken könnten.[40] Doch das änderte sich mit dem Debakel im Sechstagekrieg: Arabische Intellektuelle unterschiedlicher ideologischer Haltung widmeten sich zunehmend dem Schicksal des europäischen Judentums und konzentrierten sich dabei auf das, was in aller Regel als *al-mas'ala al-yahūdiyya* (»die jüdische Frage«) bezeichnet wurde.

Einer der ersten Beiträge zum Thema stammte aus der Feder des ägyptischen Marxisten Adib Dimitri. Der Journalist und Essayist veröffentlichte im August 1967 einen Aufsatz über *Die jüdische Frage in der Erkenntnis des Sozialismus* für die ägyptische Kulturzeitschrift *al-kātib*.[41] Er fragte nach den Gründen für die internationale Unterstützung, die Israel besonders aus Kreisen linker, antikolonialer Intellektueller in Europa erhalten hatte. Besonders wunderte sich Dimitri über das Verhalten Sartres, der zwar den Zionismus als eine Form des Kolonialismus anprangerte, sich jedoch auf israelischer Seite positioniert hatte. Die Erklärung für das Verhalten der europäischen Linken deutete Dimitri wie folgt:

»Das, was die Europäer hinsichtlich ihrer Unterstützung Israels im Allgemeinen ›schlechtes Gewissen‹ nennen, geht nicht nur auf das zurück, was die Nazis den Juden zugefügt haben [...]. Es ist viel älter und lässt sich historisch markieren mit dem, was als ›jüdische Frage‹ bekannt wurde.«[42]

Es folgte eine marxistische Darstellung der Judenfrage von deren Anfängen im europäischen Mittelalter bis zur Judenvernichtung unter den Nationalsozialisten. Dimitri war um Objektivität bemüht und vermied antisemitische Metaphern. Dennoch verfolgte er ein ideologisches Anliegen: Letztlich habe der Zionismus als Antwort auf die Judenfrage – auf Kosten der Palästinenser – in eine koloniale Lösung gemündet. Er sprach Israel das Existenzrecht ab und plädierte für eine sozialistische Lösung:

---

solche über den arabisch-israelischen Konflikt *(The non-Jewish Jew)* fand ihren Weg in die intellektuelle Öffentlichkeit der arabischen Welt: Der ägyptische Journalist Mustafa al-Hussaini übersetzte *al-yahūdī al-lā-yahūdī (Der nichtjüdische Jude)* im Jahr 1968, der libanesische Übersetzer Mahir al-Kayaly gab 1971 in Beirut eine weitere gleichnamige Übersetzung heraus.

40 Gespräch mit dem syrischen Intellektuellen Sadik Jalal al-Azm in Leipzig am 26. November 2008.
41 Dimitri, al-mas'ala al-yahūdiyya wa-l-ishtirākiyya al-ʿālamiyya [Die jüdische Frage und der internationale Sozialismus].
42 Ebd., 60.

»Die Auflösung des zionistischen Staates [...] bedeutet nicht, die Juden ins Meer zu werfen oder irgendwelche rassistischen Maßnahmen seitens der Araber [...]. Die Lösung der Judenfrage muss klar und endgültig sein. Das könnte [aber] nur der Fall sein, wenn der Sozialismus siegen und die imperialistische Existenz, verkörpert durch Israel, aufgelöst werden würde.«[43]

Rodinson hätte im Jahr 1967 gegen solche marxistischen Ansichten sicherlich keine Einwände erhoben. Doch die Marxisten waren auf der arabischen Bühne nicht allein: Eine mindestens ebenso bedeutende intellektuelle Strömung waren die Nationalisten. Klufis Maqsud ist einer von ihnen. Der Jurist pendelte beruflich zwischen Journalismus und Diplomatie: Zunächst trat er zwischen 1961 und 1966 in den diplomatischen Dienst als Repräsentant der Arabischen Liga in Indien und arbeitete anschließend als Korrespondent der ägyptischen Tageszeitung *al-ahrām* in Syrien und Libanon, bis er die Chefredaktion der libanesischen Zeitung *al-nahār* (Der Tag) bis 1977 übernahm. Nach der Rückkehr in die Diplomatie war er bis 1990 Botschafter der Arabischen Liga bei den Vereinten Nationen. Diese Tätigkeit fand Entsprechung auch in seinen politischen Überzeugungen: Maqsud war Panarabist, was sich in seinen zahlreichen Publikationen widerspiegelte. Und auch er gehörte zu jenen arabischen Intellektuellen, die infolge des Krieges von 1967 die Bedeutung der jüdischen Frage für den arabischen Kontext entdeckten:

»Das, was gewöhnlich die ›jüdische Frage‹ genannt wird, gewinnt seine Bedeutung für uns Araber nur infolge der zionistischen Kolonialisierung Palästinas. In erster Linie widmeten wir uns dieser Kolonialisierung. Doch die arabische Niederlage und der zionistische Sieg zwingen die Araber [auch] dazu, die Gründe für den zionistischen Erfolg in Palästina [ebenso] zu verstehen wie darüber hinaus die Fähigkeit der Zionisten, nicht unbedingt zionistisch geprägte Juden für die Seite Israels zu gewinnen.«[44]

Anders als Dimitri interessierte sich Maqsud nicht für die historische Entwicklung der jüdischen Frage, sondern für deren gegenwärtige Ausprägung und damit für ihre Lösung, nämlich eine »arabische Lösung«, welche die Auflösung des »zionistisch-imperialistischen Fremdkörpers« Israel und die Integration seiner jüdischen Bewohner in eine demokratisch-säkulare arabische Nation vorsah.[45]

Die Auseinandersetzung mit der jüdischen Geschichte ließ nicht selten antisemitische Deutungen entstehen, so etwa bei dem libanesischen Historiker und Nationalisten ʿAjaj Nuwayhid (1896–1982).[46] Er stammte aus einer

---

43 Ebd., 74.
44 Ebd., 154.
45 Ebd., 155.
46 Angaben nach den beiden Biografien: ʿAjaj Nuwayhid, *raʾs al-matn. tarīkh wa-dhikrayāt* [Ras al-Matn. Geschichte und Erinnerung], sowie die von seiner Tochter herausgegebene Biografie: B. Nuwayhid, *ʿAjaj Nuwayhid. sittūn ʿām maʿa al-qāfila al-ʿarabiyya* [ʿAjaj Nuwayhid. 60 Jahre arabische Geschichte].

wohlhabenden drusischen Familie, die es ihm ermöglichte, in Beirut zu studieren. Im Anschluss an sein Jurastudium verließ er die libanesische Hauptstadt und siedelte 1922/23 nach Jerusalem über. Dort gehörte er zum engen Kreis um den Mufti von Palästina, Amin al-Hussaini, und gründete zusammen mit ihm die radikal-nationalistische Unabhängigkeitspartei (hizb al-istiqlāl); darüber hinaus hatte ihn der Mufti zum Generalsekretär des obersten islamischen Rats (al-majlis al-islāmī al-aʿlā) in Jerusalem ernannt.[47] Nach dem Krieg 1948 ging er von Jerusalem nach Amman und engagierte sich dort für eine politische Einheit zwischen Jordanien und Palästina. Doch seine politischen Bemühungen scheiterten, weswegen er Mitte der 1950er Jahre Amman wieder verließ und in seinen Geburtsort Ras al-Matn im Libanongebirge zurückkehrte. Dort widmete er sich ganz dem Journalismus; regelmäßig schrieb er für ägyptische, jordanische, syrische und libanesische Zeitungen und Zeitschriften. Daneben verfasste beziehungsweise übersetzte Nuwayhid sieben Bücher, die sich im Wesentlichen mit Palästina und dem arabisch-israelischen Konflikt befassten.[48] Eines davon wurde zum Bestseller: Es handelte sich um die Übersetzung der *Protokolle der Weisen von Zion*. Hatte diese antisemitische Schrift in Kairo in den 1950er Jahren große Popularität erfahren,[49] so zog sie in Beirut bis Anfang der 1960er Jahre kaum noch besondere Aufmerksamkeit auf sich. Das sollte Nuwayhids Edition ändern: Einer seiner Artikel in der libanesischen Tageszeitung *al-anwār* titelte mit der folgenden Aufforderung an seine Leser: »Lasst uns *Die Protokolle der Weisen von Zion* studieren, um unseren Feind kennenzulernen.«[50] Der Beitrag war ein Plädoyer für die arabisch-libanesische »Entdeckung« jener jüdischen Gefahr, die zwar »weltweit mit der Veröffentlichung der *Protokolle der Weisen von Zion* bekannt wurde, in der arabischen Welt jedoch unbeachtet geblieben ist«.[51] Es sollte aber noch fünf Jahre dauern, bis Nuwayhid die Übersetzung des antisemitischen Werks vervollständigte, um sie dann 1967 auf den libanesischen Markt zu bringen.[52] Die Inhalte des Buches sind bekannt und müssen daher an dieser Stelle nicht erneut dargestellt werden, wohl aber ihre arabische Rezeption. Im Vorwort zur vierten Ausgabe 1996 schrieb der Verlag:

---

47 Vgl. dazu Matthews, Confronting an Empire, Constructing a Nation, 86 f.
48 ʿAjaj Nuwayhid, fath al-quds [Die Eroberung Jerusalems]; ders., nifāq al-yahūd [Heuchelei der Juden] (eine Übersetzung der von Martin Luther verfassten antijüdischen Schrift *Von den Jüden und iren Lügen*, 1543); ders., rijāl min filastīn, mā bayna bidāyat al-qarn hatta ʿām 1948 [Palästinensische Persönlichkeiten zwischen 1900 und 1948].
49 Vgl. dazu Wild, Die arabische Rezeption der »Protokolle der Weisen von Zion«, 517–528.
50 ʿAjaj Nuwayhid, li-kay naʿrifa ʿadūwanā [...] taʿālū nadrusu muqarrarāt hukamāʾ sihyawn [Lasst uns *Die Protokolle der Weisen von Zion* studieren, um unseren Feind kennenzulernen].
51 Ebd.
52 Ders., brutukalāt hukamāʾ sihyawn [Die Protokolle der Weisen von Zion], hier zit. nach ⁴1996, 6–8.

»Als der Historiker und Gelehrte ʿAjaj Nuwayhid die erste Ausgabe des Buches ›Die Protokolle der Weisen von Zion‹ im Jahr 1967 veröffentlichte, wusste er nicht, dass sein Buch zum Markenzeichen all seiner Publikationen werden sollte. [...] Keine andere arabische Übersetzung der ›Protokolle der Weisen von Zion‹ konnte den Verbreitungsgrad erreichen, den dieses Buch erfahren hat.«[53]

Als Begründung für die Popularität dieser Übersetzung führte der Verlag die Fähigkeit des libanesischen Historikers an, die Protokolle nicht im Duktus eines Geschichtsbuches übersetzt zu haben, sondern als pädagogische Lektüre für die arabische Nation während ihrer tiefen Krise infolge der Niederlage. So würdigte der Verlag anschließend Nuwayhid als »standhaften Kämpfer mit einer nationalen Botschaft, aber auch [als] Lehrer und Wegweiser, der dem Leser nach der Niederlage einen Einblick in die jüdische Weltmacht verschafft«.[54]

Ein weiteres Beispiel ist der ägyptische Historiker Ali Hussain al-Kharbutli, der 1967 am Institut für arabische Forschung und Studien (maʿhad al-buhūth wa-l-dirāsāt al-ʿarabiyya) in Kairo als Geschichtsprofessor tätig war. Das Institut galt als die akademische Ausbildungsstätte für Diplomaten der Arabischen Liga. Im Studienjahr 1967/68 hielt Kharbutli dort eine Vorlesung über »Die politischen und zivilisatorischen Beziehungen zwischen Juden und Arabern«, die im Jahr 1969 veröffentlicht wurde.[55] Der sachlich formulierte Titel entsprach kaum dem tatsächlichen Inhalt: Al-Kharbutli wollte seine Studenten und Leser über die jüdische Frage sowie über die Gründe aufklären, die zur Judenverfolgung geführt hatten. Er versprach »die Wahrheit über die Juden«[56] und eine Erkundung der »jüdischen Mentalität«:

»Die jüdische Mentalität unterscheidet sich von der allgemein menschlichen Mentalität. Das ist eine historische Tendenz, die in der Weltgeschichte belegbar ist. [Der Jude] ist immer bemüht, seine Macht über die Menschheit zu erlangen, um sie unter die Obrigkeit der ›Weisen von Zion‹ zu bringen. Die Zauberei, samt all ihrer Formen und Geheimnisse, entstammt der jüdischen Mentalität. Auch der Aberglaube und der Geisterglaube sind Werke jüdischer Mentalität. Die Wahrsagerei, die Betrügerei, der Glaube an den erwarteten Messias, die Weissagung, das Handlesen. All dies entstammt der jüdischen Mentalität.«[57]

Daraus leitete al-Kharbutli eine simple Erklärung für die jahrhundertelange Verfolgung der Juden ab: Die Juden selbst trügen die Verantwortung für ihr Leid.[58]

---

53 Ebd., Klappentext.
54 Ebd, o. S., nummeriert mit dem arabischen Buchstaben *ghein*.
55 Vgl. al-Kharbutli, al-ʿalāqāt al-siyāsiyya wa-l-hadariyya bayna al-ʿarab wa-l-yahūd [Die politischen und zivilisatorischen Beziehungen zwischen Juden und Arabern].
56 Ebd., 130.
57 Ebd., 133 f.
58 Ebd., 135.

Hier offenbarte sich also die arabische Wahrnehmung der jüdischen Frage, quasi am Vorabend von Rodinsons Engagement. Als Kenner der arabischen Sprache hatte dieser die arabischen Auseinandersetzungen mit der jüdischen Geschichte im Zuge der Niederlage – wie bei Dimitri und Maqsud – mitverfolgt; es ist davon auszugehen, dass ihm auch die Übersetzungen europäischer antisemitischer Schriften durch Nuwayhid oder die Übernahme konspirativer Theorien durch al-Kharbutli bekannt waren. Alle drei Strömungen sollten Rodinson beunruhigen. Denn trotz des beträchtlichen Gegensatzes hatten alle drei Tendenzen eines gemeinsam: Ihre Argumentationen bauten auf einem Vergleich von jüdischer und arabischer historischer Erfahrung auf, während der französische Intellektuelle trotz seiner Kritik an Israel keinen Zweifel daran ließ, dass er den Holocaust – anders als die *Nakba* – als den ultimativen Genozid betrachtete.[59]

Doch konnten arabische Autoren diese Ambivalenz überhaupt nachvollziehen? In der Realität erwies sich eine Trennung dieser – unterschiedlichen Erfahrungswelten entsprungenen – Wahrnehmungen und der mit ihnen verbundenen Deutungen und Interpretationen als nahezu unmöglich. Sie bildeten je unterschiedliche Legierungen: die zionistische Position mit dem jüdischen Geschichtskontext; die arabische Ablehnung des »kolonialen Gebildes« Israel mit dem an das jüdische Gemeinwesen herangetragenen, antisemitisch aufgeladenen Ressentiment. Bei aller hier diagnostizierten Aporie erkannte indes Rodinson, dass eine analytische Aufklärung über beide Erfahrungen und die ihnen zugehörige Semantik und Metaphorik vonnöten sei. Einen Aufklärungsbeitrag leistete er anhand seiner Arbeit *Israel: koloniale Wirklichkeit?*, in der er seine ablehnende Haltung gegenüber Israels kolonialem Charakter offenlegte. Aber der Beitrag Rodinsons zur arabischen Debatte um 1967 ging über diese Kritik hinaus und zielte auf Trennschärfe zwischen der arabischen Kolonialerfahrung und der europäischen Judenvernichtung.

Marx auf Arabisch

Abraham Wajnsztok, der sich später Abraham Léon nannte, wurde 1918 in Warschau geboren und zog im Alter von sieben Jahren mit seiner Familie nach Brüssel.[60] Nach einer Odyssee, die die Familie nach Palästina und Polen führte, kehrte sie nach Brüssel zurück. In der belgischen Hauptstadt begann der junge Léon seine politischen Aktivitäten. Die erste Station bildete

---

59 Vgl. dazu Rodinson, Cult, Ghetto, and State, 9.
60 Zu biografischen Angaben vgl. Léon, Die jüdische Frage, 201–205; Traverso, Die Marxisten und die jüdische Frage.

seine Mitgliedschaft in der linkszionistischen Jugendbewegung Haschomer Hatzaʿir, die versuchte, die Gründung eines jüdischen Staates auf sozialistischer Grundlage zu realisieren. Mit großem Eifer engagierte er sich und wurde nach kurzer Zeit zum Vorsitzenden der Brüsseler Föderation der zionistischen Jugend gewählt.

Das Aufkommen des Nationalsozialismus in Europa stellte einen Wendepunkt im politischen Denken von Abraham Léon dar. Er sah im Nationalismus weder eine Lösung für die europäischen Probleme noch für die Juden. Léon löste sich vom Linkszionismus und schloss sich der trotzkistischen Vierten Internationale an. Aus dem ehemaligen Zionisten war ein scharfer Kritiker des Zionismus geworden, der meinte, die Lösung der jüdischen Frage könne nur in der weltweiten Verwirklichung des Sozialismus liegen. Seine Ansichten formulierte er in einem Manuskript, das zunächst den Titel *Thesen zur jüdischen Frage* trug.[61] Es konnte jedoch erst 1946 veröffentlicht werden. Nach dem deutschen Einmarsch in Belgien im Frühjahr 1940 arbeitete Léon zwar noch an seinem Werk, doch engagierte er sich intensiv im Widerstand gegen die Besatzung.

Aus seiner Überzeugung von der Notwendigkeit der Verbreitung marxistischen Gedankenguts heraus arbeitete er als politischer Sekretär der Revolutionären Kommunistischen Partei und leitete die Redaktion der illegalen Zeitung *La voie de Lénine*. In seiner Funktion bereiste er Belgien und besuchte Arbeiter und Bauern, um eine kommunistische Bewegung aufzubauen. Diese riskante Tätigkeit endete für Léon tödlich: Im Februar 1944 fuhr er nach Frankreich, um an der ersten europäischen Konferenz der Vierten Internationale seit ihrer Gründung 1938 teilzunehmen. Léon erreichte zwar Frankreich, wurde dort aber von der Gestapo verhaftet und nach Auschwitz deportiert. Die Zwangsarbeit richtete den körperlich schwachen Léon zugrunde. Mit 26 Jahren endete das Leben von Abraham Léon in der Gaskammer.

Seine Überlegungen zum Zionismus und zu einer sozialistisch-internationalistischen Lösung der jüdischen Frage drohten mit seinem Tod in Vergessenheit zu geraten, trotz einer ersten französischsprachigen Ausgabe in der belgischen Hauptstadt nach Kriegsende und einer englischen Übersetzung in Mexiko von 1950.[62] Erst in den 1960er Jahren erschien in Paris eine neue Version des Buches: Maxime Rodinson hatte *La conception matérialiste de la question Juive* dem Vergessen entrissen und 1968 in Paris veröffentlicht. Doch nicht allein diese französische Edition ist hier von Bedeutung. Ein Jahr später schlug Rodinson dem libanesischen Intellektuellen Bashir ad-Daʿuq

---

61 Vgl. Léon, La Conception materialiste de la question juive.
62 Die erste englische Übersetzung erschien 1946 in Mexiko unter dem Titel *Abraham Léon, The Jewish Question. A Marxist Interpretation* und 1970 in New York unter gleichem Titel.

(1935–2007) vor, das Werk in arabischer Sprache zu veröffentlichen. Ad-Daʿuq war arabischer Nationalist, verschwieg jedoch nicht seine Sympathien für den Marxismus. Davon zeugte zumindest das von ihm in Beirut Anfang der 1960er Jahre gegründete Verlagshaus *al-talīʿa*. In kurzer Zeit wurde *al-talīʿa* zur »Anlauf- und Verbreitungsstelle marxistischer Publikationen«.[63] Im Sinne dieser Ausrichtung veröffentlichte der Verlag 1970 Abraham Léons Werk in arabischer Sprache mit Rodinson als Herausgeber.[64]

Dass Rodinson hier einmal mehr politische Aufklärung im Sinne hatte, verrät seine Einleitung *Léon und die jüdische Frage*.[65] Sie führt den Leser in die jüdische Geschichte ein und widmet sich insbesondere den Bemühungen jüdischer Historiker, Antworten auf die jüdische Frage in Europa zu finden:[66] vom kulturell-geistig geprägten Ansatz Simon Dubnows (1860–1941),[67] der die Juden als diasporische Gemeinschaft betrachtete und sich gegen den Geist des jüdischen Nationalismus positionierte, über Achad Haʾams (1856–1927)[68] kulturzionistischen Ansatz, der die territorial-nationalen Bestrebungen der Juden ablehnte, bis hin zu Salo Baron (1895–1989),[69] der die jüdische Geschichte nicht nur als eine Leidensgeschichte interpretierte, sondern in ihr eine verborgene Tradition des politischen Atavismus fand, der wiederzuentdecken sei. Daneben lieferte Rodinson eine marxistische Perspektive der jüdischen Frage: Das Judentum habe sich nicht trotz, sondern wegen seiner Geschichte erhalten können. Nicht mythische Vorstellungen über das Judentum seien historisch bedeutsam, sondern jüdische historische Erfahrungen, die durch die Geschichtswissenschaft zu ermitteln seien.

Dass Abraham Léon sich nicht nur mit den Wurzeln der jüdischen Frage, sondern auch mit ihrer möglichen Lösung beschäftigte, war für Rodinson gleichfalls wichtig. Für den Trotzkisten war das zionistische Projekt illegitim, und das aus zwei Gründen: Die Zionisten konzentrierten sich in ihren nationalen Bestrebungen auf Palästina anstatt auf die Rettung der Juden vor ihrer Vernichtung in Europa. Weiterhin, so Rodinson, sei Léon davon überzeugt gewesen, dass die kapitalistische Gesellschaft von einer tiefen globalen Krise

---

63 Vgl. dazu den libanesischen Intellektuellen Abbas Baidun in seinem Nachruf zum Tod von Bashir ad-Daʿuq 2007: Baidun, bashir ad-daʿuq.
64 *La Conception matérialiste de la Question Juive* erschien unter dem Titel *Abraham layun. al-mafhūm al-māddī li-l-masʾala al-yahūdiyya* (Abraham Léon. Die materialistische Interpretation der jüdischen Frage) mit einer Einleitung von Ernst Mendel und Kommentaren von Nathan Weinstock und Maxime Rodinson.
65 Rodinson, layun wa-l-masʾala al-yahūdiyya [Léon und die jüdische Frage], in: Rodinson (Hg.), Abraham layun. al-mafhūm al-māddī li-l-masʾala al-yahūdiyya [Abraham Léon. Die materialistische Interpretation der jüdischen Frage], 137–172.
66 Ebd., 139–141.
67 Vgl. zu Dubnow ausführlich: Hilbrenner, Diaspora-Nationalismus.
68 Über den Ansatz Achad Haʾams vgl. Zipperstein, Elusive Prophet.
69 Liberles, Salo Wittmayer Baron.

befallen sei, die die ganze Zivilisationsform infrage stelle. Erst eine marxistische Revolution würde die ideale Gesellschaftsform hervorbringen, in der auch Juden gleichberechtigt leben könnten. Die Lösung der jüdischen Frage setze daher die Überwindung des Kapitalismus voraus.[70] Rodinson erinnerte in seiner Einleitung auch daran, dass Léon die Verwirklichung seines Ideals nicht erlebt hatte. Nicht etwa, weil die kapitalistische Welt nicht überwunden werden könne, sondern weil Auschwitz die Totenglocke eines Jahrhunderts jüdischer Assimilation ertönen ließ und eines ihrer Opfer Léon selbst gewesen sei.

Mit der Übersetzung des Werks ins Arabische ging es Rodinson nicht darum, irgendeinen jüdischen Intellektuellen aus der Vergessenheit zu retten. Abraham Léon hatte für ihn emblematische Bedeutung. Mittels dieser einen Person konnte er die arabische Aufmerksamkeit auf die Geschichte der Juden, die jüdische Kritik am Zionismus und die Tragödie der Juden in den Gaskammern von Auschwitz lenken. Die Übertragung der Biografie von Abraham Léon ins Arabische war jedoch nur ein Baustein in den Bemühungen Rodinsons. Einen bedeutenden Anteil hatten daneben seine ständigen Gespräche und Diskussionen mit arabischen Journalisten, Autoren und Schriftstellern. Ein Beispiel hierfür ist eine Diskussionsrunde, die unter dem Titel »Arabischer Dialog mit Maxime Rodinson« Ende 1969 in Kairo stattfand.[71] Sie gründete sich auf einen Zirkel arabischer Marxisten um Lutfi al-Khouli, der einst auch den Besuch Sartres in Kairo organisiert hatte.[72] Anders als der glamouröse Sartre war Rodinson ein stiller und zurückhaltender Akademiker, der das Rampenlicht mied. Weder hatte er eine Audienz beim ägyptischen Präsidenten, noch ließ er sich vor Sphinx und Pyramiden fotografieren.[73] Rodinson wollte diskutieren, nichts anderes. Innerhalb von zwei Wochen hielt er im Rahmen dieses »Dialogs« drei Vorträge: »Das Bild der islamischen Welt in Europa – vom Mittelalter bis in die Gegenwart«,[74] »Der

---

70 Rodinson, layun wa-l-mas'ala al-yahūdiyya [Léon und die jüdische Frage], 170f.
71 Vgl. das Titelblatt der ägyptischen Kulturzeitschrift *al-talīʿa* (Die Avantgarde) vom Februar 1970: *hiwār ʿarabī maʿa maksīm rūdinsūn* (Arabischer Dialog mit Maxime Rodinson).
72 Die von Lutfi al-Khouli in Kairo monatlich herausgegebene Zeitschrift *al-talīʿa* hatte die Vorträge sowie die Diskussionen mit Maxime Rodinson in vier ihrer Ausgaben veröffentlicht. Vgl. dazu *al talīʿa* vom Februar, März, Mai und Juni 1970.
73 Der ägyptische Journalist Kamil Zuhairy erinnerte sich in einem Zeitungsartikel an den Besuch Rodinsons in Kairo und berichtete, dass Rodinson, als er in Ägypten gefragt wurde, ob er nicht die touristischen Sehenswürdigkeiten des Landes besichtigen wolle, dankend abgelehnt hatte. Stattdessen hatte er Zuhairy darum gebeten, an einem rituellen Gebet einer Sufi-Bruderschaft teilnehmen zu dürfen, da er gerade eine Arbeit über die Sufis schrieb. Vgl. dazu Zuhairy, rudinsun. nisf al-haqīqa [Rodinson. Die halbe Wahrheit], in: al-jumhūriyya, 2. Mai 2004, 10.
74 Rodinson, Sūrat al-ʿālam al-islāmī fī ūrūbā [Das Bild der islamischen Welt in Europa].

Marxismus und das Studium der islamischen Welt«[75] und »Die jüdische Frage durch die Geschichte«[76]. Zwar hatten Marxisten die Veranstaltung organisiert, gekommen waren gleichwohl Intellektuelle aller politischen Richtungen aus Ägypten, dem Libanon, Syrien, dem Irak und Nordafrika, um Rodinson zuzuhören und mit ihm ins Gespräch zu kommen.

Rodinson genoss in der arabischen Welt eine hohe Achtung. Besonders für jüngere Intellektuelle war er aufgrund der Mischung aus Gelehrsamkeit und antikolonialer Haltung ein Vorbild.[77] Dennoch seien, wie al-Khouli in seiner respektvollen, höflichen und freundlichen Begrüßung betonte, im Vorfeld des Besuches »Meinungsverschiedenheiten« deutlich geworden. Diese waren durch das Buch *Israël et le refus arabe*[78] ausgelöst worden, das Rodinson Ende 1968 in Paris veröffentlicht hatte und mit dem er beabsichtigte, der französischen Öffentlichkeit die arabische Position zu erklären, die Israel das Existenzrecht auf palästinensischem Boden absprach. Obwohl er in diesem Buch die Rechte der Palästinenser weiterhin vehement verteidigte, appellierte er an die Araber, die Realität nach der Niederlage von 1967 zu akzeptieren und ihre Haltung hinsichtlich israelischer Ansprüche auf einen Nationalstaat neu zu überdenken.[79]

Unter den Arabern sorgte das Buch erwartungsgemäß für Diskussionen.[80] Rodinson war bemüht, seine Argumentation in arabischen Kreisen zu verteidigen, wofür die Gesprächsrunden in Kairo bestens geeignet waren. In seinem Vortrag »Die jüdische Frage durch die Geschichte« sprach er weniger von den verschiedenen Etappen jüdischer historischer Erfahrung, wie aus dem Titel zu folgern gewesen wäre, sondern er konzentrierte sich auf die europäische Dimension der jüdischen Frage nach 1945. Dabei spielten der Antisemitismus und die Judenvernichtung im Nationalsozialismus und während des Weltkrieges eine entscheidende Rolle. Das Leid, das den Juden

---

75 Ders., al-marksiyya wa-dirāsat al-ʿālam al-islāmī [Der Marxismus und das Studium der islamischen Welt].
76 Ders., al-mushkila al-yahūdiyya ʿabra al-taʾrīkh [Die jüdische Frage durch die Geschichte]. Die anschließende Diskussion erschien in der darauffolgenden Ausgabe: al-talīʾa 6 (1970), 67–79.
77 In einem Nachruf anlässlich von Rodinsons Tod am 23. Mai 2004 erinnert sich der libanesische Schriftsteller Elias Khoury an die Wahrnehmung des französischen Gelehrten unter den jüngeren Intellektuellen in der arabischen Welt Ende der 1960er Jahre: »Rodinson hatte uns nicht nur durch seine Bescheidenheit und sein politisches Engagement fasziniert, sondern durch detaillierte und akribisch recherchierte Erkenntnisse über die arabisch-islamische Geschichte.« Vgl. dazu E. Khoury, ʿurūbat maksīm rūdinsūn [Die proarabische Haltung von Maxime Rodinson], 12.
78 Rodinson, Israël et le refus arabe.
79 Zit. nach der englischen Ausgabe: ders., Israel and the Arabs, 109f.
80 Vgl. dazu beispielsweise den palästinensischen Journalisten Naji ʿAllush in einem Interview mit Rodinson in der libanesischen Kulturzeitschrift *dirāsāt ʿarabiyya* (Arabische Studien) 4 (Februar 1969), 68–73.

Europas angetan worden sei, so Rodinson, habe nach 1945 zu Sensibilität und Solidarität mit Israel als jüdischem Staat geführt.[81] Entsprechend müsse die arabische Argumentation in der Palästinafrage schärfer zwischen einer klaren Kritik an Israel und antisemitischen Äußerungen unterscheiden:

»Es gibt eine typische, aber abwegige Äußerung [in der arabischen Welt]: Wir können nicht antisemitisch sein, weil wir selbst Semiten sind. Das ist Unsinn. [...] Der Begriff Antisemitismus ist eine deutsche Erfindung aus dem 19. Jahrhundert und galt allein den Juden. Antisemitisch sind jene Stimmen, die den Juden als verwerfliches, böses und teuflisches Wesen betrachten. Die gibt es überall. Auch natürlich hier bei den Arabern.«[82]

Der französische Intellektuelle erklärte seinen Gastgebern in Kairo, dass eine arabische Übernahme antisemitischer Diskurse die Verteidigung der arabischen Sache in Europa schwächen würde:

»Es gibt ein bekanntes antisemitisches Buch, das an verschiedenen Orten der Welt veröffentlicht wird, insbesondere in der arabischen Welt. Es handelt sich um die ›Protokolle der Weisen von Zion‹. Dieses Buch ist ein Produkt des russischen Geheimdienstes aus dem Jahr 1890. Die Geschichte dieses Buch ist bekannt. Angenommen nun, wir diskutieren in Frankreich mit Zionisten, Freunden Israels oder Franzosen, die für Israel Sympathie empfinden, und argumentieren gegen den Zionismus und sagen, dass es nicht stimmt, dass die Araber Antisemiten sind. Dann reicht es, wenn einer von ihnen eine in Ägypten oder einem anderen arabischen Land publizierte Version der ›Protokolle‹ vorlegt. Denn dann können wir nicht mehr anders als verstummen.«[83]

Rodinson war sich darüber im Klaren, dass seine Worte die arabischen Gemüter strapazieren würden.[84] Er ging so weit, dass er die Judenverfolgung unter den Nationalsozialisten mit dem israelisch-palästinensischen Konflikt verknüpfte, und zwar in einer Weise, die seinem arabischen Publikum nicht gefallen konnte: Er kritisierte zwar in aller Schärfe den Zionismus als ein koloniales Projekt, betonte aber gleichzeitig den Unterschied zwischen der europäischen Judenvernichtung und der zionistischen Kolonialisierung Palästinas, die – im Gegensatz zur grundlosen Vernichtung der Juden aufgrund ihres Jude-Seins – einen Konflikt zweier Parteien darstellte, die Ansprüche auf dasselbe Land erhöben.

Rodinson versuchte zu erklären, was seine jüdische Zugehörigkeit für ihn bedeute. Damit schlug er einen sehr subjektiven, auf Empathie zielenden Ton an:

---

81 Rodinson, al-mushkila al-yahūdiyya ʿabra al-taʾrīkh [Die jüdische Frage durch die Geschichte], 108; sowie die anschließende Diskussion in: al-talīʾa 6 (1970), 68f.
82 Rodinson, al-mushkila al-yahūdiyya ʿabra al-taʾrīkh [Die jüdische Frage durch die Geschichte], 106f.
83 Ebd.
84 Ebd.

»›Ich bin ein Jude‹ ist eine Aussage, die ich nicht mit Stolz treffen kann, weil es eine nationalistische und triviale Behauptung ist. Schließlich habe ich keinen Beitrag geleistet, um als Jude geboren zu werden. Dasselbe gilt für Franzosen, Araber, Türken, Chinesen. Man darf nicht stolz auf etwas sein, was man selbst nicht geschaffen hat. Andererseits schäme ich mich nicht wegen meiner jüdischen Herkunft. [...] Die Juden litten unter bitteren Erfahrungen. Die Deutschen brachten auch meine Eltern um, grundlos und nur, weil sie jüdischer Herkunft waren. Ich kann nicht behaupten, dass das eine Erfahrung ist, die mir Freude bereitet. [...] Auch den Arabern wurde von Zionisten Leid angetan, ein Leid, das ebenso wenig Grund zur Freude bereitet.«[85]

Rodinson appellierte damit in beide Richtungen für Verständnis. Er betonte, dass kein anderer Weg bestehe, außer einerseits das palästinensische Leiden zu beenden, andererseits aber gegen die Leugnung der Judenverfolgung und -vernichtung im Nationalsozialismus zu kämpfen.

Maxime Rodinson hatte über die jüdische Frage gesprochen und die arabischen Intellektuellen dazu aufgerufen, sich gegen die Leugnung des Holocaust einzusetzen. Allerdings hatten die Zuhörer im Saal eine andere Geschichtsperspektive, die weniger der Judenvernichtung als ihren eigenen historischen Wunden Beachtung schenkte. Lutfi al-Khouli fasste diese arabische Position zusammen:

»Wir wollen Herrn Rodinson für seinen ausgezeichneten Vortrag zur jüdischen Frage danken. Er sprach aus seiner Sicht und zog daraus seine eigenen Schlussfolgerungen, denen wir um der Wahrheit willen nicht zustimmen können. In der arabischen Welt herrscht ein Konsens: Wir sind nicht gegen die Juden aus rassistischen beziehungsweise religiösen Gründen. Wir sind gegen Israel als eine imperiale Macht in Palästina [...]. Die Geschichte der jüdischen Frage ist Vergangenheit, heute aber wollen wir Herrn Rodinson mit der politischen Situation der Gegenwart konfrontieren.«[86]

Die Perspektiven Rodinsons und der arabischen Intellektuellen differierten offensichtlich. Das zeigten die im Zuge der anschließenden Diskussion gestellten Fragen, die nicht etwa die jüdische Frage, den Antisemitismus oder die Judenverfolgung behandelten, sondern ausschließlich den arabisch-israelischen Konflikt. Doch Rodinson ließ nicht nach zu verdeutlichen, welche negative Wirkung der arabische Antisemitismus und die Leugnung des Holocaust auf die arabische Position im Nahostkonflikt haben könnten. Er führte hierzu die französische Öffentlichkeit als Beispiel an:

»Die Araber und die Juden stehen in einem Konflikt miteinander. Die Franzosen jedoch sind mit dem Schicksal der Juden vertraut. Für sie sind die Juden ein unglückliches Volk, das durch die Geschichte unterdrückt und verfolgt wurde und, als wäre das nicht genug, von dem Millionen während des Zweiten Weltkriegs umgebracht

---

85 Ebd., 118.
86 Vgl. dazu die Diskussion mit Rodinson in: al-talīʾa 6 (1970), 67.

wurden, sechs Millionen Juden. Über die Araber dagegen lesen wir in Kinderbüchern, in Abenteuererzählungen und weiteren Büchern, sie seien Beduinen, die alles zerstören. Auf der anderen Seite sehen wir die Ölkönige mit ihren vielen Frauen und ihrem Luxusleben.«[87]

Rodinson wusste, dass eine solche Gegenüberstellung naiv anmuten mochte und die Komplexität der historischen Kontexte ignorierte; dennoch entschied er sich bewusst für diese »Vereinfachung«[88] und betonte, dass die europäische Sympathie für die Juden in den meisten Staaten und Gesellschaften in Europa von einer Antipathie gegen die Araber begleitet werde. Eine solche ignorante Haltung, empfahl Rodinson, möge die Araber nicht interessieren, doch sie bräuchten gleichwohl die Unterstützung der europäischen öffentlichen Meinung in ihrem Kampf gegen den Zionismus und für ihre Rechte. Dafür arbeiteten seiner Ansicht nach arabische Autoren und Initiativen nicht hinreichend. Stattdessen verschlechterten sie ihr eigenes Image, wenn sie dem Geschichtsdiskurs der Holocaustleugner folgten und die Judenvernichtung infrage stellten:

»Erst in diesem Moment haben die Europäer ihre Entscheidung getroffen: Sie sehen die Araber als Antisemiten mit prohitlerscher Position [...]. Daher brauchen wir uns nicht zu wundern, wenn die Europäer ihre Sympathie für Israel betonen.«[89]

Rodinson schlug drei Schritte vor, damit die arabischen Belange vor der Weltöffentlichkeit besser vertreten würden: Zunächst sollten die Araber Bereitschaft zeigen, mit jenen israelischen Kräften zu sprechen, die an einer friedlichen Lösung der Palästinafrage, aber auch an guter Nachbarschaft mit den arabischen Staaten interessiert seien. Konkret nannte er hier die israelische sozialistische Organisation Matzpen.[90] Weiter plädierte er dafür, die jüdische Geschichte im Allgemeinen und die jüdische Frage im Besonderen in der arabischen Welt zu thematisieren. Schließlich, so Rodinson, sollten die Araber ihr Leid nicht weiter mit dem der Juden vergleichen, schon gar nicht die Judenvernichtung während des Zweiten Weltkriegs bezweifeln.[91] Zumindest drei arabische Teilnehmer aus dem Kreis der Marxisten schienen sich von Rodinson angesprochen gefühlt zu haben.

---

87 Ebd., 69.
88 Ebd., 70.
89 Ebd., 69.
90 Matzpen (hebr. für »Kompass«) wurde 1962 gegründet. Die antizionistische Organisation war vehemente Gegnerin der israelischen Politik in den besetzen Gebieten 1967 und suchte Kontakt zu friedenswilligen palästinensischen Kräften, aber auch zu arabischen Intellektuellen im Allgemeinen. Vgl. Asmar/Davis/Khader, Towards a Socialist Republic of Palestine; Schnall, Anti-Zionism, Marxism and Matzpen.
91 Diskussion mit Rodinson in: al-talī'a 6 (Juni 1970), 70.

Mustafa al-Hussaini

Zuerst ist der ägyptische Journalist Mustafa al-Hussaini (1935–2012) anzuführen. Er veröffentlichte 1970 im Beiruter marxistischen Verlag *dār al-ḥaqīqa* (Haus der Wahrheit) seine arabische Übersetzung von Isaac Deutschers *Der nichtjüdische Jude*.[92] Deutscher übte eine nachhaltige Faszination auf al-Hussaini aus.[93] 27 Jahre später entstand ein weiteres Deutscher-Buch mit dem Titel *Irritierter Araber, irritierter Jude. Mustafa al-Hussaini und Isaak Deutscher*.[94] Al-Hussaini beschäftigte sich hier mit Leben und Werk des Historikers, der sich, 1907 in Krakau in einem jüdisch-orthodoxen Elternhaus geboren, im Alter von 16 Jahren von der religiösen Tradition seiner Eltern abgewandt hatte und Marxist geworden war.[95] Al-Hussaini sah eine Analogie zu seinem eigenen Lebensweg. Die Tradition, von der es sich zu lösen galt, war demnach der arabische Nationalismus. Was er dem Leser vermitteln wollte, war eine persönliche Geschichte des arabisch-israelischen Konflikts, des eigenen Infragestellens unhinterfragbarer Traditionen und seines Bekenntnisses zur politischen Linken; eine Geschichte, deren Anfang der Krieg 1967 markierte, denn wie alle arabischen Intellektuellen seiner Generation stand al-Hussaini unter dem Schock der Niederlage. In diesem Kontext hatte er sich der Bewegung der Nationalen Befreiung Palästinas (al-fath) in der jordanischen Hauptstadt Amman angeschlossen. Dort hatte er sich für die Erziehung und Bildung der palästinensischen Jugend engagiert und an militärischen Aktionen gegen Israel teilgenommen, doch waren ihm Zweifel am Sinn des militärischen Kampfes gekommen. Eine Erfahrung hatte hier eine besondere Rolle gespielt:

»1969 war ich in einem palästinensischen Kommando, und wir richteten Raketenwerfer gegen Ziele in Israel. [...] Wir konnten mit eigenen Augen sehen, welche Ziele wir bombardierten und waren glücklich über unseren Erfolg. Doch [...] bald bombardierten israelische Flugzeuge die Dörfer, aus deren Richtung Israel angegriffen wurde. Die Nachrichtenagenturen meldeten, dass ein israelisches Baby von unseren Raketen getroffen worden war. Unser Kommandant Saʿid Hammami hörte die Nachricht und schrie uns an: ›Wir sind keine Freiheitskämpfer. Wir sind Kriminelle und Mörder! Was würde ich tun, wenn die Israelis meine [Tochter] Rascha oder meinen [Sohn] Musʿab

---

92 Al-Hussaini, dirāsāt fi-l-masʾala al-yahūdiyya [Studien zur jüdischen Frage]. Einige Monate nach al-Hussaini veröffentlichte der jordanische Intellektuelle Mahir al-Kayali ebenfalls in Beirut eine weitere Übersetzung des *Nichtjüdischen Juden*. Vgl. al-Kayali, al-yahūdī al-lā-yahūdī [Der nichtjüdische Jude].
93 Korrespondenz des Verfassers mit al-Hussaini vom 27. Januar 2010.
94 Vgl. al-Hussaini, hāʾir ʿarabī wa-hāʾir yahūdī [Irritierter Araber, irritierter Jude].
95 Zur Biografie von Deutscher vgl. Syré, Isaac Deutscher.

töten würden?‹ Hammami beendete seine militärische Karriere und beschränkte sein Engagement auf politische Aktivitäten.«[96]

Al-Hussaini war anfänglich über das Verhalten seines Vorbilds Hammami verwundert, eine Verwunderung, die bald ein Interesse daran weckte, um wen es sich bei diesen Feinden eigentlich handelte. Das war durchaus ungewöhnlich. Al-Hussaini wollte leibhaftigen jüdischen Israelis begegnen. Als die Fatah von der französischen Kommunistischen Partei 1969 eine Einladung erhielt und al-Hussaini für diese Delegation ausgewählt wurde, ergab sich dafür eine erste Möglichkeit:

»Ich nutzte die Gelegenheit und suchte den Kontakt zu linken Israelis während meines Aufenthalts in Frankreich. Ich hatte von einer israelischen Organisation gehört, die sich Matzpen nannte, das heißt ›der Kompass‹. Ich hatte ihre Grundprinzipien zuvor eingehend betrachtet und wusste daher, dass sie ein nicht zu unterschätzendes Ansehen in der israelischen Jugend genoss. So bat ich einen französischen Kollegen um ein Gespräch mit Vertretern von Matzpen.«[97]

In Paris lernte al-Hussaini nicht nur israelische Linke kennen, sondern auch Maxime Rodinson. Beide waren sich schnell einig, Matzpen sei eine Hoffnung für die friedliche Lösung der Palästinafrage:

»Es waren junge Marxisten und Trotzkisten – Anti-Zionisten. Sie vertraten die Ansicht, dass die jüdische und die palästinensische Frage erst dann gelöst werden würden, wenn die Weltrevolution ausbreche. Ihr Ansatz war utopisch, aber er gab mir Hoffnung für die Zukunft.«[98]

Die Begegnung mit Matzpen und Rodinson zog die Lektüre von Abraham Léon und Isaac Deutscher nach sich. Auch wenn al-Hussaini mit dem Gedankengut linker, marxistisch geprägter, manchmal sogar antizionistischer Juden vertraut wurde, entwickelte sich bei ihm eine Empathie mit dem »Feind«. Jüdische Erfahrungen hatten für ihn an Bedeutung gewonnen.[99]

Sadik Jalal al-Azm

Ein weiterer Marxist aus dem Kreis um Rodinson war der syrische Philosoph Sadik Jalal al-Azm. 1934 in eine der bekanntesten sunnitischen Damaszener Familie geboren, studierte er an der Amerikanischen Universität Bei-

---

96 Al-Hussaini, hāʾir ʿarabī wa-hāʾir yahūdī [Irritierter Araber, irritierter Jude], 77 f.
97 Ebd., 75.
98 Ebd.
99 Vgl. ebd.

rut.[100] 1957 führte al-Azm sein Studium in Amerika fort, wo er fünf Jahre später mit einer Arbeit über Henri Bergsons Moralphilosophie in Yale promovierte. Danach nahm er einen Lehrauftrag für Philosophie am Hunter College in New York an, kehrte aber 1962 nach Syrien zurück und wurde zum Professor der Philosophie an der Universität Damaskus berufen. Ein Jahr später folgte eine weitere Professur an der Amerikanischen Universität Beirut, 1967 eine Gastprofessur an der Universität Amman. Diese rasante akademische Karriere hinderte den syrischen Intellektuellen jedoch nicht am politischen Engagement: Im Marxismus sah er das Modell zur Lösung der Probleme der gerade entkolonialisierten arabischen Region sowie des arabisch-israelischen Konfliktes. Er näherte sich der palästinensischen linksextremen Gruppe Demokratische Front zur Befreiung Palästinas (al-jabha al-dimuqrātiyya li-tahrīr filastīn). Der Sohn aus reichem Elternhaus war überzeugt vom dialektischen Materialismus als Schlüssel zur Erkenntnis von Geschichte und Gesellschaft sowie von der Weltrevolution als politischem Konzept.[101] In Anlehnung an Descartes und Kant lautete sein aufklärerisches Credo: »Ich denke kritisch, also bin ich.«[102]

Als im Juni-Krieg 1967 die arabischen Nationen militärisch vernichtend geschlagen wurden, ließ al-Azm sich nicht vom Selbstmitleid hinreißen. In *Die Selbstkritik nach der Niederlage* von 1968 ging er in einer für die arabischen Gesellschaften bis dahin unerhörten Offenheit und Unmittelbarkeit der Frage dieser vernichtenden Niederlage nach.[103] Er suchte nicht nach äußeren, sondern nach den inneren Ursachen des Desasters.[104] Einzig und allein die Araber selbst seien in der Lage, die gesellschaftlichen, ökonomischen und politischen Gegebenheiten zu ändern, aus denen ihre Machtlosigkeit zu erklären sei. Schuld an ihrer Niederlage seien die immer noch religiös geformte arabische Gesellschaft und ihre überholte Autoritätsgebundenheit.[105]

Die Kritik am religiösen Establishment war auch das Leitmotiv einer weiteren Publikation. Im Jahr 1969 erschien die *Kritik des religiösen Denkens*, eine Sammlung von Aufsätzen, in denen al-Azm den Missbrauch des Islam für politische Zwecke offenlegte und für die Trennung von Staat und Reli-

---

100 Zur historischen Bedeutung der Familie al-Azm vgl. Philip Shukry Khoury, Urban Notables and Arab Nationalism, 36f.; Abd al-Qadir al-ʿAzm, al-usra al-ʿazmiyya [Die Familie al-Azm].
101 Vgl. dazu v.a. Sadik Jalal al-Azm, Kant's Theory of Time, sowie ders., Whitehead's Notions of Order and Freedom.
102 Vgl. dazu Sadik Jalal al-Azm in einem Interview mit der Neuen Zürcher Zeitung: Martina Sabra, »Ich denke kritisch, also bin ich.« Der syrische Religionskritiker Sadiq Jalal al-Azm, in: Neue Zürcher Zeitung, 5. Juli 2004, 24.
103 Sadik Jalal al-Azm, al-naqd al-dhātī baʿada al-hazīma [Die Selbstkritik nach der Niederlage].
104 Ebd., 12.
105 Ebd., 16.

gion – mithin die Säkularisierung der arabischen Welt – nicht nur de facto, sondern als Verfassungsprinzip eintrat.[106] Mit diesen zwei Büchern machte sich al-Azm viele Feinde in der arabischen Welt, doch konnte er sich bis heute als einer der bedeutendsten Intellektuellen der arabischen Welt in der zweiten Hälfte des 20. Jahrhunderts profilieren. Al-Azm war Rebell und Provokateur: Er begnügte sich nicht allein mit der Kritik gegen herrschende religiöse und nationale Diskurse, sondern argumentierte darüber hinaus gegen den Umgang arabischer Intellektueller mit der jüdischen Frage und ihre daraus folgende Haltung zum Holocaust. Hier wurde Rodinsons Einfluss sichtbar: Beide verkehrten in arabisch-marxistischen Kreisen und waren einander eng verbunden.[107] Al-Azm setzte sich ausführlich mit den Ansichten Rodinsons zu Israel und dem Zionismus sowie der jüdischen Frage beziehungsweise dem Holocaust auseinander.

Aus diesem Themenbereich entstand sein drittes bedeutendes Werk *Linke Studien zur Palästinafrage*.[108] Besondere Bedeutung kam dem ersten Kapitel über »Die Araber und die marxistische Perspektive auf die jüdische Frage« zu.[109] Hier setzte al-Azm seinen kritischen Ansatz fort – jedoch standen diesmal nicht traditionell geprägte religiöse Diskurse im Blickpunkt, ebenso wenig die Israel-Politik arabischer Staaten. Vielmehr thematisierte al-Azm das Verhältnis der Araber zur jüdischen Geschichte, besonders zur Verfolgung im Nationalsozialismus:

»Wir übertreiben überhaupt nicht, wenn wir sagen, dass die weitverbreitete arabische Auffassung über die Juden und ihre allgemeine und politische Geschichte eine realitätslose Einbildung ist. Sie ist das Produkt einer Anhäufung von religiösen Mythen, volkstümlichen Erzählungen und verwerflichen Vorstellungen […]. Dieses Bild der Juden verfestigte sich bewusst oder unbewusst in Verstand und Seele der religiösen Kreise und prägt sie direkt oder indirekt.«[110]

Schonungslos kritisierte al-Azm die arabischen Alltagswahrnehmungen der Juden:

»Der Jude hat in arabischen Zeitungen und Zeitschriften […] ein bestimmtes Erscheinungsbild: Er ist verkrüppelt, mit Furcht erregendem langem, dichtem Bart, Hakennase und in Lumpen gehüllt. Solche Bilder haben allein Ähnlichkeit mit rassistischen, antisemitischen Schriften und Zeichnungen in Europa.«[111]

---

106 Sadik Jalal al-ʿAzm, naqd al-fikr al-dīnī [Kritik des religiösen Denkens].
107 Interview mit Sadik Jalal al-Azm vom 14. Oktober 2008.
108 Sadik Jalal al-Azm, dirāsāt yasāriyya hawla al-qadiyya al-filasṭīniyya [Linke Studien zur Palästinafrage].
109 Al-ʿarab wa-l-nazra al-marksiyya ilā al-masʾala al-yahūdiyya [Die Araber und die marxistische Perspektive auf die jüdische Frage], ebd., 7–71.
110 Ebd., 10.
111 Ebd., 11.

Al-Azm extrahierte hieraus zwei Gesichtspunkte, die seiner Auffassung nach die arabische Wahrnehmung prägten:

»[Aus arabischer Sicht] bilden die Juden seit der Schöpfung bis in die Gegenwart eine vollkommen homogene Gruppe von Menschen, die über unveränderbare, essenzielle Eigenschaften verfügen. Die Juden sind eine auf immer und ewig geschlossene und auf sich fixierte Gemeinschaft, die alles daran setzt, um sich von ihrer nichtjüdischen Umgebung zu isolieren.«[112]

Neben diesem historisch unveränderbaren »jüdischen Wesen« sah der Syrer einen weiteren wesentlichen Aspekt:

»Mein zweiter Punkt hinsichtlich populärer arabischer Vorstellungen über die jüdische Frage liegt nicht nur darin, dass arabische Schriften den Juden ein unveränderbares Wesen vorgeschrieben haben, sondern dass sie ›dem jüdischen Wesen‹ eine Summe abscheulicher Eigenschaften und verwerflicher Charaktermerkmale [...] von der Schöpfung bis in die Gegenwart zugeschrieben haben. Es gibt gegenwärtig genügend arabische Intellektuelle, die daran glauben, dass alle verruchten Eigenschaften und Bösartigkeiten essentielle Bestandteile des von ihnen erfundenen Wesens der Juden seien.«[113]

Al-Azm belegte seine Kritik mit zahlreichen Studien aus der Feder arabischer Historiker und Politikwissenschaftler der zweiten Hälfte der 1960er Jahre.[114] Jedoch wollte er weniger die arabischen Intellektuellen an den Pranger stellen, als vielmehr ihr historisches Problem diagnostizieren. Er beurteilte die Defizite arabischer Autoren im Umgang mit der jüdischen Frage als Resultat fehlender historischer Forschung und eines Mangels an kritischen Methoden. Daher schlug er vor, die jüdische Geschichte nicht wie bisher mittels traditioneller religiöser Erzählungen und realitätsferner Wunschvorstellungen darzustellen, sondern mit den Methoden der modernen Geschichtsschreibung. Als vorbildlichen Ansatz zur Deutung der jüdischen Frage empfahl al-Azm die materialistische Theorie: Als Grundlektüre böte sich kein Werk besser an als Marx' *Die Judenfrage* sowie die materialistische Deutung der jüdischen Frage bei Abraham Léon.[115]

Der Philosoph war darüber hinaus ein vehementer Gegner des Nationalsozialismus und bemühte sich, arabische Stimmen zu analysieren, die die Bedeutung des Judenmords nicht verstanden oder diesen sogar befürwortet hatten. Wenn arabische Intellektuelle eine Auseinandersetzung mit der jüdischen Geschichte ablehnten und stattdessen in ihren eigenen religiösen und volkstümlichen Traditionen judenfeindliche Ansätze suchten, die die ewige,

112 Ebd., 11 f.
113 Ebd., 16.
114 Ebd., 13–18.
115 Ebd., 20 f.

unveränderbar böse Natur der Juden betonten, so müsse man sich über die generelle judenfeindliche Haltung der Araber nicht wundern:

»Wenn in der arabischen Welt solche unhistorischen Deutungen jüdischer Geschichte vorherrschen, so wird der Boden geebnet für eine faschistische oder hitlersche Lösung der jüdischen Frage [...]. Wenn also das jüdische Volk in seinem unveränderbaren Wesen böse, anormal und verwerflich ist und alle verdorbenen Eigenschaften bis in alle Ewigkeit in sich trägt, dann [...] bleibt keine andere Möglichkeit, außer diese böse Natur zu vernichten und auszuradieren.«[116]

Al-Azm trat somit für eine aufgeklärte Betrachtungsweise *sine ira et studio* ein. Er positionierte sich gegen die in der arabischen Welt vorherrschenden apokalyptischen Slogans wie »Tötet die Juden« oder »Werft sie ins Meer« und verlangte die Rationalisierung arabischer Diskurse im Allgemeinen und über die jüdische Frage im Besonderen. Dies betraf auch den Umgang mit Israel. Arabische Intellektuelle forderte er dazu auf, die Geschichte der Juden zu historisieren, den arabischen Leser dazu, das tragische Schicksal der Juden unter den Nationalsozialisten anzuerkennen.

Elias Murqus

Einen bedeutenden Versuch, die Geschichtserfahrungen der Juden zu historisieren, leistete der Syrer Elias Murqus (1929–1991). Geboren und aufgewachsen in einer wohlhabenden christlichen Familie, konnte Murqus eine angesehene Schulbildung beim Collège des Frères in Latakia genießen. 1946 trat er eine Studienreise nach Belgien an und schrieb sich in Brüssel in den Fächern Soziologie und Pädagogik ein. Wie viele junge Araber im Ausland war er politisch aktiv. Innerhalb der arabischen Studentenschaft waren von den syrisch-nationalen Baathisten über die religiöse Organisation der Muslimbrüder bis hin zur panarabischen harakat al-qawmiyyīn al-ʿarab (Bewegung der arabischen Nationalisten) unterschiedliche ideologische Gruppen vertreten. Doch keine dieser Gruppierungen konnte die politischen Erwartungen des jungen Studenten erfüllen. Nur durch Zufall besuchte er eine studentische Veranstaltung über den Maoismus.[117] Bald hatte der junge Syrer die klassischen Werke des Marxismus gelesen und beteiligte sich, nachdem er 1952 in sein Heimatland zurückgegangen war, an den Aktivitäten der Syrischen Kommunistischen Partei (KPS), der er offiziell aber erst 1955 beitrat. Bereits 1956 verließ Murqus die KPS aus Protest gegen mangelnde demokratische Strukturen wieder, dem Marxismus blieb er jedoch treu. Dies belegen seine dreißig Übersetzungen: Mao Tse-tungs Schrift zur chinesischen Revo-

---

116 Ebd., 18.
117 Vgl. Murqus (Übersetzer), maw tsi tung [Mao Tse-tung], 6.

lution, Plechanows *Zur materialistischen Deutung der Geschichte,*[118] Feuerbachs *Grundsätze der Philosophie der Zukunft*[119] und ökonomisch-philosophische Texte von Marx,[120] aber auch Ernst Blochs Vorlesungen über die *Philosophie der Renaissance*[121] und Georg Lukács' *Zerstörung der Vernunft*[122]. Marxistisch geprägt waren auch die 17 eigenen Werke, deren zentrales Anliegen es war, einerseits eine Kritik gegen den arabischen Nationalismus zu formulieren und andererseits eine Verbreitung des Marxismus im arabischen Raum zu fördern.[123] Seine Bücher handelten von den intellektuellen Sorgen seiner Generation. Er schrieb über das Verhältnis von Tradition und Moderne,[124] von Marxismus und Nationalismus im arabischen Raum[125] sowie über die Kolonialerfahrung der Araber.[126]

Mit Rodinson hatte Murqus schon vor dem Krieg 1967 in Beirut Bekanntschaft gemacht. Aus gemeinsamen Gesprächen erwuchs eine Freundschaft, in der sich zwei programmatische Denker mit dem gleichen euphorischen Ziel trafen: den Weg in die arabische Moderne über den Marxismus zu finden. Davon zumindest zeugt ein Lehrbuch, das Rodinson und Murqus gemeinsam mit dem palästinensischen Intellektuellen Emile Toma (1919–1985) im Jahr 1971 in Beirut herausgaben.[127] In *Die Nation, die Nationalismusfrage, die arabische Einheit und der Marxismus* kritisierten die Autoren den arabischen Nationalismus aus marxistischer Perspektive und kommentierten klassische Texte von Marx, Engels, Lenin und Stalin.

118 Vgl. ders. (Übersetzer), blikhanuf [Plechanow].
119 Vgl. ders. (Übersetzer), ludwig fuyarbakh [Ludwig Feuerbach].
120 Vgl. ders. (Übersetzer), karl marx.
121 Vgl. ders. (Übersetzer), irnist blokh [Ernst Bloch].
122 Vgl. ders. (Übersetzer), jurj lukashish [Georg Lukács].
123 Das verkündete Murqus allerdings erst kurz vor seinem Tod in seinem knapp 900 Seiten starken Lebenswerk naqd al-ʿaqliyya al-ʿarabiyya [Kritik der arabischen Vernunft], das sechs Jahre nach seinem Tod in Damaskus erschien. Vgl. dazu auch Tibi, Die arabische Linke, 43–45.
124 Vgl. Murqus, naqd al-ʿaqliyya al-ʿarabiyya [Kritik der arabischen Vernunft].
125 Vgl. dazu ders., al-marksiyya fī ʿasrinā [Der Marxismus in unserem Zeitalter]; ders., naqd al-fikr al-qawmī [Kritik des nationalistischen Denkens]; ders, al-marksiyya wa-naqd al-fikr al-qawmī [Der Marxismus und die Kritik des nationalen Denkens].
126 Besonders haben ihn die algerischen und palästinensischen Erfahrungen mit dem Kolonialismus beschäftigt. Vgl. beispielsweise seine Kritik an den französischen Kommunisten im Zusammenhang mit ihrer Position zum Algerienkrieg, ders., al-hizb al-shuyūʿī al-faransī wa-qadiyyat al-jazāʾir [Die französische kommunistische Partei und die Algerienfrage], sowie seine Kritik am gewaltorientierten Widerstand palästinensischer Gruppen: al-muqāwama al-filastīniyya wa-l-mawqif al-rāhin [Der palästinensische Widerstand und die gegenwärtige Lage].
127 Vgl. dazu Rodinson/Murqus/Tomma, al-umma, al-masʾala al-qawmiyya, al-wahda al-ʿarabiyya wa-l-marksiyya [Die Nation, die Nationalismusfrage, die arabische Einheit und der Marxismus].

Doch mit Rodinson verband Murqus nicht nur die gemeinsame Bemühung um eine »Arabisierung des Marxismus«,[128] sondern auch das Interesse an der jüdischen Frage. 1970 erschien *Bauer. Marx. Über die jüdische Frage*[129] von Murqus. Seine Beschäftigung mit diesem Thema begründete er damit, dass arabische Intellektuelle die jüdische Frage diskutierten, ohne jedoch über eine ausreichende Quellengrundlage zu verfügen. Die wenigen vorhandenen Übersetzungen seien entweder sprachlich unprofessionell, wie etwa die materialistische Deutung der jüdischen Frage von Abraham Léon, oder kontextlos ins Arabische übertragen, wie *Zur Judenfrage* von Marx.[130]

Murqus' Buch war mit Blick auf die kritisierten Zustände im Wesentlichen ein Übersetzungswerk mit einem Kapitel zur *Judenfrage* von Bruno Bauer (1809–1882) aus dem Jahr 1843[131] und einem weiteren zu Marx' Reaktion auf Bauer.[132] Diesen hatte Murqus eine umfassende Einleitung vorangestellt,[133] die in zweierlei Hinsicht zur Thematik hinführen sollte: Auf einer allgemeinen Ebene betonte sie die historische Bedeutung der jüdischen Geschichtserfahrung und gab die marxistische Deutung der jüdischen Frage wieder. Im Besonderen aber wollte die Einführung die Signifikanz der jüdischen Frage für den arabischen Kontext sichtbar machen.[134] Und hierin lag der eigentliche Erkenntnisgewinn: Anders als Mustafa al-Hussaini und Sadik al-Azm hatte Murqus weder einfach die Übersetzung eines Werks zur jüdischen Geschichte noch allein die Aufklärung der arabischen Öffentlichkeit über die jüdische Frage im Sinn. Er ging einen Schritt weiter und brachte die jüdische Frage in Zusammenhang mit der arabischen Kolonialerfahrung, um so die Bedeutung des Holocaust für den arabischen Raum erklären beziehungsweise der arabischen Öffentlichkeit ein Deutungsmuster für den Umgang mit dem Holocaust anbieten zu können.

Murqus stellte die europäische Wahrnehmung von Juden einerseits und Arabern andererseits infolge der Aufklärung vor. Sei es bei Voltaire, Feuerbach, Bauer oder Renan, der europäische Intellektuelle blicke auf Juden wie

---

128 Vgl. dazu Darwish, elias murqus wa-ta'rīb al-marksiyya [Elias Murqus und die Arabisierung des Marxismus].

129 Murqus, bawar. marx. hawla al-mas'ala al-yahūdiyya [Bauer. Marx. Über die jüdische Frage]. Das nicht datierte Werk erschien Anfang der 1970er Jahre. Diesen Rückschluss lässt Murqus' Kritik auf Seite 20 an der Übersetzung des Werks von Abraham Léon ins Arabische zu, die 1970 in Beirut erschien.

130 Ebd., 5.

131 Vgl. dvas zweite Kap.: brunu bawar. al-mas'ala al-yahūdiyya [Bruno Bauer. Die jüdische Frage], 49–168.

132 Vgl. das dritte Kap.: karl marx. al-mas'ala al-yahūdiyya [Karl Marx. Die jüdische Frage], 169–206.

133 Vgl. das erste Kap.: muqaddima [Einleitung], 5–45.

134 Vgl. Murqus, bawar. marx. hawla al-mas'ala al-yahūdiyya [Bauer. Marx. Über die jüdische Frage], 5.

auf Araber aus dem gleichen – durch ein Überlegenheitsgefühl bestimmten – Blickwinkel. Emanzipation und Kolonialisierung seien zwei Wege mit dem gleichen Ziel, nämlich Juden und Araber in die Moderne zu führen. Doch der Zweite Weltkrieg hatte für Murqus den Gang der Geschichte geändert: Das tragische Schicksal der Juden im Nationalsozialismus habe einen Wendepunkt und den Bruch mit diesem von Pauschalverdacht, Überlegenheitsgefühlen und Antisemitismus geprägten Blick Europas im 19. Jahrhundert bedeutet. Von nun an solle und dürfe es keine Figur wie Bruno Bauer mehr geben, der mit dem anklagenden Zeigefinger auf die Juden verwiesen und ihnen Rationalität und Vernunft abgesprochen habe.

Nach Murqus' Auffassung prägte die Judenvernichtung die europäische Kultur nach 1945 nachhaltig und rief Schuldgefühle unter seinen Intellektuellen hervor, weshalb diese, wenn überhaupt, den Juden nur mit tiefem Schamgefühl begegnen könnten:

»Für das Europa Mitte des 19. Jahrhunderts war der Antisemitismus á la Pierre-Joseph Proudhon und [Karl Eugen] Dühring [kennzeichnend]. [...] In unserer Gegenwart, am Nachabend der hitlerschen Hölle, hat sich dieses Bild geändert. Nehmen wir Jean-Paul Sartre als Beispiel, den Verfasser der ›Betrachtungen zur Judenfrage‹, der das genaue Gegenteil von Proudhon und Dühring darstellt: Er kritisiert den durchschnittlichen Franzosen, weil er den Juden nicht mit genügend Sympathie begegne; er erklärt dem Franzosen, für die Gaskammer verantwortlich zu sein, um bei ihm ein schlechtes Gewissen zu wecken, weil er sich nicht gegen die Briten und für die Juden erhoben und für die Gründung des Staates Israels gekämpft hatte. [...] Sartre und mit ihm Camus [...] sind jämmerliche, lächerliche Intellektuelle.«[135]

Sartre und Camus als kritische Beispiele zu wählen, unterstand einer klaren Intention: Insbesondere Sartre war für die arabischen Intellektuellen der 1950er und 1960er Jahre ein Apostel gegen den europäischen Kolonialismus gewesen, doch aus seiner proisraelischen Haltung im Sechstagekrieg folgerte Murqus, dass das politische Engagement des französischen Intellektuellen nicht das Produkt seiner freien Entscheidung und Vernunft war, sondern Resultat seiner Scham- und Schuldgefühle. In Bezug auf Camus galt Murqus' Kritik der Haltung in der Algerienfrage, als Camus in der Hochphase des Widerstandskampfs die Kolonialmacht Frankreich kritisiert hatte, gleichzeitig aber gegen eine Abtrennung Algeriens von Frankreich war.[136]

Sartre und Camus, zwei europäischen Intellektuellen nichtjüdischer Herkunft, stellte Murqus Abraham Léon, Isaac Deutscher und Maxime Rodinson gegenüber: Sie alle waren in seinen Augen Europäer jüdischer Herkunft, die dazu imstande waren, die Kolonialisierung Palästinas frei von histori-

---

135 Ebd., 14f.
136 Ebd.

schen Einflüssen zu beurteilen. Mit dieser Gegenüberstellung wollte Murqus die Europäer mit ihrer historischen Verantwortung konfrontieren und besonders die Intellektuellen unter ihnen daran erinnern, dass sie neben der Last des Holocaust auch die des Kolonialismus zu tragen hätten. Den arabischen Lesern schlug er ebenfalls eine Änderung der bisher vorherrschenden Meinung vor: »Wir [Araber] sollen aufhören, die Juden, ihr Schicksal und das Judentum zu verdammen«, denn schließlich sei »das uns zugefügte Unrecht, das koloniale Unrecht« von Europa verursacht und nicht von den europäischen Juden.[137] Murqus warnte davor, Judenvernichtung und Kolonialerfahrungen in Konkurrenz zueinander zu bringen und sich – wie Sartre und Camus – von Gefühlen leiten zu lassen. Er bot eine Alternative an:

»Es wird gesagt, man kann mit den Juden gegen die Gaskammer sein, gegen Hitler [...] und für den Aufstand des Warschauer Gettos; man kann mit den Juden gegen die faschistischen Deutschen und Europäer sein. [...] Wir sagen: Nein, noch korrekter ist: Man soll und muss! Denn es entspricht unserer Ansicht nach dem gesunden Menschenverstand.«[138]

Eine solche Einstellung folgte jedoch nicht einzig »dem gesunden Menschenverstand«, sondern die Anerkennung des Holocaust lag Murqus zufolge sogar im Interesse der Araber. Sie verleihe den arabischen Forderungen nach europäischer Anerkennung der Kolonialverbrechen und des Unrechts in Palästina Glaubwürdigkeit.[139]

Mustafa al-Hussaini, Sadik Jalal al-Azm und Elias Murqus hatten Ende der 1960er, Anfang der 1970er Jahre mit Übersetzungen und eigenen Werken die arabische Öffentlichkeit über die jüdische Geschichte, über Lösungsansätze des arabisch-israelischen Konflikts und über den Holocaust aufklären wollen. Ihre Herangehensweise mochte Unterschiede aufweisen, doch einig waren sie sich in der Zielsetzung: Sie alle waren bemüht, Trennschärfe zwischen der arabischen Kolonialerfahrung und der europäischen Judenvernichtung herzustellen. Doch diese Pioniere scheiterten. Es entwickelte sich weder ein Unterscheidungsvermögen noch eine Grenzziehung zwischen den beiden Leiderfahrungen, sondern Relativierung oder Leugnung des Holocaust prägten die arabische Öffentlichkeit – eines der »hässlichsten Bilder« der modernen Geschichte der Araber.[140]

---

137 Ebd., 30.
138 Ebd., 15.
139 Ebd., 29.
140 E. Said, usus li-l-taʿāyush [Grundlagen für die Koexistenz].

Widerstreitende Erzählungen

Wirkmächtiger als die arabischen Marxisten war ein Gegennarrativ, für das Jurj Haddad, ein libanesischer Essayist und Journalist, exemplarisch ist. In einer Beiruter christlichen Familie geboren und aufgewachsen, erhielt Haddad ein kirchliches Stipendium, mit dem er die renommierte griechisch-orthodoxe Schule thalāthat aqmār (Die drei Kappadozier) besuchte. Bereits während der Schulzeit kam er mit Nationalisten und Kommunisten in Berührung, wobei er sich zugunsten der Letzteren entschied: »Ich stammte aus armen Verhältnissen und wurde deswegen ständig von der Schulleitung herabwürdigend behandelt. Daher habe ich mich den Kommunisten angeschlossen. So einfach war das!«[141] Tatsächlich prägten die Armut der Familie und der autoritäre Führungsstil der Schulleitung den jungen Haddad. Aus Protest gegen das streng hierarchisch organisierte Schulleben wurde Haddad zum Anarchisten. In der Schule bekannte er sich sogar öffentlich zum Agnostizismus und wurde daraufhin 1952 ohne Abitur suspendiert. Haddad kümmerte das kaum: Er betrachtete das Ende seiner Schulzeit als Befreiung und schloss sich bereits im Folgejahr der Libanesischen Kommunistischen Partei an. Mit Enthusiasmus widmete er sich den Aktivitäten der Parteijugend und gehörte nach kurzer Zeit zu ihren bedeutendsten Vertretern im Politbüro. Engagement und Ehrgeiz sollten sich auszahlen: 1959 gewährte ihm die bulgarische Regierung ein Stipendium zum Studium in Sofia. Drei Jahre später kehrte er als Politikwissenschaftler nach Beirut zurück und alle Zeichen deuteten auf eine Parteikarriere hin. Jedoch verwickelte sich Haddad zunehmend in innerparteiliche Konflikte, woraufhin er 1964 aus der Partei ausgeschlossen wurde.

Das Ende seiner politischen Karriere in der KP blieb nicht ohne Wirkung: Der junge Kommunist entwickelte sich mehr und mehr zum arabischen Nationalisten. Er verfasste weiter Beiträge für Zeitungen und Zeitschriften sowie Essays und gründete einen eigenen Verlag. Seine Interessen umfassten die Debatte über die arabische Einheit,[142] die Diskussion um die Stellung des Marxismus in der arabischen Welt und selbstverständlich die Palästinafrage beziehungsweise den arabisch-israelischen Konflikt. Auch in der Debatte um die jüdische Frage und das Schicksal der europäischen Juden während des Zweiten Weltkriegs, die der Rodinson-Kreis angestoßen hatte, bezog er Stellung:

---

141 Aus einer kurzen Biografie des arabischen Onlinemagazins *al-hiwār al-mutamaddin* (Zivilisierter Dialog), <http://www.ahewar.org/m.asp?i=615> (11. Oktober 2011).
142 Jurj Haddad, al-umamiyya wa-l-thawra al-ʿarabiyya [Die Internationale und die arabische Revolution].

»Ja, gleich nach der beschämenden Niederlage von 1967 trat Maxime Rodinson auf die Bühne der kulturellen Szene in der arabischen Welt. Ein jüdischer Marxist, der den Zionismus ablehnte und sich als Freund der arabisch-islamischen Zivilisation präsentierte, was den unterschiedlichsten arabischen Intellektuellen gefiel. Insbesondere aber die Marxisten in Kairo und Beirut verehrten ihn. Was mich angeht, habe ich mich nicht bemüht, Rodinson zu treffen. Ich habe ihn und seinen arabischen Kreis nicht ernst genommen. Ich konnte sie auch nicht ernst nehmen: Sie waren eine Randerscheinung der arabischen Intellektualität!«[143]

Gleichwohl war es diesen »Peripheren« um Rodinson in kurzer Zeit gelungen, die jüdische Geschichte zu thematisieren, das Interesse der arabischen Welt zu wecken: an der jüdischen Frage, der friedlichen Lösung des arabisch-israelischen Konflikts und am tragischen Schicksal der Juden im Nationalsozialismus. Haddad fühlte sich durch diese Tatsache alarmiert:

»Rodinson und seine Gruppe haben ihr wahres Gesicht offenbart. Gleich nach dem Ende des Kriegs 1967 konzentrierten sich ihre Schriften und Veranstaltungen auf den arabisch-israelischen Konflikt und den Widerstand gegen den Zionismus. Das änderte sich allerdings schnell, denn bald schrieben sie über gesprächsbereite Israelis, die jüdische Frage, Antisemitismus und die hitlersche Vernichtung der Juden. Als arabischer Patriot konnte ich das nicht zulassen.«[144]

Die Reaktion des libanesischen Intellektuellen Jurj Haddad dokumentiert ein Buch, das zwar erst 1976 in Beirut erschien, jedoch mit Ausnahme der Einleitung aus Essays besteht, die vor allem in den Jahren 1970 und 1971 erschienen waren:[145] *Die jüdische Frage und die arabische Nationalbewegung*[146] beabsichtigte, die beiden Titelthemen zusammenzudenken. Haddad kritisierte den historisch-kritischen Ansatz von al-Azm und Murqus[147] und interpretierte ihre Ansichten zur jüdischen Geschichte als einen direkten Angriff auf den Islam:

»Die Provokateure erhitzen [...] im Namen des Fortschritts, der Revolution, des Sozialismus und des Marxismus [...] die religiösen und nationalen Gefühle der arabischen Massen, wenn sie behaupten, erst der Sieg über den Islam würde die Voraussetzung für den Frieden mit Israel und für das Verstehen der jüdischen Frage schaffen.«[148]

143 Korrespondenz mit Haddad vom 22. Dezember 2009.
144 Ebd.
145 Von den zwölf Essays sind zwei von 1971, neun von 1970 und einer von 1967.
146 Haddad, al-masʾala al-yahūdiyya wa-l-haraka al-ʿarabiyya [Die jüdische Frage und die arabische Nationalbewegung].
147 Haddad führt niemanden namentlich auf, jedoch ist das Buch voller Anspielungen auf den Kreis um Rodinson. So etwa im Titel des zweiten Essays al-daʾāya diʾāya wa al-silmiyya al-isrāʾīliyya wa-ghitāʾuhā »al-thawrī« al-ʿarabī [Die israelische Friedenspropaganda und ihre »revolutionäre« arabische Legitimierung], sowie seine Kritik gegen jene arabischen Kräfte, die an den Friedenswillen von Matzpen glaubten und diesen Standpunkt in der arabischen Öffentlichkeit populär machten. Vgl. ebd., 196 f.
148 Ebd., 195.

Mit dieser Propaganda beabsichtigte er – jenseits der »intellektuellen Schwärmerei à la Rodinson und al-Azm« – den »arabischen Massen« die grundsätzliche Frage zu beantworten, warum er sich gegen jene arabischen Intellektuellen wendete, die Kolonialerfahrungen der Araber mit der Judenvernichtung verglichen, um letztlich das Interesse der arabischen Öffentlichkeit für jüdische Leiderfahrungen zu wecken.

Haddad interpretierte die jüdische Frage als Machtkampf zwischen Juden und Europäern. Europa habe während des Nationalsozialismus eine Form der Kolonialisierung gegen seine eigenen Juden ausgebildet mit dem Ziel, das europäische Judentum zu vernichten. Die Zionisten würden, so Haddad, den europäischen Kolonialismus adoptieren und ihn über die geografischen Grenzen Europas hinaus gegen die Palästinenser richten. Aus dieser Perspektive gelten für Haddad Nationalsozialismus und Zionismus gleichermaßen als koloniale Bewegungen. Die Nationalsozialisten erstrebten die Vernichtung der europäischen Juden, die Zionisten kolonialisierten Palästina, um die palästinensischen Araber aus ihrem Land zu vertreiben. Doch jede Form des Kolonialismus sei genauso wie der Imperialismus moralisch zu verurteilen:

»Ich glaube nicht, dass diejenigen, die die Atombombe gegen unschuldige Menschen angewendet haben, und diejenigen, die Millionen von Chinesen, Koreanern, Algeriern, Vietnamesen und Palästinensern getötet haben [...], humaner als Hitlers Bande gehandelt haben.«[149]

Würden nun die Araber der Forderung einer Anerkennung des jüdischen Leids während des Nationalsozialismus nachkommen, dann käme dies einem Verzicht auf ihren eigenen Kampf gegen den Kolonialismus gleich:

»Wenn die Araber sich als Gegner der Nazis darstellen und sie darüber hinaus die jüdischen Opfer des Nationalsozialismus bemitleiden [...], tappen sie in die Falle [...], die die Zionisten ihnen gestellt haben [...]. Man könnte uns [dann] verwundert fragen: Wenn ihr doch sowohl keine Nazis als auch keine Antisemiten seid, warum dann die Feindschaft mit den Juden und gegenüber Israel?«[150]

Haddad fürchtete nicht nur die Folgen einer solchen Forderung von zionistischer Seite, sondern auch, dass alle ehemaligen imperialistischen Mächte die gleiche Forderung stellen und eine Amnestie kolonialistischer Verbrechen beanspruchen könnten, sei es in Nordafrika, Syrien, Libanon oder Ägypten. Haddad lehnte ein solches Szenario ab und plädierte arabischen Intellektuellen gegenüber dafür, einen konsensuellen Patriotismus zu bewahren und sich nicht mit dem Holocaust auseinanderzusetzen.[151]

---

149 Ebd., 159.
150 Ebd., 147.
151 Ebd., 148.

Aus dieser Perspektive zog Haddad seine Schlussfolgerung: Mit dem Zweiten Weltkrieg und der Verfolgung der Juden in Nazi-Deutschland habe die jüdische Leiderfahrung ein Gesicht erhalten. Die Araber, so Haddad, sollten dieses Gesicht nicht fürchten und aufhören, sich vom Vorwurf, sie seien Antisemiten oder Hitlers Helfer, freizumachen. Notwendig dagegen wäre es, nun den arabischen Leiderfahrungen von Algerien bis Palästina ein Gesicht zu geben und es der jüdischen Opfergeschichte gegenüberzustellen.

Haddads Ansatz war zweifellos problematisch, polemisch und zum Teil antisemitisch. Er repräsentierte jedoch die Gegenperspektive zu Rodinson und seinen arabischen Mitstreitern. Beide Perspektiven – Anerkennung versus Ausblendung der jüdischen Leiderfahrungen – prägten die 1960er Jahre in der arabischen Welt und drückten sich in konkurrierenden Narrativen aus.

Einer von Rodinsons Vorträgen kann veranschaulichen, welche Pointe diese gegenläufigen Ansätze hervorgebracht hatten. Ein Jahr nach der arabischen Veröffentlichung von Rodinsons *Israël, fait colonial?* war der französische Orientalist ein gern gesehener Besucher in den arabischen Hauptstädten. Die Gastgeber wussten, dass Rodinson wenig Wert auf offizielle Besuche legte, daher hatten einige arabische Intellektuelle ihn 1968 eingeladen, um als Redner bei einer renommierten Vorlesungsreihe aufzutreten. Die seit 1946 etablierte Libanesische Veranstaltung *(al-nadwa al-lubnāniyya)* in Beirut galt als das intellektuelle Ereignis im kulturellen Leben des Landes (Abb. 3).[152] Berühmte Gäste aus Wissenschaft, Politik und Kultur wurden eingeladen, um in diesem Forum zu sprechen.[153] Am 18. Dezember 1968 betrat Maxime Rodinson dort die Bühne. Doch die Erwartungen des Gastgebers unterschieden sich von denjenigen des Redners. Der Saal war voll und die libanesischen Medien bejubelten Rodinson aufgrund seiner israelkritischen beziehungsweise antizionistischen Haltung.[154] Maxime Rodinson blieb auch in dieser Veranstaltung der kritische Wissenschaftler. Distanziert formulierte er den Titel seines Vortrags: »Die arabische Zukunft und die Möglichkeiten der Modernisierung.«[155] Er thematisierte den arabisch-israelischen Konflikt und bekräftigte seine kritische Haltung gegenüber Israel. Gleichzeitig sprach er auch die Probleme der arabischen Kultur an. So betonte er, dass Wissen und Erkenntnis die Voraussetzung für die Modernisierung der arabischen Welt

---

152 Über die Geschichte und Bedeutung der Libanesischen Veranstaltung vgl. al-Nahār (Hg.), ahd al-nadwa al-lubnāniyya [Das Zeitalter der libanesischen Veranstaltung].
153 Zu den bekanntesten Rednern der *nadwa* gehörten Arnold Toynbee (1957), Louis Massignon (1957), Abbé Pierre (1960) und Léopold Sédar Senghor (1966), vgl. dazu ebd., 43–49, 51–62, 71–78 und 676.
154 Ebd., 676.
155 Al-mustaqbal al-ʿarabī wa-mumkināt al-hadātha al-ʿasriyya [Die arabische Zukunft und die Möglichkeiten der Modernisierung]; vgl. dazu die Vorankündigung in *al-nahār* vom 19. Dezember 1968.

seien. Als Beispiel wählte er den arabischen Umgang mit der jüdischen Geschichte seit dem Sechstagekrieg. Dabei bemängelte er die vermeintliche Unfähigkeit arabischer Intellektueller im Umgang mit Kolonialerbe, Zionismus und Judenvernichtung. Insbesondere kritisierte er jene, die immer wieder dazu aufgefordert hatten, die Leiderfahrungen der Araber zu verteidigen und gleichzeitig das Schicksal der Juden während des Zweiten Weltkriegs zu relativieren. Rodinson forderte, sich mit dem Holocaust auseinanderzusetzen. Diese Beschäftigung sollte präzise und konkret sein:

»Die jüdischen Gemeinden haben unter der Verfolgung gelitten und ihre Geschichte zeugt von vielen Massakern, die an Juden verübt wurden. Das Massenmorden in den Jahren 1939 bis 1945 in Deutschland, aber auch in den Staaten, die Deutschland besetzte, war ungeheuerlich und grausam und schuf Millionen von Opfern. Es gibt keinen berechtigten Grund, die Realität dieser Massaker und ihr Ausmaß zu leugnen. [...] Leugnungen, die den Zionismus, [...] Kapitalismus oder Kolonialismus als die wahren Verbrechen stilisieren wollen, konnten sich nicht bestätigen lassen. Die Massakrierung der Juden [jedoch] wird bezeugt durch ihre Opferzahlen [...] sowie Millionen von Überlebenden.«[156]

Die Reaktionen arabischer Intellektueller vom Januar 1969 auf die Äußerung Rodinsons zeugten jedoch nicht von einer solchen Bereitschaft. Die in Beirut erscheinende Zeitschrift *dirāsāt ʿarabiyya* (Arabische Studien) brachte zwar ein Interview mit dem französischen Intellektuellen, erwähnte jedoch nicht seine für arabische Nationalisten unangenehmen Standpunkte. Der Leser erfuhr nur, was arabische Ohren zu hören wünschten. Die Fragen behandelten den Kolonialismus und den Palästinakonflikt: Rodinson wurde gebeten, die »Einmischung des amerikanischen Geheimdienstes als imperialistisches Instrument in Angelegenheiten der Dritten Welt«, die »möglichen Auswirkungen eines sowjetisch-chinesischen Konflikts für die Revolutionen der Dritten Welt« und »die Ansichten Che Guevaras, die den militärischen Widerstand anstelle des politischen Kampfes favorisierten«, einzuschätzen. Hinzu kamen Fragen über die »Verbindung Israels mit dem Imperialismus und der arabischen Reaktion«, »den palästinensischen Widerstandskampf als legitimes Mittel der Verwirklichung eines säkularen Staates für all seine Bürger« und schließlich die Frage, »ob die arabischen Medien im Ausland Fortschritte machten«. Die Kritik Rodinsons an der Haltung arabischer Intellektueller zum Holocaust wurde offensichtlich als Distanzierung von seiner bisher pro-

---

156 Vgl. dazu Maxime Rodinson über seine Haltung zu den arabischen Reaktionen auf den Holocaust nach 1967 und die arabische Begeisterung für europäische Leugnungsdiskurse. Der Text wurde in französischer Sprache 1981 für die palästinensische Zeitschrift *Revue d'Etudes Palestiniennes* veröffentlicht, zit. hier jedoch nach Rodinson, Cult, Ghetto, and State, 183.

Abb. 3: Der französische Orientalist Maxime Rodison
hält einen Vortrag im Rahmen der Vorlesungsreihe *al-
nadwa al-lubnāniyya* (Libanesische Veranstaltung) in
Beirut im Dezember 1968.

arabischen Haltung interpretiert. Gleichwohl musste er als proarabisch dargestellt werden:

»In den vergangenen drei Jahren wirkte Maxime Rodinson auf die Welt der Araber wie kaum ein anderer europäischer Intellektueller. Er ist [heute] eine bekannte Figur. Seine geistige Auseinandersetzung mit [...] der islamischen Geschichte sowie der Palästinafrage trugen zu seiner weit verbreiteten Bekanntheit in der arabischen Welt bei. Nur selten begegnet man heute einem arabischen Leser, der die Gedankenwelt [...] des Maxime Rodinson nicht kennt oder die politische Haltung Rodinsons nicht würdigt. Maxime Rodinson hatte nach dem Krieg 1967 gemeinsam mit weiteren progressiven französischen Intellektuellen gegen die zionistische Propaganda in Frankreich gekämpft.«[157]

---

157 So Naji ʿAllush in einem Interview mit Rodinson: dirāsāt ʿarabiyya [Arabische Studien] 4 (Februar 1969), 68–73, hier 68 f.

Diese Passage entsprach beispielhaft zahlreichen arabischen Präsentationen der Person Rodinsons. Er wurde als französischer Gelehrter vorgestellt, der die islamische Geschichte und Kultur studiert und sich als Antikolonialist für die arabische Sache eingesetzt hatte, insbesondere gegen die zionistische Besiedlung Palästinas. Die arabische Begeisterung für Rodinson nährte sich dabei vornehmlich aus folgenden Aspekten: Rodinson war nicht nur ein Nichtmuslim, der sich für die islamische Zivilisation begeisterte, und ein Franzose, der sich gegen den französischen Kolonialismus positionierte. Er war auch und vor allem ein Jude, der sich dem »jüdischen Projekt« in Palästina widersetzte. Er war aus arabischer Sicht der ideale »trusted witness«,[158] der die arabische Geschichte würdigte, den arabischen Kolonialkampf verteidigte und den Zionismus kritisierte. Dementsprechend war das, was Rodinson in arabischen Augen bedeutend machte, seine politische Haltung, die dem arabischen Nationalgefühl und dessen Geschichtsbildern eine gewisse Legitimation verlieh.

Rodinson wurde in der arabischen Welt grundlegend anders wahrgenommen als Toynbee und Sartre. Toynbee war Brite und seine Geschichtswahrnehmung war vom Kolonialismus geprägt. Er lenkte den Blick arabischer Intellektueller auf ein europäisches Nachkriegsnarrativ, das die koloniale Gewalt hervorhob, die Judenvernichtung aber relativierte. Rodinson war zwar Franzose, aber kein Franzose wie Sartre, der die historische Last französischer Judenfeindlichkeit von der Damaskus- über die Dreyfusaffäre bis hin zur französischen Kollaboration mit dem Nationalsozialismus des Vichy-Regimes trug. Nein, Rodinson war Antikolonialist und französischer Jude, dessen Eltern in Auschwitz ermordet worden waren. Seine Auftritte in Kairo und Beirut waren aufgrund der widersprüchlichen Elemente seiner Biografie eine Herausforderung für die zeitgenössischen arabischen Intellektuellen, denn Rodinson blendete keines der beiden Ereignisse zugunsten des anderen aus. Für ihn bestand die Herausforderung darin, die Narrative des Kolonialismus und des Holocaust gleichzeitig sichtbar zu machen und die arabische

---

158 Die englische Bezeichnung »trusted witness« erinnert auch an ein Zitat aus dem Koran. Der Vers geht zurück auf die Geschichte von Yusuf (Joseph), der im Haus des ägyptischen Pharaos aufwuchs, bis dessen Frau erfolglos versuchte, ihn zu verführen. Daraufhin ging Yusuf ins Gefängnis, wurde jedoch dank Beweismaterial aus dem Palast des Pharaos freigesprochen. Laut koranischem Text drückte Yusuf seine Freude über den Freispruch aus mit den Worten »wa-shahida shāhid min ahlihā« (»Einer aus ihrer Familie legte Zeugnis ab«; Sura 12:26), eine Äußerung, die in der arabischen Alltagssprache zu einer Metapher dafür wurde, dass jemand Ansichten seines Gegners vertritt. In den Gesprächen mit Sadik Jalal al-Azm (Interview in Leipzig, 25. November 2008), Dawud Talhami (Korrespondenz vom 23. Mai 2009) und Jurj Haddad (Korrespondenz vom 22. Dezember 2009) tauchte diese Redewendung bei der arabischen Wahrnehmung des französischen Intellektuellen ebenfalls auf, wobei al-Azm den Begriff »trusted witness« in Äquivalenz zum arabischen »wa-shahida shāhid min ahlihā« verwendete.

Rezeption aufzufordern, eine Trennlinie zwischen beiden Ereignissen zu ziehen. Bei den konkurrierenden Narrativen in der Diskussion unter arabischen Intellektuellen um Maxime Rodinson geht es weniger um die Schuldfrage oder etwa um die Frage von Judenhass oder Antisemitismus, ebenso wenig wie um den politischen Konflikt mit Israel. Von nachhaltiger Bedeutung sind Rang und Geltung bestimmter Geschichtsnarrative. Die Vorstellung eines historischen Kampfes der Araber gegen den europäischen Kolonialismus und dessen zionistische Ausformung in Palästina stiftet bis heute *das* Masternarrativ der Araber, dessen Setzung es nicht zulässt, andere, nicht damit zu vereinbarende Narrative wie die Anerkennung des Holocaust zu integrieren.

Aus dieser Perspektive lassen sich die Gründe für die eingeschränkte, ja blockierte Wahrnehmung der Judenvernichtung dort aufzeigen, wo sich das Leiden der Araber unter dem Kolonialismus als Konkurrenz zum jüdischen Leid im Holocaust eingeschrieben hat. Jemandem, der diesem Geschichtsnarrativ folgt, liegt nahe, den Holocaust zu ignorieren, zu relativieren oder gar zu leugnen.

Schlussbemerkungen

Arnold Toynbees provokativer Auftritt in Montreal im Januar 1961, Jean-Paul Sartres Reise nach Kairo kurz vor dem Sechstagekrieg und Maxime Rodinsons Begegnungen mit arabischen Akademikern in Beirut kurz danach sind nicht nur entscheidende Ereignisse in der Geschichte arabischer Wahrnehmungen des Holocaust gewesen. Die 1960er Jahre waren trotz der Kontinuität von Leugnung und Relativierung des Judenmordes ein Scharnierjahrzehnt, in dem nach der arabischen Niederlage von 1967 die Karten neu gemischt wurden, die Krise neue Denkwege ermöglichte und erzwang, ein Jahrzehnt, in dem sich auch die Auseinandersetzung mit der Geschichte des »Feindes« pluralisierte. Die drei Reisen spiegeln gleichsam die epistemologische Tragik des Missverstehens wider, das die Rezeption und Deutung der Judenvernichtung durch arabische Intellektuelle von 1945 bis heute durchzieht.

Diese Tragik resultiert einerseits aus dem realen arabisch-israelischen Konflikt und andererseits aus der vorgestellten Konkurrenz von Leiderfahrungen. Kolonialismus und Judenvernichtung strukturierten in der arabischen Perspektive die gegenläufigen Gedächtnisse. Die Begegnungen mit Toynbee, Sartre und Rodinson riefen bei arabischen Intellektuellen Reaktionen hervor, die immer wieder auf denselben Reiz verwiesen: konträre und miteinander konkurrierende Erinnerungen inmitten eines Kontextes, der durch Feindschaft, Krieg und Nichtanerkennung geprägt war. Die politischen wie intellektuellen Biografien dieser drei europäischen Intellektuellen mit antikolonialem Bewusstsein bewegten sich an den Schnittstellen der gegenläufigen Erinnerungen.

Der britische Universalhistoriker Arnold Toynbee, einst im Kolonialdienst tätig, dann zum Kritiker des Kolonialismus und insbesondere der britischen Palästinapolitik geworden, sah zwischen Nationalsozialismus und Zionismus eine Analogie. Er stellte die Vertreibung der Palästinenser durch zionistische Juden nicht nur auf die gleiche Stufe wie die Verfolgung der Juden unter nationalsozialistischer Herrschaft, er hielt das Vorgehen der Zionisten sogar für moralisch verwerflicher als das der Nationalsozialisten – als müssten Opfer von Unrecht bessere Menschen geworden sein. Diese verzerrende Analogie hatte die europäische und amerikanische Geschichtswissenschaft lange Zeit beschäftigt. Einige Historiker hatten Toynbee judenfeindliche Ressentiments zugeschrieben und ihn beschuldigt, antisemitisch zu argumentieren.¹ Die Frage nach dem antisemitischen Gehalt von Toynbees Geschichtsbild war jedoch für den arabischen Kontext weitestgehend irrelevant. Die Intellektuellen in Kairo und Beirut interessierten sich nicht dafür, ob Toynbee jüdische Gefühle verletzte oder die Zionisten dämonisierte. Nicht einmal seine generelle Abneigung gegen Religionen, einschließlich des Islam, störte sie. Sie waren von Toynbee begeistert wegen seiner moralischen Bewertung der europäischen Kolonialgewalt, die er als historisch folgenreicher als die nationalsozialistischen Verbrechen interpretierte. Hierin schien sich die ersehnte Anerkennung der eigenen leidvollen Geschichtserfahrung zu finden.

Ähnlich wurde zunächst Jean-Paul Sartre wahrgenommen. Er war der universale und engagierte Intellektuelle, der weit über die Grenzen der französischen Republik und der Philosophie hinaus rezipiert wurde. In den arabischen Hauptstädten feierte man ihn als den maßgeblichen antikolonialen Intellektuellen Europas. Er verhalf dem Befreiungskampf der Kolonisierten zu weltweiter Popularität.² Darüber hinaus profilierte sich Sartre als entschiedener Gegner des Algerienkrieges. Er machte keinen Hehl aus seiner Sympathie für die Front de Libération National und sah deren gegen das koloniale Frankreich gerichtete Gewalt als gerechtfertigt an. Eine solche Position kam den arabischen Intellektuellen in ihrem Kampf für die Anerkennung der eigenen Leiderfahrung entgegen und Sartre wurde in den 1950er Jahren zu einem Idol. Seine Bücher, Aufsätze und Artikel wurden von Kairo über Beirut, von Damaskus bis Bagdad übersetzt und rezipiert, vor allem die politischen. Arabische Intellektuelle hofften, in Sartre einen weltweit prominenten Fürsprecher gefunden zu haben, der ihrem Anliegen auf internationaler Bühne eine Stimme geben würde. Doch diese Hoffnung sollte sich nicht erfüllen, denn er wurde einseitig wahrgenommen. Neben dem antikolonialen Engagement hatte sich Sartre der Solidarität mit den Opfern des Antisemitismus verschrieben. Auf der Geschichte der europäischen Juden in verschiedenen Zeiten und Räumen – von der Dreyfusaffäre bis Auschwitz – lag ein Hauptaugenmerk der intellektuellen Biografie Sartres.

In Sartres Werk wurde zunächst die Ambivalenz der europäischen Intellektuellen im Hinblick auf die Leiderfahrungen der nichteuropäischen Kolonisierten deutlich. Die vor Ausbruch des Krieges von 1967 gegen Israel gerichtete, offen judenfeindliche Rhetorik arabischer Politiker und Intellektueller ließ Sartre schließlich keine andere Wahl, als seiner Solidarität mit Israel nachdrücklich Ausdruck zu verleihen. Er blieb Antikolonialist, wollte

---

1 Vgl. beispielsweise Samuel, The Professor and the Fossil, 5; Eban, The Toynbee Heresy, 331, und Borkenau, Toynbee and the Culture Cycle, 249. Vgl. zudem Glatzer, Ist Toynbee ein Antisemit?, 6; Agus, Toynbee and Judaism, 319 sowie Kaupp, Toynbee und die Juden, 189 und 243–246.
2 Lévy, Sartre, 34 und 380.

aber nicht Positionen unterstützen, von denen potenziell eine erneute Vernichtungsgefahr für das jüdische Volk ausging. Im kurz vor dem Krieg erschienenen Sonderband von *Les temps modernes* mit dem Titel *Israël, fait colonial?* wandte sich Sartre an die arabischen Intellektuellen mit der Frage, ob sie nicht verstehen könnten, dass für ihn die Israelis eben auch jene Juden seien, die Europa einst zu vernichten versucht hatte, und er daher eine wiederholte Gefährdung dieser Menschen fürchte. Für eine solche Haltung hatten arabische Intellektuelle jedoch in der Regel kaum Verständnis. Für sie schwächte Sartre mit seiner proisraelischen Haltung die Geltung arabischen Leidens ab und privilegiere erneut die jüdische Opfergeschichte. Sartres Petitionen zugunsten eines palästinensischen Selbstverwaltungsrechts sowie des Rückkehrrechts der Flüchtlinge sollten an der gewandelten Rezeption nichts mehr ändern: Es kam zum Bruch mit Sartre. Das Idol der 1950er Jahre wurde mit dem Krieg 1967 zur Persona non grata in der arabischen Geistes- und Kulturwelt.

Die Gegenläufigkeit der Gedächtnisse erreichte ihren Höhepunkt, als ein anderer französischer Intellektueller die Aufmerksamkeit zwar nicht der politischen Welt, aber der intellektuellen Szene Beiruts auf sich zog: Maxime Rodinson. Als Orientalist war Rodinson nicht nur bestens mit der arabischen Sprache, Kultur und Geschichte vertraut, sondern er thematisierte die Rivalität der Gedächtnisse von Kolonialismus und Holocaust explizit. In der erwähnten Sonderausgabe von *Les temps modernes* zum arabisch-israelischen Konflikt behandelte er die Frage, ob – wie so viele Araber behaupteten – Israel wirklich eine europäisch-koloniale Schöpfung darstelle. Rodinson stimmte dem zu: Israel sei das Ziel und praktische Resultat der zionistischen Bewegung gewesen; der Zionismus verdanke seine Entstehung ausschließlich europäischen Umständen, dem in Europa vorherrschenden Nationalismus und der dramatischen Situation eines Großteils der europäischen Juden nach dem Krieg; die jüdischen Siedler seien bis 1948 fast ausschließlich aus Europa gekommen und die Realisierung des Projekts nur im Rahmen der europäischen imperialistischen Expansion möglich gewesen. Israel sei, so Rodinson, ein im doppelten Sinne koloniales Phänomen: als Resultat des europäischen Kolonialismus und als Projekt der Besiedlung eines Landes mit einer von außen zugewanderten Bevölkerung.[3] Mit diesem Ansatz hatte Rodinson – obwohl seine Eltern in Auschwitz ermordet worden waren – Sartres kolonialkritischen Standpunkt gegenüber Israel deutlich übertroffen. Rodinson nahm diese Frage allerdings zum Anlass, mit arabischen Intellektuellen in Beirut und Kairo über ihre Haltung zum Holocaust zu diskutieren. Er versuchte dabei stets zu vermitteln, dass Europa zugleich für die Kolonialerfahrungen der Araber und das tragische Schicksal der Ju-

3 Rodinson, Israël, fait colonial?

den verantwortlich sei, doch ebenso deutlich wies er auf die unterschiedlichen historischen Zusammenhänge von Kolonialismus und Holocaust hin. Ein Ziel war, das arabische Publikum dafür zu sensibilisieren, dass die Konkurrenz der Gedächtnisse leicht in eine Leugnung des Holocaust münden könne. Wie bereits im Fall Sartre beschränkte sich die arabische Rezeption von Rodinsons Positionen im Wesentlichen auf seine Kritik an Israel als Kolonialstaat, die Forderung nach Anerkennung der jüdischen Katastrophe rückte in den Hintergrund.

Gleichwohl hatte sich die politische und geistige Landschaft mit dem für den arabischen Nationalismus katastrophalen Sommer 1967 verändert. Die Krise gebar Kritik an allen vertrauten Gewissheiten, auch hinsichtlich des Umgangs mit Israel und jüdischer Geschichte. Intellektuelle wie Sadik Jalal al-Azm, Elias Murqus, Mustafa al-Hussaini oder Dawud Talhami besaßen nun den Mut, sich dem Sog des eigenen Opfernarrativs zu entziehen und mit neuen Perspektiven die jüdische Geschichte zu vermessen. Ihre Werke sind nicht nur Vorbild und Anregung dieser Studie gewesen, sondern stellen auch wesentliche Quellen zum Verständnis der diskursiven Gemengelage dar.

Es bleibt die Frage offen, ob der hier verfolgte Deutungsansatz auch eine Geltung über die 1960er Jahre hinaus beanspruchen kann. Walter Benjamin hat betont, es müsse in jeder Epoche versucht werden, »die Überlieferung von neuem dem Konformismus abzugewinnen, der im Begriff steht, sie zu überwältigen«.[4] Auch wenn das antagonistische Verständnis von Kolonialismus und Holocaust den arabischen Kultur- und Erfahrungsraum weiter prägte, waren von nun ab andere Wege möglich.

In diesem Sinne öffnet dieses Buch einen Forschungshorizont in zweierlei Richtungen: Zum einen sollte die Frage verfolgt werden, ob das Erklärungsmuster konkurrierender Leiderfahrungen auch ab den 1970er Jahren Gültigkeit bezüglich arabischer Reaktionen auf den Holocaust beanspruchen kann. Zum anderen lädt die vorliegende Arbeit insbesondere arabische Wissenschaftler dazu ein, sich der Erforschung des Holocaust jenseits eigener Leiderfahrungen zu öffnen.

Als Taha Hussain 1946 im Hafen von Haifa mit Empathie die gestrandeten jüdischen Flüchtlinge betrachtete und beschrieb, war er einer der ersten arabischen Gelehrten, die sich den Geschehnissen in Europa stellten – lange bevor die Gewaltverbrechen des Nationalsozialismus in Europa selbst zu einem offen diskutierten Thema wurden. In seinem Essay *Von Kairo nach Beirut* differenzierte Taha Hussain sorgfältig die Geschichtszusammenhänge von Holocaust und Kolonialismus und vermied jede Nivellierung oder Gleichsetzung beider Ereignisse. Darüber hinaus charakterisierte er Palästina als

---

4 Benjamin, Über den Begriff der Geschichte, 695.

Schauplatz konfliktärer Gegenläufigkeit, auf dem jüdische Überlebende des Holocaust und den Konsequenzen europäischer Kolonialpolitik ausgesetzte einheimische Palästinenser aufeinandertrafen. Wenn der von Taha Hussain 1946 erkannte Zusammenhang der Wahrnehmung kolonialer Gewalt und nationalsozialistischer Verbrechen auch künftig reflektiert wird, wird dies einen wesentlichen Schritt zur Überwindung der arabischen Leugnung oder Relativierung des Holocaust darstellen.

Hinweise zur Transkription

Arabische Wörter sind in der Arbeit kursiv und in Kleinschreibung wiedergegeben. Für arabische Begriffe, die Eingang in die deutsche Sprache gefunden haben, wird die im Deutschen gebräuchliche Schreibweise verwendet. Arabische Personennamen, die in der Literatur üblicherweise ohne Transkription anzutreffen sind, werden auch ohne Transkription wiedergegeben. In allen übrigen Fällen orientiert sich die Schreibung an den Richtlinien der *Encyclopaedia of Islam* (3. Auflage) mit Ausnahme der Längenzeichen, die hier durch Verdopplung der Buchstaben wiedergegeben sind. Zugunsten einer besseren Lesbarkeit wurde auf diakritische Punkte verzichtet, dh, gh, kh, th wurden ohne Unterstreichung wiedergegeben. Arabische Personennamen folgen nicht der Transkriptionsregel, sondern werden so wiedergegeben, wie sie von den Autoren in lateinischer Schrift verwendet wurden.

Quellen

Vorbemerkung zum Quellenteil

Im Folgenden werden dem Leser Quellen zum Themenbereich der Studie zugänglich gemacht, die erstmals aus dem Arabischen übersetzt wurden. Die Quellen sind im Hauptteil dieses Buches ausgedeutet und kontextualisiert worden, ihre Auswahl ist entsprechend vom Erkenntnisinteresse der Studie geleitet. Gestalt und Inhalt der hier präsentierten Texte sind nachdrücklich deskriptiv, das heißt, die Ausschnitte legen Zeugnis vom Aussagewillen ihrer Verfasser ab, die ihre Texte stets hochgradig rhetorisiert, zuweilen mit kämpferischer, zuweilen auch mit antisemitisierender Argumentation versehen haben. Jeder Quellenübersetzung ist ein kurzer Sachkommentar vorangestellt, aus dem ersichtlich wird, wie nah die jeweilige Quelle dem berichteten Geschehen steht. Auch Quellen polemischen Inhalts werden zugänglich gemacht. Diese Entscheidung fiel bewusst, da solche Quellen Erkenntniswert insofern besitzen, als zum einen die lange Dauer bestimmter polemischer Argumentationsformate evident wird, die die Befassungen mit dem Holocaust in der arabischen Welt bis heute prägen, zum anderen die Autorschaft markant polemischer Positionen offengelegt wird.

Taha Hussain
Von Kairo nach Beirut

Taha Hussains Text *Von Kairo nach Beirut* ist ein literarischer Reisebericht, in dem eine denkwürdige Passage über die Ankunft europäischer Juden in Haifa zu finden ist. Der Text beschreibt die Schiffsreise selbst sowie andere Passagiere, er enthält Reflexionen über das Leben auf dem Schiff und nachdenkliche Passagen über Beirut. Die Szene am Hafen von Haifa hat im Textgefüge keine prominente Stellung, was angesichts der Virulenz von Kolonialismus und Palästinafrage in Ägypten 1946 nicht verwundert. Mit dem Ende des Zweiten Weltkriegs hatten die Ägypter auf die von Großbritannien während der Kriegsjahre versprochene Unabhängigkeit gehofft, doch die Briten hatten ihr Versprechen nicht gehalten und die Kolonialisierung am Nil fortgesetzt. Zudem war in der ägyptischen Hauptstadt in den Nachkriegsjahren ein arabisch imprägniertes Bewusstsein für die Palästinafrage entstanden – man sah sich in der Pflicht, auf einem gemeinsamen arabischen Weg zu handeln. Entsprechend wurde im März 1946 in Kairo die Arabische Liga begründet. Zweifelsohne haben diese politischen Konstellationen Taha Hussains Darstellung bestimmt. Doch auch wenn die Szene eher zurückhaltend geschrieben ist, so wird unmittelbar deutlich, dass der ägyptische Intellektuelle im Jahr 1946 die konkurrierenden Narrative von Holocaust und kolonialen Erfahrungen präzise erkannt und in Sprachlichkeit gehoben hat. Das war alles andere als Zufall, denn kaum ein Denker des 20. Jahrhunderts war mit der arabischen, der europäischen, aber auch der jüdischen Geschichte so vertraut wie Hussain. Dies wird bereits aus biografischen Koordinaten deutlich. Der 1889 in Ägypten geborene Hussain wurde in seiner Kindheit medizinisch fehlbehandelt und verlor infolgedessen sein Augenlicht. Als Kind lernte er deshalb in einer *kuttāb* (Koranschule) das heilige Buch des Islam auswendig und studierte anschließend arabische Literatur an der religiösen Institution der al-Azhar in Kairo. Aufgrund von Meinungsverschiedenheiten mit den dortigen religiösen Lehrern wechselte Hussain 1908 an die neu gegründete, stärker weltlich orientierte Kairoer Universität (damals nach dem ägyptischen König Fouad I. benannt). Dort studierte er arabische Literatur, ein Fach, in dem er 1914 promovierte. Anschließend erhielt er Stipendien für einen Studienaufenthalt in Frankreich, den er zunächst in Montpellier, dann an der Sorbonne in Paris absolvierte, wo er den *Doctorat d'État* für seine Arbeit über den arabischen Soziologen Ibn Khaldun erhielt. Nach seiner Rückkehr wurde er als Professor für Geschichte und später für arabische Literatur an die Kairoer Universität berufen. Hussain prägte das intellektuelle Leben Ägyptens mit zahlreichen Veröffentlichungen. Eine der wichtigsten Studien Hussains war sein Buch *fi-l-shiʿr al-jāhilī* (Über die vorislamische Dichtung). Seine Interpretation der koranischen Offenbarung wurde von religiöser Seite heftig diskutiert. Als moderner Wissenschaftler vertrat Husain die Überzeugung, dass die Geschichtserzählungen des Korans eine Sammlung von Legenden darstellten, die dem Gläubigen zwar als religiöses Erbe dienen möge, doch wissenschaftlich über keinerlei Gültigkeit verfüge. Trotz heftiger Kritik an dieser Position ging Taha Hussain in die moderne arabische Geschichte als ʿamīd al-adab al-ʿarabī (Doyen der arabischen Literatur) ein. Er war nicht nur ein genauer Kenner der arabischen Literaturgeschichte, sondern auch der europäischen Ideengeschichte. Hussain hob in seinen Schriften stets die universale Bedeutung der europäischen Aufklärung hervor und vertrat die Auffassung, dass die europäische Moderne ein Vorbild für Ägypten sein könne. Doch Hussains Begeisterung für Europa hinderte ihn nicht daran, die dunklen Seiten der europäischen Moderne zu erkennen. Er setzte sich gegen den Nationalismus und die Verfolgung der Juden in Europa ein. Zu Hussains Schülern gehörten auch jüdische Studenten aus Europa.[1] Darüber hinaus half er jüdischen Wissenschaftlern, indem er ihnen Dozenturen an der Kairoer Universität anbot und versuchte, sie von Europa nach Ägypten zu bringen.[2]

Hussains Interesse an arabischen, europäischen und jüdischen Geschichtserfahrungen gipfelte in seinem Engagement für die Zeitschrift *al-kātib al-miṣrī*, die von der aschkenasischen, in Ägypten ansässigen Familie Harari gegründet und monatlich von Taha Hussain herausgegeben wurde. Die Zeitschrift verstand sich als liberale Plattform für jüdische, europäische und arabische Ideen- und Kulturgeschichte. In kürzester Zeit (1946–1948) wurde *al-kātib al-miṣrī* zu einer der wichtigsten Kulturzeitschriften Ägyptens. Mit Ausbruch des Krieges 1948 war Hussain heftiger Kritik ausgesetzt, eine von vermeintlichen »Zionisten« finanzierte Zeitschrift herauszugeben. Hussain setzte sich weiter für die Zeitschrift ein, die Harari-Familie sah sich jedoch schließlich gezwungen, die Zeitschrift einzustellen. Mehr als fünfzig Jahre später würdigte die ägyptische Regierung die Rolle von *al-kātib al-miṣrī* und subventionierte einen Nachdruck für die ägyptische Öffentlichkeit, der in kurzer Zeit vergriffen war.

Taha Hussain, Von Kairo nach Beirut [min al-qāhira ilā bayrūt], in: al-kātib al-miṣrī [Der ägyptische Schreiber] 3 (1946), H. 9, 3–13, hier 4f. und 11f.

So ging es mir stets, wenn ich Ägypten verließ, meine Seele geriet ins Schwanken. Doch dieses Mal war es besonders bedrückend. Vielleicht weil wir uns in einer Zeit befanden, in der jeder Ägypter mit Herz und Verstand seine patriotische Verbundenheit mit dem Land durch seine Anwesenheit im Land bewies. [...]

Haifa erreichten wir am nächsten Tag. Welch einen traurigen Anblick bot uns dieser Hafen. Eine Szene, die in der Seele Schmerzen, Wut, aber auch Zuneigung hervorrief. Ein Schiff trug etwa tausend geschwächte jüdische Einwanderer: Kinder und Knaben, die die Pubertät noch nicht erreicht hatten, und Frauen, denen schweres Leid zugefügt worden war. Einige von ihnen hatten alles verloren und sich nur noch eine leise Hoffnung bewahrt, die sich in einem traurigen Lächeln auf ihren Lippen zeigte. Andere trugen in sich einen

---

1 Beispielsweise Israel Ben Zeev, bekannt unter dem arabischen Pseudonym Abu Zuaib, der 1922 bei Taha Hussain an der Kairoer Universität studierte, 1929 in Frankfurt am Main promovierte und anschließend mit Unterstützung von Hussain an der Kairoer Universität zum Dozenten ernannt wurde. Vgl. dazu Zeev, Kaʿb al-akhbār, 3.
2 So beispielsweise der jüdische Prager Arabist Paul Kraus (1900–1944), der aus Europa nach Ägypten ging und an der Kairoer Universität am von Taha Hussain geleiteten Lehrstuhl für arabische Literatur, Philologie und semitische Sprachen unterrichtete. Vgl. dazu Kraemer, The Death of an Orientalist, 195f.

Lebenswillen, der in ihren unglücklichen Herzen Hoffnung und Hoffnungslosigkeit, Zufriedenheit und Verbitterung, Vergnügen und Schmerzen hervorrief. Diese Immigranten kamen in Begleitung der Alliierten. In Palästina suchten sie nach Sicherheit und Schutz. Doch die Bewohner Palästinas wurden nicht gefragt oder darum gebeten, diesen Flüchtlingen Schutz zu bieten. Es gab genügend andere Orte auf der Welt, die diesen Mitleid erregenden Immigranten besseren Schutz und Sicherheit anbieten könnten als Palästina. Die britischen Soldaten, mit Waffen gerüstet, demonstrierten ihre Macht und schützten den Hafen von Haifa, um die Ankunft dieser erbärmlichen Flüchtlinge zu sichern, und das in einem Land, das gezwungen war, diesen Menschen Asyl zu geben. Diese Elenden stiegen in disziplinierter Weise aus dem Schiff aus, sangen Lieder mit ihren leidgeprüften geschwächten Stimmen [...].

Spiegelt ihr Singen Freude und Glückseligkeit über einen Sieg? Oder spiegelte es ihren Kummer, ihre Not und die Niederlage der Vertriebenen? Oder bedeutete es beides gleichermaßen? Ich weiß es nicht! Ich weiß nur, dass ihr Singen die Seelen [der arabischen Bewohner Palästinas] mit Wut und Zorn, aber auch mit Mitleid und Erbarmen erfüllte. Es war eine Szene, die sogar bei den Arbeitern auf dem Schiff Wut hervorrief; sie kritisierten die Übermacht der Alliierten, die ein französisches Schiff für ein Anliegen einsetzen, das bei den arabischen Bewohnern Zorn und Unmut schürt. Ist Frankreich nicht dazu verurteilt, sich den Siegermächten England und USA unterzuordnen, um politisch überleben zu können?

Doch der Kummer schwand und die Last auf den Herzen verflog. Denn das Schiff segelte von Haifa in Richtung Beirut. Erleichterung und Freude prägten die Passagiere, ein Gefühl wie das erleichterte Erwachen aus einem furchtbaren Alptraum.

Jawwad Ali
Toynbee

Der britische Universalhistoriker Arnold Joseph Toynbee (1889–1975) genoss nicht nur während seiner Lebenszeit große Anerkennung in den arabischen Gesellschaften. Kaum ein anderer europäischer Intellektueller wurde auch nach dem Tode so gewürdigt wie er. So fand zwei Jahre nach seinem Tod in der irakischen Hauptstadt eine Konferenz zum Gedenken an Toynbee statt.[3] Die Veranstaltung stand unter dem Namen »mahraǧān al-muʾarriḫ tūynbī«, wörtlich etwa »Festival des Historikers Toynbee«. De facto handelte es sich um eine äußerst prominent besetzte Gedenkveranstaltung. Gastgeber

---

[3] Vgl. dazu Susa/al-Takrity (Hgg.), buḥūṯ mahraǧān al-muʾarriḫ tūynbī [Beiträge aus der Veranstaltung zum Gedenken an den Historiker Toynbee].

waren die irakische Regierung und der in der dortigen akademischen Welt renommierte Verband arabischer Historiker. Es kamen Historiker und Intellektuelle aus dem Irak, Libanon, Tunesien, Ägypten, Saudi-Arabien, Algerien, Marokko, Libyen und dem Sudan. Doch die Liste der Gäste beschränkte sich nicht nur auf die arabische Welt, auch Historiker aus Pakistan, der Türkei, Senegal, den USA, Spanien, England, der Tschechoslowakei, Italien und der Sowjetunion waren geladen. Aus Deutschland waren ebenfalls Historiker und Orientalisten vertreten, darunter Helmut Mejcher, Alexander Schölch und Werner Ende.[4] Die Beiträge wurden zwei Jahre später (1979) vom irakischen Ministerium für Kultur und Kommunikation in Bagdad herausgegeben. Die Studie besteht aus einer arabischen und einer englischen Sektion. Der arabische Teil beinhaltet neben der Einleitung elf Grußworte und Beiträge;[5] die englische Sektion besteht aus acht Beiträgen.[6] Die arabischen Beiträge des Bandes stammen aus irakischer, libanesischer, marokkanischer, algerischer und tunesischer Feder. Insbesondere ein irakischer Beitrag ist von Interesse, der Aufsatz des Historikers Jawwad Ali (1907–1987).[7] Der in Bagdad geborene Ali studierte zunächst in der irakischen Hauptstadt und promovierte in der zweiten Hälfte der 1930er Jahre in Deutschland. Dann

---

4 Vgl. ebd., Teilnehmerliste, 88f.
5 Die Beiträge sind in der folgenden Anordnung aufgeführt: Grußwort des Ministers für Kommunikation Saʿd Qasim Hammudi (5–8), Grußwort des Generalsekretärs des Verbands arabischer Historiker Hussain Amin (9–12), Grußwort Michel François', angegeben als Generalsekretär der internationalen Gesellschaft für Geschichte (13f.), Gawwad Ali, tūyinbī [Toynbee] (15–26), Mahmud Ismail, al-batal al-taʾrīkhī bayna karlail wa- tūyinbī [Der historische Held zwischen Carlyle und Toynbee] (27–36), Muhammad Tawfiq Hassan, arnūld tūyinbī al-mudāfiʿ ʿan al-ʿarab [Arnold Toynbee. Der Fürsprecher der Araber] (37–50), Abd al-Qadir zabadiya, al-qadāyā al-ifriqiyya al-muʿāsira fi-l-turāth al-maktūb li-l-ʿallāma tūyinbī [Gegenwartsbezogene afrikanische Fragen in den Schriften des Gelehrten Toynbee] (51–56), Muhammad Hussain Manzar, min wahy mahrajān tūyinbī [Vom Geiste des Gedenktags an Toynbee] (57–62), al-Hakim Muhammad Saʿid, tuwanbi al-muʾarrikh. rasm manzūrī maʾmūl li-l-islām [Toynbee der Historiker. Der Islam, ein erhofftes System] (77–82), Schlusswort des Generalsekretärs des Verbands arabischer Historiker Hussain Amin (83–87), Teilnehmerliste (88f.).
6 Allen D. Breck (University of Denver), Arnold Toynbee, The Jews and the Middle East. The Evolution of an Idea (3–19), Václav Opluštil (Institute of International Relations, Prague, Czechoslovakia, Some Remarques on the Problem of »Intelligible Field« for Studying History (20–25), Huseyin Yurdaydin (University of Ankara), Prof. Dr. A. J. Toynbee, Turkey and Turkish Historians (26–31), Alexander Schölch (University of Essen), Toynbee and the Palestinian Mandate (32–39), Derek Hopwood (Oxford University), The Continuity of Toynbees Views on the Middle East (40–49), S. A. Khulusi, On the Occasion of Toynbees Memorial Conference. Hagarism. The Making of the Islamic World – by Patricia Crone and Michael Cook (50–59), Kenneth W. Thompson (University of Virginia), Toynbees Theory of International Politics. Concepts of War and Peace (60–67) und schließlich Helmut Mejcher (University of Hamburg), Political Challenges in the Middle East and some Responses by the Young Arnold Toynbee (68–73).
7 Zu Jawwad Ali vgl. al-Matbaʿi, al-duktūr jawwad ali [Über Jawwad Ali].

aber kehrte er nach Bagdad zurück (1941), wo er nach einigen Jahren im Dienst des irakischen Bildungsministeriums zum Professor für Geschichte an der Bagdader Universität ernannt wurde.

Geprägt durch den deutschen Historiker Leopold von Ranke, war Ali darum bemüht, die Geschichte des Irak als Teil einer islamischen Geschichte zu verstehen, dies jedoch nicht durch eine Übernahme der traditionellen Darstellung irakischer Chronisten, sondern auf die kritischen Geschichtsmethoden bezogen.

Jawwad Ali, Toynbee [tūyinbī], in: ʿAliya Ahmad Susa/
Hashim Salih al-Takrity (Hgg.), buḥūth mahrajān al-muʾarrikh tūyinbī
[Beiträge aus der Veranstaltung zum Gedenken an den
Historiker Toynbee], Bagdad 1979, 15–26.

Zwei Eigenschaften zeichnen diesen Professor für Zivilisationsgeschichte im Unterschied zu seinen Kollegen aus: Sein enzyklopädisches Wissen noch über die Einzelheiten der Weltgeschichte sowie seine beständige Verteidigung von Recht und Gerechtigkeit.

Die erste Eigenschaft wird durch die Genauigkeit seiner Herangehensweise in seinem Monumentalwerk über die Weltgeschichte bewiesen. Hier präsentierte sich die einzigartige Fähigkeit des Universalhistorikers: seine akribische Kenntnis der Welt- und Zivilisationsgeschichte. Die Art, wie er diese Erkenntnisse in seiner vergleichenden Geschichtswissenschaft einsetzte, ist meines Erachtens einzigartig für seine Generation, sei es in der Geschichtswissenschaft oder der Kulturanthropologie. Liest man beispielsweise das Buch *Der Untergang des Abendlandes* von Oswald Spengler,[8] ein Buch über die Struktur menschlicher Zivilisationen, ihr Aufkommen und ihren Untergang, und vergleicht man Spengler mit Toynbee, so entdeckt man schnell den Unterschied in der Methodik und die Art und Weise, in der sich Toynbee durch seine klare Argumentationslinie davon abhebt. Daher galt Toynbee die Anerkennung sowohl seiner Befürworter als auch seiner Kritiker.[9] Alle bewunderten seine herausragenden Erkenntnisse der Weltgeschichte.

Die zweite Eigenschaft, die Toynbee auszeichnet, ist seine humanistische Einstellung sowie seine Moralphilosophie, die die Aufgabe des Menschen seit der Schöpfung darin sieht, anderen Menschen zu helfen. Der Mensch sei nicht dafür geschaffen, arrogant und überheblich zu agieren und zu reagieren, sondern verfüge über Vernunft, um die menschlichen Probleme friedlich zu lösen und Kriege zu verhindern. Der Mensch solle, so glaubte Toyn-

---

8 Der erste Band erschien 1918 (engl. The Decline of the West, 2 Bde., London 1926–1928).
9 Vgl. Gustaaf Johannes Renier, History, its Purpose and Method, London 1961, 216; Robin George Collingwood, The Idea of History, Oxford 1946, 181, 223, 225 und 264.

bee, im Dienste der Menschheit stehen und seine Kräfte dafür einsetzen, eine bessere Zukunft für die Menschheit zu schaffen. Die Welt von heute solle vom Prinzip der Gleichheit und Brüderlichkeit inspiriert und geprägt sein. Nur so könne eine Welt geschaffen werden, die beispielsweise frei von tödlichen Waffen ist; nur so könnten Rüstungsausgaben für humane Zwecke eingesetzt werden, um für schwache und unterentwickelte Völker eine bessere Bildung und somit auch eine bessere Lebensweise zu schaffen. Toynbee war ein Gewissen der Menschheit. Ich erinnere mich an seine Reaktion, als Bertrand Russell sein Buch *Has Man a Future*[10] veröffentlichte: Toynbee schrieb einen Artikel für den *Sunday Observer*,[11] in dem er unsere Generation als die »Generation der Verbrecher« beschrieb und sagte, dass unser Drang nach Gewalt das Relikt einer Vergangenheit sei, in der die Menschen sich gegenseitig um des schieren Überlebens willen töteten. Doch die heutige Generation lerne nicht aus der Geschichte; der Mensch von heute sei gewalttätig nicht nur, um seine Existenz zu sichern, sondern auch, um Menschen zu beherrschen. Der Mensch von heute solle die moralische Anstrengung unternehmen, im Zeitalter der Atombombe seine Arroganz einzudämmen und die Menschheit vor einer Katastrophe zu retten. [...]

Er kritisierte die lächerlichen Ansichten des französischen Diplomaten und Schriftstellers Arthur de Gobineau, der in seinen Schriften die »arische Rasse« verherrlichte.[12] Ähnlich hart ging Toynbee aber auch gegen den britisch-deutschen Schriftsteller Houston Stewart Chamberlain vor, der in seinem Werk *Die Grundlagen des 19. Jahrhunderts* aus dem Jahr 1899 gleichfalls eine Einstufung nach Rassen vorgenommen hatte und die »germanische Rasse« als die »auserwählte Rasse« propagiert hatte. Diese rassistischen Veröffentlichungen hatten die europäische Geschichte geprägt und den Nationalsozialisten den Boden bereitet.[13] Ähnliches gilt auch für den Kampfruf »Blut und Boden«, der die Verbindung von »arischem Blut« und »Erde« verherrlichte. Hitler hatte die Blut-und-Boden-Lehre in sein den Nationalsozialisten heiliges Werk *Mein Kampf* aufgenommen. Auch sein Ideologe Alfred Rosenberg trug mit seinem Buch *Der Mythus des 20. Jahrhunderts* dazu bei, diese »Lehre« in der deutschen Öffentlichkeit zu verbreiten. Zudem propagierte Rosenberg die Überlegenheit der deutschen Rasse, ihre Reinheit und die Notwendigkeit, das »Germanentum« wiederherzustellen. Auch gehörte Rosenberg zu jenen, die dafür plädierten, die Rassentrennung im deutschen

---

10 Das Buch wurde von Samir Abduh ins Arabische übersetzt und 1969 in Beirut veröffentlicht.
11 Ausgabe vom 26. November 1961.
12 Vgl. dazu Toynbee, A Study of History, Bd. 7, 49; Bd. 8, 81, 429 und 437; ders., A Study of History. Abridgement of Volumes I to VI, Bd. 1, 216.
13 Vgl. Heinrich Schmidt, Philosophisches Wörterbuch, Stuttgart 1961, 95.

Reich durchzusetzen, was sich letzten Endes in den rassistischen Nürnberger Gesetzen niederschlug [...].

Toynbee bezeichnete zu Recht den Nazismus als rassistische Ideologie und neue Barbarei. Es sei eine verachtende Ideologie, die zum Erlass der Rassengesetze von Nürnberg geführt habe, im Zweiten Weltkrieg für Tragödien und Kummer gesorgt und darüber hinaus die Verbrechen gegen die Juden verursacht habe. Doch was unterscheidet den heutigen Zionismus vom nationalsozialistischen Deutschland? [...]

Israel spricht über gesicherte Grenzen, sagt aber nicht, wie seine Grenze der Zukunft verlaufen soll. Wieso auch? Solange das kleine Land Israel eine besondere Behandlung genießt, solange über ihm die Staatengemeinschaft steht und solange Amerika nach dem israelischen Willen handelt, werden die Israelis weiter expandieren. Hatte Ben Gurion nicht in der Einleitung seines Buches von 1954 geschrieben:

> »Im Moment sprechen wir nur über die Besiedlung Palästinas und können den Arabern in diesem Land nur eins sagen: Weg von hier! In diesem Land ist nur Platz für die Juden. Wenn sie nicht gehen, dann werden wir sie zwingen zu gehen.«?

Hatte Mosche Dayan im August 1967 nicht gesagt, dass den Juden als dem Volk des heiligen Buches auch zustünde, das Land des heiligen Buches in Besitz zu nehmen?[14] [...]

Es steht fest, dass die Umstände, die den Nazismus geschaffen haben, die gleichen Umstände sind, die zum Zionismus geführt haben. Dazu gehört ein übertriebenes Gefühl von Nationalismus und die Hervorhebung des Auserwähltseins einer Rasse.[15] Solche Analogien und Gemeinsamkeiten haben auch einige Juden gesehen.[16] Darüber hinaus betonen diese jüdischen Stimmen, dass der Zionismus zur Entfremdung und Isolierung der Juden in ihren Residenzgesellschaften führe und somit auch Antisemitismus schüre. Eine solche Atmosphäre befürworteten wiederum die Zionisten, um die Juden der Diaspora dazu zu bewegen, ihre Heimatländer zu verlassen und sich als Siedler in Palästina niederzulassen.[17] Die Zionisten kooperierten mit den Nationalsozialisten, um die in Deutschland lebenden Juden nach Palästina zu bringen. Nicht nur das: Einige bezichtigten Rudolf Kasztner, mit den Nationalsozialisten kollaboriert zu haben.[18] Auch zeigten verschiedene Geheimdokumente, dass einige Juden mit dem Reichsführer SS zusammen-

---

14 Zit. nach Roger Garaudy, Über die religiösen und historischen Mythen des Zionismus, ein Vortrag in Bagdad.
15 Emery Neff, The Poetry of History. The Contribution of Literature and Literary Scholarship to the Writing of History Since Voltaire, New York 1947, 11.
16 Benyamin Matovu, The Zionist Wish and the Nami Deed, in: Issues (Winter 1966–1967), 1.
17 Toynbee, A Study of History, Bd. 7, 530 und 579; Bd. 8, 274; Bd. 9, 24; Bd. 10, 322.
18 Matovu, The Zionist Wish and the Nami Deed, 1.

gearbeitet hatten, um die Juden dazu zu bewegen, Deutschland in Richtung Palästina zu verlassen.[19] Somit schürten die Zionisten den Antisemitismus, um ihre Ziele zu erreichen und in Palästina einen Siedlerstaat aufzubauen.

Ein solcher Staat steht ferner in Kontrast zur religiösen Lehre des Judentums. So betonten Agudat Israel sowie weitere religiöse Juden, dass die Zionisten mit der Gründung des Staates Israel gegen den Willen Gottes handelten,[20] da erst der Messias dazu in der Lage sei, das auserwählte Volk der Juden zu retten und ihm Schutz und Sicherheit zu bieten. Aber ist es nicht diese Idee des auserwählten Volkes, die an die nationalsozialistische Hymne »Deutschland, Deutschland über alles« erinnert? Ein solcher Slogan betonte das nationalistische Auserwähltsein der Deutschen. Genau diese Form der nationalistischen Radikalität ist das, was Toynbee im Nationalsozialismus, aber auch im Zionismus ablehnte:

»Ich glaube nicht daran, dass ein Gott einige seiner Kinder bevorzugt und sie als auserwählt auszeichnet, um damit Neid und Hass zwischen den Menschen zu schaffen. Eine solche Aufteilung können nur Menschen vornehmen, die sich und ihre Nation verherrlichen. Ich persönlich glaube daher nicht, dass Juden, Israelis oder Briten ein auserwähltes Volk darstellen. Genauso wenig glaube ich daran, dass die Rückkehr der Juden nach Palästina eine göttliche Ordnung wiederherstellt, die 600 Jahre vor Christus geherrscht haben soll.« [...]

Toynbee hatte eine klare Position. So, wie er den Nationalsozialismus als barbarische und menschenverachtende Ideologie ablehnte, verurteilte er den Zionismus als eine in der Tradition des Nationalsozialismus stehende Bewegung. Denn die Nationalsozialisten verübten ein Verbrechen, als sie die Rassentrennung im Hinblick auf die Juden praktizierten und diese vom Rest der deutschen Gesellschaft trennten. Sie führten die Juden in die Gaskammern. Doch auch die Zionisten verübten ein Verbrechen gegen die Palästinenser: Sie vertrieben sie aus ihrem Land und machten sie zu Flüchtlingen in der weltweiten Diaspora. Die Geschichte wiederholte sich und diejenigen, die vor ihrer Ankunft in Palästina als Vertriebene lebten, übernahmen die Rolle der Vertreibenden und zwangen die Palästinenser, ihr Land zu verlassen.

Natürlich haben die Zionisten die Palästinenser nicht in die Gaskammern geführt, stattdessen aber töteten sie unschuldige Bauern auf dem Rückweg von ihren Feldern, in Deir Yassin und anderswo. Somit bewiesen die Zionisten den Palästinensern, aber auch der arabischen Nachbarschaft, dass sie in

---

19 Heimy Hohne, The Order of the Death's Head, New York 1970, 305 und 318; Helmut Krausnick/Martin Broszat, Anatomy of the SS-State, London 1968, 35.
20 Toynbee, A Study of History, Bd. 8, 300 und 600.

ihrem Verhalten und Handeln nicht weniger böse als die Nationalsozialisten sind.²¹ [...]

Einzig und allein aus seiner humanistischen Überzeugung heraus hatte Toynbee die Palästinenser verteidigt, nicht aus Hass auf den Zionismus und auch nicht aus Liebe zu den Arabern; allein aus humanistischer Überzeugung. Davon bin ich überzeugt, da wir uns häufig in London, Bagdad und in den USA trafen und ich von seinen humanistischen Argumenten beeindruckt war. Toynbee war nicht ein Mann der Lüge oder der Heuchelei; er war vielmehr ein Mann, der die Wahrheit aussprach, und dies laut und deutlich. Dabei hatte er keine Angst vor den Zionisten, ihrer Kritik oder auch Verleumdung. Insbesondere nach dem Erscheinen des siebten Bands seines Werkes, der auch die jüdische Geschichte behandelt, sagte er mir in einem glaubwürdigen und ehrlichen Ton:

»Ich habe das, was ich geschrieben habe, nicht aus Antipathie oder Hass gegen die Juden, auch nicht für Geld und Ruhm getan, nein, ich schrieb nur – und nur! – aus Wahrheitswillen. Ich habe den Nationalsozialismus verurteilt, ich habe die französische Kollaboration verurteilt und ich habe die britische Politik, die koloniale Politik meines eigenen Landes, verurteilt. Ein Mann mit dieser politischen Überzeugung schreibt nicht aus Hass gegen Juden oder Judentum. Nein, ich schrieb aus der Überzeugung heraus, dass der Zionismus eine nationalsozialistische Ideologie sei, die jüdisch verkleidet ist.« [...]

Muhammad Tawfiq Hussain
*Arnold Toynbee.
Der Fürsprecher der Araber im Westen*

Dieser Text stammt aus dem gleichen Band zum Gedenken an Toynbee, dem auch die zuvor abgedruckte Quelle entnommen ist. Es handelt sich um die Ausführungen des irakischen Historikers Muhammad Tawfiq Hussain (1922–1998).²² Während der vorherige Quellentext von Ali eher allgemein-einführenden Charakters war und sich vornehmlich auf die Ansichten Toynbees zum Zionismus konzentrierte, widmet sich Muhammad Tawfiq Hussain ausführlich dem Streitgespräch des britischen Historikers mit dem israelischen Botschafter in Kanada, Yaacov Herzog. Aus dieser Quelle wird die argumentative Gegenläufigkeit von Holocaust und Kolonialismus unmittelbar ersichtlich. Hussain wurde 1922 in der irakischen Stadt Mosul geboren. Nach dem Schulabschluss ging er 1939 nach Beirut und studierte dort an der

---

21 Ebd., 290.
22 Zur Biografie Hussains vgl. al-Talib, Omar Muhammed, mawsūʿat aʿlām al-mawsil fī al-qarn al-ʿishrīn [Autobiografien aus Mosul des 20. Jahrhunderts], 214.

Amerikanischen Universität. Anschließend ging er 1946 nach England, wo er bei dem schottischen Orientalisten Hamilton Gibb (1895–1971) an der School of Oriental and African Studies in London lernte. Anfang der 1950er Jahre kehrte Hussain in den Irak zurück und wurde dort Professor für Geschichte an der Universität Bagdad. In politischer Hinsicht glaubte er an eine arabische Einheit, in seinen wissenschaftlichen Arbeiten war er darum bemüht, die irakische und arabische Geschichte als eine einheitliche nationale Geschichte darzustellen.[23]

Muhammad Tawfiq Hussain, Arnold Toynbee. Der Fürsprecher der Araber im Westen [arnūld tūyinbī. al-mudāfiʿ ʿan al-ʿarab fi-l-gharb], in: ʿAliya Ahmad Susa/Hashim Salih al-Takrity (Hgg.), buhūth mahrajān al-muʾarrikh tūyinbī [Beiträge aus der Veranstaltung zum Gedenken an den Historiker Toynbee], Bagdad 1979, 37–49.

Nur wenige Historiker und Intellektuelle haben während ihres Lebens solchen Ruhm und solche Würdigung erhalten wie Arnold Toynbee (1889–1975). Ebenso waren nur wenige Historiker und Intellektuelle einer derartigen Kritik ausgesetzt wie Toynbee; wenig davon war sachlich und wissenschaftlich, der Großteil blieb voreingenommen und anmaßend. Die kritisierenden oder lobenden Bücher und Aufsätze, die über Toynbee und sein Werk verfasst wurden, könnten Bibliotheken füllen. Einer seiner Kritiker war Elie Kedourie, Professor für Politikwissenschaft an der Londoner Universität. In seinem Buch *The Chatham House Version*,[24] das 1970 in London erschien, widmete Kedourie ein ganzes Kapitel der Kritik an Toynbee. Eine Kritik, die ich kurz behandeln möchte, denn sie ruft die Bedeutung von Toynbee als Historiker, Intellektueller, aber auch als Kämpfer hervor und offenbart somit die Grundprinzipien des britischen Historikers bezüglich der Probleme der weltlichen Zeitgeschichte, aber auch seine Ansichten zu Fragen und Sorgen der arabischen Nation. In meinen Ausführungen jedoch werde ich auf die Kritik Kedouries an Toynbee hinsichtlich seines Geschichtsbegriffs und seiner Geschichtsinterpretation eingehen. Tatsächlich kann man die Forschungsarbeiten von Toynbee über die Entstehung und den Niedergang der Zivilisationen in vielerlei Hinsicht kritisieren. Das gilt für die Methode, die Toynbee anwendete, aber auch für jene historischen Ereignisse, die Toynbee als Beweismaterial seiner Geschichtsanalyse herangezogen hatte. Man kann auch

---

23 Zu den Lebensläufen beider Autoren ebd., 212 und al-Matbaʿi, mawsūʿat aʿlām al-ʿirāq [Lexikon irakischer Autoren], 145–147.
24 Kedourie, The Chatham House Version, and Other Middle-Eastern Studies.

die detaillierte Darstellung und Analyse des britischen Historikers verfolgen. Nein, ich dagegen will mich auf das beschränken, was mit der modernen Geschichte der Araber in Zusammenhang steht.

Zum Kern der Gedankenwelt von Toynbee gehören jene Ansätze, die er seit seiner Jugend vertrat, im Laufe der Zeit entwickelte und sein ganzes Leben lang auch verteidigte: seine scharfe Kritik gegenüber dem Westen, der die Länder des Orients unter seine Macht zwang, ihre Völker ausraubte sowie ihre Zivilisationen und alten Kulturen missbrauchte. Diese Kritik gegenüber dem Westen veröffentlichte Toynbee in seinem ersten bedeutenden Buch, das 1921 unter dem Titel *Die westliche Frage in Griechenland und in der Türkei*[25] erschien, sowie 1953 in seinem Buch *Der Westen und die Welt*.[26] In beiden Werken zeigt Toynbee detailliert, belegt durch Quellen, aber auch durch historische Ereignisse, die westliche Aggression gegen den Orient. [...]

Herr Kedourie möchte auf diese Anklageschrift auch aus der Perspektive der Geschichte antworten, wenn er schreibt, dass die außereuropäische Welt nicht frei von Fehlern und Gewalt sei. So will Kedourie beim Leser den Eindruck erwecken, dass die Aggression des Westens keinem politischen und wirtschaftlichen Dogma folgte, sondern für eine bestimmte Zeit und an einem bestimmten Ort galt, heutzutage aber ein Relikt der Vergangenheit bleibt. Weiterhin argumentiert Kedourie:

»Es scheint mir, dass Toynbee die antiimperialen Ideen von Hobson übernahm. Also jene Ideen, die britische radikale Kreise vor, aber auch während des ersten Weltkriegs vertraten. Diese Kreise waren davon überzeugt, dass westliche Mächte Imperien nur aufgebaut haben, um daraus wirtschaftlichen Nutzen zu ziehen. Nun, es scheint, als habe Toynbee an diesen Ideen des Antiimperialismus festgehalten und als sei er in seinen Ansichten radikaler geworden, was seinen Hass auf die westliche Gier sowie die westliche Unterdrückung anderer Völker betrifft.«[27]

In der Tat war Toynbee in seiner Kritik am Westen radikal. So missbilligte er im ersten Band seines Hauptwerkes *A Study of History*, das im Jahr 1934 erschien, dass der Westen von der Überlegenheit seiner Zivilisation gegenüber anderen Völkern und Kulturen ausgehe und seine Expansion damit auch legitimiere. Toynbee verurteilte den Westen wegen dessen Unterdrückung außereuropäischer Völker. Auch in Band 2, der im gleichen Jahr erschien, prangerte Toynbee die wirtschaftlichen Aktivitäten des Westens in Asien und Afrika an: »Die europäischen Farmbesitzer modernisieren Ceylon nicht, um die Zivilisation zu propagieren, sondern um schnellstmöglich mehr Reichtum zu ernten.«[28] Kurz und bündig verfasste Toynbee seine Haltung zum

---

25 Toynbee, The Western Question in Greece and Turkey.
26 Toynbee, The World and the West.
27 Kedourie, The Chatham House Version, and Other Middle-Eastern Studies, 372.
28 Ebd., 372.

Westen jedoch im letzten Band seines Werkes, das im Jahr 1961 erschien und in dem er wie folgt schrieb: »Aus meiner Sicht bleibt der Westen der ewige Aggressor.«[29] Kedourie aber wiederholt eintönig und polemisch seine Kritik an Toynbee: »[...] und wer sagt Dir, dass ceylonische Farmbesitzer den ceylonischen Bauern nicht doch mit Barmherzigkeit behandeln und ihn nicht unterdrücken?«[30]

Doch die Kritik Toynbees am Westen war nicht nur politischer und wirtschaftlicher Natur; sie beruhte auch auf moralischen und ethischen Prinzipien, die von der Gleichberechtigung der Menschheit und dem Recht aller Menschen auf Freiheit und Ehre ausgingen. Das übersieht Kedourie anscheinend, denn das Böse, welches der Politikwissenschaftler den außereuropäischen Völkern vorwirft, kann nicht europäische Gewalt legitimieren: Böses kann nicht Böses rechtfertigen und genauso wenig darf eine Aggression eine weitere Aggression billigen. Ich bin der Meinung, dass Kedourie lediglich glaubte, dass Recht nur durch Macht erhalten werden könne. Anscheinend dachte Kedourie darüber hinaus, dass das Vorhandensein von zerstörendem Kolonialismus nicht zulassen dürfe, dass jeder ein zerstörender Kolonialist wird. Die Tatsache, dass es Ausbeutung gebe, dürfe nicht heißen, dass jeder zum Ausbeuter und Verbrecher werde. Mit anderen Worten: Die hohen Werte des Humanismus dürfen wir nicht negieren und auch nicht aus unseren Gedächtnissen tilgen; genausowenig können wir menschliche Werte, die sich über Jahrtausende als Produkt menschlicher Erfahrungen entwickelten, einfach übersehen und uns stattdessen vom Gesetz der Wildnis leiten lassen, in dem der Starke den Schwachen frisst.

Zudem gilt die Kritik Kedouries an dem britischen Historiker dessen Ansichten über die Juden. Tatsächlich zeigte Toynbee westliche Arroganz bezüglich der Vorstellung von den Juden als dem »auserwählten Volk«. Für Toynbee gingen der religiöse Fanatismus sowie das rassistische Überlegenheitsgefühl im Westen auf das alte Testament zurück. Ferner betrachtete Toynbee die Juden als fossilisierte Gemeinschaft, das heißt eine von der Menschheit isolierte Gruppe, die sich intellektuell kaum entwickelt und keine Zivilisation hervorgebracht habe. Darüber hinaus präsentiere das Alte Testament nur eine Reihe assyrischer Mythen. All diesen Argumenten hatte Kedourie nichts entgegenzusetzen außer Wut und Polemik:

»Toynbee ignorierte in aller Deutlichkeit die Tatsache, dass das Judentum eine lebendige Religion ist, deren Anhänger Generation für Generation seit der Zerstörung des Tempels durch die Römer vertrieben und verfolgt waren.«[31]

---

29 Ebd., 373.
30 Ebd., 372.
31 Ebd., 374.

An dieser Stelle können wir Professor Kedourie nur fragen: Wenn ein angesehener Historiker wie Toynbee im Hinblick auf das Judentum unwissend ist, wer könnte dann der Kenner der jüdischen Geschichte sein!? Ein ignorantes Vorwerfen, ohne Argumente und Beweise gegen Toynbee, wird dem britischen Historiker kaum schaden; vielmehr verraten solche Vorwürfe, dass diejenigen, die sie vertreten und in die Welt streuen, nicht über eine ausreichende wissenschaftliche und sachliche Streitkultur verfügen. […]

Doch der gravierendste Fehler Toynbees, den Kedourie nicht verzeihen kann, ist dessen Position zur Palästinafrage: Toynbee war ein Verteidiger der Rechte des arabisch-palästinensischen Volkes; er bezeichnete darüber hinaus den Zionismus als eine feindselige, koloniale Bewegung, die dem Nationalsozialismus gleiche und ihn an Aggression und Bösartigkeit sogar übersteige. Darüber hinaus verglich Toynbee die Massaker der Zionisten an den Arabern in Palästina mit der Ermordung der Juden durch die Nazis.[32] Genau das, was Kedourie an Toynbee provoziert und verärgert, ist das, was Toynbee in unserer Wahrnehmung beliebt macht und seine Wertschätzung in unseren Augen erhöht. Ja, Toynbee hatte die Rechte der unterdrückten Völker stets verteidigt; er unterstützte mit Vernunft und Mut die Rechte der Araber im Allgemeinen und das Recht des arabisch-palästinensischen Volkes im Besonderen, vor allem in Bezug auf Palästina. Mehr noch: Als im Westen die Unterstützer der arabischen Rechte in der Minderheit waren, war Toynbee der Fürsprecher der arabischen Rechte. Daher waren zionistische Intellektuelle, aber auch ihre Anhänger und Schüler, die schärfsten Kritiker Toynbees; ihre Argumente waren mit Vorurteilen behaftet und geißelnd. Kedourie, den ich beispielhaft erwähnt habe, ist einer davon. Doch wir haben die Kritik Kedouries genügend behandelt und daher will ich zu den grundsätzlichen Ansichten Toynbees zu Zionismus und Palästinafrage kommen. Toynbee studierte akribisch die jüdische Geschichte, gestützt auf archäologische Entdeckungen, vergleichende Studien der Zivilisationen und die Methode der historischen Kritik an den Religionen. Kurzum betrachtete Toynbee das Judentum als eine gesellschaftliche Erscheinung, die sich von einem Mythos zu einem monotheistischen Dogma entwickelt hatte. Diese Entwicklung war jedoch nicht allein den Juden zu verdanken. Die jüdische Lehre ist eine gemeinsame Leistung, die durch die Verschmelzung jüdischer, zarathustrischer, christlicher und islamischer Einflüsse über die Jahrhunderte gewachsen war. So bildeten religiöse Ideen aus Ägypten, Syrien und dem Irak die Grundlage für die jüdische Religion. Dennoch blieb das Dogma der Einzigartigkeit Gottes bei den Juden nicht frei von Verfehlungen und Defiziten, die sich in jener Arroganz ausdrückten, die das Verhalten der Juden im Umgang mit ihrer Umgebung, Nachbarschaft und an-

---

32 Ebd., 376.

deren Gläubigen prägte. Die Juden glaubten, dass sie als göttliche Entdeckung das auserwählte Volk auf Erden verkörperten. Toynbee lehnte die Lehre vom auserwählten Volk ab und bezeichnete sie als wissenschaftlichen, historischen, aber auch moralischen Fehler. [...]

Toynbee stellt die vorangegangenen geschichtlichen Erfahrungen der Juden dar, um zu der Schlussfolgerung zu kommen, die jüdische Frage als Problem sei aus den politischen, gesellschaftlichen, wirtschaftlichen und ideologischen Umständen im Westen hervorgegangen. Auch das Beharren der Juden auf dem Recht einer religiösen beziehungsweise nationalen Identität sei ein Produkt des Westens. Die Araber hätten nicht das Geringste damit zu tun und trügen dafür keine Verantwortung. [...]

Toynbee erklärte in aller Ausführlichkeit die Details der verantwortlichen Parteien für das Hauptverbrechen gegen das arabische palästinensische Volk. Unter diesen befanden sich: England, Deutschland, die USA, der internationale Zionismus, kurz: der Westen im Allgemeinen.

Die westliche Welt, die die gesamte Welt beherrschte, war zwar nicht in der Lage gewesen, die Juden zu integrieren, hatte es den Juden jedoch ermöglicht, einen Teil der beherrschten Welt zu kolonialisieren. Ohne die Unterstützung des Westens wären die Juden nicht in der Lage gewesen, die Araber Palästinas zu besiegen. In besonderem Maße ist dabei die Rolle der USA zu verurteilen, ohne deren militärische, politische und wirtschaftliche Unterstützung es für die Zionisten nicht möglich gewesen wäre, den Staat Israel auszurufen. Daran schließen sich die Rolle und die Verantwortung Deutschlands für das Verbrechen gegen die Palästinenser an, eine Verantwortung, die sich aus der nationalsozialistischen Epoche ergibt. Die Nationalsozialisten haben die Juden verfolgt, was die Zionisten wiederum als Möglichkeit nutzten, um einerseits die Juden nach Palästina zu bringen und andererseits die Sympathie und die Unterstützung der europäischen Öffentlichkeit im Hinblick auf die jüdische Verfolgung und somit für die Besiedlung Palästinas zu gewinnen. Selbst sein Heimatland Großbritannien verurteilt Toynbee, da die Briten aus seiner Sicht die größte Verantwortung für die Tragödie der Palästinenser tragen. Die Balfour-Deklaration stammte ebenso aus britischer Feder wie die Landvergabe an Juden in Palästina, die Unterstützung jüdischer Milizen in Palästina oder die Unterdrückung der Rebellen und Revolutionen der Palästinenser, die gegen die Mandatsmacht und die Einflussnahme der Zionisten aufbegehrten. Es war Großbritannien, das den Widerstand der Palästinenser militärisch niederschlug.

Doch die direkte Verantwortung für die Verbrechen gegen das arabische Palästina trägt nach Toynbee der Zionismus. Ausführlich erklärte er die Aggression der Zionisten gegen Palästina und deutete ihre Dimensionen und Konsequenzen. Man kann mit Sicherheit sagen, dass kaum ein anderes menschliches Verbrechen Toynbee so getroffen hat wie das der Zionisten gegen die Palästinenser. Kein Massaker der Welt hat sein Denken und seine Gefühle so bewegt wie das von den Zionisten gegen die Palästinenser gerichtete in Deir Yassin.

Das Engagement für Palästina und die Sympathie für die Palästinenser zeigte Toynbee in seinem Streitgespräch mit dem israelischen Botschafter in Kanada, Yaacov Herzog. Hierbei konnte Toynbee die anti-palästinensische Propaganda der Juden entlarven, gleichzeitig aber das arabische Recht auf Palästina verteidigen. Um ein Bild von dem Mut Toynbees zu zeichnen, werde ich meine Ausführungen mit einigen Passagen aus dem genannten Streitgespräch unterlegen. Toynbee sagte:[33]

»Die jüdische Tragödie ist eine jüdisch-christliche Angelegenheit. Die Christen tragen dafür die Verantwortung. Die Juden glaubten immer, dass die Christen sie in ihrer gemeinsamen Geschichte nie akzeptiert haben. Die Christen dagegen vertreten die Ansicht, dass die Juden nicht in der Lage gewesen seien, sich in der christlichen Umgebung zu integrieren.«[34]

Herzog behauptete, dass die Juden ein historisches Recht in Palästina besäßen, doch Toynbee antwortete, dass das Recht der Juden auf Palästina nicht mehr existiere, da die Juden ihren Staat und ihre Gesellschaft im Jahr 135 nach Christus gegen die Römer verloren haben; ihr Recht gehöre der Geschichte an und verjähre in der Gegenwart. In Palästina dagegen, so Toynbee, bewohnten die Palästinenser das Land seit Ewigkeiten. Würde der Botschafter sagen, dass Palästina den Juden gehöre, so gliche dies der Forderung, England etwa an die Waliser zurückzugeben. In diesem Fall müssten wir fünfzig Millionen Engländer vertreiben und sie zu Flüchtlingen machen. Toynbee führt fort, dass der Botschafter sich selbst widerspreche, da er einerseits das Recht der Juden einfordere, nach Palästina zurückzukehren, obwohl sie im Jahr 135 nach Christus vertrieben wurden, gleichzeitig aber das bis 1948 in Palästina geltende Rückkehrrecht der Palästinenser negiere. Was für verkehrte Ansichten dies seien! Herzog vermied eine Antwort und sagte weiter, die Juden hätten die Palästinenser nicht vertrieben, sondern diese hätten das Land auf Bitten der arabischen Führung von allein verlassen. Toynbee lehnte solche Argumente ab und beharrte darauf, dass die Palästinenser das Land verlassen hätten, nachdem die israelischen Streitkräfte sie gewarnt hatten, entweder zu gehen oder massakriert zu werden, wie die israelische Armee in

---

33 Hier merkt M. T. Hussain an: »Ich berufe mich bei den folgenden Zitaten auf die arabische Übersetzung des Streitgespräches aus dem folgenden Buch: arnūld tūyinbī: falastīn, jarīma wa-ʿiqāb [Arnold Toynbee. Palästina, Verbrechen und Strafe], übersetzt von Akram al-Dirani, Beirut ²1966.« Das Buch konnte vom Verfasser nur mit Omar ad-Dirawy als Hg. belegt werden, Akram al-Dirani als Übersetzer war nicht nachweisbar.
34 Die Zitate erfolgen ohne Seitenangabe.

Deir Yassin Kinder, Frauen und Alte massakrierte. Auch hier umging Herzog eine direkte Antwort und behauptete stattdessen, dass die Palästinenser ihr Eigentum in Palästina verloren hätten, als sie freiwillig das Land verließen. Hier antwortete Toynbee mit einem Beispiel aus Europa während des Zweiten Weltkriegs und erinnerte Herzog daran, dass die Juden, die unter Hitler aus Deutschland geflohen waren, Ansprüche auf ihr Eigentum in Deutschland nicht aufgegeben hätten. Ähnlich sei das Verhalten der Franzosen gewesen: Franzosen, die 1948 [sic!] ihr Land verlassen mussten, hätten keinesfalls auf ihre Rechte verzichtet. Aber von Beispielen aus Europa abgesehen, so Toynbee, würden die vertriebenen Palästinenser nie auf ihre Rechte und ihr Eigentum verzichten. Daher bleibe Palästina aus Sicht der Araber einfach ein arabisches Land, das den Palästinensern gehöre. Nur das, was Israelis an Land und Eigentum erworben hätten, könnten sie behalten. Schließlich sprach Toynbee ein Wort der Gerechtigkeit, indem er sagte, dass das, was Israel in Palästina getan habe, nur als Raub und Plünderung bezeichnet werden könne.

Damit erreichte die Debatte ihren Höhepunkt. Herzog kritisierte den Vergleich zwischen den Massakern an den Juden unter den Nationalsozialisten und dem Verhalten der Zionisten gegenüber den Arabern zwischen 1947 und 1948. Auch hier hatte Toynbee eine klare Antwort: Das, was die Weltöffentlichkeit beim Verbrechen der Deutschen gegen die Juden verbscheute, war die Planung und die genaue Durchführung; kaltblutig, abscheulich und bösartig. Er sei davon überzeugt, so Toynbee, dass das auch für die israelischen Massaker an den Palästinensern gelte. Toynbee fügte hinzu, dass er die Flüchtlingslager der Palästinenser besucht und dort die Kinder gehört habe, die ihm einstimmig sagten, dass dies ihr Land sei und sie eines Tages dorthin zurückgehen würden.

Was kann noch hinzugefügt werden? Wahrlich hatte der Gelehrte und Kämpfer Toynbee die Wahrheit gesagt. Er hatte nicht nur die Geschichte dargestellt, sondern er behandelte auch klug und im Sinne einer besseren Zukunft die Probleme der Gegenwart. Wir versichern Ihnen, lieber Toynbee, dass sich die palästinensischen Kinder als Erwachsene der palästinensischen Revolution anschließen werden, um zu kämpfen, bis Palästina befreit sein wird – ganz Palästina. Erst dann wird Ihre Denkweise siegen und gewürdigt werden.

Kamil Zuhairy
Jean-Paul Sartre und die jüdische Frage

Wie im Haupttext dieser Arbeit gezeigt, war Sartre mit frankofonen Intellektuellen der arabischen Welt eng verbunden. Im ägyptischen Kontext war vor allem Kamil Zuhairy (1927–2008) mit der französischen Kultur vertraut.³⁵ In Kairo geboren und aufgewachsen, studierte Zuhairy bis 1947 an der Kairoer Universität Recht. Anschließend arbeitete er als Anwalt und entdeckte dann seine Liebe zur Literatur. Er verließ Kairo 1949 und ging nach Paris, um Literatur und Philosophie zu studieren. In Paris kam Zuhairy schnell mit der Kultur- und Literaturszene der französischen Hauptstadt in Kontakt, dabei prägten ihn vor allem zwei Intellektuelle: Der französische Dichter Paul Éluard (1895–1952), der ihm den Weg in den Surrealismus öffnete – Zuhairy sollte zu einem der führenden Surrealisten Ägyptens werden. Der zweite französische Intellektuelle, der Zuhairy vor allem in politischer Hinsicht prägte, war der Philosoph Maurice Merleau-Ponty (1908–1961). Zuhairy studierte bei ihm und aus dem Lehrer-Schüler-Verhältnis entwickelte sich bald eine Freundschaft. Merleau-Ponty, der zu dieser Zeit mit Sartre und dessen Gefährtin Simone de Beauvoir befreundet war und gemeinsam mit Sartre 1945 die Zeitschrift *Les temps modernes* gegründet hatte, machte Zuhairy mit den beiden bekannt. Der Ägypter war von Sartre und dessen Werk tief beeindruckt. Insbesondere das Engagement Sartres für den Unabhängigkeitskampf der erst kurz zuvor entkolonialisierten Länder begeisterte Zuhairy. Doch die Beiträge Sartres über jüdische Geschichte trafen weniger den Geschmack Zuhairys:

»Seit dem Suezkrieg 1956 und bis zur ersten Hälfte der 1960er Jahre waren ›Existenzialismus‹ und ›politisches Engagement‹ jene Begriffe, aufgrund derer sich die arabische Welt für den französischen Philosophen begeisterte. Ich gehörte zu jenen Intellektuellen, die Sartre in der arabischen Welt bekannt gemacht haben. Doch ich habe auch die Ansichten Sartres über die Juden und ihre Probleme in Europa gelesen und sah es als meine Aufgabe, die arabische Begeisterung für den Franzosen zu relativieren.«³⁶

Zuhairy hatte eine wichtige Rolle im arabischen Kulturleben der 1960er Jahre inne, die ihm die Sicherheit verlieh, Sartre so nachdrücklich zu kritisieren. Er hatte nach seiner Rückkehr nach Kairo 1952 eine glänzende Karriere hingelegt: Zunächst arbeitete er als Reporter bei der Tageszeitung *al-ahrām*, dann von 1958 bis 1964 in der Chefredaktion der Wochenzeitschrift *rūz al-yūsuf*, bis er schließlich 1964 bis 1969 Mitarbeiter der Chefredaktion der angesehenen, monatlich erscheinenden Kulturzeitschrift *al-hilāl* wurde. Zuhairy war eine feste Größe der arabischen Kultur der 1960er Jahre, dessen

---

35 Die hier erwähnten Informationen gehen zurück auf ein Interview, das der Autor am 16. April 2006 in Kairo mit Kamil Zuhairy geführt hat, sowie auf den Nachruf des ägyptischen Intellektuellen Jabir Assfour (kamil zuhairy. akhīr al-mawsūʿiyyīn al-kibār [Kamil Zuhairy. Der letzte der Großen Enzyklopädisten], in: al-ʿarabī [Der Araber], 1. Januar 2009, 24–28).

36 Gespräch mit dem Verfasser vom 16. April 2006 in Kairo.

Popularität über die Grenzen Ägyptens hinausreichte. Dies wird nicht zuletzt angesichts seiner Wahl zum Vorsitzenden des arabischen Journalistenverbandes 1974 deutlich, ein Amt, das er fünf Jahre innehaben sollte. Zuhairy erreichte eine große Leserschaft. Für den hier interessierenden Zusammenhang ist es aufschlussreich, dass Zuhairy, der Sartre und seine Schriften schon seit Beginn der 1950er Jahre kannte, das Jahr 1964 ausgewählt hatte, um Sartres Sicht auf die jüdische Geschichte so hart zu kritisieren. Die Antwort auf diese Frage gibt der folgende Artikel von Zuhairy.

Kamil Zuhairy, Jean-Paul Sartre und die jüdische Frage
[jān būl sārtar wa-l-qadiyya al-yahūdiyya], aus: al-hilāl 11 (1964), 20–26.

Sartre war ein scharfsinniger Philosoph, der sich für die Weltfragen engagierte. Er erkannte die gesellschaftlichen Fragen und Probleme seiner Umgebung und wie sie zu lösen seien. Er trauerte weder den Kolonialisten noch den Weltmächten nach. Auch für die Kapitalisten hatte er nichts übrig und wünschte sich, dass der Kapitalismus im Westen zusammenbreche. Er war ein herausragender Kritiker der Gräueltaten, die der Kapitalismus und der Krieg in Europa angerichtet hatten. Seine literarischen Charaktere standen symbolisch für eine Kritik an den gesellschaftlichen Strukturen, eine Kritik, die nicht gewöhnliche soziologische Lösungsansätze bot, sondern bei der Sartre die Probleme mittels seiner Charaktere in einer dezenten und literarisch verborgenen Form darzustellen wusste, die nur teil- und zeitweise sichtbar wurde. Als Literat wusste er, dass er keine politischen Artikel schreiben würde, weshalb seine Aufsätze seine Haltung zu bestimmten soziokulturellen Umständen seiner Gesellschaft reflektierten.

Zu den Verdiensten des französischen Philosophen zählt weiterhin, dass er seinen Existenzialismus aus dem zeremoniellen und theoretischen Rahmen befreite und versuchte, den Existenzialismus immer als Mensch und Individuum zu erleben. Er war ein Mann der Freiheit und des Engagements. Er war der engagierteste Existenzialist der Neuzeit; er war ein Kämpfer, eigenwillig und kompromisslos, der sich für eine Sache einsetzte ohne Rücksicht auf mögliche Konfrontationen, wie sie unter anderem mit de Gaulle, den Parteien oder den Intellektuellen seiner Epoche auftraten.

Engagierte Literatur

Sartre schrieb in einem literarischen Genre, das wir als Literatur des Engagements bezeichnen können. Das, was Sartres grundsätzliches Engagement erklärt, ist seine Fähigkeit, sich von den konventionellen Gegebenheiten zu befreien und seine Gesellschaft herauszufordern. Husserl beeinflusste Sartres Weg insbesondere durch die Ansicht, dass ein Denker die Fähigkeit habe, keine starren, sondern relativierte Meinungen und Ansichten zu formulieren, um seine Perspektive von jener der anderen zu unterscheiden und abzuheben. Sartre hatte seine Philosophie hervorgehoben, indem er Denkern und Literaten der vorherigen Generationen widersprach.

In der Literatur hob sich Sartre von anderen Literaten wie etwa Baudelaire, Verlaine und Proust, aber auch von Denkern wie Marx, Hegel und Bergson oder etwa dem Psychologen Freud ab. In seinen Werken, ob Literatur, Theater, philosophische oder psychologische Studien, und auch während seiner öffentlichen Auftritte zeichnete Sartre sich durch sein klares Darstellungsvermögen aus. Häufig trifft der Leser auf jene Methode aus *Das Sein und das Nichts,* dem monumentalen Philosophiewerk, in seinen Romanen, wie etwa in *La Nausée,* aber auch in seinen Literaturessays und politischen Artikeln.

Damit lag die wahre Stärke von Sartre in seiner Fähigkeit, komplizierte Phänomene aus der Tradition der deutschen Philosophie einfach und leicht darzustellen. Er belebte jene wieder, verlieh ihnen neue Bedeutung und machte sie bekannt, sei es in Form seiner Romancharaktere oder in kurzen Essays für Studenten beziehungsweise für die allgemeine Öffentlichkeit.

Schließlich stellt sich die Frage: Was wäre der Existenzialismus ohne Sartre? Möglicherweise eine unbedeutende Strömung innerhalb der Philosophie, beschränkt auf deutsche Universitätsbibliotheken oder womöglich noch in einigen dänischen Museen präsent, da Husserl und Heidegger ausschließlich in akademischen Kreisen verkehrten, während Kierkegaard hinter den Gittern seiner Psychokrise von einem paranoiden Geist geprägt blieb.

Sartre hingegen belebte den Existenzialismus wieder, er war rational, konfrontativ und engagiert. Er bemühte sich darum, eine politische Partei zu gründen, die den Namen »Die revolutionäre demokratische Vereinigung« tragen sollte, er gab die Zeitschrift *Les temps modernes* heraus, die als »sartresches« Forum für das politische Engagement des französischen Intellektuellen diente. Meine ausführliche Einleitung soll zeigen, welche Wirkung ein Mann vom Schlag Sartres auf das intellektuelle Leben der Gegenwart ausüben kann. Ein Einfluss, den wir nicht ignorieren können. Daraus resultiert unser Interesse an seinem Werk, welches er im Oktober 1944 schrieb und kurz danach unter dem Titel *Der Jude und der Antisemit* [gemeint ist das Werk *Betrachtungen zur Judenfrage*] veröffentlichte.

Zunächst ist festzustellen, dass das Buch an ein weiteres Buch aus der französischen Geschichte erinnert, *Ich klage an!,* in dem Émile Zola den jüdischen Offizier Dreyfus verteidigte. Ein Autor, ein Buch und ein Ereignis, die für die intellektuelle und politische Geschichte Frankreichs im 19. Jahrhundert als Markstein gelten. Doch Sartre verteidigt in seinem Buch nicht eine konkrete Person, wie zuvor der Offizier Dreyfus verteidigt wurde, der zu Unrecht verhaftet, jedoch nach einem langjährigen Gerichtsprozess freigesprochen wurde. Nein, Sartre verteidigt nicht nur einen Juden, sondern die Juden als Kollektiv. Er verteidigt sie gegen die Darstellungen jener, die als Antisemiten bezeichnet werden, das heißt gegen Menschen, die Juden verfolgen, nur weil sie Juden sind!

Allerdings ist es – aufgrund der Zielsetzung, das Buch kritisch zu betrachten – angebracht, dem Leser das Buch zunächst kurz nahezubringen: Anfangs vertritt Sartre die Ansicht, dass der Antisemitismus keine Meinung sei und daher nicht in die Kategorie von Ideen und Gedanken falle, die im Namen der Meinungsfreiheit geduldet werden können. Vielmehr sei der Antisemitismus eine Leidenschaft und Neigung, die meist in der Mittelklasse zu finden sei, jedoch, so Sartre, auch bei der Arbeiterklasse große Verbreitung fände, da sie internationalistisch sei. Antisemitismus verbreite sich eher zwischen gebildeten Menschen, zwischen Menschen also, die mit Ideen und Gedanken arbeiteten, auch wenn diese Ideen und Gedanken nicht ihre Meinung abbildeten, sondern schlicht und einfach eine Leidenschaft waren: eine irrationale Leidenschaft, da die Antisemiten dazu tendierten, gesellschaftliche Erscheinungen nicht objektiv und rational zu deuten. Sie benötigten keine Erklärungen, da sie die Juden hätten und diese für alle Schwierigkeiten und Katastrophen der Gesellschaft verantwortlich machten.

Sartre stellt darüber hinaus fest, dass der Mensch nicht nur eine Zusammensetzung von Grundbedürfnissen bildet. Er ist vielmehr ein geschaffenes Geschöpf, das in einer bestimmten Konstellation existiert. Nur seine Lebensumstände sowie seine Umgebung prägen ihn und bestimmen seine Eigenschaften, gleichzeitig aber greift der Mensch in seine Umgebung ein und trägt dadurch, dass er die Wahl zwischen mehreren Lebenswegen hat, entscheidend zur Gestaltung seiner Lebensumstände bei. Auf keinen Fall können die Menschen sich in bestimmten Eigenschaften ähnlich werden. Sie ähneln sich nur in ihren Umständen. Aber welche sind diese Umstände? Eine Reihe von Beschränkungen, Naturgesetze wie etwa die Wahrheit des Todes oder die Notwendigkeit zu arbeiten, um überleben zu können. Das Leben bedeutet, in einer Welt zu existieren, die nicht nur von Einzelpersonen bewohnt ist, sondern die auch von anderen Menschen bewohnt ist und bewohnt war. Entscheidend ist, dass die gleichen Gesetze für alle Menschen gelten müssen, um jene Bedingungen zu schaffen, die für die ganze Menschheit gleichermaßen gelten sollen.

Aus dieser Überlegung heraus lehnte es Sartre ab, die Juden einer bestimmten Rasse oder einer bestimmten Nation zuzuordnen. Denn die Geschichte der Juden beweise, dass sie ein in der Diaspora und zerstreut lebendes Volk seien. Es sei eine Geschichte der Verfolgung seit der Zeit der babylonischen Gefangenschaft, über die Zeit der Gefahr in der persischen

Diaspora bis hin zur römischen Judenverfolgung. Über 25 Jahrhunderte lang drohte sich das jüdische Volk zu assimilieren und aufzulösen. Aus diesen historischen Erfahrungen heraus lehnte es Sartre ab, die Juden als ein Volk beziehungsweise als eine Nation zu bezeichnen. Vielmehr charakterisierte er sie als einen Zustand, eine Situation, die die Nichtjuden geschaffen haben. Denn es waren die Nichtjuden gewesen, die die Juden in eine bestimmte Situation versetzt und die Grenzen dieser Situation selbst gezogen haben; und selbst die Juden haben diese Grenze anerkannt.

Mit diesem Ansatz behandelte Sartre die Sache der Juden nicht wie üblich als ein Problem der Juden, sondern eher als ein Problem der Nichtjuden im Umgang mit den Juden. Daher lehnte Sartre die Ansichten von Wilhelm Stekel, Schüler von Freud und bekannter Psychoanalytiker, ab, der den Juden Minderwertigkeitskomplexe vorgeworfen hatte. Sartre negierte solche Feststellungen und hob hervor, dass die Verurteilung der Juden eine Situation sei, die von den Antisemiten geschaffen wurde.

Doch welche Eigenschaften schrieb Sartre dem Antisemiten zu? Er sei ein Mensch, der Angst habe. Doch nicht etwa vor den Juden. Nein, der Antisemit habe Angst vor sich selbst, vor seinem Bewusstsein, vor seiner Freiheit und vor seinem Trieb. Er sei ein Feigling, der sich seine Feigheit nicht eingestehen wolle; er könne die Welt nicht rational begründen und sei daher irrational, ungeachtet dessen, ob es sich um seine eigenen Probleme, die Probleme seiner Gesellschaft oder sogar um die Probleme der Welt handle. Der Jude, ja, nur der Jude sei an all diesen Problemen Schuld, und daher müsse sich die Gesellschaft von den Juden befreien. Denn nur so werde die Gesellschaft frei von den Krankheiten der Juden und von deren Gefahren. Somit sei der Antisemit ein vernunftwidriger Mensch, vielmehr noch: eine kranke Figur, die sich von eher realitätsfernen, magischen Erklärungen beeinflussen lasse und die Vernunft dabei ablehne.

Analogien

Die Analyse der Verfolgung der Juden, wie Sartre sie darstellt, weist Parallelen zur Verfolgung der Schwarzen oder auch zur Unterdrückung der Frauen auf. Die Unterdrückung der Frauen erwähnt Sartre in seinem Buch nur am Rande. Simone de Beauvoir hat dies jedoch aufgegriffen und in ihrem zweibändigen Werk *Das andere Geschlecht* ausführlich behandelt. Beide, Sartre und de Beauvoir, stimmen darin überein, dass die Unterdrückung der Frauen auch einen Zustand verkörpere. Weiterhin bekräftigen beide, dass die Verantwortung für die Unterdrückung nicht bei den Unterdrückten, sondern einzig und allein auf der Seite desjenigen gesucht werden könne, der die Unterdrückung unternimmt. So gesehen trage der Mann dazu bei, dass die

Unterdrückung der Frau als permanenter Zustand erhalten bleibe, sodass selbst die Frau diesen Zustand als Realität hinnehme. Das Verfolgungs- und Unterdrückungsmuster ist überall dasselbe: Derjenige, der den Schwarzen oder den Juden unterdrückt, schafft den Rassismus gegen den Schwarzen sowie den Antisemitismus. Der Unterdrücker präsentiert die Schwarzen und die Juden, als seien sie keine Menschen, sondern Geschöpfe mit besonderen Eigenschaften, die beispielsweise geizig, schmutzig oder verräterisch seien.

Verfehlte Analyse

In seiner Analyse sieht Sartre die Lösung der jüdischen Frage – zumindest was sein Land betrifft, zumal er in seinem Buch die Situation der Juden in Frankreich behandelt – in der Integration der Juden in die französische Gesellschaft. Weiterhin schreibt Sartre, eine solche Integration bedeute, die Grenzen der Demokratie so zu definieren, dass kein Unterschied zwischen einem katholischen und einem jüdischen Franzosen gemacht würde.

Bis hierhin erscheint mir die Analyse von Sartre stringent, jedoch nicht vollständig. Denn es stellt sich die Frage, ob die Behandlung eines solchen Problems sich nur auf den Antisemiten und den Juden beschränkt. Sartre begrenzt mit seiner Theorie »Ich und der Andere« die Kontrahenten dieser Problematik auf eine dialektische Angelegenheit zwischen Unterdrücker und Unterdrücktem. Doch das Problem ist viel tiefer und daher komplizierter: Zunächst kann hier festgestellt werden, dass die Unterdrückung der Schwarzen nicht auf die Frage »Wer unterdrückt wen?« reduziert werden kann, da dies eine vielschichtige Angelegenheit ist, in der gesellschaftliche, wirtschaftliche und politische Faktoren eine entscheidende Rolle spielen. Es wäre eine Verkürzung der Logik, den Sachverhalt auf ein Problem eines Individuums mit einem anderen Individuum zu reduzieren, ein Problem zwischen Gerechten und Benachteiligten. Die realen und gleichzeitig objektiven Gründe der Judenfrage haben andere Denker ausführlich und präzise untersucht und sie konnten dadurch die verborgenen Geheimnisse dieser Problematik aufdecken. Die Untersuchenden waren Marx und Toynbee.

Marx behandelte das jüdische Problem in seiner Studie *Zur Judenfrage* aus dem Jahr 1844. Dort schreibt er: »Suchen wir das Geheimnis des Juden nicht in seiner Religion, sondern suchen wir das Geheimnis der Religion im wirklichen Juden.« Mit anderen Worten sucht Marx nach der materiellen Bedeutung jüdischen Lebens. Was sind die weltlichen Grundlagen des Judentums? Es sind das allgemeine Interesse und die persönlichen Vorteile: Der Jude habe sich in der Gegenwart von Geld und Handel befreit und somit de facto sich selbst emanzipiert. Die marxistische Analyse ist eigentlich nicht weit von derjenigen Sartres entfernt, zumindest nicht, was die Grundlage betrifft, da beiden gemein ist, dass nicht die Juden, sondern vielmehr ihr Zustand beziehungsweise ihre Situation das Problem seien. Doch an einem Punkt gehen beide Analysen entscheidend auseinander: Sartre beschränkt seine Untersuchung auf den Juden und den Antisemiten, während sich Marx auf die soziologische Situation der Juden konzentriert, um die Gründe zu erforschen, die den Juden dazu bewegen, negative Eigenschaften wie Täuschung, Geiz und weitere Gemeinheiten zu übernehmen. Die Analyse von Sartre ist somit abstrakt-dialektischer Natur; Marx dagegen erweitert den Untersuchungsrahmen und analysiert soziologisch.

Darüber hinaus behandelt die historische Analyse von Toynbee einen Mangel von Sartres Ansichten: Toynbee sieht – in aller Deutlichkeit –, dass die Beziehung der Juden zu Palästina im Jahr 135 nach Christus endete, jenem Jahr, in dem die Römer die dortige Herrschaft der Juden beendeten. Die Juden blieben bis zur Regierungszeit Napoleons zerstreut, erst dann waren sie darum bemüht, sich zu emanzipieren. Diese Möglichkeit bot ihnen die bürgerliche Gesellschaft; jedoch blieben die Juden in der Wahrnehmung der Gesellschaften, in denen sie lebten, Fremde. In der Folge kann festgestellt werden, dass Marx das Problem in seiner soziologischen Dimension betrachtete, während Toynbee dies aus einem historischen Blickwinkel heraus tat. Nur Sartre beschränkte die Perspektive auf einen Dualismus, als wäre dies eine psychologische Angelegenheit zweier Patienten, die er in einem Labor oder in einem Krankenhausbett analysiert.

Es gibt jedoch einen Unterschied zwischen Marx und Toynbee: Marx hatte seine Studie im Jahr 1844 verfasst, das heißt schon vor dem Aufkommen der zionistischen Bewegung, während Toynbee Israel in seiner Analyse berücksichtigt. Dazu hatte Toynbee seine Meinung auf den Punkt gebracht, dass ein Fehler nicht durch einen neuen Fehler beseitigt werden könne. Denn dem Zionismus wohne jener Hass inne, den die Juden [in Europa] erführen, wobei die arabischen Bewohner Palästinas für die Judenfeindschaft keinerlei Verantwortung trügen und an ihrer Entstehung nicht beteiligt gewesen seien.

Europa und das zaristische Russland haben die Juden verfolgt – die Araber hatten keinen einzigen Juden verfolgt. Dennoch wird das europäische Problem der Juden auf die Araber projiziert und aus einem Problem werden zwei gemacht.

Noch einmal auf Sartre zurückkommend kann jedoch gesagt werden, dass er sein Buch 1944 geschrieben hatte, also vor der Entstehung des Staates Israel. Folglich sollte man in dem Buch keine diesbezügliche Stellungnahme von ihm erwarten. Dies aber ist kein Argument. Sartre ist engagiert und über die Weltereignisse bestens informiert. Dennoch schweigt er und äußert keine Meinung zu Israel. Doch die dortigen Geschehnisse sind eine furchtbare Angelegenheit, die das Gewissen eines modernen Denkers wie Sartre beunruhigen sollte.

Die Geschichte lehrt uns keine weitere ähnlich geartete Ungerechtigkeit;

ein Problem reproduziert ein anderes und schafft ein unvorstellbares, ja sogar mehrfaches Unrecht.

Sartres Analyse blendet die gesellschaftlichen, historischen, aber auch politischen Dimensionen aus. Dies verdeutlicht die Ambivalenz seiner herausragenden Stellungnahmen zu Konfliktfragen in Algerien, Kuba, Indochina sowie Afrika einerseits und seiner verfehlten Meinung in der Israelfrage andererseits!

Dawud Talhami
Sartre und die Palästinafrage

Während Zuhairy in Kairo über Sartre schrieb, entstand in Beirut ein ähnlich kritischer Widerstand gegen den französischen Intellektuellen. Der folgende Quellentext macht dies deutlich, kommt indes zu einer anderen Schlussfolgerung als Zuhairy. Der palästinensische Intellektuelle Dawud Talhami, der ebenfalls in den 1960er Jahren in Paris studierte, hatte dort auch Sartre kennengelernt.[37] Der Beitrag von Talhami entstand 1971, das heißt knapp sieben Jahre nach dem von Zuhairy in Kairo verfassten Artikel. Es ist wichtig, dies hervorzuheben, denn in diesen Zeitraum fällt nicht nur der Sechstagekrieg 1967, sondern vor allem auch die daraus folgende deutliche Distanzierung arabischer Intellektueller von Sartre. In der arabischen Welt wurde dessen Positionsnahme als proisraelisch wahrgenommen. Vor diesem Hintergrund unternimmt der Artikel von Dawud Talhami einen Versuch der Versöhnung mit Sartre. Veröffentlicht wurde dieser Versuch in der im arabischen Kulturleben hochangesehenen Zeitschrift *shuʿūn filastīniyya* (Palästinensische Angelegenheiten). Diese Zeitschrift wurde von dem in Beirut ansässigen Institut markaz al-abḥāth al-filasṭīniyya [Institut für palästinensische Forschung] herausgegeben, einem der Palästinensischen Befreiungsorganisation (PLO) nahestehenden Institut für palästinensische Studien. Der Leiter, der angesehene Intellektuelle Anis Saygh, besaß das Vertrauen und den Respekt der PLO-Führung, was der Arbeit des Institutes gewisse Freiheiten eröffnete. So gelang es Saygh, auch Journalisten und Wissenschaftler einzustellen, deren Ansichten nicht mit denen der PLO übereinstimmten, wie eben beispielsweise Dawud Talhami. Als Mitglied der marxistisch geprägten demokratischen Front zur Befreiung Palästinas war er nicht nur ein politischer Gegner der PLO, sondern suchte auch gegen den Willen der Organisation die Versöhnung mit Sartre. Dawud Talhami erhielt nach einer Absprache mit Anis Saygh dessen Unterstützung, ging nach Paris, wo er Sartre traf, und veröffentlichte anschließend das Gespräch.

---

37 Ausführlich zur Biografie von Dawud Talhami vgl. Kap. 3 dieser Arbeit.

Dawud Talhami, Im Lichte eines Treffens mit dem französischen Philosophen. Sartre und die Palästinafrage [ʿalā dawʾ liqāʾ maʿa al-faylasūf al-faransī. sārtar wa-l-masʾala al-filastīniyya], in: shuʿūn filastīniyya [Palästinensische Angelegenheiten] 12 (1972), 66–73.

Mein erstes Treffen mit Sartre fand Ende 1965 statt. Die Schilderungen von heute stammen aus einem Gespräch zu Beginn des Jahres 1972. Anlass des ersten Treffens war die Vorbereitung der Sonderausgabe von *Les temps modernes* zur Palästinafrage, die jedoch erst Anfang Juni 1967 veröffentlicht wurde; ein seltsamer Zufall, denn der unmittelbare Ausbruch des Sechstagekriegs hatte zur Verbreitung der Zeitschrift entscheidend beigetragen. Mit unserem Gespräch wollen wir dieses Mal die Perspektive des französischen Philosophen für den Leser unserer Zeitschrift *Palästinensische Angelegenheiten* dokumentieren. In den sechs Jahren, die zwischen unseren beiden Begegnungen lagen und in denen es zahlreiche politische Veränderungen gab, wandelte sich seine Auffassung zu den politischen Gegebenheiten in der Region. Vieles war anders geworden. So hatte der palästinensische Widerstand der Welt unter anderem die Existenz des palästinensischen Volkes ins Bewusstsein gebracht. Die internationale Gemeinschaft hatte somit erfahren, dass wir [die Palästinenser] voller Opferbereitschaft für das von den Zionisten geraubte Palästina kämpften. Israel, dieses angeblich unschuldige Lamm, das von hungrigen Wölfen umgeben war, wurde zum Besatzer. Es besetzte arabisches Land und dehnte dadurch sein Territorium um das Vierfache mehr als im Krieg 1948 aus. Doch Sartre sammelte seine Erkenntnisse über den Konflikt nicht aus der Ferne, sondern besuchte in der ersten Jahreshälfte Ägypten, Gaza und die besetzten Gebiete, wo er sich, wie er mir selbst berichtete, mit Intellektuellen, Politikern und Privatpersonen traf. Im Anschluss an seine Reise gab Sartre seine Sonderausgabe über den Konflikt heraus, die über 1000 Seiten umfasste und mehr als vierzig von Arabern und Israelis verfasste Beiträge enthielt. In der Zeitschrift wurden unter anderem der viel beachtete Aufsatz von Maxime Rodinson mit dem Titel *Israël, fait colonial?* sowie weitere Dokumente veröffentlicht. Dafür hatte Sartre Vertreter des palästinensischen Widerstands in Frankreich getroffen, um ihre Perspektive des Konflikts zu diskutieren. Inzwischen behauptet Sartre, heutzutage besser über den Konflikt informiert zu sein als 1965. Das verdanke er in erster Linie der Lektüre der genannten Sonderausgabe. Im Großen und Ganzen präsentieren wir dem arabischen Leser in der heutigen Ausgabe einen über den Konflikt gut informierten Sartre. Der Philosoph, der den Nobelpreis ablehnte und mit den Studenten im Rahmen ihres Aufstands 1968 auf die Straße ging, der Philosoph, der heute die maoistische Bewegung gegen das französische Establishment unterstützt und dessen Schriften sich von Philosophie und Literatur über Geschichte, Politik und Kultur erstrecken, er zeichnet sich durch sein politisches Engagement aus. Wir wollen dem Leser heute jedoch keine Zusammenfassung von Leben und Wirken des französischen Intellektuellen anbieten. Nein, unser Gespräch befasst sich mit einem konkreten Thema: der Palästinafrage. Allerdings, und bevor wir uns dieser zuwenden, ist es notwendig, einige Aspekte näher zu erläutern.

Zweifelsohne bereichert der Beitrag Sartres die philosophische Literatur. Ebenso unbestritten ist auch seine Bedeutung als engagierter Intellektueller: »Ich begann mein Leben zwischen Büchern und so wird es enden: zwischen Büchern« schrieb Sartre einmal (aus *Die Wörter*, 37).

In politischer Hinsicht vertrat Sartre seit seiner Jugend, wie er selbst in seinem Buch *Fragen der Methode* schreibt, eine grundsätzlich linke Einstellung gegen Verfolgung und Unterdrückung (*Fragen der Methode*, 26 ff.). Diese Position spiegelte sich in der Unterstützung von Befreiungsbewegungen weltweit wider. Sartres moralische Solidarität galt insbesondere algerischen und vietnamesischen Nationalbewegungen, was ihn Angriffen rechtskonservativer Kreise in seinem Heimatland aussetzte. So lebte Sartre unter der Bedrohung jener Kräfte, die die Fortsetzung der Kolonialisierung Algeriens anstrebten, beispielsweise der Organisation Armée Secrète in der Endphase des Algerienkrieges. Zurzeit ist Sartre Präsident des vom britischen Philosophen Bertrand Russell gegründeten Vietnam-Kriegsverbrechertribunals, welches die von den US-Amerikanern im Vietnamkrieg nach 1945 verübten Kriegsverbrechen untersucht und dokumentiert. Darüber hinaus kämpft er für die Rechte von im Iran oder in Lateinamerika Inhaftierten. Auch in Frankreich setzt Sartre sein politisches Engagement fort und stellt sich auf die Seite von Fremdarbeitern, wobei er insbesondere arabische Migranten in ihrem Kampf gegen den Rassismus unterstützt.

Dennoch gehen die Meinungen bezüglich Sartres politischer und philosophischer Einstellung auseinander. Den Arabern gibt insbesondere seine Haltung in der Palästinafrage Anlass zu Diskussionen. (Auf diesen Aspekt werde ich im Folgenden noch näher eingehen.) Neben seinem Engagement während des Kalten Krieges, in dessen Verlauf er sich gegen den Einmarsch der Sowjets in Ungarn 1956 und in der Tschechoslowakei 1968 stellte, kritisierte Sartre die politische Führung Kubas scharf wegen einer Verhaftungswelle gegen Intellektuelle und er beschuldigte die französische kommunistische Partei, gegen die Demonstranten im Mai 1968 vorgegangen zu sein, was seinen politischen Gegnern ebenfalls Ansatzpunkte für Kritik bot. Seine bereits erwähnte Unterstützung für die maoistische Bewegung in Frankreich lässt sich auch mit seiner philosophischen Überzeugung erklären, die ich im Folgenden kurz erläutern werde. […]

Sartres politische und philosophische Erfahrungen spiegeln sich in seinem Engagement wider. Dies zeigt sich insbesondere in seiner Haltung gegenüber Juden und ihren Problemen in Europa. So betrachtet Sartre in seinem Buch mit dem Titel *Betrachtungen zur Judenfrage* die folgenden Aspekte: Der Antisemit einerseits, so Sartre, schreibe dem Juden bestimmte physische und moralische Eigenschaften zu. Der Demokrat andererseits, so führt der Philosoph an, lehne die Assimilation der Juden ab und nehme daher den Juden ausschließlich als Menschen und Individuum wahr, ohne ihm spezifische Eigenschaften zuzuordnen. Beide Sichtweisen sind aus Sartres Perspektive irreführend: Während der Antisemit nur den Juden sehe und dessen Menschentum leugne, nehme der Demokrat zwar den Menschen wahr, übersehe jedoch dessen Judentum. Sartre dagegen plädiert dafür, das Recht der Juden auf Existenz in der französischen Gesellschaft anzuerkennen und darüber hinaus das jüdische Anderssein zu akzeptieren. Mit dem folgenden fragwürdigen Satz beendet er sein Buch: »Kein Franzose wird frei sein, solange die Juden nicht im Vollbesitz ihrer Rechte sind. Kein Franzose wird sicher sein, solange ein Jude in Frankreich, *in der ganzen Welt*, um sein Leben zittern muss.«

Diese klare Position, die Sartre sein Leben lang vertrat, reflektiert am Beispiel der Juden das Bestreben des französischen Philosophen, die Freiheit des Individuums, dessen Identität und dessen Leben zu verteidigen. In seinem Buch *Überlegungen zur Judenfrage,* das vor der Gründung Israels von ihm verfasst worden war, offenbart er seine Sensibilität für die Probleme der Juden, für die er sich als Franzose und Europäer persönlich verantwortlich fühlte. Außerdem trägt das Buch zum besseren Verständnis von Sartres Haltung in der Palästinafrage bei, da es den Einfluss, den die Situation der Juden in Europa auf die Einstellung des Philosophen hatte, beschreibt. Es ist nicht schwer, die Gründe für die Empathie des französischen Philosophen zu verstehen, da das jüdische Problem neben seiner philosophischen Überzeugung das Thema schlechthin war, das Sartres Leben prägte: Sartre lebte unter der deutschen Besatzung und wusste von der Rassenunterdrückung der Juden sowie von der Judenverfolgung. Er erlebte die Inhaftierung seines jüdischen Bekannten in einem Konzentrationslager der Nationalsozialisten, sodass er, ähnlich wie andere französische Philosophen, die jüdische Bekannte hatten, Mitgefühl mit deren Schicksal entwickelte. Das Mitleid mit den Juden zeigte sich auch im Umfeld des französischen Philosophen, zu dem jüdische Vertraute und Bekannte gehören.

Das Verhältnis Sartres zu den Juden erklärt auch die Reaktion des französischen Intellektuellen, als er im März 1967 Israel besuchte. Die Tatsache, dass die israelischen Bürger ihren Staat auf Kosten des palästinensischen Volkes errichtet hatten, in ähnlicher Weise wie die Nationalsozialisten vor ihnen, war ihm verborgen geblieben. Sartres Wahrnehmung wurde geprägt von den in Lagern internierten Juden, der Ghettobildung und der Verfolgung, der sich die Juden auch hier ausgesetzt sahen. Seine Haltung wird auch durch die folgende Aussage belegt, die Sartre am 30. März 1967 auf einer Pressekonferenz in Tel Aviv machte:

»Der erste Eindruck – ich denke, Israel ist das einzige Land, in dem ein Nichtjude sagen kann: ›Das ist ein Jude‹, ohne Antisemit zu sein. Wenn man bei mir zu Hause zum Beispiel von einem Universitätsprofessor sagt, er sei ein Jude, denke ich, der das sagt, ist sicher ein wenig Antisemit. [...] Jedenfalls ist das mein erster Eindruck, und ich muss Ihnen sagen, es ist eine Art Befreiung, nicht nur ein Zeugnis Ihrer Befreiung, sondern auch für den Nichtjuden eine Befreiung.« (*Le Monde*, 31. März 1967).

An dieser Stelle zog der Korrespondent von *Le Monde*, selbst ein Israeli, einen Vergleich zwischen den Ansichten Sartres und denjenigen Herzls, den der Philosoph jedoch indirekt dementierte (*Le Monde*, 8. April 1967). Doch allein aus seinem Besuch in Israel lässt sich seine politische Überzeugung nicht erklären. Ebenfalls von großer Bedeutung ist ein Besuch Sartres mit seiner Lebensgefährtin Simone de Beauvoir in Ägypten und dem Gazastreifen. Im Anschluss an seinen Besuch bekräftigte er nach Gesprächen mit Flüchtlingen in Gaza die Notwendigkeit ihrer Rückkehr in ihre Heimat. Ähnlich hatte er sich bereits kurz zuvor an der Kairoer Universität geäußert: »Die Palästinenser haben das Recht, in ihr Heimatland zurückzukehren, aus dem sie im Zeitraum zwischen 1948 und 1967 vertrieben worden sind.« Auch in der Pressekonferenz vom 30. März 1967 forderte Sartre Israel dazu auf, das Rückkehrrecht der Flüchtlinge anzuerkennen (*Le Monde*, 31. März 1967).

Dieser Ambivalenz war sich Sartre bewusst und er bekannte sich dazu. Der französische Philosoph »erlebte den arabisch-israelischen Konflikt als eine persönliche Tragödie« (*Les temps modernes*, Sonderband, 9). In dieser Einleitung zum Sonderband, die Sartre eine Woche vor den israelischen Übergriffen [gemeint ist der Krieg von 1967] verfasste, thematisiert er seine Zerrissenheit aufgrund des Konflikts. Er, Sartre, der das Problem der Juden während des zweiten Weltkriegs hautnah erlebt hatte, konnte sich nicht vorstellen, dass »eine jüdische Gemeinschaft, wo auch immer und welche auch immer, dieses Golgatha von Neuem ertragen und Märtyrer für ein neues Massaker liefern könnte«, jedoch war Sartre auch bekannt für seine Verteidigung der Algerier während des Befreiungskriegs: »Während des Kampfes der FLN für die algerische Unabhängigkeit brachte ich meine brüderliche Verbundenheit mit den Arabern zum Ausdruck [...] Ihr Kampf, ihr Freiheitskampf galt ihnen selbst, aber auch uns« (ebenda, 10).

Doch in dieser geladenen Atmosphäre, welche von prozionistischer Propaganda mit jenem Bild angeheizt wurde, das Israel als unschuldiges Lamm, umgeben von Millionen blutdurstigen Nachbarn, stilisierte, unterzeichnete Sartre einige Tage vor dem Krieg ein Kommuniqué zugunsten Israels, welches darauf abzielte, Israel von Imperialismus und aggressiven Übergriffen zu befreien. Dann brach der Krieg aus und Israel entpuppte sich vielen als der wahre Aggressor. Doch Sartre schwieg und bezog seither kaum noch Stellung zum Konflikt. Heute wollen wir wissen, welchen Standpunkt Jean-Paul Sartre vertritt.

Sartre spricht

Am Anfang des Treffens [1972] bekräftigte Sartre seine Sympathie für die Palästinenser. Dabei wiederholte er mehrmals folgenden Satz: »Mein Mitgefühl gilt eurer Seite.« Außerdem rief er mir seine Unterstützung für die Kämpfer des algerischen Befreiungskriegs in Erinnerung und seinen jetzigen Kampf gegen den Rassismus, dem die arabischen Arbeiter in Frankreich ausgesetzt sind.

Meine erste Frage betraf seine Einschätzung der öffentlichen Meinung bezüglich der Palästinafrage und deren Entwicklung seit 1967. Ich wollte wissen, inwieweit sich die Wahrnehmung der Menschen in Frankreich in Bezug auf die Palästinafrage seit dem Ende des Krieges, Sartres Besuch im Nahen Osten und der Veröffentlichung des Sonderbands der von ihm herausgegebenen Zeitschrift *Les temps modernes* verändert habe. Darüber hinaus wollte ich wissen, wie er selbst die Entwicklung des Nahen Ostens in den letzten fünf Jahren und seit der israelischen Okkupation einschätze. Seine Antwort spiegelte in erster Linie seine Erlebnisse während seiner Nahostreise 1967 wider. Er wies auf das Elend der Palästinenser hin, das er in den Flüchtlingslagern in Gaza hautnah erlebt habe, sowie auf das Leid, das den Arabern in Israel zugefügt werde. Er sprach äußerst ausführlich über seinen Besuch in Gaza, kritisierte aber Äußerungen einiger angesehener Palästinenser, die er dort getroffen hatte, und hoffte auf eine bessere Zukunft für die Jugend in den Flüchtlingslagern. Außerdem sprach er detailliert über die wirtschaftlichen und ethnischen Ungleichheiten in Israel. Dabei betonte er, dass die Araber in Israel ähnlich den nordafrikanischen Arbeitern in Frankreich meist schwere Arbeiten wie etwa Bau- und Straßenarbeiten verrichteten. Und obwohl der arabische Arbeiter den gleichen Lohn ausgezahlt bekomme wie der jüdische, so bewirke doch die hohe Geburtenrate in arabischen Familien ein Ungleichgewicht zwischen den jüdischen und den arabischen Arbeitern. Deutlich werde diese Unausgewogenheit vor allem im Bereich der Bildung: Während der Bildungsgrad der jüdischen Bevölkerung steige, sinke er bei den Arabern. Weiterhin kritisierte Sartre die israelische Politik der Enteignung palästinensischer Bauern. Er prangerte darüber hinaus die rassistische Haltung der orientalischen Juden gegenüber den Arabern an und begründete dieses Verhalten mit gesellschaftlich-historischen Erfahrungen der beiden Völker im Umgang miteinander. Gleichzeitig aber bekräftigte er, dass insbesondere in der linken Partei Mapam einige orientalische Juden couragiert für eine gleichberechtigte Stellung von Juden und Arabern kämpften. Damit meint er höchstwahrscheinlich jene Minderheit in der Mapam, die eine Regierungskoalition ablehnte.

Im weiteren Verlauf des Gesprächs kam Sartre auf den Krieg von 1967 zu sprechen und berichtete von den Auswirkungen dieses Krieges auf die französische Öffentlichkeit. Dabei betonte er, dass die Franzosen, die die nationalsozialistische Besatzung sowie die damit einhergehenden antisemitischen Vorgänge gegen die jüdische Bevölkerung miterlebt hatten, sich wegen der arabischen Haltung um die Sicherheit Israels sorgten. Die an dieser Stelle von Sartre angeführte Äußerung al-Shuqairis [Begründer der Palästinensischen Befreiungsorganisation, der zur Vernichtung des Staates Israel aufgerufen hatte] hatte in Frankreich großes Aufsehen erregt. Sartre führte weiterhin aus, dass zwar »das israelische Volk auf den Frieden hofft«, jedoch die dortige Regierung eine Politik der Expansion auf Kosten der Palästinenser betreibe. In diesem Zusammenhang kritisierte Sartre auch die Linke in Israel, die zu schwach sei, um die von der israelischen Regierung betriebene reaktionäre Politik zu verhindern.

Auch Sartres Meinung zum Programm »Das demokratische Palästina«, das von der Palästinensischen Befreiungsorganisation als Initiative zur Lösung des Konflikts ins Leben gerufen worden war, war Gegenstand unseres Gesprächs. Zwar bekräftigte Sartre noch einmal seine Sympathie für das palästinensische Volk sowie seine positive Haltung zur »Souveränität der Palästinenser«, er betonte jedoch im gleichen Atemzug die Rechtmäßigkeit und die Souveränität Israels. Diese Anerkennung resultiere aus seiner politischen Grundhaltung, er sei jedoch kein Politiker, sondern ein engagierter Intellektueller. Er könne nur Ansätze für Ideen liefern, die bei der Suche nach der dringend notwendigen dauerhaften Lösung für den Konflikt hilfreich sein könnten. Eine Vorhersage bezüglich der Verwirklichung dieser Ideen und darüber, wie diese auf beiden Seiten aufgenommen würden, sei aber nicht möglich.

An diesem Punkt betonte Sartre erneut seinen Standpunkt bezüglich Israel, den er bereits in vorangegangenen Äußerungen zum Ausdruck gebracht hatte. Demnach betreibe der Staat Israel keinen Kolonialismus im herkömmlichen Sinne, da er kein Land kolonialisiere, um dessen Bewohner sowie dessen Bodenschätze auszubeuten. [...] Das sei bei Israel nicht der Fall, so glaubte Sartre. Die jüdische Einwanderung und damit die Besiedlung Palästinas durch die Juden stelle für das politische Europa des vergangenen Jahrhunderts keinen aggressiven Akt dar, da die Siedler keine negativen Absichten hatten. Zudem bekräftigte Sartre, dass er die Parole, Israel repräsentiere »eine Speerspitze des Imperialismus«, ablehne. Seiner Überzeugung nach stehe Israel in keinem direkten Kontakt zu den imperialistischen Staaten, sondern habe eher eine Verbindung zu den dort lebenden Juden, von denen Israel wirtschaftlich, aber auch politisch abhängig sei. Denn sie würden dem jüdischen Staat einerseits helfen und andererseits ihre Regierungen zugunsten Israels unter Druck setzen. Dies werde besonders deutlich, betrachte man das Verhältnis Israels zu den in Amerika lebenden Juden. Sartre erkennt zwar die emotionale Bindung an, welche dieser Beziehung zugrunde liegt, sieht diese aber dennoch kritisch, da der Einfluss amerikanischer Juden auf Israel aufgrund der Erweiterung des Privatsektors und der Reduzierung der Anzahl von Kibbuzim negative Folgen hatte. Darüber hinaus beziehe Israel auf der Ebene der internationalen Politik zunehmend negativ Stellung, wenn es um die Umsetzung von Befreiungskriegen gehe, wie etwa im Fall von Vietnam; ein Vorgehen, das leider sowohl bei der israelischen Presse als auch in der Mehrheit der israelischen Öffentlichkeit breite Zustimmung finde.

Anschließend betonte Sartre sein Mitgefühl für die Palästinenser und seine Hoffnung, einen gerechten Frieden durch die Lösung des Konflikts zu erreichen.

Wo steht Jean-Paul Sartre heute?

Bei dem Versuch einer Verortung Sartres sollten wir uns nicht von Verallgemeinerungen leiten lassen, welche die Welt in Schwarz und Weiß teilen und die Grautöne dazwischen nicht mit berücksichtigen, da dieses Vorgehen einer Analyse nach der kritischen Methode nicht gerecht wird. Sartre ist weder ein Kämpfer für die palästinensische Revolution noch ein Soldat der zionistischen Bewegung. Seine Einstellung zum Palästinakonflikt resultiert, wie wir bereits erwähnten, aus seiner allgemeinen Haltung und seinen persönlichen Erfahrungen, die er mit Vertretern beider Seiten gemacht hat und von denen der Philosoph selbst sagt, dass seine auf diesen beruhenden Schlussfolgerungen historisch gerecht seien. Aufgrund der Aussagen Sartres während unserer Gespräche und der Informationen aus den genannten Quellen können wir die folgenden Schlüsse ziehen:

1. Sartre ist kein Befürworter des Zionismus im ideologischen Sinne. Am Ende unseres Gesprächs verwies er sogar auf die Notwendigkeit, den Zionismus im Interesse der Juden und zugunsten einer dauerhaften Lösung des Konflikts zurückzustellen, da er, global betrachtet, in manchen Ländern als ein Hindernis gesehen werde, das zur Wiederbelebung des Antisemitismus beitrage (*New Outlook*, März 1969). Trotz dieses Statements lässt sich Sartre jedoch nicht pauschal als Gegner des Zionismus bezeichnen. Vielmehr glaubt er, dass der Zionismus in gewissen Konstellationen und in einem bestimmten historischen Moment eine positive Rolle im Leben der Juden spielen konnte. Was Israel betrifft, sei er momentan kritischer als je zuvor, jedoch glaube er an mögliche Veränderungen innerhalb der israelischen Gesellschaft. Und genau hier liegt der Hauptstreitpunkt zwischen der von Sartre vertretenen Position und denjenigen der verschiedenen palästinensischen Flügel des Widerstands, die in den inneren Gegensätzen der israelischen Gesellschaft einen entscheidenden, begüns-

tigenden Faktor für den Palästinakonflikt, der die Region prägt, sehen. Das Gleiche gilt für die Kräfte der Revolution sowie der Gegenrevolution, deren Auseinandersetzungen sowohl in Israel als auch bei den Palästinensern ausgefochten werden.

2. Nun können wir sagen, dass Sartre gegenüber der palästinensischen Revolution eine Position einnehme, die weder als feindlich noch als unterstützend im absoluten Sinne beschrieben werden könne. Denn einerseits sympathisiere er mit dem zerstreuten palästinischen Volk so, wie er im Allgemeinen mit den Völkern der dritten Welt sympathisiere, die der Unterdrückung durch andere Staaten ausgesetzt sind. Doch andererseits stimme er nicht in allen Aspekten mit den bekannten Zielen der palästinensischen Revolutionäre überein. Als er vor einigen Monaten die Herausgeberschaft der maoistischen Zeitung *La Cause du peuple* übernahm, jener Zeitung, die unterdrückenden Maßnahmen durch die französischen Behörden ausgesetzt war, wies er in Bezug auf den Nahostkonflikt darauf hin, dass seine Solidarität denjenigen gehöre, die körperlicher oder psychischer Gewalt ausgesetzt seien, auch wenn er nicht alle ihre Ziele teile. Diese Äußerung ist auch deshalb erwähnenswert, weil die Zeitung pro-palästinensische politische Organisationen vertritt, was wiederum eine uneingeschränkte Unterstützung des palästinensischen Widerstands impliziert. Sartres Aussage kann also auch als Aufforderung an die Herausgeber der Zeitung verstanden werden, sich entsprechend zu verhalten.

3. Schließlich möchten wir unserer Hoffnung Ausdruck verleihen, dass das Verständnis für den Philosophen beziehungsweise Denker oder Ideologen, wie er sich selbst bezeichnete, weiter wächst, zumal er überall auf der Welt als grundsätzlicher Unterstützer und Befürworter der Befreiungsbewegungen und der Revolutionen gilt. Darüber hinaus hoffe ich, dass meine Begegnungen mit ihm dazu beigetragen haben, dem französischen Intellektuellen die Bedeutung der Judenfrage nahezubringen, und dass ich ihm gleichzeitig die Position der palästinensischen Widerstandskämpfer hinsichtlich dieser Angelegenheit bewusst machen konnte. Eine Klärung der gegensätzlichen Standpunkte in einer der letzten Begegnungen Sartres mit Vertretern des palästinensischen Widerstandskampfes erwies sich als wichtig.

Lutfi al-Khouli
Maxime Rodinson in Kairo

Wie in dieser Arbeit ausgeführt, verkehrte Maxime Rodinson in Kairo und in Beirut vornehmlich in marxistischen Kreisen. Die Linke war eine wichtige Dominante im arabischen Kulturleben der 1960er Jahre, und entsprechend wurden Rodinsons Schriften weithin rezipiert. Es waren vor allem Zeitschriften wie *dirāsāt ʿarabiyya* in Beirut oder *al-talīʿa* in der ägyptischen Hauptstadt, die Rodinsons Denken der arabischen Öffentlichkeit nahebrachten. Im Folgenden wird ein Aufsatz über Rodinson aus der ägyptischen Tageszeitung *al-ahrām* (Die Pyramide) wiedergegeben. Die Zeitung, bereits 1875 ins Leben gerufen, ist das älteste Massenmedium Ägyptens und dort bis heute eine der meistgelesenen Zeitungen. Der ägyptische Intellektuelle Lutfi al-Khouli, einer der engsten Freunde Rodinsons im arabischen Raum, erreichte daher mit seinem Artikel über Maxime Rodinson in dieser Zeitung eine breite Leserschaft in Ägypten und erweiterte somit den Bekanntheitsgrad Rodinsons über die Grenzen der Fachzeitschriften hinaus.[38] In einem ganzseitigen Artikel stellte al-Khouli den französischen Intellektuellen vor und konzentrierte sich auf das, was die arabische Öffentlichkeit jener Zeit vornehmlich interessierte: das Zusammenspiel von Rodinsons jüdischer Herkunft, seiner kritischen Haltung zum Kolonialismus und seiner Zionismuskritik.

Lutfi al-Khouli, Maxime Rodinson in Kairo
[hiwār ʿarabī maʿa maksīm rūdinsūn],
in: al-ahrām, 22. Dezember 1969, 7.

Unsere arabische Tradition und darüber hinaus die universale Tradition hatte aus menschlicher Lebenserfahrung heraus eine Weisheit formuliert: »Freunde erkennt man in der Not.«

Maxime Rodinson, den Kairo heute empfing, ist einer dieser wahren Freunde der arabischen Völker, die diese auf ihrem Weg zur Freiheit und zum Fortschritt unterstützen.

Als die Niederlage des schwarzen Juni auf uns herabfiel, gehörte Maxime Rodinson zu den mutigsten und stärksten Stimmen, welche in den dunklen Zeiten des Sechstagekrieges ertönten, während die Truppen der Finsternis die Wahrheit im Keim zu ersticken oder ihre Züge zu entstellen suchten. Durch zahlreiche Zeitungsartikel, Vorlesungen und Vorträge sowie mittels wissenschaftlicher Methoden beleuchtete Rodinson den wahren Kern des arabisch-israelischen Konfliktes. Er bewies, dass Israel ausschließlich eine »Realität des Kolonialismus« darstellt, die mit Gewalt geschaffen wurde – eine Ausweitung der europäisch-amerikanischen Hegemonie über die arabischen Völker in Palästina. Zweifellos litten alle Araber, die sich zur Zeit der Aggression von 1967 außerhalb ihrer Heimat und vor allem in Westeuropa aufhielten, unter dem hysterischen Hass gegen die Araber, den der Zionismus und die lange Geschichte des arabischen Kampfes gegen die Kolonialmächte schürten.

---

38 Über die enge Verbindung zwischen dem ägyptischen Intellektuellen Lutfi al-Khouli und Maxime Rodinson vgl. Kap. 3 in diesem Buch.

Diese können vielleicht einschätzen, was der Widerstand gegen den – dies meine ich wortwörtlich – aufkochenden Strom dieser Hysterie an außergewöhnlichem, moralischem Mut verlangte. Maxime Rodinson stand in Paris an der Spitze der sozialistischen Intellektuellen, die diesen Mut besaßen und ihn mit viel Wissen und Können im weitestmöglichen Rahmen in die Tat umsetzten. Sie nahmen den großen Aufwand auf sich und litten unter den Verleumdungskampagnen, welche die starken Einflusszentren und Propagandaapparate des Zionismus organisierten. Die Arbeit dieser Kampagnen gegen Rodinson war sehr intensiv und von großem Ausmaß. Wegen seiner jüdischen Abstammung konnte man ihm allerdings keinen Antisemitismus vorwerfen. Darüber hinaus ist Rodinson einer der renommiertesten zeitgenössischen Soziologen und hat einen Lehrstuhl an der Sorbonne inne. Seine Meinung ist von sehr großer wissenschaftlicher Relevanz unter Intellektuellen weltweit, vor allem in Westeuropa. Zudem gilt Rodinson als aktiver sozialistischer Kämpfer, der großen Einfluss auf die sozialistischen Kreise der Welt hat. Schließlich kann die zionistische Propaganda ihm keinen »Mangel an Kenntnis der Realität in der Region« vorwerfen, um die Glaubwürdigkeit seiner Darstellungen und Analysen bezüglich des Konfliktes infrage zu stellen, da Rodinson ebenso einer der bekanntesten zeitgenössischen Orientalisten weltweit ist. Er verfügt über viel Erfahrung und umfangreiches Wissen hinsichtlich der Geschichte, der Gegenwart und der Konflikte der Region und gilt deswegen in diesem Bereich als eine »Weltautorität«, die Anerkennung der wissenschaftlichen und politischen Kreise genießt.

Israel – eine koloniale Wirklichkeit

Die Position Rodinsons vor beziehungsweise nach dem Juni 1967 ist eigentlich weder neu noch eine Reaktion auf den Krieg, sondern eine Fortsetzung seiner sachlichen Betrachtung des arabisch-israelischen Konfliktes. Er fasste die Hauptlinien seiner diesbezüglichen Ansicht in den folgenden eindeutigen Worten zusammen:

»Die Entstehung des Staates Israel auf palästinensischem Boden ist das Ergebnis einer Bewegung, die absolut im Rahmen der großen euro-amerikanischen Expansionspläne stattfand. Diese wurden im 19. beziehungsweise 20. Jahrhundert umgesetzt und hatten die Gewinnung und Ausweitung wirtschaftlicher und politischer Macht über andere Völker zum Ziel. Die Klärung der Palästinafrage benötigt eine kurze, aber deutliche Erklärung, denn die bisherigen Deutungen weichen vom eigentlichen Thema ab. Es geht hier also um eine Darstellung der Fakten.«

Was die Begrifflichkeit betrifft, so denke ich, dass »eine koloniale Fortsetzung der adäquate Begriff für die Beschreibung der Situation ist, nachdem sie diese deutliche Form angenommen hat. Sie weist nämlich deutliche Parallelen zu anderen Ereignissen auf, die unter diesen Begriff fallen.«

Rodinson setzte die Belege und Erklärungen für seine Ansichten fort und antwortete auf die zionistischen Stimmen, die ihm das Ignorieren des »zionistischen Widerstandes gegen die britische Kolonialmacht und der Befreiung Palästinas« unterstellten. Sie betonten vor allem, dass nur wenige Juden aus Großbritannien nach Israel immigriert seien. Dieses alte Lied beherrschen die Zionisten gut, sie singen es sehr gern der europäischen Linken vor. Dazu sagte Rodinson Folgendes:

»Es ist überhaupt nicht relevant, ob viele oder wenige Zionisten aus Großbritannien nach Palästina immigriert sind, denn Großbritannien hat trotzdem für die Siedler die Rolle des ›Mutterlandes‹ gespielt und den Juden in Palästina – egal ob mit guten oder schlechten Absichten – dazu verholfen, ihre Anzahl zu vermehren. Das Gleiche hat Großbritannien mit den britischen Siedlern in Nordamerika getan, und genau so beschützte Frankreich die Siedler in Algerien. Unter solchen Umständen ist es normal, dass sich die Lage zwischen dem ›Mutterland‹ und den Siedlern anspannt, denn sie fühlen sich oft durch seine Gesetze und Vorschriften belästigt oder eingeengt. Sie möchten sich diesen Bestimmungen nicht unterwerfen, die sie in vielen Fällen als ungeeignet für die lokalen Bedingungen betrachten. Dies passiert vor allem, wenn das ›Mutterland‹ durch den Druck der internationalen Politik gezwungen wird, die Interessen und Wünsche der Ureinwohner zu berücksichtigen.«

Rodinson meinte, dass einige Sozialisten Fehleinschätzungen unterlagen, weil sie diese Fakten und die Natur der dialektischen Verbindung zwischen der Kolonialisierung, vor allem der britischen, und dem Zionismus nicht verstanden. Dies habe selbst Stalin betroffen. Er habe nämlich gedacht, dass er sich auf die Juden in Palästina als Gegenmacht zur britischen Besatzung verlassen könne. Dies ist passiert, obwohl Europa Siedler in großen Scharen hinschickte, die einen Teil dieses Landes an sich reißen wollten. Zu diesem Zeitpunkt hätten die arabischen Widerstandskräfte diese Siedler einfach vertreiben können. Jedoch wurden sie durch die britische Polizei und die britischen Truppen behindert, welche die europäischen und amerikanischen Mächte vertraten.

Analyse der Niederlage von 1948

Rodinson analysierte die Niederlage der Araber im Jahr 1948 und deckte wichtige Fakten auf:

»Die Anzahl der arabischen Kräfte, die an dem Krieg beteiligt waren, betrug insgesamt 25 000 Soldaten. Sie kämpften gegen ungefähr die gleiche Zahl israelischer Soldaten, die allerdings durch bessere und kürzere Verkehrswege im Vorteil waren. Im Juli 1948 stieg die Zahl der israelischen Soldaten auf 60 000, wobei sich die Zahl der arabischen Soldaten auf insgesamt 40 000 steigerte.«

Rodinsons Analyse der Niederlage von 1948 und ihrer Gründe erweckt an mehreren Stellen den Eindruck, dass seiner Ansicht nach die Niederlage von 1967 und ihre Gründe sehr ähnlich seien. [...]

In diesem Zusammenhang müssen wir erwähnen, dass nach der Aggression von 1967 einige Veränderungen eingetreten sind. Zum Beispiel wurde das Bild für viele sozialistische Länder, wie die Tschechoslowakei und Jugoslawien, welche die arabische Position immer unterstützten und dies noch tun, absolut klar. Frankreich sprach offiziell ein Waffenembargo gegen Israel aus. Diese Veränderungen betrafen auch die Vereinigten Staaten, die mittlerweile an der Spitze der Unterstützer und Helfer Israels stehen. Anstelle von Großbritannien, das gegenwärtig aufgrund seiner geschwächten Position an zweiter Stelle steht, beliefern die Vereinigten Staaten Israel mit Waffen, Kriegsfreiwilligen und Söldnern.

Entstellung und Wahrheit

Mit seiner breiten und profunden Kenntnis der Geschichte der Juden und der arabischen Region wollte Rodinson die verzerrten historischen Sichten, die der Zionismus zu verbreiten sucht, korrigieren, um das von diesem proklamierte »historische Recht der Juden auf Palästina« vor der Weltöffentlichkeit zu widerlegen. [...]

In Frankreich kritisierten jüdische Studenten Rodinson, stellten seine Meinung in Frage und sagten: »Israel wurde zur Heimat der Juden, die in Europa von einem Land zum anderen getrieben wurden.« Darauf antwortete Rodinson folgendermaßen: »Die Juden waren in Europa zuhause, doch Europa wollte sie nicht und schickte all seine unerwünschten Juden nach Palästina. Das Gleiche passierte den Gefangenen und den zur Zwangsarbeit Verurteilten, die zur Besiedlung Australiens und Guyanas geschickt wurden.«

Es ist sehr schwer, in diesem engen Rahmen alle harten Auseinandersetzungen zu behandeln, die ununterbrochen im Laufe von 15 Jahren zwischen Rodinson und den Zionisten in Westeuropa stattfanden. Über seine Position ließ Rodinson dabei nicht mit sich verhandeln. Ferner zeigte er keinerlei Schwäche in der Konfrontation mit aggressiven Kampagnen, die gegen ihn geführt wurden. Er versicherte immer, dass er bezüglich dieser Frage die Position eines sozialistischen Kämpfers und eines Wissenschaftlers vertrete, der die Geschichte respektiere und die Frage sachlich betrachte.

Eine Zionistin namens Valencia Amadeus Levi warf ihm vor, er verrate die jüdische Tradition und sei schizophren. Darauf antwortete er wie folgt:

»Ich bestehe auf meiner Überzeugung, dass das Jüdischsein den Menschen nicht dazu verpflichtet, doppelte Standards anzuwenden. Dies würde sonst bedeuten, dass die Gruppe oder Ethnie, der man angehört, in allen Fällen unfehlbar wäre. Dieser Glaube an Unfehlbarkeit der eigenen Gemeinschaft stellt ein weit verbreitetes Phänomen in der Geschichte der Gesellschaften dar und wird als Rassismus oder Bevorzugung einer Rasse bezeichnet. Und ich lehne dies ab.«

Zionismus ist nicht die Lösung

Und nun? Was ist die radikale Lösung, die Rodinson bezüglich dieser Frage als möglich, realistisch und menschlich betrachtete? Aus seiner Perspektive zog er für die Lösung zwei essenzielle Gesichtspunkte in Betracht: erstens das Recht des palästinensischen Volkes auf sein Land und seine Heimat; zweitens ist Israel zwar eine Realität des Kolonialismus und ein verlängerter Arm Europas und Amerikas insbesondere gegen die Araber und die Dritte Welt im Allgemeinen. Jedoch wohnen dort Juden, die Anspruch auf gleichberechtigtes Leben ohne Diskriminierung haben.

Nach Rodinson stellt der mit dem Imperialismus verbundene rassistische Zionismus das größte Hindernis dafür dar, dass diese beiden Gesichtspunkte zusammenwirken und respektiert werden. Demnach bestand Rodinsons Lösungsvorschlag darin, dass der Zionismus als Gedankengut, Strömung und Gebilde des Rassismus und Kolonialismus abgeschafft werden müsse.

Mit diesem Ansatz näherte sich Rodinson der Lösung, die der Widerstand im Namen des palästinensischen Volkes vorgeschlagen hat: Die Entstehung eines demokratischen palästinensischen Staates, in dem Muslime, Christen und Juden gleichberechtigt leben.

Die Interessen des sozialistischen Denkers und Kämpfers Maxime Rodinson waren reich und vielfältig. Dazu gehörten seine tiefgründigen Studien zu Geschichte, Gegenwart und Kultur der arabischen Gesellschaften. Er widmete sich dem Islam in verschiedenen Studien, darunter sein bekanntes Buch *Muhammed*, das in verschiedene Sprachen übersetzt wurde, sowie sein Buch *Islam und Kapitalismus*. Doch sein wissenschaftliches Denken kann an dieser Stelle nicht ausgeführt werden. Ein Dialog zwischen Maxime Rodinson und arabischen Intellektuellen über sein Werk und sein Engagement ist für die kommenden Tage vorgesehen. Die ist Teil des Projekts der Redaktion der Zeitschrift *al-talīʿa*, arabischen Intellektuellen die Gelegenheit zu geben, mit den geistreichsten Köpfen der Gegenwart zu diskutieren.

Quellen und Literatur

Artikel aus Zeitungen und Zeitschriften sowie Titel, die zur Charakterisierung von Ereignissen und Personen dienen, sind teilweise nur in den Anmerkungen vollständig nachgewiesen.

Ungedruckte Quellen

Politisches Archiv des Auswärtigen Amts Berlin, Bestand B12, Band 1037.
Dār al-kutub wa-l-wathāʾiq al-qawmiyya [Ägyptisches Nationalarchiv], Kairo, Bestand Ministerium für Informationen, Kairo, 1960–1970.

Gedruckte Quellen

Zeitungen und Zeitschriften

Amerikanische Universität Kairo, Zeitungs- und Zeitschriftenbestand.
Amerikanische Universität Beirut, Zeitungs- und Zeitschriftenbestand.

al-adab. majalla shahriyya tuʿnā bi-shuʾūn al-fikr [Die schönen Künste. Monatlich erscheinende schöngeistige Zeitschrift], Beirut (ab 1953).
al-ahrām. jarīda yawmiyya siyāsiyya tijāriyya adabiyya [Die Pyramide. Politische, wirtschaftliche und literarische Tageszeitung], Kairo (ab 1876).
al-ahrām al-ʿarabī. majalla usbūʿiyya mukhtassa bi-l-shuʾūn al-ʿarabiyya [Die arabische Pyramide. Wochenzeitschrift für arabische Angelegenheiten], Kairo (ab 1997).
al-akhbār. jarīda yawmiyya siyāsiyya [Die Nachrichten. Politische Tageszeitung], Kairo (ab 1952).
akhbār al-yawm. jarīda usbūʿiyya siyāsiyya [Die Nachrichten des Tages. Politische Wochenzeitung], Kairo (ab 1944).
al-anwār. jarīda siyāsiyya yawmiyya mustaqilla [Die Lichter. Unabhängige politische Tageszeitung], Beirut (ab 1959).
al-ʿarabī. majalla shahriyya musawwara ʿarabiyya ʿilmiyya adabiyya thaqāfiyya jāmiʿa [Der Araber. Monatlich erscheinende arabische Illustrierte für Wissenschaft, Literatur und Kultur], Kairo (ab 1958).
al-asās. jarīda hizbiyya yawmiyya [Das Fundament. Täglich erscheinende Parteizeitung], Kairo (belegt ab Nummer 44 [1947], 1952 eingestellt).
al-bilād. jarīda yawmiyya siyāsiyya [Das Land. Politische Tageszeitung], Dschidda (ab 1932).

Davar. ʿiton poʿali eretz yisraʾil [Wort. Zeitung der Arbeiter Israels], Tel Aviv (1925–1996).
dirāsāt ʿarabiyya. majalla fikriyya, iqtisādiyya, ijtimāʿiyya [Arabische Studien. Sozio-ökonomische kulturelle Zeitschrift], Beirut (1964/65–2000).
al-fikr al-muʿāsir [Das moderne Denken], Kairo (1965–1971).
Frankfurter Rundschau, Frankfurt a. M. (ab 1945).
The Guardian, London (ab 1821).
al-jumhūriyya. jarīda yawmiyya siyāsiyya [Die Republik. Politische Tageszeitung], Kairo (ab 1953).
al-kātib. majallat al-muthaqqafīn al-ʿarab [Der Schreiber. Zeitschrift arabischer Intellektueller], Kairo (1961–1980).
al-kātib al-misrī. majalla adabiyya shahriyya [Der ägyptische Schreiber. Literarische Monatszeitschrift], Kairo (1945/46–1948).
majallat al-idhāʿa wa-l-tilifizyun [Rundfunk und Fernsehzeitschrift], Kairo (ab 1935).
al-manār. majalla shahriyya tabhathu fī falsafat al-dīn wa-shuʾūn al-ijtimāʿ wa-l-ʿumrān [Der Leuchtturm. Monatszeitschrift für Religionsphilosophie und Angelegenheiten der Gesellschaft], Kairo (1897–1935).
Le Monde, Paris (ab 1944).
al-musawwar. majalla musawwara adabiyya akhlāqiyya usbūʿiyya [Die Illustrierte. Illustrierte literarische und moralische Wochenzeitschrift], Kairo (ab 1924).
al-nahār. jarīda yawmiyya siyāsiyya [Der Tag. Politische Tageszeitung], Beirut (ab 1933).
The New York Review of Books, New York (ab 1963).
The New York Times, New York (ab 1851).
al-risāla. majalla usbūʿiyya li-l-adab wa-l-ʿulūm wa-l-funūn [Die Botschaft. Wochenzeitschrift für Literatur, Wissenschaft und Kunst], Kairo (1933–1953).
al-riyyād. jarīda yawmiyya [Riad. Tageszeitung], Riad (ab 1965).
rūz al-yūsuf. majalla usbūʿiyya adabiyya musawwara [Rose al-Youssef. Illustrierte literarische Wochenzeitung], Kairo (ab 1925).
sabāh al-khayr. majalla usbūʿiyya [Guten Morgen. Eine Wochenzeitschrift], Kairo (ab 1956).
al-safīr. jarīda yawmiyya siyāsiyya [Der Botschafter. Politische Tageszeitung], Beirut (ab 1974).
shuʾūn filastīniyya. majalla dawriyya fikriyya li-muʿālajat ahdath al-qadiyya al-filastīniyya wa-shuʾūnihā al-mukhtalifa [Palästinensische Angelegenheiten. Schöngeistige, halbmonatlich erscheinende Zeitschrift für palästinensische Angelegenheiten], Beirut (1971–1993).
al-talīʿa. tarīq al-munādilīn ilā al-fikr al-thaurī al-muʿāsir [Die Avantgarde. Weg der Kämpfer für das revolutionäre Denken der Gegenwart], Kairo (1965–1977).
al-thaqāfa. majalla usbūʿiyya li-l-adab wa-l-ʿulūm wa-l-funūn [Die Kultur. Wochenzeitschrift für Literatur, Wissenschaft und Kunst], Kairo (1939–1965/66).
Les temps modernes, Paris (ab 1945).
The Times, London (ab 1785).
turāth al-insāniyya. silsila tatanāwalu bi-l-taʿrīf wa-l-bahth wa-l-tahlīl rawāʾiʿ al-kutub allatī aththarat fi-l-hadāra al-insāniyya [Das Erbe des Humanismus. Schriftenreihe zur Erkundung und zum Studium jener Werke, die die humanistische Tradition prägten], Kairo (1963–1971).

Weitere gedruckte Quellen

Abd al-wahab, Azmi: ziyāra li-misr afsadahā al-yahūdī lanzmann. sārtar bayna fallāhīn kamshish wa-ʿabd al-nāsir [Der durch den Juden Lanzmann gescheiterte Besuch. Sartre zwischen Bauern und Nasser], in: al-ahrām al-ʿarabī, 4. Juni 2005.

Abdel-Kader, al-Razak: Le conflit judéo-arabe. Juifs et arabes face à l'avenir, Paris 1961.

Adham, Ismaʿil Ahmad: li-mādhā anā mulhid? [Warum bin ich Atheist?], Alexandria 1933.

Adham, Ibrahim Ahmad: ʿan akhī [Über meinen Bruder], in: al-risāla, 12. September 1940, 1303.

Ahmad, ʿUn Kamal: al-yahūd min kitābihim al-muqaddas. aʿdāʾ al-hayāt al-insāniyya [Die Juden aus ihren heiligen Büchern. Feinde der Menschheit], Kairo 1969.

Alleg, Henri: Die Folter, Berlin 1958 (zuerst frz. La question, Paris 1958; engl. The Question, Lincoln, Nebr., 2006).

Amin, Mustafa: al-ʿālam wa-ikhman [Die Welt und Eichmann], in: akhbār al-yawm, 11. Juni 1960, 3.

Anabtawi, Mounthir: Le sionisme. Un movement colonialist, chauvin et militariste, in: Jean-Paul Sartre (Hg.), Le conflit israélo-arabe. Dossier, Paris 1967, 106–126.

al-ʿAqqad, ʿAbbas Mahmud: al-sihyawniyya wa-qadiyyat filastīn [Der Zionismus und die Palästinafrage], hg. von al-Hassani Hassan ʿAbdallah, Beirut 1970.

Ders.: al-sihyawniyya al-ʿālamiyya [Der Weltzionismus], Kairo 1965.

Ders.: sihyawniyyāt [Zionistische Mythen], in: al-akhbār, 12. April 1961, 6.

Ders.: brutukulāt hukamāʾ sihyawn [Die Protokolle der Weisen von Zion], in: al-asās, 23. November 1951.

Ders.: nihāyat ustūra [Das Ende eines Mythos], in: al-asās, 1. September 1950.

Ders.: al-fulk lam yuhawad [Das Universum wird nicht judaisiert], in: al-asās, 1. April 1949.

Ders.: taqahqur fi-l-waʿd [Der Bruch des Versprechens], in: akhbār al-yawm, 18. Januar 1948.

Ders.: khatar ʿalā al-insāniyya [Gefahr für die Menschheit], in: al-asās, 28. Mai 1948.

Ders.: ustūrat al-asātīr. mamlakat sihyawn [Der Mythos der Mythen. Das Königreich von Zion], in: majallat al-idhāʿa wa-l-tilifizyun, 5. Juni 1948.

Ders.: muʾāmara ʿālamiyya [Weltverschwörung], in: al-asās, 20. August 1948.

Ders: jihād fī sabīl al-hayāt [Jihad für das Leben], in: al-asās, 8. Dezember 1947.

Ders.: al-ʿadūw, alladhī yuhāribukum [Der Feind, der gegen euch kämpft], in: al-asās, 17. Dezember 1947.

Ders.: an-nāziyya wa-l-adyān al-samāwiyya [Der Nazismus und die Religionen], Kairo 1938.

Ders.: hitlar. fi-l-mīdhān [Hitler. Eine Bilanz], Kairo 1935.

Arab Information Center (Hg.): Transcript of a Debate between Mr. Yaacov Herzog, Israeli Ambassador to Canada, and Prof. Arnold Toynbee, Washington, D.C., 1961.

Asmar, Fouzi/Davis, Uri/Khader, Naïm (Hgg.): Towards a Socialist Republic of Palestine, London 1978.

al-Azm, Sadik Jalal: dirāsāt yasāriyya hawla al-qadiyya al-filastīniyya [Linke Studien zur Palästinafrage], Beirut 1970.

Ders.: naqd al-fikr al-dīnī [Kritik des religiösen Denkens], Beirut 1969.

Ders.: al-naqd al-dhātī ba'ada al-hazīma [Die Selbstkritik nach der Niederlage], Beirut 1968.

Baha ad-Din, Ahmad: ihtimāmāt 'arabiyya [Arabische Interessen], Kairo 1993.

Ders: sirā'āt al-sulta fi-l-'ālam al-'arabī [Herrschaftskonflikte in der arabischen Welt], Kairo 1984.

Ders.: ab'ad fi-l-muwājaha al-'arabiyya al-isrā'īliyya [Dimensionen im arabisch-israelischen Konflikt], Beirut 1972.

Ders.: iqtirāh dawlat filastīn [Palästina. Vorschlag eines Staates], Beirut 1968.

Ders.: isrā'īliyyāt [Auswahl israelischer Beiträge], Kairo 1965.

Ders.: afkār mu'āsira [Moderne Ideen], Kairo 1963.

Ders.: ayyām lahā ta'rīkh [Ikonisches Datum], Kairo 1963.

Baheidine, Ahmed: Israël vu par la gauche arabe, in: Jean-Paul Sartre (Hg.), Le conflit israélo-arabe. Dossier, Paris 1967, 256–265.

Burrows, Millar: isrā'īl. jarīmatunā [Israel. Unser Verbrechen], Beirut 1956.

Ders.: Palestine is our Business, Philadelphia, Pa., 1949.

Césaire, Aimé: Über den Kolonialismus, Berlin 1968 (zuerst frz. Discours sur le colonialisme, Paris 1955).

Dawson, Christopher: Gestaltungskräfte der Weltgeschichte. Studien zur Soziologie, Theologie und Philosophie der Geschichte, München 1959.

Deutscher, Isaak: al-yahūdī al-lā-yahūdī [Der nichtjüdische Jude], übersetzt von Mahir al-Kayaly, Beirut 1971.

Ders.: al-yahūdī al-lā-yahūdī [Der nichtjüdische Jude], hg. und übersetzt von Mustafa al-Hussaini, Damaskus 1970.

Ders.: The Non-Jewish Jew, London 1967.

Dimitri, Adib: al-mas'ala al-yahūdiyya wa-l-ishtirākiyya al-'ālamiyya [Die jüdische Frage und der internationale Sozialismus], in: al-kātib 77 (August 1967), 60–74.

Elsamman, Ali: Pourquoi le ›non‹ au dialogue?, in: Jean-Paul Sartre (Hg.), Le conflit israélo-arabe. Dossier, Paris 1967, 359–367.

Fanon, Frantz: Die Verdammten dieser Erde, Frankfurt a. M. 1969 (zuerst frz. Les damnés de la terre, Paris 1961).

Fanon, Josie: À-propos de Frantz Fanon, Sartre, le racisme et les Arabes, in: El Moudjahid, 10. Juni 1967, 6.

Fath-lbab, Hassan: al-mu'āmarāt al-yahūdiyya min kheibar ilā al-quds [Die jüdischen Verschwörungen von Kheibar bis Jerusalem], Kairo 1969.

Ders.: ta'rīkh al-mufāwadāt al-misriyya al-britaniyya [Die Geschichte der ägyptisch-britischen Verhandlungen], Kairo 1952.

Fuda, 'Ubbid: as'ila wa-ajwiba ma'a muhammad shafiq ghurbal [Frage und Antwort mit Muhammad Shafiq Ghurbal], in: al-akhbār Dezember 1962, 3.

Ghurbal, Muhammad Shafiq: The Beginnings of the Egyptian Question and the Rise of Mehemet Ali. A Study in the Diplomacy of the Napoleonic Era Based on Researches in the British and French Archives, London 1928.

Hadawi, Sami: Les revendications »bibliques« et »historiques« des sionistes sur la Palestine, in: Jean-Paul Sartre (Hg.), Le conflit israélo-arabe. Dossier, Paris 1967, 91–105.

Haddad, Jurj: al-umamiyya wa-l-thawra al-'arabiyya [Die Internationale und die arabische Revolution], Beirut 1976.

Ders.: al-mas'ala al-yahūdiyya wa-l-haraka al-wataniyya al-ʿarabiyya [Die jüdische Frage und die arabische Nationalbewegung], Beirut 1976.
Haikal, Muhammad Hasanain: lundun taghlu [London kocht], in: al-ahrām, 5. Dezember 1959.
al-Hifnawi, Mustafa: Palästina-Problem. Eine Diskussion zwischen Prof. Arnold Toynbee und dem israelischen Botschafter in Kanada Jaacov Herzog, hg. von den arabischen Studentenvereinigungen in der Bundesrepublik Deutschland und West-Berlin, München 1961.
Hussain, Taha: min al-qāhira ilā bayrūt [Von Kairo nach Beirut], in: al-kātib al-misrī [Der ägyptische Schreiber] 3 (1946), H. 9, 3–13.
al-Hussaini, Mustafa: hā'ir ʿarabī wa-hā'ir yahūdī. mustafa al-hussaini wa-izak dutshar [Irritierter Araber, irritierter Jude. Mustafa al-Hussaini und Isaak Deutscher], Kairo 1970.
Ders.: dirāsāt fi-l-mas'ala al-yahūdiyya [Studien zur jüdischen Frage], Beirut 1968.
Idris, Suhail: sārtar wa-l-ʿama [Sartre und die Blindheit], in: al-adab 8 (1975), H. 8, 2.
Ders.: nantaziru min sārtar mawqifan wādihan! [Wir erwarten von Sartre eine klare Stellungnahme!], in: al-adab 15 (1967), H. 7/8, 4.
Ders.: ahlan bi-sārtar wa-simun! [Willkommen, Sartre und Simone], in: al-adab 15 (1967), H. 3, 1–3.
Ders.: nahnu wa-sārtar [Wir und Sartre], in: al-adab 12 (1964), H. 12, 1–3.
Ders.: risālat al-adab [Die Botschaft von al-adab], in: al-adab 1 (1953), H. 1, 1.
Information Department Cairo (Hg.): The Toynbee Debate, Kairo 1961.
Jamati, Habib: li-mādhā al-ihtimām bi-ikhman? [Warum das Interesse an Eichmann?], in: al-musawwar, 17. Juni 1960, 22–24.
Ders.: majallan. qāhir al-bihār [Magellan. Der Bezwinger der Meere], Kairo 1951.
Ders.: khafāyā al-qusūr. ta'rīkh mā ahmalahu al-ta'rīkh [Geheimnisse der Paläste. Die Geschichte dessen, was Geschichte vergessen hat], Kairo 1936.
Jawad, Kadhim: Transcript of the Debate between Professor Arnold Toynbee and Yaacov Herzog, the Indicator of the Zionist Position, in: ders. (Hg.), Selective Debates on Palestine, Bagdad 1970, 33–94.
Jeanson, Collette/Jeanson, Francis: L'Algérie hors la loi, Paris 1956.
Kedourie, Elie: The Chatham House Version, and Other Middle-Eastern Studies, New York 1970.
al-Kharbutli, Ali Hussain: al-ʿalāqāt al-siyāsiyya wa-l-hadariyya bayna al-ʿarab wa-l-yahūd [Die politischen und zivilisatorischen Beziehungen zwischen Arabern und Juden], Kairo 1969.
Khoury, Menh: al-ta'rīkh al-hadarī ʿinda tūyinbī [Geschichte der Zivilisation bei Toynbee], Beirut 1960.
al-Khouli, Lutfi: hiwār maʿa sārtar hawla al-ʿidwān [Ein Dialog mit Sartre über die Aggression], in: al-adab 28 (1980), H. 4/5, 9.
Ders.: Israël, bastion de l'impérialisme et ghetto, in: Jean-Paul Sartre (Hg.), Le conflit israélo-arabe. Dossier, Paris 1967, 239–255.
Ders.: li-mādhā al-talī'a? [Warum *al-talī'a*], in: al-ahrām, 6. Dezember 1964.
Lanzmann, Claude: Présentation, in: Jean-Paul Sartre (Hg.), Le conflit israélo-arabe. Dossier, Paris 1967, 12–16.
Laroui, Abdallah: Ein Problem des Abendlandes, in: Heinz Abosch (Hg.), Der israelisch-arabische Konflikt. Analysen führender arabischer und israelischer Historiker,

Religionswissenschaftler, Politiker und Journalisten. Eine Dokumentation, Darmstadt 1969, 130–157.

Lilienthal, Alfred: thaman isrā'īl [Der Preis Israels], Beirut 1954.

al-Ma'adawi, Anwar: al-adab al-multazim [Die engagierte Literatur], in: al-adab 1 (1953), H. 2, 32.

Mahmud, Zaki Nagib: shāhid 'alā al-sihyawniyya min al-yahūd [Ein jüdischer Zeuge des Zionismus], in: al-fikr al-mu'āsir [Modernes Denken] 31 (September 1967), 6–15.

Maqsud, Klufis: al-fahm al-'arabī li-l-mas'ala al-yahūdiyya [Die arabische Erfassung der jüdischen Frage], in: shu'ūn filastīniyya 5 (November 1971), 154–161.

Memmi, Albert: Der Kolonisator und der Kolonisierte. Zwei Portraits, Hamburg 1994 (zuerst frz. Portrait du colonisé, précédé du portrait du colonisateur, Paris 1957).

Misrahi, Robert: La coexistence ou la guerre, in: Jean-Paul Sartre (Hg.), Le conflit israélo-arabe. Dossier, Paris 1967, 537–558.

Mohieddine, Khaled: Israël et la paix dans le Moyen-Orient, in: Jean-Paul Sartre (Hg.), Le conflit israélo-arabe. Dossier, Paris 1967, 224–238.

Murqus, Elias: naqd al-'aqliyya al-'arabiyya [Kritik der arabischen Vernunft], Damaskus 1997.

Ders. (Übersetzer): irnist blokh. falsafat 'asr al-nahda [Ernst Bloch. Die Philosophie der Renaissance], Beirut 1980 (aus dem Frz. Ernst Bloch, La philosophie de la Renaissance, Paris 1974).

Ders. (Übersetzer): jurj lukashish. tahtīm al-'aql [Georg Lukács. Die Zerstörung der Vernunft], Beirut 1980 (aus dem Frz. Georg Lukács, La destruction de la raison, Paris 1958f.).

Ders. (Übersetzer): ludwig fuyarbakh. mabādi' falsafat al-mustaqbal [Ludwig Feuerbach. Prinzipien der Philosophie der Zukunft], Beirut 1975 (aus dem Frz. Ludwig Feuerbach, Principes de la Philosophie de l'avenir, in: ders., Manifestes philosophiques. Textes choisis 1839–1845, Paris 1960).

Ders.: al-muqāwama al-filastīniyya wa-l-mawqif al-rāhin [Der palästinensische Widerstand und die gegenwärtige Lage], Beirut 1971.

Ders.: al-marksiyya wa-naqd al-fikr al-qawmī [Der Marxismus und die Kritik des nationalen Denkens], Beirut 1970.

Ders.: bawar. marx. hawla al-mas'ala al-yahūdiyya [Bauer. Marx. Über die jüdische Frage], Beirut 1970.

Ders. (Übersetzer): karl marx. makhtūtāt 1844 al-iqtisādiyya wa-l-falsafiyya [Karl Marx. Wirtschaftliche und philosophische Manuskripte 1844], Damaskus 1970 (aus dem Frz. Karl Marx, Les manuscrits économico-philosophiques de 1844, Paris 1932).

Ders.: al-marksiyya wa-l-sharq [Der Marxismus und der Orient], Beirut 1968.

Ders.: naqd al-fikr al-qawmī [Kritik des nationalistischen Denkens], Beirut 1966.

Ders.: al-marksiyya fī 'asrinā [Der Marxismus in unserem Zeitalter], Beirut 1965.

Ders.: al-hizb al-shuyū'ī al-faransī wa-qadiyyat al-jazā'ir [Die französische kommunistische Partei und die Algerienfrage], Beirut 1959.

Ders. (Übersetzer): blikhanuf. falsafat al-ta'rīkh wa-l-mafhūm al-māddī li-l-ta'rīkh [Plechanow. Geschichtsphilosophie und die materialistische Deutung der Geschichte], Damaskus 1957 (aus dem Frz. Georgi W. Plechanow, La conception matérialiste de l'histoire, Moskau 1946).

Ders. (Übersetzer): maw tsi tung. al-thawra al-sīniyya [Mao Tse-tung. Die Chinesische Revolution], Damaskus 1955.
al-Mutaiʿ, Lamʿi: arnūld tūyinbī. ʿard wa-dirāsa. namadhij mukhtāra. ʿamal idhāʿī [Arnold Toynbee. Darstellung und Studie. Schriftenauswahl. Rundfunkbeitrag], Kairo 1967.
Naʿima, Michael: dars al-hazīma al-akbar [Die Hauptlehre der Niederlage], in: al-adab 87 (1967), H. 7/8, 4.
Nashati, Rimun (Übersetzer): bi-qalam 15 kātiban faransiyyan. ʿājilan aw ājilan satazūlu isrāʾīl [Aus Schriften von 15 französischen Autoren. Früher oder später wird Israel verschwinden], Beirut 1967.
Nassar, Salim: abʿad min ikhman [Jenseits von Eichmann], in: al-anwār, 12. April 1961, 6.
Ders.: al-masʾūlūn fī almāniyya al-gharbiyya wa-l-sharqiyya yatahaddathūn ilā al-anwār [Politiker aus West- und Ostdeutschland sprechen zu *al-anwar*], in: al-anwār, 5. Juli 1961, 6.
Ders.: li-mādhā khatafat isrāʾīl adulf ikhman? [Warum hat Israel Adolf Eichmann entführt?], in: al-anwār, 16. Juni 1960, 6.
Nuwayhid, ʿAjaj: raʾ al-matn. taʾrīkh wa-dhikrayāt [Ras al-Matn. Geschichte und Erinnerung], Beirut 1982.
Ders.: fath al-quds [Die Eroberung Jerusalems], Beirut 1980.
Ders.: nifāq al-yahūd [Heuchelei der Juden], Beirut 1974.
Ders.: brutukalāt hukamāʾ sihyawn. nusūsuhā, rumūzuhā wa-usūluhā al-talmūdiyya [Die Protokolle der Weisen von Zion. Text, Symbole und talmudischer Ursprung], Beirut 1967.
Ders.: rijāl min filastīn. mā bayna bidāyat al-qarn hatta ʿām 1948 [Palästinensische Persönlichkeiten. Vom beginnenden 20. Jahrhundert bis 1948], Beirut 1961.
Ders.: li-kay naʿarifa ʿadūwanā […] taʿālū nadrusu muqarrarāt hukamāʾ sihyawn [Lasst uns die *Protokolle der Weisen von Zion* studieren, um unseren Feind kennenzulernen], in: al-anwār, 23. April 1961, 12.
Qabbani, Nizar: hawāmish ʿalā daftar al-naksa [Marginale Bemerkungen als Reaktion auf die Niederlage], in: al-adab 87 (1967), H. 7/8, 2f.
al-Qusaybati, Anwar: maʿrakatunā maʿraka bayna hadāratayn [Unser Kampf ist der Kampf zweier Zivilisationen], in: al-adab 87 (1967), H. 7/8, 50–52.
Rodinson, Maxime: Souvenirs d'un marginal, Paris 2005.
Ders.: Cult, Ghetto, and State. The Persistence of the Jewish Question, London 1983.
Ders.: La Fascination de l'Islam, Paris 1980.
Ders.: Marxisme et monde musulman, Paris 1972.
Ders.: Al-mushkila al-yahūdiyya ʿabra al-taʾrīkh [Die jüdische Frage durch die Geschichte], in: al-talīʿa 5 (1970), 104–119.
Ders.: Al-marksiyya wa-dirāsat al-ʿālam al-islāmī [Der Marxismus und das Studium der islamischen Welt], in: al-talīʿa 3 (1970), 32–50.
Ders.: Sūrat al-ʿālam al-islāmī fī ūrūbā. mundhu al-ʿasūr al-wustā hatta al-yawm [Das Bild der islamischen Welt in Europa. Vom Mittelalter bis in die Gegenwart], in: al-talīʿa 2 (1970), 48–94.
Ders.: Israel and the Arabs, in: Alan R. Taylor/Richard N. Tetlie (Hgg.), Palestine. A Search for Truth. Approaches to the Arab-Israeli Conflict, Washington, D. C., 1970, 130–152.

Ders.: Israël et le refus arabe. 75 ans d'histoire, Paris 1968.
Ders.: Israël, fait colonial?, in: Jean-Paul Sartre (Hg.), Le conflit israélo-arabe. Dossier, Paris 1967, 17–88.
Ders.: isrā'īl wāqi' isti'mārī [Israel. Eine koloniale Wirklichkeit], Beirut 1967.
Ders.: Islam et capitalisme, Paris 1966.
Ders.: L'Egypt nassérienne au miroir marxiste, in: Les temps modernes 203 (April 1963), 1859–1865.
Ders.: La lune chez les Arabes et dans l'Islam, in: Sources Orientales 5: La lune. Mythes et rites (1962), 151–215.
Ders.: Mahomet, Paris 1961.
Rodinson, Maxim/Murqus, Elias/Tomma, Amil: al-umma, al-mas'ala al-qawmiyya, al-wahda al-'arabiyya wa-l-marksiyya [Die Nation, die Nationalismusfrage, die arabische Einheit und der Marxismus], Beirut 1971.
Rouleau, Eric/Held, Jean-Francis/Lacouture, Jean/Lacouture, Simonne: Israël et les Arabes, Paris 1967.
Dies.: isrā'īl wa-l-'arab. al-jawla al-thālitha [Israel und die Araber. Die dritte Runde], Kairo 1967.
Said, Ali Ahmad (Adonis): bayān 5 yūnya huzayrān 1967 [Die Erklärung vom 5. Juni 1967], in: al-adab 87 (1967), H. 7/8, 7–12.
Salih, Ahmad Abbas: risāla ilā sārtar [Ein Brief an Sartre], in: al-kātib 72 (März 1967), 25–29.
Sartre, Jean-Paul: Was ist Literatur?, Reinbek 2006 (zuerst frz. Qu'est-ce que la littérature?, Paris 1948).
Ders.: Die Republik des Schweigens, in: ders., Paris unter Besatzung. Artikel, Reportagen, Aufsätze 1944–1945, Reinbek 2006, 37 f.
Ders.: Plädoyer für die Intellektuellen. Interviews, Artikel, Reden 1950–1973, Reinbek bei Hamburg 1995.
Ders.: Überlegungen zur Judenfrage, Reinbek bei Hamburg 1994 (zuerst frz. Réflexions sur la question juive, Paris 1944).
Ders.: Wir sind alle Mörder. Der Kolonialismus ist ein System. Artikel, Reden, Interviews 1947–1967, Reinbek bei Hamburg 1988.
Ders.: Krieg im Frieden 1, Artikel, Aufrufe, Pamphlete 1948–1954, Reinbek bei Hamburg 1982.
Ders.: Was kann Literatur? Interviews, Reden, Texte 1960–1976, Reinbek bei Hamburg 1979.
Ders.: Um der Wahrheit willen, in: Heinz Abosch (Hg.), Der israelisch-arabische Konflikt. Analysen führender arabischer und israelischer Historiker, Religionswissenschaftler, Politiker und Journalisten. Eine Dokumentation, Darmstadt 1969, 7–14 (zuerst frz. Pour la vérité, in: Jean-Paul Sartre [Hg.], Le conflit israélo-arabe. Dossier, Paris 1967, 5–11).
Ders. (Hg.): Le conflit israélo-arabe. Dossier, Paris 1967.
Ders.: Questions de méthode, Paris 1957 (dt. Fragen der Methode, übersetzt von Vincent von Wroblewsky, Hamburg 1999).
Ders.: L'être et le néant. Essai d'ontologie phénoménologique, Paris 1943.
Shibl, Muhammad Fu'ad: tūyinbī. mubtadi' al-manhaj al-ta'rīkhī al-hadīth [Toynbee. Begründer der modernen Geschichtsschreibung], Kairo 1975.
Ders.: mushkilat al-yahūd al-'ālamiyya. dirāsa tahlīliyya li-arā' al-mu'arrikh al-'ālamī

arnūld tūyinbī [Das internationale Judenproblem. Eine analytische Studie über die Ansichten des Universalhistorikers Arnold Toynbee], Kairo 1970.
Ders.: haḍārat al-islām fī dirāsat taʾrīkh tūyinbī [Die islamische Zivilisation in Toynbees Werk], Kairo 1968.
Ders.: minhaj tūyinbī al-taʾrīkhī [Die historische Methodik bei Toynbee], Kairo 1968.
Ders.: mukhtasar dirāsat al-taʾrīkh [Eine Geschichtsuntersuchung in Auszügen], Kairo 1961–1966.
ash-Sharif, Aida: shāhid rubʿ qarn [Ein Vierteljahrhundert-Zeuge], Kairo 1995.
Shukri, Ghali: athar al-ʿidwān ʿalā bināʾunā al-thaqāfī [Die Auswirkung der israelischen Aggression auf unsere Kultur], in: al-adab 87 (1967), H. 7/8, 71–75.
Spengler, Oswald: Der Untergang des Abendlandes. Umrisse einer Morphologie der Weltgeschichte, München 1972 (zuerst Bd. 1, Wien 1918, und Bd. 2, München 1922).
Subaih, Muhammad: al-muʿtadūn. al-yahūd min ayyām mūsā ilā ayyām dayan [Die Aggressoren. Die Juden von Moses bis Dayan], Kairo 1968.
al-Talib, Omar Muhammed: mawsūʿat aʿlām al-mawsil fī al-qarn al-ʿishrīn [Autobiografien aus Mosul des 20. Jahrhunderts], Mosul 2007.
Tarabishi, Georges: sārtar wa-l-marksiyya [Sartre und der Marxismus], Beirut 1964.
Tirazi, Filib de: tarikh as-Sahafa al-ʹarabiya [Die Geschichte des arabischen Journalismus], Beirut 1913.
Toynbee, Arnold Joseph: Zionism and Jewish Destiny, in: Alan R. Taylor/Richard N. Tetlie (Hgg.), Palestine. A Search for Truth. Approaches to the Arab-Israeli Conflict, Washington, D. C., 1970, 268–277.
Ders.: Erlebnisse und Erfahrungen, München 1970 (zuerst engl. Experiences, London 1969).
Ders.: Die Zukunft des Westens, München 1964 (zuerst engl. The Present-Day Experiment in Western Civilisation, London 1962).
Ders.: The Future of Judaism in Western Countries, in: Issues 16 (1962/1963), H. 7, 64–77.
Ders.: filastīn. jarīma wa-difāʿ [Palästina. Verbrechen und Verteidigung], übersetzt und hg. von Omar ad-Dirway, Beirut 1962.
Ders.: America and the World Revolution, New York 1962.
Ders.: A Study of History, Bd. 12: Reconsiderations, London 1961.
Ders.: Jewish Rights in Palestine, in: The Jewish Quarterly Review 52 (1961), H. 1, 1–11.
Ders.: Pioneer Destiny of Judaism, in: Issues 14 (1960), H. 6, 1–14.
Ders.: Der Gang der Weltgeschichte, Bd. 2, Stuttgart 1958.
Ders.: A Study of History. Abridgement of Volumes I to VI by David Churchill Somervell, New York 1946–1957.
Ders.: A Study of History, Bd. 7–10, London 1954.
Ders.: The World and the West, Oxford 1953.
Ders.: Die Welt und der Westen, Stuttgart 1953.
Ders.: Civilization on Trial, Oxford 1948.
Ders.: A Study of History, Bd. 4–6, London 1939.
Ders.: A Study of History, Bd. 1–3, London 1935.
Ders.: The Western Question in Greece and Turkey. A Study in the Contact of Civilizations, London 1922.

Ders.: The Trouble in Palestine, in: The New Republik 32 (1922), 38–40.
Ders.: Turkey. A Past and a Future, London 1917.
Ders.: The New Europe. Some Essays in Reconstruction, London 1915.
Ders.: Nationality and the War, London 1915.
Ders.: Greek Policy since 1882, London 1914.
Ders./Toynbee, Philipp: Über Gott und die Welt. Ein Gespräch zwischen den Generationen, München 1963 (London 1963).
at-Tunsi, Muhammad Khalifa (Übersetzer): al-khatar al-yahūdī. brutukulāt hukamā᾿ sihyawn [Die jüdische Gefahr. Die Protokolle der Weisen von Zion], Kairo 1951.
Yakan, Zuhdi: a-yajūzu li-isrā᾿īl ikhtitāf ikhman wa-muhākamatuhu? [Ob es Israel zusteht, Eichmann zu entführen und vor Gericht zu stellen?], in: al-hayāt, 21. Juli 1960, 6.
Zakaria, Fouad: muhādarāt arnūld tūyinbī. nass al-muhādarāt allatī alqahā arnūld tūyinbī khilāla ziyāratihi li-l-jumhūriyya al-arabiya al-muttahida fī abrīl 1964 [Vorträge von Arnold Toynbee. Von Arnold Toynbee während seines Ägyptenbesuchs im April 1964 gehaltene Vorträge], Kairo 1966.
Ders.: al-muthaqqaf al-ūrūbī wa-l-mas᾿ala al-yahūdiyya [Der europäische Intellektuelle und die jüdische Frage], in: al-thaqāfa 25 (1964), 6–9.
Ders. (Übersetzer und Kommentator): muhādarāt arnūld tūyinbī. ulqiyat fī athnā᾿a ziyāratihu li-l-qāhira fī disambir ʿām 1961 [Arnold Toynbee. Vorträge, gehalten während seines Besuchs in Kairo im Dezember 1961], hg. vom al-dār al-qawmiyya li-l-tibāʿa wa-l-nashr [Der nationale Verlag für Druck und Veröffentlichung], Kairo 1961.
Az-Zayyat, Ahmad Hassan: li-man al-ʿizza fī filastīn? [Wer besitzt die Macht in Palästina?], in: al-risāla, 17. Mai 1948.
Ders.: min ʿalamāt al-sāʿa [Zeichen des Jüngsten Gerichts], in: al-risāla, 3. Mai 1948, 493.
Ders.: rahima allāh adulf hitlar! [Gott möge sich Adolf Hitlers erbarmen!], in: al-risāla, 27. Januar 1947, 103.
Ders.: nahnu wa-ūrūbā [Wir und Europa], in: al-risāla, 20. Mai 1946, 541f.
Ders.: kalimat al-ʿadad [Leitartikel], in: al-risāla, 30. März 1942, 461.
Ders.: al-risāla. qissat najāhinā [al-risāla. Unsere Erfolgsgeschichte], in: al-risāla, 18. Mai 1942, 1222, und 6. Mai 1945, 1012.
Ders.: nihāyat adīb [Das Ende eines Literaten], in: al-risāla, 5. September 1940, 1245.
Ders.: akhlāq al-harb [Die Ethik des Krieges], in: al-risāla, 9. Dezember 1940, 1875.
Ders.: alfuns lamartina [Alfons Lamartine], Kairo 1939.
Ders.: fī maʿna al-jarmāniyya [Die Bedeutung des Germanentums], in: al-risāla, 24. Februar 1936, 1243–1245.
Ders.: ālām fartar [Die Leiden von Werther], Kairo 1920.
Zurayk, Constantine: maʿna al-nakba [Die Bedeutung der Nakba], Beirut 1948.

Forschungsliteratur

Abdel-Malek, Anouar: Ägypten: Militärgesellschaft. Das Armeeregime, die Linke und der soziale Wandel unter Nasser, Frankfurt a. M. 1971 (zuerst frz. Égypte, société militaire, Paris 1962).

Abosch, Heinz (Hg.): Der israelisch-arabische Konflikt. Analysen führender arabischer und israelischer Historiker, Religionswissenschaftler, Politiker und Journalisten. Eine Dokumentation, Darmstadt 1969.

Achcar, Gilbert: Arabs and the Holocaust. A Response, in: The New Republic, 9. November 2010, <http://www.tnr.com/book/review/arabs> (25. Januar 2012).

Ders.: Der nützliche Großmufti von Jerusalem, in: Le monde diplomatique, 14. Mai 2010 (deutsche Ausgabe).

Ders.: The Arabs and the Holocaust. The Arab-Israeli War of Narratives, New York 2010 (zuerst frz. Les Arabes et la Shoah. La guerre israélo-arabe des récits, Arles 2009).

Ders.: Religion and Politics Today from a Marxian Perspective, in: Panitch, Leo/Leys, Colin (Hgg.), Global Flashpoints. Reactions to Imperialism and Neoliberalism, New York 2008, 55–76.

Ders.: The Israeli Dilemma. A Debate between Two Left-Wing Jews. Letters between Marcel Liebman and Ralph Miliband, Selected with an Introduction and Epilogue by Gilbert Achcar, London 2006.

Ders.: Eastern Cauldron. Islam, Afghanistan, Palestine, and Iraq in a Marxist Mirror, New York 2004.

Ders./Chomsky, Noam: Perilous Power. The Middle East and U. S. Foreign Policy. Dialogues on Terror, Democracy, War, and Justice, London 2007.

Agus, Jacob B.: Toynbee and Judaism, in: Judaism 4 (1955), 319–332.

Anderle, Othmar F.: Das universalhistorische System Arnold Joseph Toynbees, Frankfurt a. M. 1955.

Angrick, Andrej: Besatzungspolitik und Massenmord. Die Einsatzgruppe D in der südlichen Sowjetunion 1941–1943, Hamburg 2003.

Angrick, Andrei/Klein, Peter: Die »Endlösung« in Riga. Ausbeutung und Vernichtung, 1941–1944, Darmstadt 2003.

Arendt, Hannah: Elemente und Ursprünge totaler Herrschaft, München 1986 (zuerst 1951).

Aussaresses, Paul: Pour la France. Services spéciaux 1942–1954, Paris 2000.

al-ʿAzm, Abd al-Qadir: al-usra al-ʿazmiyya [Die Familie al-Azm], Damaskus 1960.

al-Azm, Sadik Jalal: Kant's Theory of Time, New York 1967.

Ders.: Whitehead's Notions of Order and Freedom, in: The Personalist International Review of Philosophy, Religion, and Literature 48 (1967), 579–591.

Baida, Jamaa: Das Bild des Nationalsozialismus in der Presse Marokkos, in: Gerhard Höpp/Peter Wien/René Wildangel (Hgg.), Blind für die Geschichte? Arabische Begegnungen mit dem Nationalsozialismus, Berlin 2004, 19–38.

Baidun, Abbas: bashir ad-daʿuq. hudur taʾrīkhī [Bashir ad-Daʿuq. Historische Bedeutung], in: al-safīr, 15. Oktober 2007, 12.

Bar-Zohar, Michael: Yaacov Herzog. A Biography, London 2005.

Ders.: Tzafnat paneʾach. Khayyu vemutu shel nasikh yehudi. Yaacov Herzog, biogra-

phia [Zafenat-Paneach. Leben und Tod eines jüdischen Prinzen. Die Biografie von Yaacov Herzog], Tel Aviv 2003.
Bartov, Omer: Germany's War and the Holocaust. Disputed Histories, Ithaca, N. Y., 2003.
Ders.: Mirrors of Destruction. War, Genocide, and Modern Identity, New York 2000.
Bauer, Yehuda: Rethinking the Holocaust, New Haven, Conn., u. a. 2001.
Basyuni, Mustafa: jalbir al-ashqar. al-munādil al-umamī mutafāʿil bi-l-mustaqbal [Gilbert Achcar. Der internationalistische Kämpfer blickt optimistisch auf die Zukunft], in: al-akhbār, 30. Juli 2010, 12.
Bauman, Zygmunt: Dialektik der Ordnung. Die Moderne und der Holocaust, Hamburg 1992.
al-Bazai, Saad: al-tanwīr al-ʿarabī. ishkāliyyat al-mafhūm wa-utrūhat fouad zakaria [Die arabische Aufklärung. Eine inhaltliche Problematisierung und der Beitrag von Fouad Zakaria], in: al-riyyād, 11. Februar 2009, 18.
Beinin, Joel: The Dispersion of Egyptian Jewry. Culture, Politics, and the Formation of a Modern Diaspora, New York 1998.
Bell, J. Bowyer: Terror Out of Zion. Irgun Zvai Leumi, Lehi, and the Palestine Underground, 1929–1949, Bristol 1977.
Ben-Gal, Ely: Mardi, chez Sartre. Un Hébreu à Paris, 1967–1980, Paris 1992.
Benjamin, Walter: Über den Begriff der Geschichte, in: Gesammelte Schriften, Bd. 1, Teilbd. 2, Frankfurt a. M. 1974.
Ders.: Einbahnstraße, in: Gesammelte Schriften, Bd. IV, Frankfurt 1972.
Berg, Nicolas: Der Holocaust und die westdeutschen Historiker. Erforschung und Erinnerung, Göttingen 2003.
Berger, Elmar: Memoirs of an Anti-Zionist Jew, Beirut 1978.
Bergue, Jacques: al-nakba al-mutajaddida [Die erneuerte Nakba], in: al-adab 87 (1967), H. 7/8, 26 f.
Berkovits, Eliezer: Judaism. Fossil or Ferment?, New York 1956.
Binder, Léonard: Islamic Liberalism. A Critique of Development Ideologies, Chicago, Ill., 1988.
Bishara, Azmi: ha aravim ve hashoah [Die Araber und der Holocaust], in: Zmanim 53 (1995), 54–71.
Ders.: Die Araber und der Holocaust. Die Problematisierung einer Konjunktion, in: Rolf Steininger (Hg.), Der Umgang mit dem Holocaust, Wien 1994, 407–432.
Borkenau, Franz: Toynbee's Judgment of the Jews, in: Commentary 19 (1955), 421–427.
Ders.: Toynbee and the Culture Cycle. His »Study of History« Studied, in: Commentary 21 (1956), 239–249.
Boussois, Sébastien: Maxime Rodinson. Un intellectuel du XXe siècle, Paris 2008.
Brewin, Christopher: Arnold Toynbee, Chatham House, and Research in a Global Context, in: David Long/Peter Wilson (Hgg.), Thinkers of the Twenty Years' Crisis. Inter-War Idealism Reassessed, New York 1995, 277–302.
Brinker, Menachim: Sartre et Israël (1939–1980). Drôle de Position, in: Sillages 3 (Oktober 1980), 83–87.
Browning, Christopher: Die Entfesselung der »Endlösung«. Nationalsozialistische Judenpolitik 1939–1942, München 2003.
Bunzl, John: Spiegelbilder. Wahrnehmung und Interesse im Israel/Palästina-Konflikt,

in: ders./Alexandra Senfft (Hgg.), Zwischen Antisemitismus und Islamophobie. Vorurteile und Projektionen in Europa und Nahost, Hamburg 2008, 127–144.

Cachia, Pierre: Taha Husayn. His Place in the Egyptian Literary Renaissance, London 1956.

Clément, Daniel: The Algonquins, Québec 1996.

Cohen-Solal, Annie: Sartre 1905–1980, Reinbek bei Hamburg 1988.

Cohen, Mark R.: Unter Kreuz und Halbmond. Die Juden im Mittelalter, München 2005.

Contat, Michel/Rybalka, Michel (Hgg.): The Writings of Jean-Paul Sartre. A Bibliographical Life, Evanston, Ill., 1974.

Costello, Paul: World Historians and Their Goals. Twentieth-Century Answers to Modernism, DeKalb, Ill., 1993.

Daghir, Yusuf Asʿad: maṣādir al-dirāsat al-adabiyya [Quellenuntersuchungen zur Adab-Literatur], Bd. 3, Teilbd. 1, Beirut 1972.

Darwish, Muhammad: Elias murqus wa-taʿrīb al-marksiyya [Elias Murqus und die Arabisierung des Marxismus], in: al-safīr, 5. Februar 2010.

Diner, Dan: Zeitenschwelle. Gegenwartsfragen an die Geschichte, München 2010.

Ders.: Gegenläufige Gedächtnisse. Über Geltung und Wirkung des Holocaust, Göttingen 2007.

Ders.: Ubiquität in Zeit und Raum. Annotationen zum jüdischen Geschichtsbewusstsein, in: ders. (Hg.), Synchrone Welten. Zeiträume jüdischer Geschichte, Göttingen 2005, 13–36.

Ders.: Der Sarkophag zeigt Risse. Über Israel, Palästina und die Frage eines »neuen Antisemitismus«, in: Doron Rabinovici/Ulrich Speck/Natan Sznaider (Hgg.), Neuer Antisemitismus. Eine globale Debatte, Frankfurt a. M. 2004, 310–329.

Ders.: Gedächtniszeiten. Über jüdische und andere Geschichten, München 2003.

Ders.: Das Jahrhundert verstehen. Eine universalhistorische Deutung, München 1999.

Eban, Abba Solomon: The Toynbee Heresy, New York 1955.

Elpeleg, Zvi: The Grand Mufti. Hadj Amin al-Hussaini, Founder of the Palestinian National Movement, London 1992.

Esposito, John Louis: The Oxford Dictionary of Islam, London 2003.

Fernea, Elizabeth Warnock/Bezirgan, Basima Qattan: Interviews with Jamilah Buhrayd, Legendary Algerian Hero, in: dies. (Hgg.), Middle Eastern Muslim Women Speak, Austin 1978, 251–262.

Fisk, Robert: Blind für die Geschichte, in: Die Zeit, 11. Oktober 1996.

Fitzsimons, Matthew Anthony: Toynbee's Summa. Dimensions and Problems, in: The Review of Politics 19 (1957), 544–553.

Flores, Alexander: Judeophobia in Context. Anti-Semitism among Modern Palestinians, in: Die Welt des Islam 46 (2006), H. 3, 307–330.

Ders.: Propaganda für Palästina. Zwei Bücher versuchen, den Antisemitismus arabischer Länder zu analysieren, in: Frankfurter Rundschau, 5. April 2004, 18.

Fox, Edward Whiting: History and Mr. Toynbee, in: Virginia Quarterly Review 36 (1960), H. 3, 458–468.

Frankel, Jonathan: The Damascus Affair. »Ritual Murder«, Politics, and the Jews in 1840, Cambridge 1997.

Friedman, Isaiah: Palestine. A Twice-Promised Land?, Bd. 1: The British, the Arabs, and Zionism, 1915–1920, New Brunswick, N. J., 2000.

Ders.: Arnold Toynbee. Pro-Arab or Pro-Zionist?, in: Israel Studies 4 (1999), H. 1, 73–95.
Friedländer, Saul: Das Dritte Reich und die Juden. Die Jahre der Verfolgung 1933–1939. Die Jahre der Vernichtung 1939–1945, München 2008.
Gaborieau, Marc/Krämer, Gudrun/Nawas, John/Rowson, Everett: The Encyclopaedia of Islam, Leiden ³2010.
Gensicke, Klaus: Der Mufti von Jerusalem, Amin al-Hussaini, und die Nationalsozialisten, Frankfurt a. M. 1988.
Gershoni, Israel: Eine Stimme der Vernunft. Muhammad Abdallah Inan und die Zeitschrift »Al-Risala«, in: Nicolas Berg/Omar Kamil/Markus Kirchhoff/Susanne Zepp (Hgg.), Konstellationen. Über Geschichte, Erfahrung und Erkenntnis. Festschrift für Dan Diner zum 65. Geburtstag, Göttingen/Oakville, Conn., 2011, 105–124.
Ders.: »Der verfolgte Jude«. Al-Hilals Reaktion auf den Antisemitismus in Europa und Hitlers Machtergreifung., in: Gerhard Höpp/Peter Wien/René Wildangel (Hgg.), Blind für die Geschichte? Arabische Begegnungen mit dem Nationalsozialismus, Berlin 2004, 39–72.
Ders.: Egyptian Liberalism in an Age of »Crisis of Orientation«. Al-Risala's Reaction to Fascism and Nazism, 1939–1940, in: International Journal of Middle East Studies 31 (1999), H. 4, 551–576.
Ders.: Or bezal. Metzrajim veha faschism, 1922–1937 [Licht in der Dunkelheit. Ägypten und der Faschismus, 1922–1937], Tel Aviv 1999 (hebr.).
Ders.: Confronting Nazism in Egypt. Tawfiq al-Hakim's Anti-Totalitarianism, 1938–1945, in: Tel Aviver Jahrbuch für deutsche Geschichte 26 (1997), 121–150.
Ders.: Redefining the Egyptian Nation, 1930–1945, Cambridge 1995.
Ders.: The Evolution of National Culture in Modern Egypt. Intellectual Formation and Social Diffusion, 1892–1945, in: Poetics Today 13 (1992), H. 2, 325–350.
Ders./Nordbruch, Götz: Sympathie und Schrecken. Begegnungen mit Faschismus und Nationalsozialismus in Ägypten, 1922–1937, Berlin 2011.
Gershovich, Moshe: Scherifenstern und Hakenkreuz. Marokkanische Soldaten im Zweiten Weltkrieg, in: Gerhard Höpp/Peter Wien/René Wildangel (Hgg.), Blind für die Geschichte? Arabische Begegnungen mit dem Nationalsozialismus, Berlin 2004, 335–364.
al-Ghani, Mustafa ʿAbd: ahmad baha ad-din. sīra qawmiyya [Ahmad Baha ad-Din. Eine nationale Biografie], Kairo 2005.
Glatzer, Nahum: Ist Toynbee ein Antisemit?, in: Aufbau 23 (1957), H. 22, 6.
Goldschmidt, Arthur: Bibliographical Dictionary of Modern Egypt, London 2000.
Gorman, Anthony: Historians, State, and Politics in Twentieth Century Egypt. Contesting the Nation, London 2003.
Große, Christina: Der Eichmann-Prozess zwischen Recht und Politik, Frankfurt a. M. 1995.
Habermas, Jürgen: Geschichtsbewusstsein und posttraditionale Identität. Die Westorientierung der Bundesrepublik, in: ders., Eine Art Schadensabwicklung. Kleine Politische Schriften VI, Frankfurt a. M. 1987, 161–179.
Hablützel, Peter: Bürgerliches Krisenbewusstsein und historische Perspektive. Zur Dialektik von Geschichtsbild und politischer Erfahrung bei Arnold Joseph Toynbee, Zürich 1980.

Haim, Sylvia G.: Arabic Anti-Semitic Literature. Some Preliminary Notes, in: Jewish Social Studies 17 (1955), H. 4, 307–312.

Hales, Edward Elton Young: Arnold Toynbee's Study of History, Part I: The Theory Outlined, in: History Today 4 (1955), 236–243.

Ders.: Arnold Toynbee's Study of History, Part II: The Theory discussed, in: History Today 5 (1955), 317–323.

Harbi, Mohammed: Une vie debout. Mémoires politiques, Paris 2001.

Ders.: Une conscience libre, in: Les temps modernes, Paris (Oktober–Dezember 1990), 1034.

Harkabi, Yehoshafat: Arab Attitudes to Israel, New York 1972.

Ders.: Ha-antischemjut ha-ʿaravit [Der arabische Antisemitismus], Tel Aviv 1966.

Haymann, Ronald: Jean-Paul Sartre. Leben und Werk, München 1988.

Heller, Joseph: Avraham Stern (1907–1942). Myth and Reality, in: Jerusalem Report, 1989, 49, 121–143.

Herf, Jeffrey: Not in Moderation, in: The New Republic, 1. November 2010, <http://www.tnr.com/book/review/not-in-moderation> (25. Januar 2012).

Ders.: Nazi Propaganda for the Arab World, New Haven, Conn., u.a. 2009.

Heter, T. Storm: Sartre after Auschwitz, in: The European Legacy 12 (2007), H. 7, 823–833.

Hewedy, Amin: Nasser and the Crisis of 1956, in: William Roger Louis/Roger Owen (Hgg.), Suez 1956. The Crisis and its Consequences, Oxford 1989, 161–172.

Hilberg, Raul: The Destruction of the European Jews, London 1961.

Hilbrenner, Anke: Diaspora-Nationalismus. Zur Geschichtskonstruktion Simon Dubnows, Göttingen 2007.

Höpp, Gerhard: Der verdrängte Diskurs. Arabische Opfer des Nationalsozialismus, in: ders./Peter Wien/René Wildangel (Hgg.), Blind für die Geschichte? Arabische Begegnungen mit dem Nationalsozialismus, Berlin 2004, 215–268.

Ders. (Hg.): Mufti-Papiere. Briefe, Memoranden, Reden und Aufrufe Amin al-Husseinis aus dem Exil, 1940–1945, Berlin 2001.

Ders.: Der Gefangene im Dreieck. Zum Bild Amin al-Husseinis in Wissenschaft und Publizistik seit 1941. Ein bio-bibliographischer Abriss, in: Rainer Zimmer-Winkel (Hg.), Die Araber und die Shoah. Über die Schwierigkeiten dieser Konjunktion, Trier 2000, 5–16.

Ders.: Araber im Zweiten Weltkrieg. Kollaboration oder Patriotismus?, in: Wolfgang Schwanitz (Hg.), Jenseits der Legenden. Araber, Juden, Deutsche, Berlin 1994, 86–92.

Ders./Wien, Peter/Wildangel, René (Hgg.): Blind für die Geschichte? Arabische Begegnungen mit dem Nationalsozialismus, Berlin 2004.

Hurewitz, Jacob Coleman: The Historical Context, in: William Roger Louis/Roger Owen (Hgg.), Suez 1956. The Crisis and its Consequences, Oxford 1989, 19–29.

Hussain, Taha: al-majmūʿa al-kāmila li-muʾallif taha hussain [Gesamtausgabe], 16 Bde., Kairo 1982.

Idris, Samah: al-muthaqqaf al-ʿarabī wa-l-sulta. bahth fī riwāyāt al-tajriba al-nāsiriyya [Der arabische Intellektuelle und die Macht. Eine Untersuchung zur Romanliteratur während der Nasser-Zeit], Beirut 1992.

al-ʿIraqi, ʿAtif: zaki nagib mahmud. mufakkiran ʿarabiyyan wa-rāʾidan li-l-ittijāh al-ʿilmī al-tanwīrī [Zaki Nagib Mahmud. Arabischer Denker und Vaterfigur der arabischen Epistemologie und Aufklärung], Kairo 2002.

Jalul, Faisal: al-jundī al-mustaʿrab [Der arabisierte Kämpfer], Beirut 1998.
James, Robert Rhodes: Eden, in: Selwyn Ilan Troen/Moshe Shemesh (Hgg.), The Suez-Sinai Crisis 1956. Retrospective and Reappraisal, London 2004, 100–109.
Joggerst, Karin: Vergegenwärtigte Vergangenheit(en). Die Rezeption der Shoah und Nakba im israelisch-palästinensischen Konflikt, in: Gerhard Höpp/Peter Wien/René Wildangel (Hgg.), Blind für die Geschichte? Arabische Begegnungen mit dem Nationalsozialismus, Berlin 2004, 295–334.
Johansen, Baber: Muhammad Husain Haikal. Europa und der Okzident im Weltbild eines ägyptischen Liberalen, Wiesbaden 1967.
Judaken, Jonathan: Jean-Paul Sartre and the Jewish Question. Anti-Semitism and the Politics of the French Intellectual, Lincoln, Nebr., u. a. 2006.
Kanaana, Sharif/Zeitawi, Nihad: The Village of Deir Yassin, Bir Zeit 1987.
Kapeliuk, Amnon: Sartre in the Arab Press, in: New Outlook 10 (1967), H. 4, 29f.
Kaupp, Peter: Toynbee und die Juden, Meisenheim 1967.
al-Khalidi, Walid: dair yassin. al-jumʿa 9 nīsān/abrīl 1948 [Deir Yassin. Freitag, den 9. April 1948], Beirut 1999.
Khoury, Adel Theodor: Der frühe Islam und die Juden, in: Folker Siegert (Hg.), Israel als Gegenüber. Vom Alten Orient bis in die Gegenwart, Göttingen 2000, 218–238.
Khoury, Elias: ʿurūbat maksīm rūdinsūn [Die proarabische Haltung von Maxime Rodinson], in: al-nahār, 25. Mai 2004.
Khoury, Gérard: Maxime Rodinson (1915–2004). Un Savant héritier des lumières, in: Hermés 39 (2004), 219–224.
Ders.: maksīm rūdinsūn. bayna al-islām wa-l-gharb [Maxime Rodinson. Über den Islam und den Westen], Damaskus 2000 (zuerst frz. Maxime Rodinson. Entre Islam et Occident, Paris 1998).
Khoury, Philip Shukry: Urban Notables and Arab Nationalism. The Politics of Damascus 1860–1920, Cambridge 1983.
Kiefer, Michael: Antisemitismus in den islamischen Gesellschaften. Der Palästina-Konflikt und der Transfer eines Feindbildes, Düsseldorf 2002.
Kimche, Jon/Kimche, David: A Clash of Destinies. The Arab-Jewish War and the Founding of the State of Israel, New York 1960.
Klemm, Verena: Literarisches Engagement im arabischen Nahen Osten. Konzepte und Debatten, Würzburg 1998.
Kraemer, Joel L.: The Death of an Orientalist. Paul Kraus from Prague to Cairo, in: Martin Kramer (Hg.), The Jewish Discovery of Islam, Tel Aviv 1999, 181–223.
Kramer, Martin (Hg.): The Jewish Discovery of Islam, Tel Aviv 1999.
Krämer, Gudrun: Geschichte Palästinas. Von der osmanischen Eroberung bis zur Gründung des Staates Israel, München 2002.
Dies.: Minderheit, Millet, Nation? Die Juden in Ägypten 1914–1952, Wiesbaden 1982.
Kruks, Sonia: Fanon, Sartre, and Identity Politics, in: Lewis R. Gordon/T. Denean Sharpley-Whiting/Renee T. White (Hgg.), Fanon. A Critical Reader, Oxford 1996, 122–133.
Küntzel, Matthias: Von Zeesen bis Beirut, Nationalsozialismus und Antisemitismus in der arabischen Welt, in: Doron Rabinovici/Ulrich Speck/Natan Sznaider (Hgg.), Neuer Antisemitismus? Eine globale Debatte, Frankfurt a. M. 2004, 271–293.
Ders.: Djihad und Judenhass. Über den neuen antijüdischen Krieg, Freiburg i. Br. 2002.

Kyle, Keith: Britain and the Crisis, 1955–1956, in: William Roger Louis/Roger Owen (Hgg.), Suez 1956. The Crisis and its Consequences, Oxford 1989, 103–130.

Landau, Jacob M.: Jews in Ninetheenth-Century Egypt, New York 1969.

Lanzmann, Claude: Der patagonische Hase. Erinnerungen, Hamburg 2010 (zuerst frz. Le Lièvre de Patagonie, Paris 2009).

Laskier, Michael M.: Israel and Algeria amid French Colonialism and the Arab-Israeli Conflict, 1954–1978, in: Israeli Studies 6 (2001), H. 2, 1–32.

Léon, Abraham: Die jüdische Frage. Eine marxistische Darstellung, Essen 1995.

Ders.: al-mafhūm al-māddī li-l-mas'ala al-yahūdiyya [Abraham Léon. Die materialistische Interpretation der jüdischen Frage], aus dem Französischen, Beirut 1970.

Ders.: Conception materialiste de la question juive, Paris 1946.

Ders.: The Jewish Question. A Marxist Interpretation, Mexico 1946.

Lévy, Bernard-Henri: Sartre. Der Philosoph des 20. Jahrhunderts, München 2005 (zuerst frz. Le Siècle de Sartre, Paris 2000).

Levy, Daniel/Sznaider, Natan: Erinnerung im globalen Zeitalter. Der Holocaust, Frankfurt a. M. 2001.

Lewis, Bernard: Semites and Anti-Semites. An Inquiry into Conflict and Prejudice, New York 1986.

Ders.: The Jews of Islam, Princeton, N. J., 1984.

Liberles, Robert: Salo Wittmayer Baron. Architect of Jewish History, New York 1995.

Lilienthal, Alfred: What Price Israel?, Chicago, Ill., 1953.

Litvak, Meir/Webman, Esther: From Empathy to Denial. Arab Responses to the Holocaust, New York 2009.

Dies.: The Representation of The Holocaust in the Arab World, in: The Journal of Israeli History 23 (2004), H. 1, 100–115.

Dies.: Perceptions of the Holocaust in Palestinian Public Discourse, in: Israeli Studies 8 (2003), H. 3, 123–140.

Lockman, Zachary: Israel and the Jewish Question, in: Merip Report, H. 131 (March–April, 1985), 23–25.

Louis, William Roger: The Tragedy of the Anglo-Egyptian Settlement of 1954, in: ders./Roger Owen (Hgg.), Suez 1956. The Crisis and its Consequences, Oxford 1989, 43–71.

Louvish, Misha: A People that Dwells Alone. Speeches and Writings of Yaacov Herzog, London 1975.

Lozowick, Yaacov: Hitlers Bürokraten. Eichmann, seine willigen Vollstrecker und die Banalität des Bösen, Zürich 2000.

Lucas, W. Scott: Divided We Stand. Britain, the US, and the Suez Crisis. London 1991.

Maghraoui, Driss: »Den Marokkanern den Krieg verkaufen«. Französische Anti-Nazi Propaganda während des Zweiten Weltkrieges, in: Gerhard Höpp/Peter Wien/René Wildangel (Hgg.), Blind für die Geschichte? Arabische Begegnungen mit dem Nationalsozialismus, Berlin 2004, 191–214.

Mahmud, Zaki Nagib: hisād al-sinīn [Lebensrückblick], Kairo 1991.

Mallmann, Klaus-Michael/Cüppers, Martin: Halbmond und Hakenkreuz. Das Dritte Reich, die Araber und Palästina, Darmstadt 2006.

Mamdani, Mahmood: When Victims Become Killers. Colonialism, Nativism, and Genocide in Rwanda, New York 2002.

Martin, André: The Military and Political Contradictions of the Suez Affair. A French

Perspective, in: Selwyn Ilan Troen/Moshe Shemesh (Hgg.), The Suez-Sinai Crisis 1956. Retrospective and Reappraisal, London 2004, 54–59.
al-Matbaʿi, Hamid: mawsūʿat aʿlām al-ʿirāq [Lexikon irakischer Autoren], Bagdad 1995.
Ders.,: al-duktūr jawwad ali [Über Jawwad Ali], Bagdad 1987.
Mathieu, Anne: Un engagement déterminé contre le colonialisme. Jean-Paul Sartre et la guerre d'Algérie, in: Le Monde diplomatique, November 2004, 30 f.
Mattar, Jamil/Nabil, Mustafa: min hamalat mashāʿil al-taqaddum al-ʿarabī. ahmad baha ad-din [Vertreter des arabischen Fortschritts. Ahmad Baha ad-Din], Beirut 1997.
Mattar, Philip: The Mufti of Jerusalem. Al-Haj Amin al-Hussaini and the Palestinian National Movement, New York 1992.
Matthews, Weldon: Confronting an Empire, Constructing a Nation. Arab Nationalists and Popular Politics in Mandate Palestine, New York 2006.
McGowan, Daniel/Ellis, Marc: Remembering Deir Yassin. The Future of Israel and Palestine, New York 1998.
McNeill, William H.: Arnold J. Toynbee. A Life, Oxford 1989.
Meisami, Julie Scott/Starkey, Paul: Zaki Najib Mahmud, in: Encyclopedia of Arabic Literature, Bd. 2, London 1999, 493 f.
Merleau-Ponty, Maurice: La querelle de l'existentialisme, in: Les temps modernes 2 (November 1945), 344–356.
Michman, Dan: Die Historiographie der Shoah aus jüdischer Sicht. Konzeptualisierung, Terminologie, Anschauungen, Grundfragen, Hamburg 2002.
al-Misiri, Abd El-Wahab: al-sihyawniyya, al-nāziyya wa-nihāyat al-taʾrīkh [Der Zionismus, der Nazismus und das Ende der Geschichte], Kairo 1997.
Montagu (Montague), Francis Ashley (Hg.): Toynbee and History. Critical Essays and Reviews, Boston, Mass., 1956.
Morris, Benny: The Historiography of Deir Yassin, in: The Journal of Israeli History 24 (2005), H. 1, 79–107.
Ders.: The Birth of the Palestinian Refugee Problem Revisited, Cambridge 2004.
Ders.: Israel's Border Wars, 1949–1956. Arab Infiltration, Israeli Retaliation and the Countdown to the Suez War, Oxford 1993.
Muhammad, Sayyid Muhammad: az-zaiyat wa-l-risāla [az-Zaiyat und al-risāla], Riad 1981.
Nabil, Mustafa: fī suhbat ahmad baha al-din [In Begleitung Ahmad Baha ad-Dins], Kairo 2008.
al-Nahār, Dār (Hg.): ʿahd al-nadwa al-lubnāniyya [Das Zeitalter der Libanesischen Veranstaltung], Beirut 1997.
Neil, Roberts: Fanon, Sartre, Violence, and Freedom, in: Sartre Studies International 10 (2004), H. 2, 139–160.
Nettler, Ronald L.: Early Islam, Modern Islam, and Judaism. The Israʾiliyyat in Modern Islamic Thought, in: ders./Suha Taji-Faruki (Hgg.), Muslim-Jewish Encounters. Intellectual Traditions and Modern Politics, Amsterdam 1998, 1–14.
Nordbruch, Götz: Nazism in Syria and Lebanon. The Ambivalence of the German Option, 1933–1945, London 2009.
Ders.: Geschichte im Konflikt. Der Nationalsozialismus als Thema aktueller Debatten in der ägyptischen Öffentlichkeit, in: Gerhard Höpp/Peter Wien/René Wildangel

(Hgg.), Blind für die Geschichte? Arabische Begegnungen mit dem Nationalsozialismus, Berlin 2004, 269–294.
Ders.: Leugnungen des Holocaust in arabischen Medien, in: Wolfgang Benz (Hg.), Jahrbuch für Antisemitismusforschung 10 (2001), 184–203.
Novick, Peter: Nach dem Holocaust. Der Umgang mit dem Massenmord, Stuttgart 2001.
Ders.: The Holocaust in American Life, Boston, Mass., 1999.
Nuwayhid, Badil: ʿajaj nuwayhid. sittūn ʿām maʿa al-qāfila al-ʿarabiyya [ʿAjaj Nuwayhid. 60 Jahre arabische Geschichte], Beirut 1993.
Osterhammel, Jürgen: Geschichtswissenschaft jenseits des Nationalstaats. Studien zu Beziehungsgeschichte und Zivilisationsvergleich, Göttingen 2001.
Pappé, Ilan: A History of Modern Palestine. One Land, Two Peoples, New York 2004.
Paret, Rudi: Muhammed und der Koran, Stuttgart 1989.
Pase, Eric: Elmar Berger. A Foe of Zionism as Well as Israel, in: New York Times, 9. Oktober 1996, 19.
Piterberg, Gabriel: The Tropes of Stagnation and Awakening, in: James Jankowski/Israel Gershoni (Hgg.): Rethinking Nationalism in the Arab Middle East, London 1997.
Qasir, Samir: maksīm rūdinsūn. al-mustaʿrab al-ʿaqlī wa-l-sadīq al-naqdī [Maxime Rodinson. Der rationale Arabisierte und der kritische Freund], in: al-nahār, 25. Mai 2004.
Rabinowicz, Oskar K.: Arnold Toynbee on Judaism and Zionism, London 1974.
Rattner, Josef/Danzer, Gerhard: Gipfelpunkte des englischen Geisteslebens von 1850–1950, Würzburg 2002.
Rector, Frank: The Nazi Extermination of the Homosexuals, New York 1981.
Reid, Donald M.: Cairo University and the Making of Modern Egypt, New York 1990.
Reinhartz, Dennis: Unmarked Graves. The Destruction of the Yugoslav Roma in the Balkan Holocaust, 1941–1945, in: Journal of the Genocide Research 1 (1999), 81–89.
Rosenbaum, Ron: Explaining Hitler. The Search for the Origins of His Evil, New York/Toronto 1998.
Rubinstein, Danny: Indeed There Was a Massacre There, in: Haaretz, 11. September 1991.
Sachar, Howard Morley: A History of Israel, New York 1987.
Safran, Nadav: Egypt in Search of Political Community, Cambridge 1961.
Said, Edward: sārtar wa-l-ʿarab. mulāhaza hāmishiyya [Sartre und die Araber. Eine Randbemerkung], in: al-hayāt, 30. Mai 2000, 9.
Ders.: usus li-l-taʿāyush [Grundlagen für die Koexistenz], in: al-hayāt, 5. November 1997, 17.
Saidel, Rochelle G.: Never Too Late To Remember. The Politics behind New York City's Holocaust Museum, New York 1996.
Samuel, Maurice: The Professor and the Fossil. Some Observations on Arnold J. Toynbee's »A Study of History«, New York 1956.
Satloff, Robert: Among the Righteous. Lost Stories from the Holocaust's Long Reach into Arab Lands, New York 2009.
Schmidt, H. D.: Reflections on a Talk by Toynbee, in: Commentary 20 (1955), 563–567.
Schölch, Alexander: Das Dritte Reich. Die zionistische Bewegung und der Palästina-Konflikt, in: Vierteljahrshefte für Zeitgeschichte 30 (1982), 646–674.

Schnall, David: Anti-Zionism, Marxism, and Matzpen. Ideology and the Israel Socialist Organization, in: Asian Affairs 6 (1978), H. 4, 381–393.
Schulz, Gerhard (Hg.): Die große Krise der dreißiger Jahre. Vom Niedergang der Weltwirtschaft zum Zweiten Weltkrieg, Göttingen 1985.
Schumann, Christoph: Symbolische Aneignungen. Antun Sa'adas Radikalismus in der Epoche des Faschismus, in: Gerhard Höpp/Peter Wien/René Wildangel (Hgg.), Blind für die Geschichte? Arabische Begegnungen mit dem Nationalsozialismus, Berlin 2004, 155–190.
Ders.: Radikalnationalismus in Syrien und Libanon. Politische Sozialisation und Elitenbildung, 1930–1958, Hamburg 2001.
Schwanitz, Wolfgang (Hg.): Jenseits der Legenden. Araber, Juden, Deutsche, Berlin 1994.
Segev, Tom: Die siebte Million. Der Holocaust und Israels Politik der Erinnerung, Hamburg 1995.
Shamir, Shimon: The Collapse of Project Alpha, in: William Roger Louis/Roger Owen (Hgg.), Suez 1956. The Crisis and its Consequences, Oxford 1989, 73–100.
Shatz, Adam: The Interpreters of Maladies. Maxime Rodinson and Jacques Derrida, in: The Nation, 13. Dezember 2004, 55–59.
Ders.: The Torture of Algiers, in: The New York Review of Books 49 (2002), H. 18, 53–55.
Shaw, Tony: Eden, Suez, and the Mass Media. Propaganda and Persuasion during the Suez Crisis, London u. a. 1996.
Shehada, Hazem: Die Suezkrise von 1956 unter besonderer Berücksichtigung der ägyptischen Darstellung, Trier 1992.
Shemesh, Moshe: Egypt. From Military Defeat to Political Victory, in: Selwyn Ilan Troen/Moshe Shemesh (Hgg.), The Suez-Sinai Crisis 1956. Retrospective and Reappraisal, London 2004, 150–161.
Sirinelli, Jean-François: Génération intellectuelle. Khâgneux et normaliens dans l'entre-deux-guerres, Paris 1988.
Steiner, George: The Portage to San Cristóbal of A. H., New York 1981.
Steppert, Fritz: Das Jahr 1933 und seine Folgen für die arabischen Länder des Vorderen Orients, in: Gerhard Schulz (Hg.), Die große Krise der dreißiger Jahre. Vom Niedergang der Weltwirtschaft zum Zweiten Weltkrieg, Göttingen 1985, 261–278.
Stewart, Mark: The Indian Removal Act. Forced Relocation, Minneapolis, Minn., 2007.
Stone, Isidor Feinstein: For a New Approach to the Israeli-Arab Conflict, in: The New York Review of Books 9 (1967), H. 2, 1–6.
Stora, Benjamin: Der Algerienkrieg im Gedächtnis Frankreichs, in: Volkhard Knigge/ Norbert Frei (Hgg.), Die Auseinandersetzung mit Holocaust und Völkermord, München 2002, 75–89.
Ders.: France and the Algerian War. Memory Regained?, in: Journal of Maghreb Studies 1 (1993), H. 2, 95–102.
Sueur, James D. L.: Torture and the Decolonisation of French Algeria. Nationalism, Race, and Violence in Colonial Incarceration, in: Graeme Harper (Hg.), Captive and Free. Colonial and Post-Colonial Incarceration, London 2002, 161–175.
Susa, ʿAliya Ahmad/al-Takrity, Hashim Salih (Hgg.): buhūth mahrajān al-muʿarrikh tūyinbī [Beiträge aus der Veranstaltung zum Gedenken an den Historiker Toynbee], Bagdad 1979.

Syré, Ludger: Isaac Deutscher. Marxist, Publizist, Historiker. Sein Leben und Werk 1907–1967, Hamburg 1984.
Tal, Yerech: There Was No Massacre there, in: Haaretz, 8. September 1991.
Tibi, Bassam: Die arabische Linke, Frankfurt a. M. 1969.
Traverso, Enzo: Auschwitz denken. Die Intellektuellen und die Shoah, Hamburg 2000 (zuerst frz. L'histoire déchirée. Essai sur Auschwitz et les intellectuels, Paris 1997).
Ders.: Die Marxisten und die jüdische Frage. Die Geschichte einer Debatte (1843–1943), Mainz 1993.
Vajda, Georges: Isra'iliyyat, in: Encyclopaedia of Islam, Bd. 4, Leiden 1978, 211 f.
Vatikiotis, Panayiotis J.: The Modern History of Egypt, New York 1969.
Vogt, Joseph: Wege zum historischen Universum. Von Ranke bis Toynbee, Stuttgart 1961.
Walker, Dennis: Egypt's Liberal Arabism. The Contribution of Ahmad Hassan Az-Zaiyat, in: Rocznik orientalistyczny [Orientalistisches Jahrbuch] 50 (1996), H. 1, 61–89.
Watt, Montgomery: Muhammad. Prophet and Statesman, Oxford 1961.
Webman, Esther: Anti-Semitic Motifs in the Ideology of Hizballah and Hamas, Tel Aviv 1994.
Weil, Gotthold: Arnold Toynbee's Conception of the Future of Islam, in: Middle Eastern Affairs 2 (1951), H. 1, 3–17.
Wild, Stefan: Die arabische Rezeption der »Protokolle der Weisen von Zion«, in: Rainer Brunner/Monika Gronke/Jens Peter Laut/Ulrich Rebstock (Hgg.), Islamstudien ohne Ende, Würzburg 2002, 517–528.
Ders.: National Socialism in the Arab Near East between 1933 and 1939, in: Die Welt des Islams 25 (1985), 126–173.
Weiss, Karl: Die Erziehungslehre der drei Kappadozier. Ein Beitrag zur patristischen Pädagogik, Freiburg i. Br. 1903.
Wien, Peter: »Neue Generation« und Führersehnsucht. Generationenkonflikt und totalitäre Tendenzen im Irak der dreißiger Jahre, in: Gerhard Höpp/Peter Wien/René Wildangel (Hgg.), Blind für die Geschichte? Arabische Begegnungen mit dem Nationalsozialismus, Berlin 2004, 73–114.
Wildangel, René: »Der größte Feind der Menscheit«. Der Nationalsozialismus in der arabischen öffentlichen Meinung in Palästina während des Zweiten Weltkrieges, in: Gerhard Höpp/Peter Wien/René Wildangel (Hgg.), Blind für die Geschichte? Arabische Begegnungen mit dem Nationalsozialismus, Berlin 2004, 115–154.
Winock, Michael: Das Jahrhundert der Intellektuellen, Konstanz 2003 (zuerst frz. Le siècle des intellectuels, Paris 1997).
Wolfensohn, Israel: Ka'b al-Ahbar und seine Stellung im Hadith und in der islamischen Legendenliteratur. Dissertation zur Erlangung der Doktorwürde der Philosophischen Facultät der Johann Wolfgang Goethe-Universität zu Frankfurt am Main, Gelnhausen 1933.
Wolin, Richard: Herf's Misuses of History, in: The Chronicle Review, 22. November 2009, <http://chronicle.com/article/Herfs-Misuse-of-History /49195/> (2. Februar 2012).
Ders./Jeffrey Herf: »Islamo-Fascism«. An Exchange, in: The Chronicle Review, 22. November 2009, <http://chronicle.com/article/Islamo-Fascism-an-Exchange/49205/> (6. Oktober 2011).

Wroblewsky, Vincent von: Sartres jüdisches Engagement. Die Vorgeschichte. Nachwort, in: Jean-Paul Sartre, Überlegungen zur Judenfrage, Reinbek bei Hamburg 1994, 249–268.
Yablonka, Hanna: The State of Israel vs. Adolf Eichmann, New York 2004.
Zakaria, Fouad: Myth and Reality in the Contemporary Islamic Movement, London 2005.
Ders.: Säkularisierung. Eine historische Notwendigkeit, in: Michael Lüders (Hg.), Der Islam im Aufbruch? Perspcktiven der arabischen Welt, München 1992, 228–245.
Ders.: Laïcité ou islamisme. Les Arabes à l'heure du choix, Paris 1989.
Ders.: nazariyyat al-maʿarifa wa-l-mawqif al-tabīʾī al-insān [Die Erkenntnistheorie und der Naturzustand der Menschen], Kairo 1962.
Ders.: sbinosa [Spinoza], Kairo 1962.
Ders.: nitsha [Nietzsche], Kairo 1956.
az-Zarkli, Kheir ad-Din: al-ʿālam. qāmūs tarājim li-ashhar al-rijal wa-l-nisāʾ min al-ʿarab wa-l-mustaʿrabīn wa-l-mustashriqīn [Autobiografie. Eine Enzyklopädie arabischer, arabisierter und orientalistischer Männer und Frauen], Beirut 1998.
Zeev, Israel Ben (Abu Zuaib): Kaʿb al-akhbār, Jerusalem 2008 (Neuaufl. der Diss. Kaʿb al-Akhbār und seine Stellung im Hadīth und in der islamischen Legendenliteratur. Diss. zur Erlangung der Doktorwürde der Philosophischen Fakultät der Johann Wolfgang Goethe-Universität zu Frankfurt am Main, vorgelegt von Israel Wolfensohn, Gelnhausen 1933).
Zertal, Idith: Nation und Tod. Der Holocaust in der israelischen Öffentlichkeit, Göttingen 2003.
Zimmer-Winkel, Rainer (Hg.): Die Araber und die Shoah. Über die Schwierigkeiten dieser Konjunktion, Trier 2000.
Zipperstein, Steven J.: Elusive Prophet. Achad Ha'am and the Origins of Zionism, Berkeley, Calif., 1993.

Bildnachweis

Abb. 1: Gamal Abd an-Nasser und Joseph Arnold Toynbee in Kairo, 1961.
© Mit freundlicher Genehmigung der Bibliotheca Alexandrina, Memory of Modern Egypt.

Abb. 2: Jean-Paul Sartre, Gamal Abd an-Nasser, Simone de Beauvoir und Claude Lanzmann in Kairo, 1967.
© Mit freundlicher Genehmigung der Bibliotheca Alexandrina, Memory of Modern Egypt.

Abb. 3: Maxime Rodinson während einer Vorlesung in Beirut, 1968.
© Mit freundlicher Genehmigung des An-Nahar Research and Documentation Center, Beirut, Libanon.

Personenregister

Abbas, Farhat 91
'Abdallah, al-Hassani Hassan 79
Abd al-Kader, Abd ar-Razaq 120
Abd an-Nasser, Gamal 47–49, 72, 87, 99, 109, 114f., 119
Abu Hadid, Muhammad Farid 15
Abu-Sina, Muhammad Ibrahim 113
Abu-Ziyad, Hilmy 76
Abu Zuaib, siehe Ben Zeev
Achcar, Gilbert 11, 13f.
Adham, Isma'il Ahmad 16
Adonis, siehe Said, Ali Ahmad
Agus, Jacob B. 56, 168
Ali, Ali Mahumud as-Sheik 36
Ali, Jawwad 176–182
'Ali, Mehmed 51
Alleg, Henri 94
Amin al-'alim, Mahmud 113
Amin, Ahmad 15
Amin, Mustafa 76
al-'Aqqad, 'Abbas Mahmud 15, 35, 78f.
Arendt, Hannah 90, 118
al-Azm, Sadik Jalal 8, 150–154, 156, 158, 160f., 165, 170
'Azzam, Abd al-Wahab 15

Baha ad-Din, Ahmad 81–85
Baida, Jamaa 43–45
Baron, Salo 143
Baudelaire, Charles 192
Bauer, Bruno 156f.
Beauvoir, Simone de 87, 112, 114f., 119, 124, 190, 194, 201
Becker, Carl-Heinrich 132
Ben Gurion, David 76, 78, 80, 180
Ben Sadok 92
Ben Zeev, Israel 175
Benjamin, Walter 170
Berger, Elmer 136

Bergson, Henri 151, 192
Berkovitz, Eliezer 56f.
Berque, Jacques 129
Bishara, Azmi 23–25
al-Bishri, 'Abd al-'Aziz 15
Bloch, Ernst 155
Borkenau, Franz 56
Bouhired, Djamila 93
Boupacha, Djamila 93
Bunzl, John 42
Burrows, Millar 136

Camus, Albert 71, 157f.
Césaire, Aimé 95
Chekkal, Ali 92
Cüppers, Martin 40f.

ad-Da'uq, Bashir 142
Dayan, Mosche 180
de Gaulle, Charles 93, 191
Descartes, René 151
Deutscher, Isaac 136, 149f., 157
Dimitri, Adib 137f., 141
Diner, Dan 7, 19, 40
Dubnow, Simon 143
Dühring, Karl Eugen 157

Eden, Anthony 47f.
Eichmann, Adolf 19, 71–85
Éluard, Paul 190
Ende, Werner 177
Engels, Friedrich 155

Fanon, Frantz 71, 95–97, 125
Fanon, Josie 125
Feuerbach, Friedrich 155f.
Fisk, Robert 43
Flapan, Simha 100
Freud, Sigmund 192, 194
Friedman, Ina 44

Gershoni, Israel 12, 43
Gershovich, Moshe 44f.
Ghurbal, Muhammad Shafiq 67f.
Gibb, Hamilton 183
Gobineau, Arthur de 179
Goethe, Johann Wolfgang von 17
Grau, Rudolf 72
Guevara, Ernesto (Che) 163

Ha'am, Achad 143
Haddad, Jurj 159–162, 165
al-Haddad, Niqula 15, 33f.
Haikal, Muhammad Hassanain 49
Haikal, Muhammad Husain 15
Haim, Sylvia G. 35–37
al-Hakim, Tawfiq 15
Hammami, Sa'id 149f.
Harbi, Muhammad 92
Harkabi, Yehoshafat 26, 36f., 80
Hegel, Georg Wilhelm Friedrich 192
Heidegger, Martin 192
Herf, Jeffrey 10f.
Herzl, Theodor 32, 201
Herzog, Yitzhak Halevi 58f.
Herzog, Chaim 58
Herzog, Sarah 58
Herzog, Yaacov 58f., 62, 64–66, 69f., 182, 188f.
Himmler, Heinrich 58, 77
Hitler, Adolf 11f., 16, 18, 35, 37, 41f., 48, 72, 80, 123, 148, 154, 157f., 160–162, 179, 189
Höpp, Gerhard 11, 42–44
Hussain, Muhammad Tawfiq 15, 182
Hussain, Taha 9f., 14f., 17, 170f., 173–176
al-Hussaini, (Mufti) Amin 10f., 41f., 139
al-Hussaini, Mustafa 149f., 156, 158, 170
Husserl, Edmund 192

Ibn Khaldun 174
Ibrahim, Fathi Ahmad 15
Idris, Suhail 106–108, 110, 112, 114, 124
Israel, Agudat 181

Jacob, Madeleine 99
Jalul, Faisal 132
Jamati, Habib 77
al-Jazairy, Abd al-Qadir 120
Jeanson, Francis 92

Kant, Immanuel 151
Kasztner, Rudolf 180
al-Kayaly, Mahir 137
Kedourie, Elie 183–186
al-Kharbutli, Ali Hussain 140f.
al-Khouli, Lutfi 100, 108f., 112f., 116, 124, 144f., 147, 206
Khoury, Elias 132, 145
Khoury, Menh 67
Kiefer, Michael 26, 31–33
Kierkegaard, Søren 192
Kimche, David 84
Kimche, Jon 84
König Faruk 18
König Fouad I. 17, 174
Kraus, Paul 175

Lamartine, Alphonse de 17
Lampson, Miles 18
Lanzmann, Claude 87, 112–115, 121
Lanzmann, Évelyne 113
Laroui, Abdallah 121–123
Lenin 155
Léon, Abraham 141–144, 150, 153, 156f.
Levi, Valencia Amadeus 209
Lewis, Bernard 26–31
Lilienthal, Alfred 135
Litvak, Meir 12f., 37–40, 80
Lukács, Georg 155

al-Ma'addawi, Anwar 107
Maghraoui, Driss 44f.
Mahmud, Zaki Nagib 135f.
Makdisi, Usama 80
Mallmann, Klaus-Michael 40f.
Maqsud, Klufis 138, 141
Marx, Karl 94, 141, 153, 155f., 192, 195f.
Maspero, François 125
al-Mazini, Ibrahim 'Abd al-Qadir 15
Mejcher, Helmut 177
Memmi, Albert 93

Merleau-Ponty, Maurice 190
Misrahi, Robert 98, 120
Molière 131, 133 f.
Mollet, Guy 48, 92, 123
Mubarak, Zaki 15
Murqus, Elias 154–158, 160, 170
al-Mutai'i, Lam'I 70 f.

Na'ima, Michael 130
an-Nahas, Mustafa 18
Nassar, Salim 76 f.
Nasser, siehe Abd an-Nasser, Gamal
Nordbruch, Götz 45
Nuwayhid, 'Ajaj 138–141

Papst Pius XII 59
Pittuck, Charles 47 f.
Plechanow, Georgi 155
Proudhon, Pierre-Joseph 157
Proust, Marcel 192

Qabbani, Nizar 129
Qusaybati, Anwar 130
Qutb, Sayyid 15

Ramadan, Abd al-'azim 20
Ranke, Leopold von 178
Renan, Ernest 156
Rida, Muhammad Rashid 36
ar-Rifa'i, Mustafa Sadiq 15
Rochet, Waldeck 123
Rodinson, Maxime 22 f., 120 f., 127–166, 167, 169 f., 198, 205–210
Rommel, Erwin 18
Rosenberg, Alfred 179
Rouleau, Eric 127, 136
Russell, Bertrand 179, 199

Said, Ali Ahmad 129
Salih, Ahmad Abbas 111 f.
Sartre, Jean-Paul 22 f., 71, 85, 87–126, 130, 135, 137, 144, 157 f., 165, 167–170, 189–205
Saygh, Anis 197
Schölch, Alexander 177
Scholem, Gershom 118
Shibl, Fu'ad Muhammad 66 f., 69

ash-Sharif, Aida 113 f.
Shukri, Ghali 130
Somervell, David Churchill 56
Spengler, Oswald 50 f., 178
Stalin, Josef 155, 208
Stanley, John 47 f.
Steiner, George 35
Stekel, Wilhelm 194
Stern, Avraham 98
Stewart Chamberlain, Houston 179
Swinburn, James 47 f.

Talhami, Dawud 8, 127 f., 165, 170, 197–205
Tarabishi, Georges 8, 101–103, 106, 124
Tirazi, Filib de (nur in Fußnoten) 33
Toma, Emile 155
Toynbee, Arnold Joseph 22 f., 47–85, 128, 135, 162, 165, 167 f., 176–189, 195 f.
Tse-tung, Mao 154
at-Tunsi, Muhammad Khalifa 34, 36, 79

Verlaine, Paul 192
Voltaire 93, 156

Wajnsztok, Abraham, siehe Léon, Abraham
Weber, Max 132
Webman, Esther 12 f., 25, 30, 37–40, 45, 80
Wien, Peter 11, 42
Wildangel, René 11, 42

Yakan, Zuhdi 75

az-Zahawi, Jamil Sidqi 16
Zakaria, Fouad 71, 104–106
Zand, Aziz 33
Zand, Raphael 33
Zarb, Elda 49
Zarb, James 47–50, 66
az-Zayyat, Ahmad Hassan 15, 17 f., 21
Zimmer-Winkel, Rainer 45
Zola, Émile 192
Zuhairy, Kamil 144, 189–197
Zurayk, Constantine 20

Deutsche Zeiten

V&R

Dan Diner / Gideon Reuveni /
Yfaat Wiss (Hg.)
Deutsche Zeiten
Geschichte und Lebenswelt. Festschrift zur
Emeritierung von Moshe Zimmermann

2012. 344 Seiten, mit 19 Abb., kartoniert
978-3-525-30164-7

Mit Blick auf die Verwerfungen deutscher Geschichte im 19. und 20. Jahrhundert widmen sich namhafte Historikerinnen und Historiker unterschiedlicher Generationen, darunter Norbert Frei, Hans Mommsen, Wolfgang Schieder und Hans-Ulrich Wehler, Themen der deutsch-jüdischen Geschichte, des Nationalsozialismus und der Nachkriegszeit. Die Beiträge behandeln u.a. deutsch-jüdisches Zusammenleben in Mittelalter und Früher Neuzeit, die Rolle des Sports im Nationalsozialismus sowie die Einordnung deutscher Geschichte in der Moderne. Das Buch ist dem israelischen Historiker Moshe Zimmermann anlässlich seiner Emeritierung gewidmet.

Vandenhoeck & Ruprecht

Aus dem Simon-Dubnow-Institut V&R

Mirjam Thulin
Kaufmanns Nachrichtendienst
Ein jüdisches Gelehrtennetzwerk im 19. Jahrhundert

Schriften des Simon-Dubnow-Instituts, Band 16
2012. 424 Seiten, mit 14 Abbildung, 6 Karten und 6 Tabellen, gebunden
978-3-525-36995-1

David Kaufmann (1852–1899), Professor am Rabbinerseminar in Budapest, war im letzten Drittel des 19. Jahrhunderts ein zentraler Akteur der jüdischen Wissenschaftsbewegung, seit den 1820er Jahren bekannt als Wissenschaft des Judentums. Am Beispiel seines »Nachrichtendienstes«, wie Kaufmanns Briefnetzwerk bezeichnet wurde, stellt Mirjam Thulin die Vernetzungsstrategien der jüdischen Gelehrten dar. Zudem gewährt die Studie detaillierte Einsichten in die vielfältigen kultur- und wissenschaftshistorischen Aspekte der Geschichte des jüdischen Wissenswandels und der Wissenschaft des Judentums im 19. Jahrhundert.

Vandenhoeck & Ruprecht